Ce

Schriftenreihe
der Juristischen Schulung

Geschäftsführender Herausgeber
Rechtsanwalt Dr. Hermann Weber

Heft 78

Universität Hannover
Fachbereich Rechtswissenschaften
Strafrecht A
Prof. Dr. R.-P. Calliess
Hanomagstr. 8
3000 Hannover 91

Strafrecht Besonderer Teil

Die wichtigsten Tatbestände des
Besonderen Teiles des Strafgesetzbuches

von

Dr. Fritjof Haft

Professor an der Universität München

C. H. BECK'SCHE VERLAGSBUCHHANDLUNG
MÜNCHEN 1982

CIP-Kurztitelaufnahme der Deutschen Bibliothek

Haft, Fritjof:
Strafrecht, Besonderer Teil: d. wichtigsten
Tatbestände des Besonderen Teils d. Strafgesetzbuches /
von Fritjof Haft. – München: Beck, 1982.
 (Schriftenreihe der juristischen Schulung; H. 78)
 ISBN 3 406 08530 X
NE: GT

ISBN 3 406 08530 X

Druck der C. H. Beck'schen Buchdruckerei Nördlingen

Vorwort

Im vorliegenden Buch bemühte ich mich, die für das erste juristische Staatsexamen besonders wichtigen Tatbestände des Besonderen Teils des StGB kurz und anschaulich darzustellen. Dabei habe ich mich aus lernpsychologischen Gründen auf ausgesuchte Pilottatbestände konzentriert, denen ich jeweils Umfeldtatbestände zugeordnet habe. Im Bereich des BT muß man, anders als im Bereich des AT, exemplarisch lernen. An einem begrenzten Korpus von Tatbeständen und Problemen muß man die Fähigkeiten einüben, die man braucht, um den unbekannten Fällen im Examen – und später im Beruf – begegnen zu können. Es wäre ganz verfehlt, wollte man alle Probleme „lernen" wollen. Dazu ist die Materialmenge viel zu groß und das Studium zu kurz. Wer „Probleme" in der Hoffnung lernt, diese im Examen parat zu haben, kämpft hoffnungslos gegen die Statistik. Natürlich ist ein bestimmtes Basiswissen unerläßlich. Dieses allein genügt aber nicht. Man braucht auch und vor allem eine Methode, die einen auch da nicht im Stich läßt, wo das Wissen aufhört (und man kann mit ziemlicher Sicherheit erwarten, daß man es im Examen vor allem mit nicht erlernten „Problemen" zu tun hat).

Von dieser Überlegung ausgehend habe ich das vorliegende Buch konzipiert. Einerseits sind die wesentlichen Tatbestände mit ihren klassischen Problemen berücksichtigt. Insoweit braucht man Wissen. Andererseits soll der Studierende mit diesem Wissen zugleich eine Methode erwerben, die ihn befähigt, auch den unbekannten Herausforderungen des Examens zu begegnen. Diese Methode ist die *Normalfallmethode* bei konsequentem *Strukturdenken*. Sie stellt gewissermaßen eine bewußte (und rasche) Einübung der Methode dar, die der erfahrene Jurist durch langjährige Tätigkeit intuitiv erwirbt.[1]

Normalfallmethode heißt: Alle problematischen Tatbestandsmerkmale werden vom Normalfall her erarbeitet. In Literatur und veröffentlichter Rechtsprechung führt dieser Normalfall meist ein Schattendasein; es dominiert die – mitunter hochpathologische – Lehrbuchkriminalität. Aber nur vom Normalfall her lassen sich Begriffsdefinitionen bilden und Probleme exakt analysieren. Und nur durch Vergleichsfalltechniken lassen sich Probleme lösen. Alle rechtsdogmatische Arbeit basiert auf dem Fallvergleich. Ich war durchlaufend bemüht, diese Grundstruktur des juristischen Arbeitens deutlich zu machen. Dabei ist es häufig gar nicht so einfach, den Normalfall zu finden, denn genau besehen ist jeder Fall

---

[1] Eine detaillierte Darlegung des hier verfolgten methodischen Konzeptes findet sich in *Haft*, Juristische Rhetorik, 2. Aufl. Freiburg 1981.

atypisch. Der Normalfall existiert nur als gedankliches Konstrukt, als „Typus". Dagegen ist es leicht, abstrakte Behauptungen aufzustellen (die Bücher sind voll von ihnen). Wer sich an die Normalfallmethode gewöhnt hat, kann abstrakte Behauptungen auf sehr einfache Weise testen: Gelingt es ihm ein Beispiel für die Behauptung zu finden, ist diese erstens sinnvoll, und hat er sie zweitens verstanden (beides Dinge, die nicht selbstverständlich sind).

Strukturdenken heißt: Man muß die Argumente, die man zur Lösung von Zweifelsfällen benötigt, in einen überzeugenden Ordnungsrahmen einstellen. Juristische Dogmatik ist nichts anderes als eine Form des sprachlichen Modellbaus zur rationalen, nachprüfbaren Entscheidung von sozialen Konflikten. Dieser Vorgang setzt sich auch unterhalb der Ebene des Tatbestandes fort. Man bestimmt die problematischen Tatbestandsmerkmale; man zerlegt diese in deren einzelne Bestandteile und man sucht die Entsprechung zum jeweiligen Rechtsfall. Dabei befolgt man gewisse rhetorische Regeln. Deren wichtigste besagt, daß man inhaltliche Überzeugungen durch formale Ordnung transportiert. Anders ausgedrückt: nicht das Ergebnis überzeugt, sondern der Weg zum Ergebnis.

Diese Grundüberlegungen haben mich beim Schreiben dieses Buches geleitet. Hinzu treten folgende mehr praktische Punkte:

- Die Paragraphenfolge des Gesetzes habe ich beibehalten. Die in praktisch allen Lehrbüchern übliche Einteilung nach Rechtsgütern halte ich nicht für hilfreich; sie verursacht zu viele Suchprobleme.
- Die einzelnen Tatbestände sind durchweg nach einem einheitlichen Schema behandelt. Es besteht aus jeweils fünf Teilen:
Erstens Überblick (mit Ausführungen zu Rechtsgut und Umfeld); *zweitens Struktur* (mit Ausführungen zu den problematischen Tatbestandsmerkmalen anhand von Normalfällen); *drittens typische Konkurrenzprobleme; viertens Problem- und Literaturhinweise;* und *fünftens bekannte BGH-Entscheidungen*. Auf Literaturhinweise bei den einzelnen Problemen habe ich verzichtet. Ein kurzes Lehrbuch ist keine Datenbank. Ich begnügte mich damit, wesentliche Streitfragen als solche zu kennzeichnen. Der Katalog bekannter *BGH*-Entscheidungen dürfte in dieser Form neuartig sein. Mir ging es darum, zur Lektüre dieser Entscheidungen anzuregen und deren spätere Wiederholung zu erleichtern (wozu auch die Etikettierung dieser Entscheidungen mit einprägsamen Namen dienen soll).
- Wie schon in meiner früheren Darstellung des AT[2] wurden von mir überall da, wo dies zweckmäßig erschien, grafische Skizzen eingefügt. Sie verdeutlichen die oftmals komplexen Zusammenhänge und erleichtern das Lernen.
- Soweit Probleme des AT angesprochen wurden, habe ich die Verbindung zu meinem AT durch entsprechende Fußnoten hergestellt.
- Eine *Checkliste für Klausuren und Hausarbeiten* (Anhang I), *Ratschläge für das Lernen* (Anhang II) und ein *Glossar* vergleichbar dem im AT befindlichen (Anhang III) sollen den praktischen Nutzen des Werkes erhöhen.

---

[2] *Haft,* Strafrecht – AT (= JuS Schriftenreihe Heft 24), 1980.

Insgesamt war ich um größtmögliche Kürze bemüht. Wenn man Bücher schreibt, muß man auch an die Zeit denken, die man dem Leser nimmt. Schon *Abraham Lincoln* hat in diesem Zusammenhang bemerkt: „A lawyers time is his stock in trade".

München, im September 1981

Fritjof Haft

Inhaltsverzeichnis

Seite

Abkürzungsverzeichnis XIII

§ 1. Widerstand gegen Vollstreckungsbeamte (§ 113)................ 1
    mit Ausführungen zu § 125 Landfriedensbruch und einem Exkurs: Demonstrationsstrafrecht
§ 2. Gefangenenbefreiung (§ 120)........................... 10
    mit Ausführungen zu § 121 Gefangenenmeuterei
§ 3. Hausfriedensbruch (§ 123) 14
    mit Ausführungen zu § 124 Schwerer Hausfriedensbruch
§ 4. Nichtanzeige geplanter Straftaten (§ 138) 18
    mit Ausführungen zu § 140 Belohnung und Billigung von Straftaten
§ 5. Unerlaubtes Entfernen vom Unfallort (§ 142) 23
§ 6. Vortäuschen einer Straftat (§ 145 d)....................... 31
    mit einem Exkurs: Strafbare Äußerungen über Delikte
§ 7. Geldfälschung (§ 146) 35
    mit Ausführungen zu §§ 147 Inverkehrbringen von Falschgeld, 148 Wertzeichenfälschung und 149 Vorbereitung der Fälschung von Geld- und Wertzeichen
§ 8. Falsche uneidliche Aussage (§ 153) 39
    mit Ausführungen zu §§ 154 Meineid, 156 Falsche Versicherung an Eides Statt, 159 Versuch der Anstiftung zur Falschaussage, 160 Verleitung zur Falschaussage und 163 Fahrlässiger Falscheid; fahrlässige falsche Versicherung an Eides Statt
§ 9. Falsche Verdächtigung (§ 164) 49
§ 10. Beleidigung (§ 185).................................. 53
    mit Ausführungen zu §§ 186 Üble Nachrede und 187 Verleumdung
§ 11. Verletzung der Vertraulichkeit des Wortes (§ 201)............. 61
    mit einem Exkurs: Privatsphäre
§ 12. Verletzung des Briefgeheimnisses (§ 202) 67
§ 13. Verletzung von Privatgeheimnissen (§ 203) 70
§ 14. Mord (§ 211)..................................... 74
    mit Ausführungen zu §§ 212 Totschlag, 216 Tötung auf Verlangen, 217 Kindestötung sowie Exkursen zur Selbsttötung und zur Euthanasie
§ 15. Abbruch der Schwangerschaft (§ 218) 86
§ 16. Aussetzung (§ 221) 94
§ 17. Fahrlässige Tötung (§ 222) 97
§ 18. Körperverletzung (§ 223) 102
    mit Ausführungen zu §§ 223a Gefährliche Körperverletzung, 223b Mißhandlung von Schutzbefohlenen, 224 Schwere Körperverletzung, 226 Körperverletzung mit Todesfolge, 227 Beteiligung an einer Schlägerei und 229 Vergiftung sowie einem Exkurs: Ärztliche Eingriffe
§ 19. Nötigung (§ 240) 112
    mit Ausführungen zu §§ 234 Menschenraub, 235 Kindesentziehung, 236 Entführung mit Willen der Entführten, 239 Freiheitsberaubung und 241 Bedrohung

	Seite
§ 20. Diebstahl (§ 242) . . . . mit Ausführungen zu §§ 243 Besonders schwerer Fall des Diebstahls, 244 Diebstahl mit Waffen; Bandendiebstahl, 247 Haus- und Familiendiebstahl, 248a Diebstahl und Unterschlagung geringwertiger Sachen, 248c Entziehung elektrischer Energie und 252 Räuberischer Diebstahl	127
§ 21. Unterschlagung (§ 246)	143
§ 22. Raub (§ 249) . . . . mit Ausführungen zu §§ 250 Schwerer Raub, 251 Raub mit Todesfolge, 252 Räuberischer Diebstahl und 316a Räuberischer Angriff auf Kraftfahrer	149
§ 23. Erpressung (§ 253) . . . . mit Ausführungen zu § 255 Räuberische Erpressung	153
§ 24. Begünstigung (§ 257)	158
§ 25. Strafvereitelung (§ 258) . . . . mit einem Exkurs: Strafverteidiger	166
§ 26. Hehlerei (§ 259)	175
§ 27. Betrug (§ 263) . . . . mit Ausführungen zu §§ 265 Versicherungsbetrug, 265a Erschleichen von Leistungen, 352 Gebührenüberhebung 353 Abgabenüberhebung; Leistungskürzung sowie einem Exkurs: Vermögensdelikte	186
§ 28. Untreue (§ 266)	211
§ 29. Urkundenfälschung (§ 267) . . . . mit Ausführungen zu §§ 268 Fälschung technischer Aufzeichnungen und 281 Mißbrauch von Ausweispapieren	221
§ 30. Mittelbare Falschbeurkundung (§ 271) . . . . mit Ausführungen zu §§ 272 Schwere mittelbare Falschbeurkundung, 273 Gebrauch falscher Beurkundungen und 348 Falschbeurkundung im Amt	236
§ 31. Urkundenunterdrückung (§ 274) . . . . mit Ausführungen zu § 133 Verwahrungsbruch	241
§ 32. Pfandkehr (§ 289) . . . . mit Ausführungen zu §§ 136 Verstrickungsbruch, 283 Bankrott und 288 Vereiteln der Zwangsvollstreckung	243
§ 33. Sachbeschädigung (§ 303)	246
§ 34. Schwere Brandstiftung (§ 306) . . . . mit Ausführungen zu §§ 307 Besonders schwere Brandstiftung 308 Brandstiftung, 309 Fahrlässige Brandstiftung und 310a Herbeiführen einer Brandgefahr	250
§ 35. Gefährdung des Straßenverkehrs (§ 315c) . . . . mit Ausführungen zu § 315b Gefährliche Eingriffe in den Straßenverkehr	255
§ 36. Trunkenheit im Verkehr (§ 316)	261
§ 37. Vollrausch (§ 323a)	265
§ 38. Unterlassene Hilfeleistung (§ 323c)	273
§ 39. Bestechung (§ 334) . . . . mit Ausführungen zu §§ 331 Vorteilsannahme, 332 Bestechlichkeit und 333 Vorteilsgewährung sowie einem Exkurs: Amtsdelikte	278

Inhaltsverzeichnis XI

	Seite
Anhang I – Checkliste für Klausuren und Hausarbeiten	284
Anhang II – Ratschläge für das Lernen	288
Anhang III – Glossar – zugleich Sachregister	289
Paragraphenregister	300

Abkürzungsverzeichnis

a. A.	am Anfang
a. a. O.	am angegebenen Ort
Abs.	Absatz
a. E.	am Ende
a. F.	alte Fassung
a. M.	anderer Meinung
arg.	Argument aus
Alt.	Alternative
Anm.	Anmerkung
Art.	Artikel
AT	Allgemeiner Teil (des Strafrechts)
BayObLG	Bayerisches Oberstes Landesgericht
BBG	Bundesbeamtengesetz
BDSG	Bundesdatenschutzgesetz
BGB	Bürgerliches Gesetzbuch
BGBl	Bundesgesetzblatt
BGH	Bundesgerichtshof
BGHSt	Entscheidungen des Bundesgerichtshofs in Strafsachen
BGHZ	Entscheidungen des Bundesgerichtshofs in Zivilsachen
BJagdG	Bundesjagdgesetz
BT	Besonderer Teil (des StGB)
BRRG	Beamtenrechtsrahmengesetz
BVerfG	Bundesverfassungsgericht
BVerfGE	Entscheidungen des Bundesverfassungsgerichts
bzw.	beziehungsweise
dgl.	dergleichen
d. h.	das heißt
DDR	Deutsche Demokratische Republik
ders.	derselbe
EGStGB	Einführungsgesetz zum Strafgesetzbuch vom 2. 3. 1974
e. M.	eine Meinung
Einl.	Einleitung
evtl.	eventuell
f.	für
Festschr.	Festschrift
ff.	fortfolgende
Fußn.	Fußnote
GA	Goltdammer's Archiv für Strafrecht
Gedschr.	Gedächtnisschrift
GG	Grundgesetz
GS	Großer Senat
GVG	Gerichtsverfassungsgesetz
h. L.	herrschende Lehre
h. M.	herrschende Meinung
i. d. F.	in der Fassung
i. d. R.	in der Regel
i. e. S.	im engeren Sinne
insb.	insbesondere
i. S.	im Sinne
i. V. m.	in Verbindung mit

JA	Juristische Arbeitsblätter
JGG	Jugendgerichtsgesetz
JR	Juristische Rundschau
Jura	Juristische Ausbildung
JuS	Juristische Schulung
JZ	Juristenzeitung
KastrG	Kastrationsgesetz
KO	Konkursordnung
LG	Landgericht
MDR	Monatsschrift für Deutsches Recht
MRK	Konvention zum Schutz der Menschenrechte
MSchrKrim	Monatsschrift für Kriminologie und Strafrechtsreform
n. F.	neue Fassung
NJW	Neue Juristische Wochenschrift
Nr.	Nummer
NStZ	Neue Zeitschrift für Strafrecht
O	Opfer
OLG	Oberlandesgericht
OWiG	Gesetz über Ordnungswidrigkeiten
PatG	Patentgesetz
PStG	Personenstandsgesetz
Rdnr.	Randnummer
RG	Reichsgericht
RGSt	Entscheidungen des Reichsgerichts in Strafsachen
Resp.	Rechtsprechung
S.	Siehe, Satz, Seite
sog.	sogenannt
StGB	Strafgesetzbuch
StPO	Strafprozeßordnung
str.	strittig
StrÄndG	Strafrechtsänderungsgesetz
StrEG	Strafrechtsreformergänzungsgesetz vom 28. 8. 1975
StRG	Gesetz zur Reform des Strafrechts
StVG	Straßenverkehrsgesetz
StVO	Straßenverkehrsordnung
T.	Täter
u.	unten
u. a.	unter anderem, und andere
usw.	und so weiter
u. U.	unter Umständen
Var.	Variante
VersammlG	Versammlungsgesetz
VVG	Gesetz über den Versicherungsvertrag
WStG	Wehrstrafgesetz
WZG	Warenzeichengesetz
z. B.	zum Beispiel
ZPO	Zivilprozeßordnung
ZStW	Zeitschrift für die gesamte Strafrechtswissenschaft
z. T.	zum Teil
zw.	zweifelhaft

§ 1. Widerstand gegen Vollstreckungsbeamte (§ 113)
– mit Ausführungen zu § 125 Landfriedensbruch und einem Exkurs: Demonstrationsstrafrecht –

I. Überblick

1. Überblick über § 113

Rechtsgut ist die rechtmäßig betätigte Vollstreckungsgewalt des Staates und der zu ihrer Ausübung berufenen Organe.

Die Rechtsordnung bedarf vielfach der vollstreckenden Organe. Diese wiederum bedürfen des Schutzes. § 113 soll ihn bieten.

Probleme entstehen besonders, wenn die Vollstreckungshandlung *nicht rechtmäßig* ist (Abs. III S. 1) und in *Irrtumsfällen* (Abs. III S. 2, Abs. IV). Problematisch ist ferner das *Konkurrenzverhältnis* des § 113 zu allgemeinen Schutztatbeständen zugunsten von Privatpersonen, insbesondere zur *Nötigung*, § 240.

§ 113 ist ebenso wie § 257 *unechtes Unternehmensdelikt*. Der Tatbestand verwendet zwar das Wortlaut Unternehmen i. S. des § 11 I Nr. 6 nicht. Doch umschreibt er in beiden Varianten des Abs. I finale Handlungen (Widerstand leisten, tätlich angreifen), die von der bloßen Zielrichtung des Täters getragen werden, ohne daß irgendwelche Erfolge erforderlich sind. *Praktische Bedeutung* hat dies für den *Versuch,* der formell nicht tatbestandsmäßig ist. „Widerstand leisten" bzw. „tätlich angreifen" ist eine Tätigkeit, die begrifflich Versuch und Vollendung erfaßt.

Ebenso wie bei § 257 ist der Versuch nur insoweit strafbar, als er aus den entsprechenden Tatbestandsmerkmalen (Widerstand leisten usw.) abgeleitet werden kann. Dies ist beim tauglichen Handlungsversuch der Fall. Die Fälle des untauglichen Versuches sind straflos (so insbesondere, wenn T irrig glaubt, einem Amtsträger gegenüberzustehen), str.[1]

§ 113 regelt Angriffe gegen *Amtsträger* (§ 11 I Nr. 2). § 114 erweitert den Tatbestand auf Taten gegen *Nichtamtsträger,* soweit diese hoheitliche Befugnisse haben (Abs. I) oder unterstützend tätig werden (Abs. II). Das erstere kann bei bestätigten Jagdaufsehern praktisch werden (vgl. § 25 II BJagdG). Das letztere betrifft vor allem die bei Haussuchungen usw. zugezogenen Zeugen (vgl. §§ 105 f. StPO, 759 ZPO).

---

[1] Die Gründe hierfür sind bei § 24 I genannt. Vgl. auch unten II 2 b.

2. Exkurs: Demonstrationsstrafrecht

Die heutige Fassung des § 113 beruht auf einer durchgreifenden Reform des Jahres 1970, mit der eine bessere Gewährleistung der Meinungsfreiheit (Art. 5 GG) und Demonstrationsfreiheit (Art. 8 GG) sichergestellt werden sollte (Reform des Demonstrationsstrafrechts). Diese Reform wurde und wird ihrerseits kritisiert. So wird gesagt, die Allgemeinheit habe ein hohes Interesse daran, daß den Vollstreckungsorganen bei Durchsetzung rechtmäßiger Vollzugsakte kein Widerstand entgegengesetzt wird. Dieser Schutzgedanke werde bei § 113 durch die privilegierende Strafdrohung im Vergleich zur Nötigung und die günstigere Irrtumsregelung verwässert. Zwar sei zuzugeben, daß damit einem begreiflichen Erregungszustand des von der Vollstreckung Betroffenen Rechnung getragen werde. Doch versage diese Erwägung zumindest da, wo Dritte einem nicht unmittelbar gegen sie gerichteten Vollstreckungsakt entgegenträten.

Neben der Reform des § 113 stand die Reform des *Landfriedensbruchs*, § 125 (wobei der besonders schwere Fall in § 125a zu beachten ist).

§ 125a. F. hatte – ebenso wie der ersatzlos gestrichene Aufruhr, § 115 a. F. – ein sog. Massedelikt enthalten: Jeder, der zu einer feindseligen Menschenmenge gehörte, aus der heraus Feindseligkeiten begangen wurden, war strafbar. Erfaßt wurde also auch der nicht gewalttätige Mitläufer.

Nach § 125 n. F. wird nur noch bestraft, wer selbst als Täter oder Teilnehmer *gewalttätig*, *bedrohend* oder *aufwieglerisch* tätig wird. Bloße *Mitläufer* einer Demonstration sind *nicht strafbar*. Dies gilt auch dann, wenn sie bei einer unfriedlichen Demonstration deren auf massenpsychologischen Phänomenen beruhende Gefährlichkeit steigern.

Auch hiergegen richtet sich Kritik. So ist demjenigen, der mit einem Pflasterstein oder einer Eisenstange bewaffnet bei einer unfriedlichen Demonstration betroffen wird, noch keine Beteiligung und damit keine Täterschaft i. S. des § 125 nachgewiesen. Es wird eine (erneute) Reform des § 125 mit der Begründung gefordert, Gewalttäter (der harte Kern) nutzten die Möglichkeiten des § 125 gezielt aus, um im Schutz von tatbestandslos bleibenden Sympathisanten Gewalttätigkeiten gegen Menschen, insbesondere Polizeibeamte und Sachen (Autos, Fensterscheiben) zu begehen.

Beachte: Weder aus Art. 5 GG noch aus Art. 8 GG kann ein Rechtfertigungsgrund für § 125 hergeleitet werden. Diese Grundrechte gewährleisten nur friedliche Demonstrationen.

Neben §§ 113, 125, 125a ist bei Demonstrationen besonders auf folgende Tatbestände zu achten:

§ 123 *Hausfriedensbruch* (Antragsdelikt);
§ 124 *Schwerer Hausfriedensbruch;*
§ 129 *Bildung krimineller Vereinigungen* (eine solche kann in Frage kommen, wenn bei Hausbesetzungen massive Gewaltmaßnahmen gegen ein zu erwartendes Einschreiten der Polizei vorbereitet werden);

§ 129a *Bildung terroristischer Vereinigungen;*
§ 240 *Nötigung* (wobei im Sitzstreik-Fall[2] deutlich geworden ist, daß das Demonstrationsrecht nicht die Verwerflichkeit der Nötigung beseitigt und auch keinen Rechtfertigungsgrund abgibt);
§ 185 *Beleidigung* (Antragsdelikt);
§§ 223 ff. *Körperverletzung* (auf Strafantrag achten);
§ 303 *Sachbeschädigung* (Antragsdelikt).
Außerhalb des StGB: §§ 26, 27 *VersammlG*.

II. Struktur

1. Normalfall

Für einen *Normalfall* ist etwa von der Vollstreckung eines Zivilurteils durch einen Gerichtsvollzieher auszugehen. Es muß sich um eine *Einzelfallvollstreckung* handeln. – Den Gegenbegriff bietet die *schlichte Gesetzesanwendung*, die noch nicht auf einen Einzelfall hin konkretisiert ist.

Grenzfälle ergeben sich besonders beim Einsatz von Polizeibeamten. Die bloße Streifenfahrt oder die allgemeine Ermittlungstätigkeit ist noch keine Vollstreckungshandlung i. S. des § 113. Fordert die Polizei aber im Rahmen einer allgemeinen Verkehrskontrolle einen bestimmten Autofahrer zum Halten auf, liegt Vollstreckungstätigkeit i. S. des § 113 vor. Der Autofahrer macht sich daher nach § 113 strafbar, wenn er Widerstand leistet (z. B. gezielt auf den Polizeibeamten zufährt, um ihm zum Freigeben des Weges zu zwingen).

Die *Tathandlung* besteht dann entweder im *Widerstandleisten mit Gewalt oder durch Drohung mit Gewalt* oder im *tätlichen Angriff* auf den Amtsträger oder die ihm gleichgestellten Personen. Täter kann jeder sein, nicht nur der von der Vollstreckung Betroffene.

Beispiele, für *Widerstand mit Gewalt:* T entreißt dem Gerichtsvollzieher das Pfandobjekt; für *Drohung mit Gewalt:* T droht dem Gerichtsvollzieher das Entreißen des Pfandobjektes an; für *tätlichen Angriff:* T schlägt den Gerichtsvollzieher.
Die Merkmale „Gewalt" und „Drohung" sind ebenso wie bei der Nötigung zu bestimmen (Baukastensystem)[3]. Während aber bei § 240 Gewaltanwendung und Drohung bei entsprechender Garantenstellung auch durch Unterlassung[4] möglich sind, setzt § 113 immer ein aktives Tun voraus. Andernfalls würde § 113 Fälle des bloßen Ungehorsams bestrafen. Beispiel: T öffnet dem Gerichtsvollzieher die Tür nicht. Hier könnte man daran denken, aus der Duldungspflicht des T gem. § 758 ZPO eine Garantenpflicht zu konstruieren und das Unterlassen als Widerstandleisten anzusehen. Das ginge aber zu weit. Auf diesem Wege würde jeder Ungehorsam gegen staatliche Vollstreckungsorgane zum Fall des § 113 werden.
Beachte: Der Begriff „Widerstand" in §§ 758 III, 759 ZPO ist weiter als der in § 113. Er umfaßt auch Fälle des Unterlassens. Beispiel: T unterläßt es, einen bissigen Hund einzusperren.

---

[2] Vgl. bei § 19 V 1.
[3] Vgl. bei § 19 II 2a, b.
[4] Vgl. AT, 7. Teil, § 4.

2. Problemfälle

a) Rechtswidrigkeit der Vollstreckungshandlung

Fehlt es an der Rechtmäßigkeit der Vollstreckungshandlung, ist die Tat nicht nach § 113 strafbar, Abs. III S. 1. Über die dogmatische Einordnung dieser Regelung herrscht Streit.

Teils wird die Rechtmäßigkeit der Amtsausübung als *Tatbestandsmerkmal*[5] gesehen.
Teils wird hierin lediglich eine *objektive Bedingung der Strafbarkeit*[6] gesehen.
Teils wird hierin ein *Rechtfertigungsgrund*[7] gesehen.
Teils werden dogmatisch ausgefallene Konstruktionen errichtet. So wird von einem *Rechtspflichtmerkmal* gesprochen, oder es wird von einem *unrechtskonstituierenden Tatbestandselement* gesprochen, auf das sich der Vorsatz nicht erstrecken müsse (§ 113 als *Vorsatz-Sorgfaltswidrigkeitskombination*).

Die Meinungsvielfalt erklärt sich daraus, daß in Abs. III S. 2 und Abs. IV eine atypische Irrtumsregelung getroffen worden ist, die mit den herkömmlichen dogmatischen Kategorien nicht ohne weiteres zusammenpaßt. Da es sich um eine Sonderregelung handelt, besteht kein Anlaß, ihr durch entsprechenden Umbau der Dogmatik Rechnung zu tragen. Am einfachsten und plausibelsten ist die Deutung der Rechtmäßigkeit der Vollstreckungshandlung als *objektive Strafbarkeitsbedingung mit atypischer Irrtumsregelung*.

Aufbaumäßig empfiehlt sich die Prüfung dieses Punktes im Anschluß an den Tatbestand. Es handelt sich um einen sog. *Tatbestandsannex*.[8] Nach Bejahung des objektiven und subjektiven Tatbestandes ist also die Rechtmäßigkeit der Vollstreckungshandlung festzustellen. Dabei ist zu betonen, daß der Vorsatz (bzw. ein Tatbestandsirrtum) hier keine Rolle spielt. Fehlt die Rechtmäßigkeit der Vollstreckungshandlung, ist die Prüfung des § 113 gemäß Abs. III S. 1 beendet, ohne daß noch auf Rechtswidrigkeit (z. B. Notwehr) oder Schuld eingegangen werden darf.

Die *Rechtmäßigkeit* der Vollstreckungshandlung hängt zunächst vom jeweiligen *sachlichen Recht* ab.

Beispiele: Die Zwangsvollstreckung des Gerichtsvollziehers richtet sich nach §§ 704 ff ZPO. Körperliche Untersuchungen und die Entnahme von Blutproben richten sich im Strafverfahren nach §§ 81 a, 81 c StPO. Die Festnahme eines Beschuldigten durch die Polizei richtet sich nach §§ 127, 114 StPO.

Beachte: Nach sachlichem Eingriffsrecht können Zwangseingriffe rechtmäßig sein, die sich später als nicht bestandsfest erweisen, so in den Fällen der *vorläufigen Vollstreckbarkeit* und bei den sog. „*Verdachtstatbeständen*", die Zwangsmaßnahmen (z. B. die Entnahme einer Blutprobe, § 81 a StPO) auch gegen möglicherweise Unschuldige rechtmäßig machen.

Doch ist das Strafrecht nicht strikt an das jeweils einschlägige sachliche Recht gebunden. Ein Mindestmaß an sachlicher Richtigkeit genügt (sog.

---

[5] Vgl. AT, 3. Teil.
[6] Vgl. unter diesem Stichwort im Glossar des AT.
[7] Vgl. AT, 4. Teil, § 4.
[8] Vgl. AT, Anhang I, E.

§ 1. Widerstand gegen Vollstreckungsbeamte (§ 113)

strafrechtlicher Rechtmäßigkeitsbegriff des § 113). Es ist unter folgenden Voraussetzungen zu bejahen:

– *Sachliche und örtliche Zuständigkeit* des Vollstreckenden;

Beispiele: Die Polizei ist zur Erzwingung rein privater Ansprüche sachlich unzuständig; die Bahnpolizei ist im Straßenverkehr örtlich unzuständig;

– Wahrung der *wesentlichen Förmlichkeiten;*

Beispiel: Bei der Verhaftung des Schuldners nach § 909 ZPO ist das Vorzeigen des Haftbefehls wesentliche Förmlichkeit;

– *sorgsame Ausübung* eines etwaigen *Ermessens;*

Beispiel: Die Auswahl unter mehreren pfändbaren Gegenständen steht im Ermessen des Gerichtsvollziehers; ein Ermessensfehlgebrauch liegt z. B. vor, wenn der Gerichtsvollzieher willkürlich den Gegenstand pfändet, der dem Schuldner besonders am Herzen liegt;

– *Befolgung* etwaiger *verbindlicher Weisungen;*

Beispiel: Der Gerichtsvollzieher kann bei Widerstand i. S. des § 758 III ZPO die Unterstützung der polizeilichen Vollzugsorgane nachsuchen, womit das Eingreifen der Polizei rechtmäßig i. S. des § 113 ist.

Irrt der Vollstreckende hinsichtlich der *Voraussetzungen seines Eingreifens,* ist zu differenzieren:
– Irrtümer über die *tatsächlichen* Voraussetzungen der Vollstreckung, die trotz pflichtmäßiger Prüfung eintreten, rechtfertigen schon nach allgemeinen Grundsätzen den Eingriff, so daß das Handeln auch rechtmäßig i. S. d. § 113 ist.

Der Grund dafür liegt darin, daß Amtsträger oftmals zu Zwangsmaßnahmen verpflichtet sind. Weil das so ist, billigt man ihnen „das große Vorrecht des Staates zu irren" zu.[9]
Beispiel: Ein Polizeibeamter nimmt irrtümlich einen Unschuldigen anstelle des verfolgten Verbrechers nach § 127 StPO fest. Hier ist die tatbestandsmäßig gegebene Freiheitsberaubung trotz des Irrtums nach § 127 StPO gerechtfertigt. Damit ist das Verhalten des Polizeibeamten auch rechtmäßig i. S. d. § 113.

Fehlt es an der pflichtmäßigen Prüfung, ist der Eingriff nach allgemeinen Grundsätzen und auch i. S. des § 113 rechtswidrig.
– Irrtümer über die *rechtlichen* Voraussetzungen des Eingriffes lassen die Rechtswidrigkeit des Eingriffs weder nach allgemeinen Grundsätzen noch i. S. des § 113 entfallen. Die Frage ist sehr umstritten. Teilweise wird unter Berufung auf den spezifisch strafrechtlichen Rechtmäßigkeitsbegriff des § 113 der Rechtsirrtum dem Tatsachenirrtum gleichgestellt. Das ist aber nicht überzeugend. Man kann nicht ein Verhalten im Rahmen des § 113 für rechtmäßig, außerhalb dieses Tatbestandes für rechtswidrig erklären. Sonst müßte man außerhalb des Rahmens von § 113 Notwehr gegen eine etwa durch den Amtsträger verwirklichte

---
[9] Vgl. AT, 4. Teil, § 4, Nr. 6 a.

Freiheitsberaubung zulassen, im Rahmen des § 113 diese aber versagen – ein unmögliches Ergebnis. Die erwähnte Meinung lebt davon, daß Rechtsirrtümer und Tatsachenirrtümer oftmals schwer zu trennen sind. Doch muß diese Trennung auch sonst durchgeführt werden. Es handelt sich um ein Standardproblem der allgemeinen Irrtumslehre.[10]

Beispiel: Nimmt ein Polizeibeamter irrig Fluchtverdacht i. S. des § 127 StPO an, liegt ein beachtlicher Tatsachenirrtum vor, wenn er verkennt, daß der Festgenommene einen Wohnsitz hat. Dagegen liegt ein Rechtsirrtum vor, wenn er den Begriff „Fluchtgefahr" falsch auslegt. Im letzteren Fall handelt er weder allgemein noch i. S. d. § 113 rechtmäßig.

Weitere (problemlose) Beispiele: Ein Polizeibeamter nimmt wegen einer Ordnungswidrigkeit eine nach § 46 III OWiG unzulässige Verhaftung vor, die er für zulässig hält; ein Gerichtsvollzieher pfändet aufgrund irriger Auslegung des § 811 ZPO eine unpfändbare Sache; in beiden Fällen ist die Vollstreckung nicht rechtmäßig i. S. d. § 113, str.

Beachte: Ist die Vollstreckung rechtswidrig, kann der Betroffene dagegen an sich Notwehr nach § 32 üben. Doch entfällt die Strafbarkeit nach § 113 schon gemäß Abs. III S. 1. Zum Bereich der Rechtfertigungsgründe gelangt man also im Rahmen des § 113 nicht. Es wäre ein Fehler, hier noch die Notwehr zu prüfen. – Dagegen kann es bei anderen Tatbeständen, z. B. § 223 in diesem Falle auf die Notwehr ankommen.

b) Irrtümer des Täters

§ 113 enthält Tatbestandsmerkmale (insbes. „Amtsträger") und eine objektive Strafbarkeitsbedingung („Rechtmäßigkeit der Diensthandlung"). Für Irrtumsfälle finden sich Sonderregelungen in Abs. III S. 2 und Abs. IV. Im Hinblick auf den untauglichen Versuch, der das Gegenstück zum Tatbestandsirrtum darstellt[11], ist der Charakter des § 113 als unechtes Unternehmensdelikt zu bedenken[12]. Daraus ergibt sich eine komplizierte Struktur möglicher Irrtumsfälle. Sie ist in Abb. 1 übersichtlich dargestellt.

Abs. IV enthält eine *Sonderregelung für* § 113. Der Sache nach handelt es sich um eine *Modifikation des Verbotsirrtums,* die § 17 vorgeht. Die *Modifikation* besteht in folgendem:
– Der Täter muß *positiv an die Rechtswidrigkeit* der Vollstreckungshandlung *geglaubt* haben; schlichte Unkenntnis der Rechtmäßigkeit (die im Rahmen des § 17 genügen würde) reicht also nicht aus.

---

[10] Vgl. AT, 10. Teil, § 6. Die dort skizzierte Lehre vom gegenstandsbezogenen und begriffsbezogenen Irrtum ist hier zu modifizieren: Jeder Irrtum, der auf Rechtsbegriffe zielt, ist begriffsbezogen und beseitigt die Rechtswidrigkeit i. S. des § 113 nicht. Für den gegenstandsbezogenen Irrtum bleiben hier nur Tatsachenirrtümer im klassischen Sinne übrig. Beachte: Hier geht es um Irrtümer des Vollstreckenden, nicht um Irrtümer des Täters.
[11] Vgl. AT, 10. Teil, § 8.
[12] Siehe oben bei I 1.

§ 1. Widerstand gegen Vollstreckungsbeamte (§ 113)

		Der objektive Tatbestand ist		Der objektive und subjektive Tatbestand ist erfüllt und die Diensthandlung ist objektiv	
		erfüllt	nicht erfüllt	rechtmäßig	nicht rechtmäßig
Ein entsprechender Vorsatz des Täters ist	vorhanden	Der objektive und subjektive Tatbestand des § 113 I ist erfüllt	Strafloser Versuch (vom Fall des tauglichen Handlungsversuchs abgesehen)	Strafbarkeit nach § 113 I (der Vorsatz ist hier irrelevant)	Straflosigkeit nach § 113 I (Abs. III S. 2 sagt dies überflüssigerweise)
	nicht vorhanden	Der subjektive Tatbestand des § 113 I entfällt, § 16 I 1	Schon der objektive Tatbestand des § 113 ist nicht erfüllt; auf den fehlenden subjektiven Tatbestand (Vorsatz) kommt es nicht mehr an	Schlichte Unkenntnis ist irrelevant; nimmt der Täter aber positiv Rechtswidrigkeit der Diensthandlung an, gilt Abs. IV	Straflosigkeit nach § 113 I (der Vorsatz ist hier irrelevant)

Abb. 1 Struktur der möglichen Irrtumsfälle (Irrtümer des Täters) bei § 113

- Die Unvermeidbarkeit des Irrtums schützt für sich allein vor Strafe nicht (was im Rahmen des § 17 genügen würde); vielmehr tritt die *Rechtsbehelfsklausel* des Abs. IV S. 2 hinzu

Beispiel: Der infolge einer Personenverwechslung festgenommene *T* wehrt sich, weil er das Verhalten des Polizeibeamten für rechtswidrig hält. Anders aber, wenn *T* sich über die Frage der Rechtmäßigkeit keine Gedanken macht.

3. Besonders schwere Fälle, Abs. II

Für besonders schwere Fälle, für die Abs. II Regelbeispiele nennt, ist eine Strafschärfung vorgesehen, die der besonders schweren Nötigung entspricht. Es handelt sich hier um eine Strafzumessungsregel ohne tatbestandlichen Charakter.

Schulbeispiel (das auch die Rechtsprechung oft beschäftigt) ist der (betrunkene) Autofahrer, der auf einen Polizeibeamten, der ihn kontrollieren will, gezielt zufährt, um sich der Kontrolle zu entziehen. Die Kontrolle ist Einzelfallvollstreckung, nicht etwa schlichte Gesetzesanwendung. Das Verhalten des Autofahrers ist sowohl Widerstandleisten als auch tätlicher Angriff. Das Auto ist Waffe i. S. des Abs. II Nr. 1; ein Beisichführen liegt auch dann vor, wenn der Entschluß, es als Waffe einzusetzen, erst im letzten Augenblick gefaßt wird.

In Betracht kommt auch Abs. II Nr. 2, doch muß bezüglich der Gefahr des Todes usw. Vorsatz vorliegen (faktisch werden Strafzumessungsregeln wie Tatbestände behandelt).

Außer § 113 kommt noch § 315b in Betracht; bei Tötungsvorsatz auch Mord (Verdeckungsabsicht).

III. Typische Konkurrenzprobleme

Problematisch ist vor allem das Verhältnis zur *Nötigung*, § 240. Beim *Widerstandleisten* (Abs. I Var. 1, 2) ist immer auch der Tatbestand der Nötigung erfüllt. Wie ein Vergleich der milderen Strafdrohung des § 113 mit der strengeren Regelung des § 240 zeigt, ist § 113 als *Privilegierung*[13] des § 240 zu verstehen, so daß die Nötigung im Wege der Gesetzeskonkurrenz (Spezialität) verdrängt wird. Der Grund hierfür liegt darin, daß dem in einer Vollstreckungssituation leicht entstehenden Affekt auf seiten des Betroffenen Rechnung getragen werden soll. – Diese Erwägung versagt freilich bei Dritten, die ebenfalls durch § 113 privilegiert werden (eine vom Gesetzgeber übersehene Ungereimtheit).

Droht der Täter nicht mit Gewalt, sondern mit einem empfindlichen Übel, so entfällt der Tatbestand des § 113. Ob dann ein Rückgriff auf § 240 möglich ist, ist strittig. Man kann sich auf den Standpunkt stellen, daß § 113 in diesem Fall nicht § 240 als lex specialis verdränge. Man kann aber auch argumentieren, die Privilegierung des § 113 könne nicht dadurch unterlaufen werden, daß in Fällen, in denen die Intensität des § 113 nicht erreicht würde, auf den strengeren § 240 zurückgegriffen werde. Richtig dürfte es sein, den Rückgriff auf § 240 nicht zuzulassen.

Andernfalls wäre bei schlichtem Unterlassen des Täters, das, wie eingangs dargelegt, als bloßer Ungehorsam nicht die für § 113 erforderliche Intensität erreicht, ein Rückgriff auf § 240 möglich. Das wäre nicht sachgerecht.

§ 113 I Var. 3 (*tätlicher Angriff*) wird regelmäßig eine *Körperverletzung* sein. §§ 223 ff. stehen dann in Idealkonkurrenz zu § 113.

Da § 113 als unechtes Unternehmensdelikt bereits Versuchshandlungen erfaßt, kann auf diese Weise der bei § 223 tatbestandslose Versuch einer Körperverletzung bestraft werden. *Beispiel: T* holt aus, um den Gerichtsvollzieher zu schlagen. – Hierin liegt eine gewisse Verschärfung gegenüber § 223, die eigenartig zu der Privilegierung gegenüber § 240 kontrastiert.

IV. Problemhinweise, Literatur

§ 113 ist eine ,,Sphinx" (Dreher) und also solche besonders examensverdächtig. Dabei sollte man weniger auf die Vielzahl der Theorien zur ,,Rechtmäßigkeit" achten, als die Besonderheiten und Ungereimtheiten des § 113 sehen, wie sie besonders im (Konkurrenz-) Verhältnis zur Nötigung sichtbar werden.

---

[13] Vgl. AT, 3. Teil, § 1.

Lektüre: Dreher: Die Sphinx des § 113 III, IV StGB, in: Gedächtnisschr. f. Schröder, 1978, S. 359; *Naucke,* Straftatsystem und Widerstand gegen Vollstreckungsbeamte (§ 113 III u. IV StGB), in: Festschr. f. Dreher, 1977, S. 459; *Wagner,* Die Rechtmäßigkeit der Amtsausübung, JuS 1975, 224.

V. Bekannte BGH-Fälle

1. Weigand-Fall – BGHSt 21, 334 (361)

Ein Bahnpolizeibeamter war zur Sicherung der Ordnung gegen die weitere Verteilung von Flugblättern durch den „Sozialanwalt" Weigand auf einem Bahnhofsvorplatz eingeschritten. Er hatte sein Eingreifen nach pflichtgemäßer Prüfung der gesamten Umstände sachlich für gerechtfertigt gehalten. – Der *BGH* befand, Rechtmäßigkeit der Diensthandlung i. S. des § 113 (bei der es sich um eine objektive Strafbarkeitsbedingung handle) sei gegeben gewesen. Es komme in einem solchen Fall nicht darauf an, ob die Ordnung tatsächlich gefährdet sei.

2. Fackelzug-Fall – BGHSt 4, 161

Polizeibeamte hatten einen Fackelzug aufgelöst. – Der *BGH* befand ihr Verhalten für rechtmäßig i. S. des § 113. Die Rechtmäßigkeit sei eine objektive Strafbarkeitsbedingung, auf die sich der Tätervorsatz nicht zu erstrecken brauche und auf die sich demzufolge ein rechtserheblicher Irrtum nicht erstrecken könne.

3. Verkehrskontrolle-Fall – BGHSt 25, 313 (ähnlich auch BGHSt 26, 176; 22, 67)

Ein Polizeibeamter hatte bei einer allgemeinen Verkehrskontrolle einen Kraftfahrer zum Anhalten aufgefordert. Dieser war auf ihn zugefahren, um sich der Kontrolle zu entziehen. – Der *BGH* bejahte außer § 315b auch § 113. Es habe sich um eine bestimmte (konkrete) Vollstreckungshandlung i. S. des § 113 und nicht etwa um die allgemeine (schlichte) Gesetzesanwendung gehandelt.

4. Heilanstalt-Fall – BGHSt 18, 133

In einer Heilanstalt hatte ein als entmündigt eingewiesener Patient eine Meuterei beschlossen und eine Tür verrammelt. Späteren Aufforderungen, sie zu öffnen, war er nicht nachgekommen. – Der BGH bejahte § 113. Ein Widerstandleisten mit Gewalt könne schon vor dem Beginn der erwarteten Amtshandlung vorgenommen werden. In diesem Fall müsse der Wille des Täters dahin gehen, durch seine Tätigkeit den Widerstand vorzubereiten.

5. Gerichtsvollzieher-Fall – BGHSt 5, 93

Ein Gerichtsvollzieher war auf Widerstand gestoßen. Er hatte zur weiteren Durchführung der Vollstreckung einen Polizeibeamten holen wollen. Der Schuldner hatte dies durch Flucht verhindern wollen. Der Gerichtsvollzieher hatte ihn am Arm ergriffen. Dagegen hatte der Schuldner Widerstand geleistet. – Der BGH bejahte § 113. Zwar sei § 759 ZPO (wonach bei erwartetem Widerstand des Schuldners ein Polizeibeamter als Zeuge zuzuziehen sei), eine Vorschrift, deren Verletzung die Amtshandlung rechtswidrig i. S. d. § 113 mache. Doch gelte dies nicht für Maßnahmen des Gerichtsvollziehers, die gerade darauf abzielten, einen Zeugen in diesem Sinne herbeizuziehen, während der Schuldner gerade dies verhindern wolle.

§ 2. Gefangenenbefreiung (§ 120)
– mit Ausführungen zu § 121 Gefangenenmeuterei –

I. Überblick

Die Selbstbefreiung eines Gefangenen ist ebenso wie andere Arten der Selbsthilfe[1] tatbestandslos. Nach allgemeinen Grundsätzen wäre daher auch die Teilnahme hieran straflos. Durch § 120 ist jedoch die Teilnahme in Form des ,,Verleitens" und ,,Förderns" zu selbständigen Tatbeständen ausgestaltet worden; außerdem ist die eigentliche Gefangenenbefreiung durch einen anderen tatbestandsmäßig. *Rechtsgut* ist nicht die Rechtspflege, sondern die *staatliche Verwahrungsgewalt*. Entscheidend für § 120 ist nur, daß eine Freiheitsentziehung formell ordnungsgemäß zustandegekommen ist. Es spielt keine Rolle, ob sie materiell begründet ist. Auch die Befreiung eines Unschuldigen aus der Untersuchungshaft ist darum tatbestandsmäßig.

Hier liegt ein Unterschied zu § 258, wo die Rechtspflege geschütztes Rechtsgut ist. Dort handelt tatbestandslos, wer einem Unschuldigen gegen Strafverfolgung hilft, weshalb § 258 I im eben genannten Beispiel ausscheidet.[2]

Ein *Qualifikationstatbestand* (uneigentliches Amtsdelikt – es gilt § 28 II) findet sich in Abs. II.

Die Gefangenen selbst können sich jedoch nach § 121 wegen *Gefangenenmeuterei* strafbar machen. Es müssen sich mindestens zwei Gefangene zusammenrotten und die dort näher umschriebenen Nötigungs-, An-

---

[1] Straflos ist auch die Selbstbegünstigung, die Selbst-Strafvereitelung und die Hehlerei durch den Täter der Vortat.
[2] Vgl. § 25 I 1, II 2.

griffs- oder Gewaltakte verüben. In diesem Rahmen kann auch die Selbstbefreiung strafbar sein, sofern sie gewaltsam erfolgt.

II. Struktur

Man braucht einen *Gefangenen* und eine der in § 120 I umschriebenen *Handlungen.* Im einzelnen:

1. Gefangener

Wie der *Normalfall* eines Straf- oder Untersuchungsgefangenen zeigt, ist *Gefangener,* wer sich *in staatlichem Gewahrsam infolge von Polizei- oder Strafgewalt befindet, wobei die Freiheitsentziehung formell ordnungsgemäß zustandegekommen sein muß.*

Gefangene sind also auch Personen, die sich zur psychiatrischen Untersuchung im Krankenhaus gemäß § 81 StPO befinden, die sich in Zwangs- oder Ordnungshaft befinden, die gerichtlich vorzuführen sind, die sich in Jugendarrest befinden, die sich in Kriegsgefangenschaft befinden oder interniert sind. Auch die vorläufige Festnahme durch Staatsanwaltschaft oder Polizeibeamte nach § 127 I StPO gehört dazu. Dagegen begründet die vorläufige Festnahme durch einen Privatmann nach § 127 I StPO keine Gefangenschaft i. S. des § 120. Formell unzulässige Maßnahmen (z. B. die Verhängung von Untersuchungshaft durch die dafür unzuständige Polizei) begründen ebenfalls keine Gefangenschaft.

In einer Anstalt verwahrte Personen (z. B. nach §§ 63 ff. Untergebrachte) sind nach Maßgabe des Abs. IV den Gefangenen gleichgestellt.

2. Die Tathandlungen

– *Befreien* ist das Aufheben des Gewaltverhältnisses über den Gefangenen.

Dies kann auch gegen den Willen des Gefangenen geschehen. Vorausgesetzt ist eine nicht ordnungsgemäße Befreiung. Wer z. B. durch eine falsche Zeugenaussage den Wegfall eines Haftbefehls bewirkt, macht sich nicht nach § 120 strafbar, str. Hier kommt aber ein Aussagedelikt in Betracht.

– *Zum Entweichen verleiten* ist der Sache nach *Anstiftung, dabei fördern* ist *Beihilfe* zur tatbestandslosen Selbstbefreiung des Gefangenen.

Ebenso wie bei der vergleichbaren Problematik des Hilfeleistens in § 257[3] I muß man aber die *täterschaftlichen Begehungsformen* des *§ 120* I Var. 2, 3 von der bloßen (straflosen) *Teilnahme* an der (tatbestandslosen) *Selbstbefreiung* des Gefangenen abgrenzen. Der *obere Schwellenwert* der *bloßen Teilnahme* muß überschritten werden.

Bei der *Anstiftung* ist angesichts des insoweit eindeutigen Wortlautes von § 120 I (zum Entweichen verleiten) – anders als im Vergleichsfall des § 257 – keine Ausgrenzung bloßer Teilnahme möglich.

---

[3] Vgl. bei § 24 II 3.

Anders bei der *Beihilfe*. Hier ist – wie bei § 257 – eine bloße Unterstützung der Selbstbefreiung des *G* (z. B. durch ermunterndes Zureden) als bloße Beihilfe an der Selbstbefreiung straflos. Erst wenn *T* „mehr" tut (z. B. dem *G* sachdienliche Ratschläge gibt), wird die Schwelle zur Täterschaft überschritten.

Das *täterschaftliche Handeln* i. S. des § 120 I Var. 2,3 muß auch von der *Teilnahme* an der *Gefangenenbefreiung Dritter* unterschieden werden.

Beispiel: *D* hilft *T*, den *G* zu befreien. Hier liegt bei *D* nur Teilnahme vor. Scheidet bei *T* Täterschaft i. S. des § 120 aus, liegt bei *D* nur straflose versuchte Teilnahme vor, nicht etwa Täterschaft („fördern") i. S. des § 120.

Der *Versuch* ist *strafbar*, Abs. III. Darin liegt eine gewisse Verschärfung allgemeiner Grundsätze. Während die versuchte Teilnahme sonst nur im Falle des § 30 I strafbar ist, sind die zur Täterschaft i. S. d. § 120 I Var. 2,3 erhobenen Teilnahmeformen im Versuchsfalle strafbar.

Beispiele: *T* schmuggelt dem *G* eine Feile zu, die aber entdeckt wird (tauglicher Versuch). *T* hält den in einer Nervenheilanstalt befindlichen *X* irrig für behördlich verwahrt und schickt ihm eine Feile (untauglicher Versuch).

Handlungen im Vorfeld des Versuchs müssen ausgeschieden werden. Sie sind nicht etwa ein „Fördern".

Beispiel: *T* präpariert das Fluchtauto für *G*.

Alle Begehungsformen des § 120 I können bei entsprechender *Garantenpflicht* auch durch *Unterlassen* verwirklicht werden. Hier kommt eine Obhutspflicht für das Rechtsgut des § 120 (staatlicher Gewahrsam) durch *freiwillige Übernahme* in Betracht.[4] Das betrifft vor allem die mit der Bewachung beauftragten Beamten i. S. des Abs. II, aber auch Unternehmer, die ohne förmliche Verpflichtung i. S. des § 11 I Nr. 4 Gefangene bei sich beschäftigen und dabei entweichen lassen.

3. Beteiligungsprobleme

Bei § 120 sind immer mindestens zwei Personen vorhanden: der Täter *(T)* und der Gefangene *(G)*. Folgende Möglichkeiten bestehen:
(1) *G befreit* sich *selbst*.

Dieser Fall ist *tatbestandslos*. § 120 I setzt einen *anderen* als Gefangenen voraus. Der Grund für diese Privilegierung des *G* liegt in seiner notstandsähnlichen Situation.

(2) *Mehrere Gefangene* befreien sich *gemeinschaftlich*. Hier ist zu differenzieren:

Soweit jeder für sich fliehen will und die wechselseitige Hilfe nicht über das hinausgeht, was zur eigenen Flucht notwendig ist, scheidet Täterschaft jeweils bezüglich des anderen („fördern") aus. Der Grund hierfür liegt in der notstandsähnlichen Situation (wie bei der Selbstbefreiung). *Beispiel:* Mehrere Gefangene brechen gemeinschaftlich eine Tür auf.

In anderen Fällen kommt Täterschaft („befreien", „zum Entweichen verleiten") in

---

[4] Vgl. AT, 7. Teil, § 4 Nr. 1 c.

Betracht, str. So, wenn G die Gelegenheit seiner Flucht benutzt, um andere Gefangene zu befreien, oder wenn G andere Gefangene erst auf diesen Gedanken bringt.

(3) T beteiligt sich an der Selbstbefreiung des G

Dieser Fall ist entweder als „zum Entweichen verleiten" oder als „fördern" täterschaftlich i. S. d. § 120 I Var. 2,3 zu beurteilen. Bloße Unterstützungshandlungen scheiden aber aus und sind als bloße Beihilfe zur tatbestandslosen Selbstbefreiung des G straflos.

(4) G nimmt an der Gefangenenbefreiung durch T teil.

Hier kommt es darauf an, ob G das Maß der notwendigen Teilnahme[5] überschreitet. Dies ist der Fall bei der Anstiftung. Sie ist darum strafbar, str.

Beachte: Der persönliche Strafausschließungsgrund für Angehörige nach § 258 VI ist nicht auf § 120 übertragbar.

III. Typische Konkurrenzprobleme

Bei § 120 ist an die §§ 113, 223, 258, 303, 334 zu denken. Alle diese Tatbestände stehen gegebenenfalls in Idealkonkurrenz zu § 120.

Diebstahl bezüglich der Gefangenenkleidung scheidet dagegen regelmäßig aus. Es fehlt an der Absicht (zielgerichtetes Wollen) der Aneignung.[6]

IV. Problemhinweise, Literatur

§ 120 wurde im Jahre 1975 neu gefaßt. Kritik an dieser Reform wurde vor allem deswegen laut, weil § 120 Teilnahmehandlungen zur Täterschaft erhoben hat, was zu Spannungen mit allgemeinen Grundsätzen führt. (Eine vergleichbare Problematik existiert übrigens bei der Hehlerei).[7]

V. Bekannte BGH-Fälle

1. Wannen-Fall – BGHSt 17, 369

Zwei Gefangene waren gemeinschaftlich geflohen; sie hatten dem aufsichtführenden Beamten die Verfolgung durch eine schwere Wanne mit Wäsche erschwert, die sie ihm gemeinsam in den Weg gestellt hatten. –

---

[5] Vgl. AT, 8. Teil, § 3 Nr. 6.
[6] Vgl. bei § 20 II 3 d.
[7] Vgl. bei § 26 II 4 e.

Der *BGH* verneinte § 120 a. F. Die wechselseitige Hilfe sei nicht über das für eine tatbestandslose Selbstbefreiung erforderliche Maß hinausgegangen.

2. Schokolade-Fall – BGHSt 9, 62

Die Angeklagte hatte ein Sägeblatt in Schokolade versteckt, um ihrem inhaftierten Verlobten zur Flucht zu helfen. Sie hatte ihm aber diese nicht übergeben können, weil sie im Polizeigebäude festgenommen worden war. – Der *BGH* bejahte einen Versuch der Gefangenenbefreiung; es habe keine straflose Vorbereitungshandlung mehr vorgelegen.

§ 3. Hausfriedensbruch (§ 123)
– mit Ausführungen zu § 124 Schwerer Hausfriedensbruch –

I. Überblick

Rechtsgut des § 123 ist das private *Hausrecht*, nicht die öffentliche Ordnung (die Überschrift zum 7. Abschnitt führt hier in die Irre). Man soll frei entscheiden können, wen man in seine Wohnung läßt und wen nicht. § 123 ist also ein Freiheitsdelikt. Anders beim *schweren Hausfriedensbruch, § 124*. Hier ist neben dem Hausrecht auch die öffentliche Ordnung geschützt. Sie wird durch das aggressive Verhalten einer Menschenmenge gestört.[1] – § 124 ist ein qualifizierter Fall des § 123 (lex specialis).

Beachte das *Antragserfordernis* in § 123 Abs. II.

II. Struktur

§ 123 ist in der Weise konstruiert, daß zunächst der *geschützte Bereich* (Wohnung usw.) katalogartig aufgezählt wird. Dann werden *zwei mögliche Tathandlungen (Eindringen, Nicht entfernen)* genannt. Im einzelnen:

1. Geschützter Bereich

Der Tatbestand nennt
– die *Wohnung,*

---

[1] § 124 ist eine Vorstufe zu § 125 I Nr. 1, vgl. bei § 1 I 2.

dazu gehören auch die Nebenräume (Treppen, Keller, Boden, u. U. auch Hof und Garten), ferner ein Wohnwagen oder ein Zelt, nicht aber ein Auto (Beförderungsmittel);

– die *Geschäftsräume,*

z. B. Ladenlokale, Büroräume, Fabrikgebäude, Bankräume, Warenhäuser usw.;

– das *befriedete Besitztum,*

hierunter kann nur ein Grundstück mit Mauer, Zaun, Hecke oder dgl. fallen, z. B. ein Garten, Lagerplatz, Friedhof usw.;

– *zum öffentlichen Dienst oder Verkehr bestimmte abgeschlossene Räume,*

das sind z. B. Schulen, Kirchen, Bahnhofshallen einerseits, Eisenbahnen, Omnibusse, Straßenbahnen andererseits.

2. Tathandlungen

a) Widerrechtliches Eindringen

Das Wort „widerrechtlich" stellt kein Tatbestandsmerkmal dar; es kennzeichnet vielmehr die allgemeine Rechtswidrigkeit, str. Zwei Fragen wirft die erste Variante des § 123 auf. Was ist *Eindringen?* Wie steht es mit einem etwaigen *Einverständnis* des Berechtigten? Im einzelnen:

Eindringen heißt: Ein Mensch dringt körperlich ein.

Es genügt, daß ein Teil des Körpers eindringt. *Beispiel:* Fuß in der Tür.
Kein Eindringen liegt vor, wenn Steine durch das Fenster geworfen oder telefonische Störanrufe gemacht werden. Hier kommt Sachbeschädigung bzw. Körperverletzung in Betracht.

Ein *Einverständnis* des Berechtigten *schließt* schon den *Tatbestand aus.* Eindringen setzt begrifflich ein Handeln gegen den Willen des Berechtigten voraus. Auf den Rechtfertigungsgrund der Einwilligung kann es daher nicht erst ankommen.[2] Das Einverständnis ist ein typischer Problempunkt bei § 123. Drei Fragen können hier schwierig zu beantworten sein: *Wer* ist *Berechtigter? Wie* kann das Einverständnis *erklärt* werden? *Wo* sind dabei *Grenzen* zu ziehen? Im einzelnen:

Berechtigter ist der *Inhaber des Hausrechts.* Wer das ist, muß am Fall entschieden werden. Eigentum und Besitz geben für diese Frage nichts her.

So hat der Mieter das Hausrecht gegenüber dem Vermieter auch nach Ablauf des Mietvertrages, solange er die Wohnung noch nicht geräumt hat.
Bei mehreren Mietern (z. B. Ehegatten) kann jeder einem Dritten gegenüber das Einverständnis erklären, stößt aber bei Unzumutbarkeit auf eine Grenze. So ist es unzumutbar, einen Liebhaber in die Wohnung zu lassen; hier ist der Widerspruch des anderen Ehegatten beachtlich. Bei der Schwiegermutter kommt es auf alle Umstände des Falles (insbesondere die Dauer des Besuches) an. Nimmt die Schwiegermutter irrig ein wirksames Einverständnis an, liegt ein Tatbestandsirrtum nach § 16 I 1 vor.

---

[2] Vgl. AT, 4. Teil, § 4 Nr. 5 a.

Erklärt werden kann das Einverständnis *ausdrücklich* oder (häufiger) *konkludent*. Willensmängel sind dabei unbeachtlich, str.

Beispiel: T verschafft sich durch Täuschung eine Einladung zu einem Stehempfang. T dringt nicht i. S. des § 123 ein, str.

Der Berechtigte kann sein Einverständnis *begrenzen*. Es können ihm aber auch *Grenzen* bei der Verweigerung des Einverständnisses gezogen sein.

Ein *privater Hausherr* kann grundsätzlich frei entscheiden, wen er in seine Wohnung usw. läßt. Probleme können hier beim generellen Einverständnis z. B. eines Warenhauses entstehen. *Beispiel:* T betritt ein Warenhaus, um zu stehlen. Hier gilt: Ein Mißbrauch des Einverständnisses und die Verfolgung eines unerlaubten Zweckes bewirken noch kein Eindringen i. S. des § 123. Anders, wenn das äußere Erscheinungsbild völlig vom gestatteten Eintreten abweicht. So, wenn T maskiert und bewaffnet eindringt. Hier ist § 123 zu bejahen.

Auf eine *Grenze* stößt der private Hausherr bei § 138 BGB. *Beispiel:* Ein Gastwirt hängt ein Schild an die Tür: „Für Gastarbeiter verboten".

Öffentliche Hausherren müssen zusätzlich Art. 3 GG und Spezialgesetze beachten. So muß die Bahn grundsätzlich jeden Reisenden befördern, § 22 PersonenbeförderungsG; vgl. aber § 3 EisenbahnverkehrsO.

Ein Hausverbot hat hier entweder *privatrechtlichen Charakter* (*Beispiel:* es soll Vertreter fernhalten) oder – häufiger – *öffentlichrechtlichen Charakter* (*Beispiel:* befristetes Hausverbot für Studenten durch den Rektor). Im letztgenannten Fall liegt ein Verwaltungsakt vor. Ist er mit aufschiebender Wirkung angefochten oder anfechtbar (letzteres str.), scheidet § 123 aus. Dies auch dann, wenn die sofortige Vollziehbarkeit angeordnet ist (anders die h. M., die aber verwaltungsrechtlichen Ungehorsam pönalisiert).

b) Nicht entfernen

Die zweite Variante ist mißverständlich formuliert. Entgegen dem Wortlaut ist ein Verweilen ohne Befugnis gerade nicht vorausgesetzt. Gemeint ist vielmehr der Fall, daß jemand zunächst mit Befugnis verweilt hat, diese Befugnis aber dann gerade durch die Aufforderung, sich zu entfernen, verloren hat und sich nun nicht entfernt.

Beispiel: Im Lauf des Abends nähert sich T als Gast der Ehefrau des Gastgebers unsittlich. Vom Ehemann hinausgewiesen, entfernt er sich nicht.

Die zweite Variante enthält also ein *echtes Unterlassungdelikt*.[3]

Würde man dagegen das Gesetz hier wörtlich nehmen, würden folgende Fälle Schwierigkeiten bereiten:

T verwechselt seine Wohnung mit einer fremden Wohnung, dringt also vorsatzlos ein, und entfernt sich dann, als er seinen Irrtum bemerkt hat, nicht. Oder: T dringt mit einem Rechtfertigungsgrund ein, z. B. weil die Badewanne überläuft, und entfernt sich dann nicht, obwohl der Rechtfertigungsgrund nicht mehr besteht (weil T z. B. das Wasser abgedreht hat). Hier scheidet eine Strafbarkeit nach der 2. Variante aus, weil es an einer „Aufforderung des Berechtigten" fehlt. Das Gesetz kann also diese Fälle nicht im Auge gehabt haben. Bei ihnen ist vielmehr die erste Variante erfüllt. Es liegt ein Eindringen durch Unterlassen des Sichentfernens vor (unechtes Unterlassungsdelikt). Die Garantenpflicht ergibt sich aus Ingerenz. Die Pflichtwidrigkeit des Vorverhaltens

---

[3] Vgl. AT, 7. Teil, § 3 Nr. 1.

liegt darin, daß mit Wegfall des Vorsatzes bzw. des Rechtfertigungsgrundes ein pflichtwidriger Dauerzustand entsteht.

Genau besehen ist die zweite Variante überflüssig. Denn auch die Fälle, in denen jemand hinausgewiesen wird, können als Eindringen durch Unterlassen unter die erste Variante subsumiert werden. Man kann deshalb der zweiten Variante die selbständige Tatbestandsqualität absprechen und sie als verdeutlichende Umschreibung eines speziellen Falles der ersten Variante ansehen. Ein Konkurrenzproblem zwischen den beiden Varianten kann dann nicht entstehen. – Anders aber die Rechtsprechung, die von Subsidiarität der zweiten Variante ausgeht.

III. Typische Konkurrenzprobleme

§ 123 ist Dauerdelikt. Daraus entstehen typische Konkurrenzprobleme, wenn das Dauerdelikt des § 123 mit Zustandsdelikten zusammentrifft.[4]

Mit Handlungen, die zur Begründung oder Aufrechterhaltung des Hausfriedensbruches dienen, oder die durch den Hausfriedensbruch ermöglicht werden, besteht Tateinheit.

Beispiele: Körperverletzung zur Begründung eines Hausfriedensbruches; Vergewaltigung, die durch Hausfriedensbruch ermöglicht werden soll.

Mit Handlungen, die nur gelegentlich eines Hausfriedensbruches begangen werden, besteht dagegen Realkonkurrenz.

Beispiel: Der hinausgewiesene Gast zertrümmert das Geschirr (Sachbeschädigung).

Hausfriedensbruch trifft regelmäßig mit Einbruchdiebstahl zusammen und ist dann mitbestrafte Begleittat (Gesetzeskonkurrenz, Konsumtion).[5] Voraussetzung ist, daß das Regelbeispiel des § 243 I Nr. 1 erfüllt ist.

IV. Problemhinweise, Literatur

Beim Hausfriedensbruch sind vor allem Fragen des *Hausrechts* und der *Begrenzung des Einverständnisses* examensträchtig.

Lektüre: Hanack, Hausfriedensbruch durch Testkäufer, JuS 1964, 352; *Stückemann,* Der getäuschte Hausrechtsinhaber, JR 1973, 414. Besondere Probleme wirft auch das Hausrecht im öffentlichen Bereich auf. *Lektüre* zur Problematik eines Hausverbots im Universitätsbereich: *OLG Karlsruhe,* JZ 1977, 478 sowie *Gerhards,* NJW 1978, 86. Ferner: *Haak,* Hausrecht an Behördengebäuden, DVBl 1968, 134.

---

[4] S. zu den Begriffen „Dauerdelikt" und „Zustandsdelikt" unter diesen Stichwörtern im Glossar des AT. Vgl. dort auch im 12. Teil, § 3 Nr. 3 b.
[5] Vgl. AT, 12. Teil, § 2 Nr. 3.

V. Bekannter BGH-Fall: Zeitschriftenwerber-Fall – BGHSt 21, 224

Der Angeklagte war als Zeitschriftenwerber in eine Wohnung gelangt, wo sich eine vierzehnjährige Schülerin aufgehalten hatte. Er hatte sich erst entfernt, nachdem das Mädchen ihn wiederholt vergeblich zum Gehen aufgefordert hatte. – Der *BGH* befand, das Mädchen sei zur Wahrung des Hausrechts berechtigt gewesen. Minderjährige Kinder seien dazu kraft ihrer Zugehörigkeit zur Familiengemeinschaft befugt, sofern sie dem Willen des Wohnungsinhabers nicht zuwiderhandelten, fähig seien, den Sinn des Hausrechts zu begreifen und die Sachlage vernünftig beurteilten.

§ 4. Nichtanzeige geplanter Straftaten (§ 138)
– mit Ausführungen zu § 140 Belohnung und Billigung von Straftaten –

I. Überblick

1. Übersicht über § 138

Bei bestimmten (schweren) *geplanten Straftaten*, nämlich den in § 138 genannten Delikten, besteht eine Anzeigepflicht. *Rechtsgut* des § 138 ist demzufolge das jeweils *durch die geplante Straftat gefährdete Rechtsgut*, str.

Andere geplante Straftaten als die in § 138 genannten muß man *nicht anzeigen.* Beispiel: *T* erfährt, *X* plane einen Diebstahl, und tut nichts. *T* ist straflos.
Falls jedoch eine Garantenpflicht gegenüber dem verletzten Rechtsgut besteht, kann Beihilfe durch Unterlassen[1] in Betracht kommen. *Beispiel:* Die Hausgehilfin *B,* die für Gegenstände im Haushalt obhutspflichtig ist (Garant durch freiwillige Übernahme) unternimmt nichts, obwohl sie von einem geplanten Einbruch weiß.
Begangene Straftaten muß man *nicht anzeigen,* auch nicht in den schwersten Fällen. *Beispiel: T* erfährt, daß *X* einen Mord begangen hat, und tut nichts. *T* ist straflos.
Doch ist in solchen Fällen darauf zu achten, ob nicht Strafvereitelung, § 258 oder Begünstigung, § 257 gegeben ist.

§ 138 ist ein *echtes Unterlassungsdelikt.*[2] Der *Versuch* ist *tatbestandslos.* Hier sind zwei Situationen zu unterscheiden:[3]

Einmal kann für die Anzeige ein zeitlicher Spielraum existieren. Dann ist § 138 versucht, sobald die Unterlassung der Anzeige die Gefahr für das Rechtsgut vergrößert, vollendet, wenn keine Anzeige mehr möglich ist.

---

[1] Vgl. AT, 8. Teil, § 3 Nr. 7.
[2] Vgl. AT, 7. Teil, § 3 Nr. 1.
[3] Vgl. AT, 9. Teil, § 7 Nr. 4, b.

§ 4. Nichtanzeige geplanter Straftaten (§ 138) 19

Zum anderen ist untauglicher Versuch denkbar, so, wenn T irrig an eine geplante Straftat glaubt.

Sowohl die vorsätzliche als auch die fahrlässige (Leichtfertigkeit, § 138 III) Unterlassung ist strafbar. Die Fahrlässigkeit bezieht sich auf die Unterlassung der Anzeige, nicht auf die tatbestandsmäßige Situation; insoweit ist Vorsatz erforderlich. Es genügt also nicht, wenn der Täter infolge von noch so grober Fahrlässigkeit von einem geplanten Verbrechen nichts weiß, von dem er hätte wissen können. Er muß insoweit Vorsatz haben.

Fahrlässigkeit i. S. des Abs. III liegt z. B. vor, wenn T die Absendung des Anzeigebriefes vergißt. Auch eine verspätete Anzeigeerstattung kann darunter fallen.

2. Straflosigkeit nach § 139 in Sonderfällen

Von geplanten Straftaten erfahren besonders häufig Personen, denen strafprozessual ein *Zeugnisverweigerungsrecht* nach §§ 52 ff. StPO zusteht (Angehörige, Geistliche, Anwälte usw.). Für § 138 sind diese Zeugnisverweigerungsrechte ohne Belang. Den dabei drohenden Konflikten trägt § 139 Rechnung. Die verbrechenssystematische Einordnung der Regelungen des § 139 ist umstritten; hierauf ist vor allem beim Aufbau zu achten.

Geistliche (Beichtgeheimnis) sind nach Maßgabe des § 139 II nicht zur Anzeige verpflichtet. Hier entfällt schon der *Tatbestand*, str.

Rechtsanwälte und *Ärzte* sind nach Maßgabe des § 203 zur Wahrung des Berufsgeheimnisses verpflichtet. Das gilt grundsätzlich auch für geplante Straftaten. Soweit es sich jedoch um die in § 138 genannten Taten handelt, besteht eine Anzeigepflicht. § 138 wirkt dann als Rechtfertigungsgrund gegenüber § 203.[4] Durch ernsthaftes Bemühen usw. nach Maßgabe des § 139 III S. 2 kann der Anwalt usw. aber Straffreiheit erlangen. Der Zusammenhang zeigt, daß es sich hierbei bezüglich § 138 um einen *Rechtfertigungsgrund* handelt, der systematisch aus § 203 abzuleiten ist, str.

Angehörige (§ 11 I Nr. 1.), die im Gegensatz zu Anwälten usw. nicht schweigepflichtig sind, können sich in entsprechender Weise nach Maßgabe des § 139 III S. 1 Straffreiheit verdienen. Da bei ihnen eine typische Konfliktsituation häufig sein wird, ist richtigerweise ein *Entschuldigungsgrund*[5] anzunehmen, str.

Beachte: § 139 III S. 1 ist überall dort *analog anwendbar*, wo Angehörige in einer vergleichbaren Situation für die Nichtverhinderung strafbarer Handlungen verantwortlich gemacht werden. Beispiel: Der Vater (Garant aus natürlicher Verbundenheit) verhindert die Abtreibung durch die Mutter nicht (Beihilfe zu § 218 durch Unterlassen). Der Vater ist entschuldigt, wenn er sich ernsthaft bemüht hat, die Mutter von der Tat abzuhalten. Er braucht nicht behördliche Hilfe in Anspruch zu nehmen.

Jedermann kann sich schließlich nach Maßgabe des § 139 IV Straffreiheit verdienen. Die Regelung ähnelt der des Rücktritts vom Versuch, hat jedoch eine andere ratio.[6] § 138 will Straftaten verhüten helfen, und hierzu sind auch andere Mittel – nämlich die des § 139 IV – als die Anzeige des § 138 recht. Systematisch ist deshalb richtigerweise ein *persönlicher Strafaufhebungsgrund* jenseits von Unrecht und Schuld[7] anzunehmen, str.

---

[4] Vgl. bei § 13 II 4. Zur Rechtsstellung der Strafverteidiger siehe bei § 25 I 2.
[5] Vgl. AT, 5. Teil, § 4, Nr. 5 a.
[6] Zur ratio des § 24 siehe AT, 9. Teil, § 8 Nr. 2.
[7] Vgl. AT, 11. Teil, § 3.

3. Belohnung und Billigung von Straftaten, § 140

Nach Begehung der in § 138 I Nr. 1 bis 5 und der in § 126 I Nr. 1 bis 6 begangenen schweren Straftaten ist deren Belohnung und Billigung nach Maßgabe des § 140 strafbar. *Rechtsgut* ist hier der *öffentliche Frieden*. Wer schwere Straftaten nachträglich billigt, erzeugt ein psychisches Klima, in dem neue Delikte dieser Art gedeihen können. Das will § 140 verhindern.[8]

II. Struktur

Man braucht zunächst die *tatbestandsmäßige Situation*, und muß dann auf die *Unterlassung* achten. Probleme können dabei besonders bezüglich solcher Personen entstehen, die an der *Planung beteiligt* sind. Im einzelnen:

1. Die tatbestandsmäßige Situation

Der Täter muß von dem *Vorhaben* oder der *Ausführung* einer der in § 138 I Nr. 1 genannten Straftaten (fast durchweg Verbrechen) *glaubhaft erfahren* und die Ausführung oder der Erfolg muß noch abgewendet werden können.

Vorhaben ist jeder ernstliche, konkrete Plan. Ab seiner Existenz kann die Anzeigepflicht beginnen, wobei u. U. ein erheblicher Zeitraum verstreichen kann, ehe aus dem (straflosen) Versuch des § 138 die strafbare Vollendung wird. Es spielt keine Rolle, ob es zum geplanten Delikt kommt, doch kann hier § 139 I zu beachten sein.
Ausführung ist das begonnene, aber noch nicht beendete Delikt, U. U. besteht also eine Anzeigepflicht auch noch nach Vollendung des Tatbestandes.[9] Dahinter steht die Überlegung, daß § 138 solange eingreifen soll, solange noch (größerer) Schaden verhütet werden kann. *Beispiel:* T erfährt, daß X einen Menschenraub, § 234 begangen hat. Der Tatbestand des § 234 ist mit der „Bemächtigung" eines Menschen *vollendet*, mit der Verwirklichung der darin beschriebenen Absicht *beendet*. Bis zu letzterem Zeitpunkt ist T anzeigepflichtig.
Glaubhaft erfahren heißt: Das Vorhaben oder die Ausführung muß objektiv existiert haben. Der Täter muß insoweit mindestens bedingten Vorsatz haben; Fahrlässigkeit genügt nicht. Die Kenntnis muß sich auf die geplante Tat beziehen; Kenntnis des Täters ist nicht erforderlich.

Die geplante Tat braucht nicht strafbar zu sein. Entscheidend ist, daß sie zu einer Rechtsgüterfährdung führen soll. Nur dann ist das Rechtsgut des § 138 betroffen. Darum ist auch die geplante Straftat eines Schuldunfähigen anzeigepflichtig. Nicht anzeigepflichtig ist dagegen eine Tat, die nur untauglicher Versuch sein würde, str.

---

[8] Eine systematische Zusammenfassung der strafbaren Äußerungen über Delikte findet sich bei § 6 I 2.
[9] Vgl. zu den Begriffen Beendigung und Vollendung im Glossar des AT.

2. Die Unterlassung

Die Unterlassung besteht darin, daß der Behörde oder dem Bedrohten nicht rechtzeitig Anzeige gemacht wird.

Behörde ist regelmäßig, aber nicht notwendig die Polizei.
Bedrohter ist der, gegen den sich der Angriff unmittelbar richten soll. Das ist z. B. der zu Ermordende. Bei Münzverbrechen und gemeingefährlichen Delikten gibt es keinen Bedrohten in diesem Sinne; dann muß die Anzeige bei der Behörde erstattet werden.

Nach allgemeinen Grundsätzen kann die Anzeigepflicht entfallen.[10] Dies betrifft das Fehlen der

– *Kausalität* der unterlassenen Handlung;

Beispiel: Es steht fest, daß die Tat auch durch eine Anzeige nicht zu verhüten gewesen wäre;

– *Möglichkeit;*

Beispiel: T ist eingeschneit und hat keine Möglichkeit, Anzeige zu erstatten;

– *Erforderlichkeit;*

Beispiel: Ein Dritter hat bereits Anzeige erstattet;

– und der *Zumutbarkeit* der unterlassenen Anzeige;

Beispiel: T ist an der Planung des Verbrechens selbst als Täter oder Teilnehmer beteiligt. Es ist ihm nicht zuzumuten, sein eigenes Vorhaben anzuzeigen (Zumutbarkeit als „regulatives Prinzip" zur Tatbestandsbegrenzung bei allen Unterlassungsdelikten), str.[11]

3. Am Tatplan Beteiligte

Wie soeben aufgezeigt wurde, sind Personen, die am Tatplan beteiligt sind, nicht anzeigepflichtig, str. Dabei ist besonders auf die *Beihilfe* zu achten. Sie kann durch Tun oder Unterlassen geleistet werden.

Beispiele: G erfährt vom geplanten Mord des T und verspricht diesem, er werde ihn nicht anzeigen. Darin liegt psychische Beihilfe durch Tun. G ist wegen Beihilfe zum Mord, nicht aber nach § 138 strafbar.
G, der Sohn des V, erfährt, daß T plant, seinen, des G Vater zu ermorden und bleibt untätig. G ist seinem Vater garantenpflichtig (Obhutspflicht aus natürlicher Verbundenheit); er ist strafbar wegen Beihilfe zum Mord in der Form des Unterlassens. § 138 scheidet ebenfalls aus.
Beachte: Die jedermann treffende Anzeigepflicht nach § 138 begründet noch keine Garantenpflicht. Wenn G also vom geplanten Mord an einem Fremden erfährt und untätig bleibt, so darf man nicht etwa über § 138 Beihilfe zum Mord konstruieren. Es bleibt bei § 138.

Probleme können hier entstehen, wenn der am Tatplan Beteiligte wegen der geplanten Tat nicht bestraft werden kann.

---

[10] Vgl. AT, 7. Teil, § 3 Nr. 2.
[11] Zu den bei Vortatbeteiligten entstehenden Sonderproblemen s. oben im folgenden unter 3.

§ 4. Nichtanzeige geplanter Straftaten (§ 138)

Beispiele: G beteiligt sich am Mordplan des *T*, der jedoch nicht über das straflose Vorbereitungsstadium hinaus gedeiht. Hier entfällt die Strafbarkeit auch aus § 138, str.

G beteiligt sich am Mordplan des *T*, sagt sich aber rechtzeitig wieder von dem Vorhaben los, so daß er das strafbare Versuchsstadium nicht erreicht.[12] Hier wird man richtigerweise sagen müssen, daß die Tat des *T* jetzt für G eine „fremde" ist, so daß er nach § 138 anzeigepflichtig ist, str.

Kann in tatsächlicher Hinsicht nicht aufgeklärt werden, ob jemand an der geplanten Tat beteiligt ist, scheidet Wahlfeststellung zwischen ihr und § 138 aus. Die beiden Tatbestände sind rechtsethisch und psychologisch nicht vergleichbar. Der Täter ist nach dem Grundsatz in dubio pro reo von beiden Tatbeständen freizusprechen, str. Das befriedigt zwar nicht, ist aber hinzunehmen.

III. Typische Konkurrenzprobleme

Da Beteiligte an der geplanten Tat schon den Tatbestand des § 138 nicht erfüllen, kann ein Konkurrenzproblem insoweit nicht entstehen.

IV. Problemhinweise, Literatur

§ 138 ist neben § 323 c *das* klassische echte Unterlassungsdelikt im BT; hier ist ein Anlaß gegeben, die Problematik der Unterlassungsdelikte zu wiederholen.

Lektüre: Geilen, Unterlassene Verbrechensbekämpfung und ernsthafte Abwendungsbemühung, JuS 1965, 426. Als examensträchtige Spezialproblematik bietet sich die Problematik des Vortatbeteiligten an. *Lektüre: Schmidhäuser,* Über die Anzeigepflicht des Teilnehmers, in: Festschr., f. Bockelmann, 1979, S. 683.

V. Bekannter BGH-Fall: „Jetzt-macht-er-was-Fall" – BGHSt 19, 295

Der Ehemann der Angeklagten hatte einen Raubüberfall geplant. Die Frau hatte es geschehen lassen und bei sich gedacht: „Jetzt macht er was", als der Ehemann am Tattag das Haus verlassen hatte. – Der *BGH* schloß Beihilfe zum Raub durch Unterlassen aus, weil die Angeklagte keinen Einfluß auf ihren Mann gehabt hatte. Er bejahte den Tatbestand des § 138, wobei er die Unkenntnis der Ehefrau, zur Anzeige verpflichtet zu sein, als Gebotsirrtum wertete.

---

[12] Bei einem „Rücktritt" im straflosen Vorbereitungsstadium entfällt die Strafbarkeit, ohne daß § 24 benötigt wird, vgl. AT, 9. Teil, § 8 Nr. 3 b (am Anfang).

§ 5. Unerlaubtes Entfernen vom Unfallort (§ 142)

I. Überblick

Die populär so genannte „Fahrerflucht" heißt seit einer Gesetzesänderung im Jahre 1975 korrekt „Unerlaubtes Entfernen vom Unfallort". *Rechtsgut* ist das (private) *Vermögensinteresse* der Unfallbeteiligten und Geschädigten an der Aufkärung des Unfallgeschehens. Sie sollen instand gesetzt werden, eigene Schadensersatzansprüche durchzusetzen und fremde Ansprüche abzuwehren. Rechtsgut ist *nicht* das (öffentliche) Interesse an einer Strafverfolgung. Zwar kann § 142 einen Unfallbeteiligten dazu zwingen, sich *auch* einer Strafverfolgung (z. B. nach §§ 315c, 222, 230) auszusetzen; insoweit wird der Grundsatz, wonach eine Selbsthilfe straflos ist,[1] faktisch durchbrochen. Doch muß dies mit Blick auf das Rechtsgut des § 142 hingenommen werden. Ein Verstoß gegen das Grundgesetz liegt darin nicht.

Konsequenzen: Wenn bei einem Unfall keine anderen Geschädigten vorhanden sind, scheidet § 142 aus. Ebenso, wenn zwar Geschädigte vorhanden sind, der Schaden jedoch so belanglos ist, daß mit einer Geltendmachung von Schadensersatzansprüchen vernünftigerweise nicht zu rechnen ist. So etwa bei geringfügigen Hautabschürfungen oder harmlosen Kratzern am Auto. (Die Grenze wird bei Sachschäden ungefähr zwischen 10 und 30 Mark gezogen – bei leicht steigender Tendenz.) In derartigen Fällen wird schon das Tatbestandsmerkmal „Unfall" verneint.
Beachte: Eine eventuelle Kasko-Versicherung des alleinigen Geschädigten ist kein Geschädigter i. S. des § 142.

§ 142 ist *abstraktes Gefährdungsdelikt, Sonderdelikt* und *echtes Unterlassungsdelikt*.

Abstraktes Gefährdungsdelikt:[2] Das Rechtsgut (Vermögensinteresse) muß nicht konkret gefährdet sein; eine Gefährdung ist nicht Tatbestandsmerkmal; die Gefährlichkeit der Handlung ist nur Grund für die Existenz der Vorschrift. – Es nützt dem Täter darum auch nicht, wenn er z. B. reichlich Geld am Unfallort zurückläßt.
Sonderdelikt: Täter kann nur ein Unfallbeteiligter i. S. des Abs. IV sein. Andere Personen kommen nur als Teilnehmer in Betracht. Die Unfallbeteiligung ist ein besonderes persönliches Merkmal, so daß § 28 I gilt,[3] str.
Echtes Unterlassungsdelikt: Für die Absätze II, III ist das unstreitig. Aber auch Absatz I wird man als echtes Unterlassungsdelikt anzusehen haben. Zwar ist dort ein Tun beschrieben („sich entfernen"), doch liegt der Schwerpunkt auf dem Unterlassen der Ermöglichung von Feststellungen. – Daraus folgt, daß das bei Unterlassungsdelikten den Tatbestand begrenzende „regulative Prinzip" der Zumutbarkeit auch bei § 142 gilt.[4] Damit lassen sich Konflikte bereits auf der Tatbestandsebene lösen. Beispie-

---

[1] Die Selbsthilfe ist namentlich straflos in den Fällen der §§ 120, 257, 258, 259.
[2] S. zur Problematik der abstrakten Gefährdungsdelikte auch bei 34 I.
[3] Vgl. AT, 8. Teil, § 3, Nr. 5c.
[4] Vgl. AT, 7. Teil, § 3, Nr. 2d.

le: Bei Blechschäden müsste der Arzt einen dringenden Krankenbesuch, der Anwalt einen wichtigen Gerichtstermin, der Geschäftsmann eine gebuchte Flugreise versäumen – das brauchen sie nicht. Die Wartezeit wird in solchen Fällen verkürzt. U. U. entfällt sie ganz.[5]

Beachte: Durch Einwilligung (sog. Verzicht auf Feststellungen) der Feststellungsberechtigten kann die Rechtswidrigkeit entfallen (str., nach a. M. liegt ein tatbestandsausschließendes Einverständnis vor).

Auch mutmaßliche Einwilligung kann rechtfertigen, *Beispiele:* T beschädigt das Auto seines Arbeitgebers oder eines nahen Angehörigen. Der Unfallgegner entfernt sich unerlaubt, worauf sich auch T entfernt.

II. Struktur

Vorausgesetzt ist zunächst ein *Unfall*. Als Täter kommt nur ein *Unfallbeteiligter* in Betracht. Ihm obliegen bestimmte *Pflichten*, deren Verletzung die Tatbestandsmäßigkeit ergibt. Im einzelnen:

1. Unfall

Der objektive Tatbestand setzt zunächst einen *„Unfall im Straßenverkehr"* voraus. Vergegenwärtigt man sich den problemlosen Normalfall eines *„Unfalles"*, so ergeben sich drei Merkmale:

– *Plötzliches Ereignis;*
– *Zusammenhang mit den Gefahren des Straßenverkehrs,*
   wie er typisch etwa bei einem Zusammenstoß zweier Autos gegeben ist – Gegenbeispiel: T benutzt ein Auto als Waffe, um den O zu töten; und
– ein nicht völlig belangloser *Schaden,*
   Kriterium: Es ist vernünftigerweise mit der Geltendmachung von Schadensersatzansprüchen zu rechnen (Rechtsgut!).

Der Begriff „Straßenverkehr" spielt auch in anderen Tatbeständen – insbesondere in § 315c – eine Rolle (Baukastensystem). Er ist rein strafrechtlich zu bestimmen; öffentliches Wegerecht und privates Eigentumsrecht bleiben außer Betracht. Erforderlich sind
– *Wege* oder *Plätze,*
   also nicht z. B. Wasserstraßen und Skipisten.
– die von *unbestimmt vielen Personen* wenigstens vorübergehend tatsächlich benutzt werden,
   Beispiele: Verkehr auf öffentlichen Straßen, aber auch auf dem Parkplatz eines Supermarktes, in Parkhäusern, auf Kasernenstraßen, in Tankstellen, auf Rad- und Fußgängerwegen;

---

[5] Es bedarf in solchen Fällen nicht erst eines übergesetzlichen Entschuldigungsgrundes der rechtlich unlösbaren Pflichtenkollision, vgl. zu diesem AT, 5. Teil, § 4 Nr. 5e, str. Freilich entstehen in solchen Fällen die nachträglichen Pflichten der Absätze II, III, vgl. unten II 3e.

Gegenbeispiel: Ein nur bestimmten Personen offenstehender Privatparkplatz (anders aber, wenn dessen Benutzung durch die Allgemeinheit faktisch geduldet wird).
Beachte: Auch unter Fußgängern ist ein Unfall möglich, so, wenn sie zusammenprallen und einer sich verletzt, str. Verkennt der andere Fußgänger dies, kommt ein Gebotsirrtum nach § 17 in Betracht.[6]

2. Unfallbeteiligter

Der Begriff ist in Abs. IV legaldefiniert. Entscheidend ist das Wort „kann". Die bloße Möglichkeit der Unfallbeteiligung genügt. Ob sie auch Wirklichkeit ist, soll ja gerade erst durch Erfüllung der Pflichten des § 142 aufgeklärt werden.

Beispiele: Der Mitfahrer lenkt den Fahrer durch ein Gespräch ab. Ein am Straßenrand stehender Fußgänger gibt mißverständliche Zeichen. – Es nützt beiden nichts, wenn sich nachträglich herausstellt, daß dieses Verhalten in keiner Weise für den Unfall ursächlich war. Es genügt, daß diese Möglichkeit bestand.

Erforderlich ist ein Verhalten in der *aktuellen Unfallsituation,* str. Sonst würde man angesichts der Weite des strafrechtlichen Ursachenbegriffs ins Uferlose geraten.

Beispiele: Ein Fahrzeughalter überläßt sein Auto einem ungeeigneten Fahrer, der prompt einen Unfall verursacht. Ein Mechaniker führt eine Reparatur fehlerhaft aus, wodurch es zu einem Unfall kommt. Die Rechtsprechung bejaht hier § 142, wenn diese „Verursacher" im Auto mitfahren. Dem kann nicht gefolgt werden.

Es müssen *konkrete „Umstände"* vorliegen. Die theoretische Möglichkeit einer Unfallbeteiligung genügt nicht.

Beispiele: Bei jedem Mitfahrer besteht theoretisch die Möglichkeit, daß er den Fahrer ablenkt. Bei jedem zufälligen Passanten (hübsches Mädchen!) besteht sie auch. Die Rechtsprechung neigt hier dazu, voreilige Erfahrungssätze von der Art „Mitfahrende Ehemänner lenken fahrende Ehefrauen immer ab" aufzustellen. Das geht zu weit. Um bei den sog. *mittelbaren Verursachern* konkrete Umstände fixieren zu können, ist von ihnen ein *regelwidriges Verhalten* zu fordern. *Beispiel:* T hält sein Fahrzeug ordnungsgemäß zum Linksabbiegen an. Hinter ihm kommt es zu einem Auffahrunfall. Der mittelbare Verursacher hat sich nicht regelwidrig verhalten; er ist nicht Unfallbeteiligter.
Gegenbeispiel: Der erwähnte Mitfahrer beschimpft den Fahrer, so daß dieser sich nicht mehr auf den Verkehr konzentrieren kann. Hier ist der Mitfahrer Unfallbeteiligter. (Wie man sieht, richtet sich die Frage der Regelwidrigkeit nicht nach geschriebenen Regeln.)
Beachte: Gerade bei mittelbaren Verursachern wird oft ein Irrtum vorliegen. Dann kommt es darauf an, ob ein gegenstandsbezogener Tatbestandsirrtum vorliegt (Beispiel: ein Fußgänger bemerkt nicht, daß sein Gestikulieren von einem Autofahrer als Signal mißverstanden wurde), oder ob ein begriffsbezogener Gebotsirrtum vorliegt (Beispiel: der Fußgänger bemerkt sehr wohl, daß der Autofahrer sein Zeichen falsch gedeutet hat, meint aber, als Fußgänger könne er keine „Fahrerflucht" begehen.[7]

---

[6] An diese Möglichkeit ist bei Unterlassungsdelikten immer zu denken, vgl. AT, 7. Teil, § 5 Nr. 3.
[7] Vgl. AT, 10. Teil § 6.

§ 5. Unerlaubtes Entfernen vom Unfallort (§ 142)

3. Struktur der Pflichten des § 142

Die Pflichtenstruktur des § 142 ist recht kompliziert. Um sie anschaulich zu machen, soll zunächst die Grundstruktur in Abb. 1 grafisch verdeutlicht werden. Dabei ist ein Spezialproblem – die berechtigte oder entschuldigte Verletzung der Pflichten des § 142 (vgl. Abs. II Nr. 2) – der besseren Übersichtlichkeit halber zunächst ausgeklammert worden.

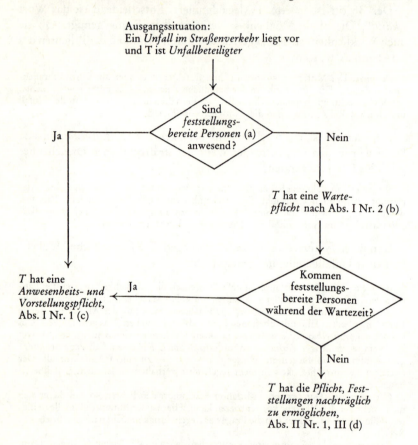

Abb. 1 Grundstruktur der Pflichten des § 142

Wie man anschaulich sieht, kommt es zunächst entscheidend darauf an, ob feststellungsbereite Personen anwesend sind. Hier liegt die erste Weichenstellung; die zweite liegt in der Frage, ob feststellungsbereite Personen während der Wartezeit kommen. Von den Antworten auf diese beiden Fragen hängt es ab, welche der insgesamt drei Pflichten des § 142 im konkreten Fall zu prüfen ist, nämlich die *Wartepflicht*, die *Anwesenheits-*

§ 5. *Unerlaubtes Entfernen vom Unfallort (§ 142)*   27

und Vorstellungspflicht oder die *Pflicht zur nachträglichen Ermöglichung der Feststellungen.* Im einzelnen:

a) Feststellungsbereite Personen

Es muß „jemand bereit sein", bezüglich des Täters die „Feststellung seiner Person, seines Fahrzeugs und der Art seiner Beteiligung" zu treffen, vgl. Abs. I Nr. 1 und 2. Wer dieser „jemand" sein kann, sagt das Gesetz nicht. Es kommt ganz auf den Fall und die Umstände an, wobei eine feststellungsbereite Person auch tauglich sein muß.

In Betracht kommen insbesondere andere Unfallbeteiligte, der Geschädigte, aber auch unbeteiligte Dritte. Untauglich ist typischerweise der Mitfahrer des Unfallgegners. Besonders tauglich (und i. d. R. auch dazu bereit – Ausnahme: Bagatellfälle) sind Polizeibeamte.

Erklärt sich der andere Unfallbeteiligte für nicht feststellungsbereit und verlangt er die Zuziehung der Polizei, fehlt es an einer feststellungsbereiten Person, so daß die Wartepflicht entsteht (Ausnahme: bei Schikane).

b) Die Wartepflicht

Wenn feststellungsbereite Personen nicht anwesend sind, muß *T* eine „nach den Umständen angemessene Zeit" auf deren Erscheinen warten. Diese Pflicht besteht auch dann, wenn mit dem Erscheinen feststellungsbereiter Personen nicht zu rechnen ist (z. B. nachts auf einsamer Landstraße). Ersatzmaßnahmen (z. B. Visitenkarte hinterlassen) beseitigen diese Pflicht grundsätzlich nicht (Ausnahme: Bagatellfälle).

Die Dauer der Wartepflicht richtet sich nach den Umständen des Falles. Als Faustregel kann man sagen: „*Je schwerer der Unfall, desto länger die Dauer der Wartepflicht*". Mehr läßt sich nicht sagen. Auch ein Anwalt könnte das nicht – nicht einmal gegen Honorar.

Beispiele: Bei unbedeutender Beschädigung des vor dem Haus stehenden Autos eines Nachbarn genügen wenige Minuten. Bei Tötung eines Verkehrsteilnehmers können mehrere Stunden (mindestens eine Stunde) zu fordern sein.
Umstände, die dabei eine Rolle spielen, sind z. B. die Tageszeit, die Witterung, die Verkehrsdichte, die Alkoholisierung eines Unfallbeteiligten, die Überlegung, ob mit dem Eintreffen feststellungsbereiten Personen zu rechnen ist, usw.
Für nicht genügend wurden beispielsweise erachtet:
15 Minuten in der Nacht bei 1500 Mark Schaden; 10 Minuten um 19 Uhr bei leichtem Unfall und stark befahrener Straße; 20 Minuten um 18 Uhr 30 bei 600 Mark Schaden.
Beachte: Da § 142 ein *Unterlassungsdelikt* ist, kann das „*regulative Prinzip*" der Zumutbarkeit die Wartepflicht begrenzen, u. U. ganz entfallen lassen.[8]

c) Die Anwesenheits- und Vorstellungspflicht

Wenn feststellungsbereite Personen anwesend sind, muß T anwesend bleiben und sich vorstellen.

Die *Anwesenheitpflicht* („durch seine Anwesenheit") ist eine passive Pflicht; sie verbietet es, sich zu entfernen (auch: sich am Unfallort zu

---

[8] S. oben I bei Fußn. 5. und unten lit. e. bei Fußn. 13.

verstecken, str.); sie gebietet nicht, die Aufklärung des Unfalles aktiv zu fördern. Sie besteht, solange ein Feststellungsinteresse des/der anderen Unfallbeteiligten besteht. Dieses Feststellungsinteresse betrifft insbesondere die Personalien, die Fahrzeug- und Versicherungsdaten und vor allem dem Hergang des Unfalls.

Ein Schuldanerkenntnis beseitigt dieses Feststellungsinteresse noch nicht; insbesondere schließt es spätere Einwendungen gegen die Schadenshöhe nicht aus.

Die *Vorstellungspflicht* („durch die Angabe, daß er an dem Unfall beteiligt ist"), gebietet ein (minimales) aktives Verhalten, das auch schlüssig erfolgen kann. Sie begründet keine über die bloße Angabe hinausgehende Mitwirkungspflicht.

Man muß also *nicht* den Namen nennen, den Führerschein oder die Fahrzeugpapiere vorweisen, Angaben über die Rolle z. B. als Fahrer oder Beifahrer machen. Man muß sich *lediglich* als Unfallbeteiligter zu erkennen geben.

Freilich kann bei Versagung der Hilfe zur Aufklärung des Unfallgeschehens der andere Unfallbeteiligte die Zuziehung der Polizei verlangen, sich also selbst für nicht feststellungsbereit erklären. Dann entsteht die Wartepflicht.

Wer sich also ausschweigt, Spuren verwischt, falsche Angaben macht, seine Unfallbeteiligung als solche aber nicht leugnet, macht sich nicht nach § 142 strafbar.

Beachte aber: Aktive Mitwirkungspflichten ergeben sich aus §§ 34, 49 I Nr. 29 StVO und 111 OWiG. Ihre Verletzung stellt eine Ordnungswidrigkeit dar.

d) Pflicht zur nachträglichen Ermöglichung der Feststellungen

Nach Ablauf der Wartefrist entsteht die in Abs. II Nr. 1, III näher umschriebene Pflicht. Das Gesetz gibt in Abs. III Beispiele dafür an, wie diese Pflicht erfüllt werden kann (beachte das kumulative „und" – alle dort genannte Voraussetzungen müssen erfüllt sein). Auch auf andere Weise kann man die Feststellungen „nachträglich ermöglichen".

Beispiele: Rückkehr zum Unfallort; Zurücklassen eines Zettels mit den nötigen Mitteilungen und der Erklärung, sein Fahrzeug zur Verfügung zu halten, wobei man sich freilich vergewissern muß, ob der Zettel auch in den Besitz des Berechtigten gelangt ist.

Diese Pflicht muß „unverzüglich", d. h. ohne vorwerfbares Zögern (Fallfrage) erfüllt werden.

e) Berechtigte oder entschuldigte Verletzung der Anwesenheits- und Vorstellungspflicht oder der Wartepflicht, Abs. II Nr. 2

Auch in diesem Fall entsteht die Pflicht zur nachträglichen Ermöglichung der Feststellungen. *Berechtigt* heißt: Dem Täter stand ein Rechtfertigungsgrund zur Seite.

Hauptbeispiel ist der rechtfertigende Notstand, § 34, so, wenn ein Verletzter ins Krankenhaus gebracht wird. Dabei ist freilich auf die erforderliche Abwägung zu achten (keine Rechtfertigung, wenn einerseits nur geringfügige Hautabschürfungen vorliegen, andererseits ein hoher Sachschaden gegeben ist).[9]

Weiteres Beispiel: Einwilligung des/der Feststellungsberechtigten.

---

[9] Siehe AT, 4. Teil, § 4 Nr. 3 e.

§ 5. Unerlaubtes Entfernen vom Unfallort (§ 142)

Entschuldigt heißt: Dem Täter stand ein Entschuldigungsgrund zur Seite.

Hauptbeispiel ist der entschuldigende Notstand, § 35, so, wenn der Täter am Unfallort ernstlich bedroht wird.[10]

Über den technischen Sinn des Wortes „entschuldigt" hinaus wird man auch Schuldausschließungsgründe[11] hierzu rechnen müssen.

Hauptbeispiel ist der unvermeidbare Verbotsirrtum, § 17, so, wenn der Täter über die Dauer der Wartefrist irrt. Auch eine vorübergehende Schuldunfähigkeit i. S. des § 20 (z. B. infolge Schock oder Alkohol) ist in seltenen Fällen denkbar.

Die h. M. rechnet auch ein *unvorsätzliches Verhalten* hierher, bei dem nach moderner Auffassung bereits der subjektive Tatbestand ausgeschlossen ist.[12]

Beispiel: Ein Unfallbeteiligter bemerkt den Unfall nicht. Er wird kurze Zeit später darauf hingewiesen und lehnt sowohl eine Rückkehr als auch die Ermöglichung nachträglicher Feststellungen ab. Hier ist der objektive Tatbestand des § 142 I Nr. 1 erfüllt, nicht aber der subjektive Tatbestand. Die h. M. will hier § 142 II Nr. 2 anwenden – zu Unrecht, weil
- das mit dem Wortlaut des § 142 II Nr. 2 („entschuldigt") nicht mehr vereinbar ist,
- der psychologische Unterschied zwischen bewußtem und unbewußtem Entfernen negiert wird, und
- unklar ist, wo zeitlich und räumlich die Grenze zu ziehen ist (die Rechtsprechung fordert einen engen zeitlichen und räumlichen Zusammenhang, in welchem T vom Unfall Kenntnis erlangt haben muß).

Vom Fall des unvorsätzlichen Entfernens ist der Fall zu unterscheiden, in dem die Wartepflicht wegen des regulativen Prinzips der „Zumutbarkeit" verkürzt wird oder gar ganz entfällt.[13]

Beispiel: Der Bräutigam ist auf dem Weg zur Trauung. Unterwegs verursacht er einen harmlosen Blechschaden. Die Zeit ist knapp und die Braut ist launisch. Hier reduziert sich die Wartepflicht des § 142 I Nr. 2 auf Null. Das ändert aber nichts daran, daß sie im Sinne des § 142 II Nr. 1 abgelaufen ist. Nach der Trauung muß der Bräutigam also unverzüglich die Feststellungen ermöglichen.

III. Typische Konkurrenzprobleme

Häufig liegt bereits bei der Verursachung des Unfalls ein strafbares Verhalten vor. Hier sind vor allem Trunkenheit im Verkehr, § 316 oder Gefährdung des Straßenverkehrs, § 315 c sowie fahrlässige Körperverletzung, § 230 oder fahrlässige Tötung, § 222 zu nennen. Im Verhältnis zu diesen Tatbeständen besteht regelmäßig Tatmehrheit.

---

[10] S. AT, 5. Teil, § 4, Nr. 5 b.
[11] S. unter diesem Stichwort im Glossar der AT.
[12] S. AT, 1. Teil, § 2 Nr. 5 und 6. Teil, § 1.
[13] S. oben I bei Fußn. 5.

Das Dauerdelikt des § 315c wird durch den Unfall beendet, wenn – was regelmäßig der Fall sein wird – zum Weiterfahren ein neuer Entschluß gefaßt wird. Daher kann nicht die Klammerwirkung des § 315c die für den Unfall ursächliche Tat (z. B. § 222) mit dem nachfolgenden § 142 zur Tateinheit verbinden. Vielmehr beginnt nach dem Unfall eine erneute Begehung des § 316, die dann in Tateinheit mit § 142 steht.[14]

Nur wenn der Verkehrsunfall keine Zäsur bewirkt, weil T keinen neuen Entschluß zum Weiterfahren faßt, liegt eine durchlaufende Dauerstraftat nach § 316 oder 315c vor. Sie verklammert aber z. B. keine fahrlässige Tötung mit § 142, weil das verklammernde Delikt minder schwer ist als die zu verklammernden Tatbestände.[15]

Läßt der Täter einen Verletzten liegen, steht § 142 in Tateinheit mit Unterlassener Hilfeleistung, § 323c.

Denkbar ist auch, daß § 142 mit einem unechten Unterlassungsdelikt, z. B. §§ 212, 223 zusammentrifft. *Beispiel:* Der durch den Unfall aus Ingerenz garantenpflichtig gewordene T läßt den verletzten O mit Tötungsvorsatz liegen. Dann verdrängt das vorsätzliche unechte Unterlassungsdelikt den subsidiären § 323c.[16]

IV. Problemhinweise – Literatur

Das *aktuellste und examensträchtigste Problem* des § 142 ist die unter II 3e erörterte Frage, ob die Pflicht zur nachträglichen Ermöglichung der Feststellung auch bei *vorsatzlosem Entfernen vom Unfallort* entstehen kann.

Lektüre: Beulke, Strafbarkeit gemäß § 142 StGB bei vorsatzlosem Sich-Entfernen vom Unfallort, NJW 1979, 400; *Franke,* Feststellungspflicht nach vorsatzlosem Sich-Entfernen vom Unfallort (§ 142 StGB), JuS 1978, 456.

V. Bekannte BGH-Fälle

1. Ramm-Fall – BGHSt 24, 382

Ein Autofahrer ohne Führerschein hatte den ihn verfolgenden Polizeiwagen gerammt, um zu entkommen. – Der *BGH* bejahte § 142. Obwohl der Autofahrer vorsätzlich gehandelt habe, habe mindestens aus der Sicht der Polizeibeamten ein Unfall vorgelegen. Ein verkehrsatypisches Geschehen, bei dem der Zusammenhang mit den Gefahren des Straßenverkehrs fehle, habe nicht vorgelegen.

2. Baustellen-Fall – BGHSt 28, 129

Ein Lastwagenfahrer hatte ein geparktes Auto beschädigt, dies aber nicht bemerkt. An einer 300 m entfernten Baustelle hatte er gehalten und war dort auf den Unfall hingewiesen worden. Er hatte sich aber nicht

---

[14] S. auch bei § 35 III.
[15] Vgl. AT, 12. Teil, § 3 Nr. 3b.
[16] S. bei § 38 III.

weiter darum gekümmert. – Der BGH stellte das vorsatzlose Sich-Entfernen dem berechtigten oder entschuldigten Entfernen i. S. des § 142 II Nr. 2 gleich und bejahte die Pflicht zur unverzüglichen nachträglichen Ermöglichung der erforderlichen Feststellungen.

3. Eheleute-Fall – BGHSt 15, 1

Eine Autofahrerin hatte einen Unfall verursacht. Neben ihr hatte der Ehemann und Halter des Wagens gesessen. Beide hatten sich entfernt. – Der *BGH* sah den Ehemann nicht schon deshalb als Unfallbeteiligten (und damit Mittäter) an, weil er Halter gewesen war, jedoch deshalb, weil er als Beifahrer die Fahrweise seiner Frau beeinflußt haben konnte. Diese bloße Möglichkeit genüge. Zum Vorsatz meinte der *BGH*, der Ehemann müsse gewußt haben, daß er der möglichen Beteiligung am Unfall verdächtig sein konnte. Ein etwaiger Irrtum hierüber wäre Tatbestandsirrtum gewesen. Habe er dagegen geglaubt, nur der Fahrer sei wartepflichtig, sei ein Verbotsirrtum anzunehmen.

4. Baum-Fall – BGHSt 8, 263

Ein Autofahrer war nach Alkoholgenuß gegen einen Baum gefahren. Er war erheblich verletzt worden. Sein Fahrzeug war erheblich beschädigt worden. Er hatte sich entfernt. Der Baum war unbeschädigt geblieben. – Der *BGH* schloß § 142 aus. Zwar habe ein Unfall vorgelegen. Doch sei das Rechtsgut des § 142 nicht verletzt worden, weil nur der Täter selbst Schaden erlitten habe.

5. Selbstmörder-Fall – BGHSt 12, 253

Einem Autofahrer war (möglicherweise) ein Selbstmörder vor das Auto gesprungen. Der Autofahrer war nach kurzem Anhalten weitergefahren. – Der *BGH* bejahte § 142. Ein Unfall habe vorgelegen. Darauf, daß eine zivilrechtliche Haftung wegen der Unabwendbarkeit des Ereignisses nach § 7 II StVG im Ergebnis ausgeschlossen gewesen sei, sei es nicht angekommen, weil ja § 142 gerade der Klärung solcher Fragen dienen solle.

§ 6. Vortäuschen einer Straftat (§ 145 d)
– mit einem Exkurs: Strafbare Äußerungen über Delikte –

I. Überblick

§ 145 d will verhindern, daß staatliche Organe unnütz in Anspruch genommen werden. Demgemäß ist das *Rechtsgut* die (innerstaatliche)

§ 6. Vortäuschen einer Straftat (§ 145 d)

Rechtspflege. Gegenüber den §§ 164, Falsche Verdächtigung und 258, 258 a, Strafvereitelung tritt § 145 d zurück (Gesetzeskonkurrenz – ausdrückliche Subsidiarität, vgl. Abs. I a. E.).

Aufbaumäßig sind also die genannten Tatbestände zuerst zu prüfen. Sind sie gegeben, kann § 145 d unter Hinweis auf die Gesetzeskonkurrenz kurz abgetan werden.

§ 164 setzt voraus, daß eine *bestimmte andere* Person verdächtigt wird. Fehlt es an einer dieser Voraussetzungen, gewinnt § 145 d selbständige Bedeutung, so, wenn Anzeige gegen Unbekannt erstattet wird oder wenn T sich selbst bezichtigt.

Ferner hat § 145 d selbständige Bedeutung, wenn die *Absicht* des § 164 fehlt.

Berichtigt der Täter seine falsche Angabe rechtzeitig, ist mit der h. M. § 158 analog anzuwenden.

Exkurs: Strafbare Äußerungen über Delikte

Man kann sich durch Äußerungen über Straftaten auf verschiedene Weisen strafbar machen. Die hier in Frage kommenden Möglichkeiten sind in Abb. 1 anschaulich zusammengefaßt.

Eine der Katalogtaten des § 126 I	Zur Begehung einer der Katalogtaten des § 126 I Nr. 1–6	Die Begehung einer der Katalogtaten der §§ 126 I Nr. 1–6, 138 I Nr. 1–5
wird friedensstörend angedroht oder als bevorstehend vorgetäuscht	wird angeleitet	wird belohnt oder gebilligt oder verfassungsfeindlich befürwortet
§ 126 (Idealkonkurrenz des Abs. II mit § 145 d, falls dies gegenüber einer Behörde geschieht)	§ 130 a	§§ 140, 88 a

Abb. 1 Struktur zu den strafbaren Äußerungen über Delikte

II. Struktur

1. Übersicht

Zwei Grundsituationen sind zu unterscheiden:
– *Erstens,* es wird die *Existenz* einer *rechtswidrigen Tat* (§ 11 I Nr. 5) *vorgetäuscht;* dies sind die Fälle des Abs. I;
– *Zweitens,* es wird *über den Beteiligten* an einer rechtswidrigen Tat getäuscht; dies sind die Fälle des Abs. II.

Problemlos ist Abs. II erfüllt, wenn eine *rechtswidrige Tat* wirklich *existiert*. Strittig ist dagegen, ob Abs. II auch anzuwenden ist, wenn eine rechtswidrige Tat nicht existiert, T jedoch irrig an eine solche glaubt und über den Beteiligten an der vermeintlichen rechtswidrigen Tat täuscht. Da die Strafverfolgungsorgane bereits beim Bekanntwerden von bloßen Verdachtsgründen tätig werden müssen (vgl. §§ 152 II, 160 I, 163 I StPO), ist das Rechtsgut des § 145 d bei dieser Fallgestaltung in gleicher Weise wie beim Normalfall betroffen. Abs. II erfaßt also auch den genannten Fall, ebenso die h. M.

In beiden Grundsituationen des § 145 d muß man *in zeitlicher Hinsicht* unterscheiden, ob eine in der *Vergangenheit* liegende oder in der *Zukunft* bevorstehende Tat Gegenstand der Täuschung ist. Bei *vergangenen Taten* genügt *jede rechtswidrige Tat*, bei *zukünftigen Taten* muß es sich um eine der *in § 126 I genannten Gewalttaten* (z. B. Mord, Raub, erpresserischer Menschenraub) handeln.

Der Grund für diese Differenzierung ist leicht einzusehen. Bei *begangenen Straftaten* müssen die Strafverfolgungsorgane nach dem *Legalitätsprinzip* ausnahmslos tätig werden. Bei angeblich *bevorstehenden Straftaten* geht es dagegen um *polizeiliche Präventivmaßnahmen;* hier ist der Gesetzgeber davon ausgegangen, daß nur bei der Vortäuschung von schweren Gewalttaten die Tätigkeit der Präventivorgane ernstlich gestört wird.

2. Vortäuschen

Zentraler Begriff des § 145 d ist das *„Vortäuschen"*. Man kann hier weitgehend an die Struktur des *Verdächtigens* bei § 164 anknüpfen (Baukastensystem). *Verdächtigen* ist gegeben bei einer *Tatsachenmitteilung,* welche *unrichtig* und *geeignet* ist, *einen Verdacht zu erregen oder zu verstärken*.[1] Wendet man die Normalfallmethode an, erkennt man die Gemeinsamkeiten wie die Unterschiede. Abb. 2 zeigt dies.

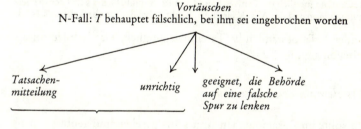

Abb. 2 Struktur des Vortäuschens bei § 145 d

Vom Normalfall aus lassen sich Problemfälle bearbeiten:
Wie bei § 164 ist die *Tatsachenmitteilung* von der Äußerung bloßer *Werturteile* abzugrenzen, kann sie durch *konkludentes Tun* erfolgen, ist Unrichtigkeit auch dann gegeben, wenn nur die *halbe Wahrheit* gesagt wird, usw.

---

[1] Vgl. bei § 9 II 2.

Die unwahre Tatsachenmitteilung muß *geeignet* sein, die *Behörde auf eine falsche Spur zu lenken.*

Wie bei § 164 genügt bloßes Ableugnen nicht, auch wenn dadurch der Verdacht auf den großen Unbekannten fällt und die Polizei zwangsläufig in der falschen Richtung ermittelt. Anders aber, wenn T mehr tut als für die bloße Selbsthilfe erforderlich ist.
Beispiel: Der schuldige T ergreift die Initiative und erstattet Anzeige gegen Unbekannt, um den Verdacht von sich abzulenken.

An einer Eignung, die Behörde auf eine falsche Spur zu lenken, fehlt es, wenn T sich als angeblich Verurteilter zur Strafvollstreckung meldet. Hier wird der staatliche Verfolgungsapparat nicht fehlgeleitet, sondern nur unnütz in Anspruch genommen.

Ebenso fehlt es an dieser Eignung in Fällen, in denen der Täter bewirkt, daß die Existenz einer rechtswidrigen Tat verheimlicht wird.
Beispiel: Nach einem Unfall gibt sich der nüchterne Beifahrer des betrunkenen Fahrers (§§ 316, 315 c) als Fahrer aus. – Hier kommt aber § 258 in Betracht.

Wie bei § 164 kommt es auf einen *Erfolg* des Vortäuschens *nicht an.* Der Tatbestand ist *vollendet,* sobald die Behörde von der Tatsachenmitteilung Kenntnis erlangt hat. Daran glauben braucht sie nicht.

Daß Abs. II die Worte „zu täuschen sucht" verwendet, ist ohne sachliche Bedeutung.

Bis zur Kenntniserlangung durch die Behörde liegt tatbestandsloser *Versuch* vor.

3. Typische Konkurrenzprobleme

In erster Linie ist auf die ausdrückliche Subsidiarität zu §§ 164, 258 zu achten.

Beachte: Die Gesetzeskonkurrenz betrifft normalerweise das Verhältnis der *Tatbestände* zueinander.[2] Hier ist jedoch erforderlich, daß eine *Bestrafung* nach dem vorgehenden Tatbestand möglich ist. Fehlt es hieran, weil z. B. im Falle des § 258 der spezielle Entschuldigungsgrund des Abs. V eingreift, bleibt es bei der Strafbarkeit aus § 145 d.

Mit anderen Tatbeständen ist Tateinheit möglich. Das betrifft vor allem die Begünstigung, § 257.

IV. Problemhinweise, Literatur

§ 145 d sollte im Zusammenhang mit § 164 gesehen und geübt werden, so daß auf die dort gemachten Ausführungen verwiesen werden kann.

V. Bekannte BGH-Fälle

1. Glasschmelzhafenfabrik-Fall[3] – BGHSt 6, 251 (254)

Der Geschäftsführer einer Glasschmelzhafenfabrik hatte einen Brand legen lassen, um die Versicherung zu betrügen, und Anzeige gegen Unbe-

---

[2] Vgl. AT, 12. Teil, § 2 Nr. 2.
[3] Vgl. auch bei § 31 V.

kannt erstattet. – Der *BGH* sah hierin einen Fall des § 145 d II Nr. 1, weil die Initiative vom Täter selbst ausgegangen war.

2. Autofahrer-Fall – *BGHSt 19, 305*

Ein Autofahrer, dem die Fahrerlaubnis entzogen worden war, war gleichwohl gefahren und hatte einen Unfall verursacht. Er hatte seinen Mitfahrer gebeten, sich vor der Polizei als Fahrer auszugeben. Dabei hatte er irrig angenommen, dieser habe einen Führerschein. So war es geschehen. – Der *BGH* verneinte § 145 d, weil der Angeklagte Umstände behauptet hatte, die eine Straftat ausschlössen. § 145 d enthalte keine allgemeine Strafdrohung gegen den, der die Tätigkeit der Strafverfolgungsbehörden in irgendeiner Weise erschwere.

§ 7. Geldfälschung (§ 146)
– mit Ausführungen zu §§ 147 Inverkehrbringen von Falschgeld, 148 Wertzeichenfälschung, 149 Vorbereitung der Fälschung von Geld- und Wertzeichen –

I. Überblick

Rechtsgut der Geldfälschung ist das *Allgemeininteresse an der Sicherheit und Zuverlässigkeit des Geldverkehrs.*

Es wird im eigentlichen Sinne verletzt, wenn man Falschgeld in Verkehr bringt. Geschieht dies durch den Fälscher selbst, ist dies ein Fall des § 146 I Nr. 3. Geschieht es durch einen anderen, z. B. jemandem, der unverhofft entdeckt, daß man ihm Falschgeld gegeben hat, so ist dies ein Fall des § 147.

Da bereits von der *Existenz von Falschgeld* eine besondere *Gefahr* ausgeht, ist die *Strafbarkeit weit nach vorne verlegt* worden:
– Bereits die *Vorbereitung der Fälschung* z. B. durch Herstellung von Druckstöcken ist nach Maßgabe des § 149 strafbar;
– sodann ist die *Herstellung* von Falschgeld nach § 146 I Nr. 1 und das *Sichverschaffen* von Falschgeld nach § 146 I Nr. 2 strafbar, sofern beides in der *Absicht* geschieht, das Falschgeld als echt in Verkehr zu bringen.
Für *Wertzeichen* (z. B. Briefmarken) finden sich *entsprechende Regelungen* in §§ 148, 149. Bestimmte *Wertpapiere* sind nach Maßgabe des § 151 dem Geld gleichgestellt. Ausländisches Geld usw. ist nach § 152 inländischem gleichgestellt.

Hiermit wurde internationalen Verpflichtungen entsprochen, nämlich Art. 5 des Int. Abkommens zur Bekämpfung der Falschmünzerei vom 20. 4. 1929 (RGBl 1933 II, 913 ff.) und Art. 13 des Weltpostvertrages vom 5. 7. 1974 (BGBl 1975 II, 1548).

§ 7. Geldfälschung (§ 146)

Für die Geldfälschungsdelikte (§§ 146, 149 – nicht aber 147), gilt nach § 6 Nr. 7 das *Weltrechtsprinzip*. Das Rechtsgut des § 146 ist ein international zu schützendes Rechtsgut. Dies bedeutet: Auch wenn die Geldfälschung im Ausland begangen worden ist, wird sie in Deutschland verfolgt. Dies gilt selbst dann, wenn die Tat nach Tatortrecht straflos ist. Auf die Staatsangehörigkeit oder den Wohnsitz des Täters kommt es dabei nicht an.

Die *Geldfälschungsdelikte* sind *Sonderfälle der Urkundenfälschung*. Der zentrale Begriff des *„falschen Geldes"* ist daher gleichbedeutend mit *„unechtem Geld"*. Die Ausführungen zu § 267 sind heranzuziehen (Baukastenprinzip).

Beachte: § 146 ist *Verbrechen* (Versuch!).

II. Struktur

1. Geld

Eine Normalfallanalyse ergibt die in Abb. 1 gezeigte Struktur.

Abb. 1 Struktur des Begriffes „Geld"

Von der Normalfalldefinition aus lassen sich Problemfälle bearbeiten:
- *Zahlungsmittel:* Hieran fehlt es bei außer Kurs gesetztem Geld. Wird z. B. Inflationsgeld der zwanziger Jahre nachgemacht, scheidet § 146 aus. Auch ein Urkundsdelikt scheidet mangels Beweisfunktion aus.[1] (Es wird aber Betrug in Betracht kommen.)
- *Staatlich beglaubigt:* Hieran fehlt es bei privaten Zahlungsmitteln, z. B. Essensmarken, Gutscheinen, Bons u. dgl. Denkbar ist aber, daß ein Staat derartige Zahlungsmittel mit seiner Autorität deckt; dann ist er Aussteller im Sinne der Geistigkeitstheorie.
- *Zum Umlauf bestimmt:* Allein die staatliche Bestimmung entscheidet, str. Daher liegt Geld auch vor, wenn Sammlermünzen geprägt werden, die faktisch im Zahlungsverkehr nicht umlaufen. (Die Gegenmeinung beruft sich darauf, daß bei solchen Münzen das Rechtsgut des § 146

---

[1] Vgl. bei § 29 I 2 b.

nicht verletzt werde. Das ist zwar richtig, doch dürften dann schwierige Grenzfälle entstehen, wenn eine Münzprägung aus irgendeinem Grunde von Sammlern entdeckt wird – wann hört sie auf, Geld zu sein?).

2. „Falsches" Geld

Geld ist *falsch*, wenn es *unecht* ist. Wie bei § 267 ist entscheidend, daß das Geld nicht von dem stammt, von dem es zu stammen scheint (Identitätstäuschung).

Beispiele: T hat in Handarbeit einen Hundertmarkschein gemalt. Er ist „unecht", weil er nicht vom Träger des Geldmonopols herstammt, dies aber zu tun scheint.
Auch wenn Angestellte der staatlichen Münze eigenmächtig in der Münze Münzen prägen, ist das Produkt „falsches" Geld, weil es im Sinne der Geistigkeitstheorie[2] nicht vom Inhaber des Münzmonopols herstammt.

Die Fälschung muß nicht perfekt sein. Es genügt, daß der äußere Anschein von Geld gegeben ist.

Beispiel: T stellt einen Sechzigmarkschein her. (Natürlich riskiert er dann, daß ihm beim Wechseln zwei Dreißigmarkstücke herausgegeben werden.) Auch Phantasiegeld eines erfundenen Landes kann Falschgeld sein (vgl. § 152).

3. Die Tatmodalitäten

Nach Abs. I Nr. 1 entsteht falsches Geld durch *Nachmachen* oder *Verfälschen*.

Nachmachen ist ein Spezialfall des *Herstellens einer unechten Urkunde*, § 267. *Beispiel: T* produziert ein Fünfmarkstück.
Verfälschen ist wie bei § 267 das *nachträgliche* werterhöhende *Verändern* echten Geldes. *Beispiel: T* macht aus einem echten Fünfzigmarkschein einen Fünfhundertmarkschein.

In beiden Fällen ist *Absicht* (im Sinne zielgerichteten Wollens[3]) des Inverkehrbringens als echt erforderlich. Es genügt die Absicht, „daß ein solches Inverkehrbringen ermöglicht werde". Hinter dieser seltsamen Forumlierung steht der Gedanke an den Fall, daß Falschgeld in der Absicht hergestellt wird, es an Eingeweihte zu vertreiben, denen es dann überlassen bleibt, wie sie das Falschgeld verwenden. Auch hier ist die erforderliche „Absicht" gegeben. Bei § 147, wo das tatsächliche „als echt in Verkehr bringen" bestraft wird, ist fraglich, ob die Weitergabe an einen Eingeweihten genügt, dem dann das Einschleusen in den Zahlungsverkehr überlassen wird. Bejaht man dies, ist der Weitergebende (auch) wegen (eines Vergehens nach) § 147 strafbar. Verneint man dies, ist er (nur) wegen Beihilfe zum (Verbrechen des) § 146 I Nr. 2 strafbar. Der Wortlaut des § 147 deckt beide Möglichkeiten. Richtigerweise genügt für

---

[2] Vgl. bei § 29 I 2b (bei der Garantiefunktion).
[3] Vgl. AT, 6. Teil, § 2 Nr. 3b, aa.

§ 147 die Weitergabe an einen Eingeweihten. Wer es einem anderen überläßt, Falschgeld in den Verkehr einzuschleusen, kann nicht strenger bestraft werden als der, der dies selbst tut. Die Teilnahme an § 146 I Nr. 2 (also an der Tat des Empfängers) muß dann freilich als subsidiär zurücktreten, damit kein Wertungswiderspruch entsteht (hier liegt praktisch das einzige Problem des § 147).

Nach Abs. I Nr. 2 ist das *Sichverschaffen* von Falschgeld in entsprechender Absicht strafbar.

Sichverschaffen liegt vor, wenn der Täter die Verfügungsgewalt erlangt. Das kann durch Kauf, Tausch, Diebstahl, Fund usw. geschehen. Bezüglich der Falschheit des Geldes genügt dabei bedingter Vorsatz.

Wer als bloßer Verteilungsgehilfe den Gewahrsam nur für andere ausübt, verschafft sich das Falschgeld mangels Verfügungsgewalt nicht. Er ist nur wegen Beihilfe strafbar.

Nach Abs. I Nr. 3 ist das *Inverkehrbringen* strafbar. Diese Tatmodalität entspricht dem *Gebrauchen* bei § 267 (Baukastensystem).[4]

Inverkehrbringen liegt vor, wenn das Falschgeld so aus dem eigenen Gewahrsam entlassen wird, daß ein anderer tatsächlich in die Lage versetzt wird, es zu nehmen. Beispiele: Übergabe an einen Ladeninhaber – der Tatbestand ist vollendet, auch wenn der andere die Fälschung sofort erkennt; Einwurf in einen Warenautomaten.

Es genügt der Handelsverkehr; Zahlungsverkehr ist nicht erforderlich. *Beispiele:* T gibt Falschgeld an einen Sammler oder an einen anderen, dem er eine Kaution so stellen will, daß das Eigentum am Geld bei ihm bleibt.

Auch bei der Weitergabe an einen Eingeweihten, dem es überlassen bleibt, wie er das Falschgeld verwendet, wird es – entsprechend dem oben zu § 147 gesagten – „als echt" in Verkehr gebracht, str.

III. Typische Konkurrenzprobleme

Sehr häufig wird der Falschmünzer selbst seine Produkte in Verkehr bringen. Dann entsteht zwischen Abs. I Nr. 1, 2 einerseits, Nr. 3 andererseits das von der Urkundenfälschung her bekannte Problem (Baukastenprinzip).[5]

§ 267 wird durch § 146 verdrängt (Gesetzeskonkurrenz, Spezialität).

Aufbaumäßig braucht § 267 in derartigen Fällen nicht geprüft zu werden. Das wäre ganz unökonomisch. Vielmehr ist auf das Konkurrenzverhältnis nach Bejahung von § 146 kurz hinzuweisen.

Da der Empfänger von Falschgeld oft getäuscht wird, wird Betrug häufig sein, der in Idealkonkurrenz zu § 146 steht, str. (nach a. M. wird § 263 durch § 146 I Nr. 3 konsumiert).

Wer Falschgeld in einen Automaten steckt und Waren entnimmt, begeht einen Diebstahl (Gewahrsamsbruch, da das Einverständnis des Automateninhabers diesen Fall nicht deckt),[6] der dann in Idealkonkurrenz mit § 146 I Nr. 3 steht.

---

[4] Vgl. bei § 29 II 4.
[5] Vgl. bei § 29 III.
[6] Vgl. bei § 20 II 2.

IV. Problemhinweise, Literatur

§ 146 sollte im Zusammenhang mit der Urkundenfälschung gesehen und durchgearbeitet werden. Auch bietet die Vorschrift Anlaß, sich mit Fragen des internationalen Strafrechts zu beschäftigen.

Lektüre: Wessels, Zur Reform der Geldfälschungsdelikte und zum Inverkehrbringen von Falschgeld. Ein kritischer Beitrag zur Reformgesetzgebung, in: Festschr. f. Bockelmann, 1979, S. 669ff.

V. Bekannte BGH-Entscheidungen

1. Karlsruher Münzfall – BGHSt 27, 255

Bedienstete der staatlichen Münze Karlsruhe hatten Münzen mit Sammlerwert ohne Prägeauftrag des Bundes nachgeprägt und zum Sammlerwert verkauft. – Der *BGH* bejahte § 146 I Nr. 1, 3. Die Münzen seien Falschgeld gewesen, und sie seien auch in der Absicht des als-echt-in-Verkehr-bringens hergestellt worden.

2. Systemnoten-Fall – BGHSt 23, 229

Der Angeklagte hatte Geldscheine zerschnitten und nach einem besonderen System so zusammengeklebt, daß aus neun Geldscheinen zehn wurden. – Der *BGH* bejahte eine Geldfälschung in der Form des Nachmachens von echtem Geld.

3. Goldsovereign-Fall – BGHSt 19, 357 (ebenso BGHSt 12, 344)

Jemand hatte nachgemachte englische Goldsovereigns in Verkehr gebracht. – Der *BGH* bejahte das Vorliegen von Falschgeld. Auch wenn der Goldsovereign faktisch kein Zahlungsmittel in England mehr sei, sei er nicht außer Kurs gesetzt und mithin noch Geld.

§ 8. Falsche uneidliche Aussage (§ 153)
– mit Ausführungen zu §§ 154 Meineid, 156 Falsche Versicherung an Eides Statt und 163 Fahrlässiger Falscheid; fahrlässige falsche Versicherung an Eides Statt –

I. Überblick

1. Überblick über die Aussagedelikte

Man kann
– *vorsätzlich falsch aussagen,* § 153;

§ 8. Falsche uneidliche Aussage (§ 153)

- *vorsätzlich* oder *fahrlässig falsch schwören* (was eine falsche Aussage voraussetzt), §§ 154, 163;
- *vorsätzlich* oder *fahrlässig* eine *falsche Versicherung an Eides Statt* abgeben, §§ 156, 163.

Abb. 1 verdeutlicht dies.

	Falsch aussagen	Falsch schwören	Falsch an Eides Statt versichern
Vorsatz	§ 153	§ 154	§ 156
Fahrlässigkeit	∅	§ 163	§ 163

Abb. 1 Struktur der Aussagedelikte

§ 154, *Meineid* ist nach heute herrschender und richtiger Auffassung eine *Qualifikation des § 153*, soweit es um die in § 153 genannten Zeugen und Sachverständigen geht. Für andere Personen (Partei im Zivilprozeß – vgl. § 452 ZPO) ist § 154 ein selbständiger Tatbestand.[1]

Früher sah man ein sakrales Rechtsgut als durch § 154 geschützt an. Das ist heute überholt.

§ 154 ist Verbrechen. Der Versuch ist also strafbar. Beim heute üblichen Nacheid beginnt der Versuch nicht schon mit der falschen Aussage (in der Erwartung, danach vereidigt zu werden), sondern mit dem Anfang der Eidesleistung („Ich schwö..") Sagt der Täter also falsch aus und unterbleibt entgegen seiner Erwartung die Vereidigung, liegt nur § 153 vor.

Tritt der Täter vom Versuch des § 154 zurück, lebt der (vollendete) § 153 wieder auf.

Aufbaumäßig empfiehlt es sich, *erst § 153*, dann *§ 154* zu prüfen.

Die *Fahrlässigkeitstatbestände* des § 163 sind wie alle Fahrlässigkeitstatbestände *ergänzungsbedürftige Tatbestände*. Man muß angesichts des konkreten Falles darlegen, ob eine Sorgfaltspflicht bestand, und ob sie bejahendenfalls verletzt wurde. Es handelt sich hier im wesentlichen um ein *Problem des AT*.[2]

Auf *drei Punkte* ist in einschlägigen Fällen besonders zu *achten*, nämlich auf die *Vorbereitungspflicht*, die *Konzentrationspflicht* und die *Artikulationspflicht* des Aussagenden. Im einzelnen:

- *Vorbereitungspflicht:* Der normale Zeuge braucht sich auf eine Vernehmung nicht besonders vorzubereiten. Eine „gesteigerte Vergewisserungspflicht" trifft jedoch solche Personen, die über Beobachtungen im Rahmen ihrer amtlichen Tätigkeit aussagen (z. B. Polizeibeamte).

---

[1] Vgl. AT, 3. Teil, § 1. Zum Konkurrenzverhältnis zwischen §§ 153, 154, siehe unten III.

[2] Vgl. AT, 6. Teil, § 3 Nr. 5.

Auch der Sachverständige muß sich vorbereiten. Informieren muß man sich auch vor der Abgabe eidesstattlicher Versicherungen.
- *Konzentrationspflicht:* Während der Aussage muß man sich konzentrieren. Man muß sein Gedächtnis anspannen und darf nicht etwa aufs Geratewohl aussagen. Bei fest eingewurzelten Erinnerungsirrtümern, die durch bloße Willensanspannung nicht zu beseitigen sind, scheidet jedoch eine Sorgfaltspflichtverletzung aus.
- *Artikulationspflicht:* Man darf sich nicht versprechen und sich nicht mißverständlich ausdrücken. Beim Verlesen des Protokolls muß man auf etwaige Fehler achten. Aber häufig wird der Zeuge überfordert sein. Hier ist besondere Zurückhaltung geboten.

2. Ergänzungen des Allgemeinen Teils (AT)

Bei den Aussagedelikten befinden sich einige die Regeln des AT ergänzende Bestimmungen. Sie betreffen den *Versuch der Teilnahme,* die *mittelbare Täterschaft* und *Strafmilderungsmöglichkeiten.* Im einzelnen:

a) Versuch der Teilnahme

Nach AT-Grundsätzen ist der Versuch der Teilnahme nur strafbar, wenn es sich um den Versuch der Anstiftung zu einem Verbrechen handelt, § 30 I.[3]

Beispiel: A bittet T, der möge einen Meineid (§ 154 = Verbrechen) schwören. T lehnt das ab. A ist strafbar wegen versuchter Anstiftung zum Meineid, §§ 154 I, 30 I Var. 1.

§ 159 ergänzt diese Regelung. Auch der *Versuch* der *Anstiftung* zu den *Vergehen* der *uneidlichen Falschaussage,* § 153, und der *falschen Versicherung an Eides Statt,* § 156, ist strafbar. Dies ist bedenklich. Der Versuch der §§ 153, 156 ist straflos. Die Rechtsprechung und manche Autoren wollen deshalb eine *teleologische Reduktion* des § 159 dahingehend vornehmen, daß die Vorschrift unanwendbar sein soll, wenn nach dem Inhalt der Einwirkung nur ein *untauglicher Versuch* der §§ 153, 156 in Betracht kommt. Dem ist zuzustimmen, aus Gründen, die in folgenden *Beispielen* deutlich werden:

A versucht vergeblich, den *T* zu einer Falschaussage vor dem zuständigen Richter zu überreden (a); *A* überredet den *T* erfolgreich zu einer Falschaussage vor dem unzuständigen Staatsanwalt, den beide für den zuständigen Richter i. S. des § 153 halten (b); *A* versucht vergeblich, den *T* zu einer Falschaussage vor dem unzuständigen Staatsanwalt zu überreden, den beide für den zuständigen Richter i. S. des § 153 halten (c).
Im Fall (a) liegt der von § 159 gemeinte Normalfall vor. Im Fall (b) liegt bei *T* ein – tatbestandsloser – Versuch des § 153 vor und bei *A* demgemäß eine – ebenfalls tatbestandslose – Anstiftung zum Versuch des § 153 (nicht etwa eine versuchte Anstiftung zu § 153 – *A* hatte ja Erfolg). Im Fall (c) liegt eine versuchte Anstiftung zum untauglichen Versuch des § 153 vor. Dieser Fall kann nicht anders behandelt werden als der Fall (b); er ist nicht nur gleichgelagert, sondern noch weniger strafwürdig als Fall (b).
(Die Vorstellung, es mit dem Richter anstelle des Staatsanwalts zu tun zu haben,

---

[3] Vgl. AT, 8. Teil, § 3 Nr. 5b, aa.

stellt einen gegenstandsbezogenen Irrtum dar und begründet darum strukturell einen Versuch.[4])

b) Mittelbare Täterschaft

Die Aussagedelikte sind *eigenhändige Delikte*.[5] Mittelbare Täterschaft scheidet aus. Sie wird jedoch im Rahmen des § 160 erfaßt.

Beispiel: T verleitet den gutgläubigen X zu einem Falscheid. X ist wegen fehlenden Vorsatzes nicht nach § 154 strafbar (u. U. aber wegen fahrlässigen Falscheids, § 163). T ist strafbar nach § 160.

Problematisch sind hier *Irrtumsfälle*. Dabei sind zwei Kombinationen möglich:

T hält X irrig für gutgläubig, während X vorsätzlich falsch schwört. X ist strafbar nach § 154. T ist nach § 160 strafbar; es liegt eine unwesentliche Abweichung vom Kausalverlauf vor, die von seinem Vorsatz noch umfaßt ist[6] (str., nach a. M. liegt nur Versuch des § 160 vor, welcher strafbar ist, § 160 II).

T hält X irrig für bösgläubig, während X vorsatzlos schwört. X ist nicht strafbar nach § 154 (u. U. aber nach § 163). T ist strafbar wegen versuchter Anstiftung, §§ 154 I, 30 I Var. 1. *Beachte:* Soweit der Hintermann wegen Anstiftung oder versuchter Anstiftung strafbar ist, scheidet § 160 aus (Ergänzungsfunktion des § 160 – Subsidiarität).

c) Strafmilderungsmöglichkeiten

Hier sind der *Aussagenotstand, § 157,* und die *Berichtigung einer falschen Aussage, § 158,* zu nennen.

Der *Aussagenotstand* ist kein Fall des § 35, also *kein Entschuldigungsgrund;* die Hinnahme einer Strafe ist stets i. S. des § 35 I 2 zumutbar.[7] Doch können Beweispersonen in eine notstandsähnliche Situation geraten, wenn sie durch eine wahrheitsgemäße Aussage sich oder Angehörige belasten müßten. Deshalb sieht § 157 eine besondere Strafmilderungsmöglichkeit vor.

Bei der *Berichtigung einer falschen Aussage,* § 158 handelt es sich um einen *persönlichen Strafaufhebungsgrund.*[8] Die Vorschrift schafft sachlich erweiterte Rücktrittsmöglichkeiten. Auch nach Vollendung eines Aussagedeliktes kann sich der Täter Straffreiheit verdienen.

Beispiel: T hat eine falsche uneidliche Aussage gemacht. Mit Abschluß der Vernehmung ist die Tat vollendet. Wenn T sich rechtzeitig vor dem Urteil dem Gericht noch offenbart, greift § 158 ein.

Beachte: Mit der h. M. ist § 158 bei den §§ 164, 145 d analog anzuwenden.

---

[4] Vgl. AT, 10. Teil, § 6.
[5] Vgl. unter diesem Stichwort im Glossar des AT.
[6] Vgl. AT, 10. Teil, § 4 Nr. 2 c; 8. Teil, § 3 Nr. 2 b.
[7] Vgl. AT, 5. Teil, § 4 Nr. 5 b.
[8] Vgl. AT, 11. Teil, § 3.

3. Rechtsgut und dogmatische Einordnung

Rechtsgut der Aussagedelikte ist die *staatliche Rechtspflege*. Diese wird durch falsche Aussagen gefährdet.

Beachte: Die Aussagedelikte sind *schlichte Tätigkeitsdelikte*[9] und zugleich *abstrakte Gefährdungsdelikte*.[10] Auf einen Erfolg (etwa ein Zuhören des Richters oder gar auf eine Beeinflussung der gerichtlichen Entscheidung) kommt es nicht an. Mit dem Abschluß der Vernehmung ist die Tat vollendet. (U. U. zieht sich die Vernehmung über mehrere Termine hin. I. d. R. endet sie mit der Beschlußfassung zur Frage der Vereidigung).

Ferner sind die Aussagedelikte, wie erwähnt, *eigenhändige Delikte*.

II. Struktur des § 153

1. Übersicht

Bei § 153 muß man auf *drei Dinge* achten: auf die *zuständige Stelle*, auf den *möglichen Täter* und auf die *falsche Aussage*. Im einzelnen:

a) Zuständige Stelle

Es muß sich um eine *staatliche* Stelle handeln, und sie muß gerade zur *eidlichen* Vernehmung *zuständig* sein.

Hauptbeispiel ist das staatliche Gericht (also nicht das private Schiedsgericht). Daneben ist etwa der parlamentarische Untersuchungsausschuß i. S. d. Art. 44 GG zu nennen.

Die Zuständigkeit zur Abnahme von Eiden muß gerade für das fragliche Verfahren gesetzlich vorgesehen sein. Dies ist z. B. der Fall bezüglich der Prüfungsstelle und Patentabteilung des Patentamtes nach § 33 PatG. Es ist nicht der Fall bezüglich der Staatsanwaltschaft, vgl. § 161 a I 3 StPO.

Die Zuständigkeit zur Entgegennahme von eidesstattlichen Versicherungen genügt nicht.

b) Mögliche Täter

Nur als *Zeuge* oder *Sachverständiger* kann man eine falsche Aussage machen. Es scheiden also aus der Beschuldigte im Strafprozeß und die Partei im Zivilprozeß. Maßgebend ist das jeweilige Verfahrensrecht.

Wird der Beschuldigte im Strafprozeß unzulässigerweise in die Rolle eines Zeugen gedrängt, bleibt er Beschuldigter, so daß § 153 entfällt (strafprozessuales Problem des sog. Rollentausches).

c) Falsche Aussage

Die Frage nach der Falschheit einer Aussage zielt einmal auf den *Gegenstand*, zum anderen auf den *Umfang* der Aussage.

---

[9] Vgl. unter dem Stichwort Tätigkeitsdelikte im Glossar des AT.
[10] S. auch bei § 34 I.

§ 8. Falsche uneidliche Aussage (§ 153)

Gegenstand der Aussage sind beim (praktisch bedeutsamen) Fall des Zeugen *Tatsachen*.

Den *Gegenbegriff* bilden die *Werturteile*. Die Abgrenzungsproblematik ist die gleiche wie bei den §§ 164, 185 ff, 263 (Baukastensystem).[11] Man muß also darauf achten, ob eine Information gegeben (Tatsachen) oder ein Kommentar geäußert wird (Werturteil).
Beispiel: T sagt, X sei ein Dieb. Falls dies einen informativen Kern enthält (X drang in das Haus des Y ein und entwendete dort Geld), liegt eine Tatsachenbehauptung vor. Falls nur ein Kommentar über X geäußert wird (X ist der Typ eines Diebes), handelt es sich um ein bloßes Werturteil. Letzterenfalls scheidet § 153 aus.
Beachte: Alles, was in der Zukunft liegt, kann (noch) keine Tatsache sein.

Es kommen *äußere* wie *innere Tatsachen* in Betracht. Im allgemeinen berichtet ein Zeuge über (vergangene) äußere Tatsachen (z. B. „X hat gestohlen"). Er kann aber auch über vergangene innere Tatsachen (z. B. „Ich habe ihn am Tatort gesehen") und über gegenwärtige innere Tatsachen („Ich erkenne ihn jetzt wieder") berichten. Hierauf muß man sorgsam achten, weil hiervon die *Falschheit* der Aussage abhängt. Nach der mit Recht herrschenden *objektiven Theorie* ist sie bei einem *Widerspruch zwischen Wort und Wirklichkeit* gegeben.

In den genannten Beispielen kommt es also darauf an, ob X ein Dieb ist, oder ob T ihn am Tatort gesehen hat, oder ob T ihn wiedererkennt.

Die sog. *subjektive Theorie* stellt demgegenüber auf den *Widerspruch zwischen Wort und Wissen* ab. Sie geht von der prozessualen Funktion des Aussagenden ab und will berücksichtigen, daß dieser kein Vermittler der objektiven Wahrheit sei, sondern ein Mensch, der nur nach bestem Wissen und Gewissen aussagen könne.

Das hat viel für sich, ist aber mit § 160 nicht zu vereinbaren. Dort liegt ein „falscher Eid" vor, obwohl der Schwörende (Aussagende) die Wahrheit zu beschwören meint, der Widerspruch zwischen Wort und Wissen also gerade fehlt.

Der Unterschied zwischen beiden Theorien wird praktisch, wenn der vermeintlich etwas Falsches Sagende zufällig das Richtige trifft, oder wenn umgekehrt der vermeintlich etwas Richtiges Sagende sich irrt.

Beispiele: T sagt, er sei montags in München gewesen. Das stimmt auch. T meint aber, in Wirklichkeit sei er am Dienstag dort gewesen. Nach der objektiven Theorie ist die Aussage richtig. Es liegt nur – tatbestandsloser – (untauglicher) Versuch des § 153 vor. Nach der subjektiven Theorie liegt ein vollendeter Fall des § 153 vor.
T sagt, er sei montags in München gewesen. Das stimmt nicht. T meint aber, er sei montags in München gewesen. Nach der objektiven Theorie ist die Aussage falsch. Doch fehlt es am Vorsatz. Nach der subjektiven Theorie ist die Aussage richtig, so daß es schon am objektiven Tatbestand fehlt.

Der Streit zwischen den beiden Theorien fällt in sich zusammen, wenn T seine Aussage ausdrücklich auf sein Vorstellungsbild beschränkt. Dann berichtet er nur über innere Tatsachen.

---

[11] Vgl. bei § 27 II 2 a.

§ 8. Falsche uneidliche Aussage (§ 153) 45

Beispiel: T sagt, er habe X am Tatort eindeutig erkannt. Dies ist eine objektiv richtige Aussage, wenn er damals geglaubt hat, den X eindeutig zu erkennen. Es ist eine objektiv falsche Aussage, wenn T den X damals nicht eindeutig erkannt hat, auch wenn T jetzt keinen Zweifel mehr hat.

Den *Umfang* (und damit die Grenzen) der Aussage bestimmt das jeweilige *Verfahrensrecht.*

Im Strafprozeß wird der Zeuge beispielsweise formlos mit dem Gegenstand der Vernehmung vertraut gemacht, § 69 StPO. Alles, was gefragt ist, ist Gegenstand der Aussage, auch wenn die Fragen neben der Sache liegen. Auch ungefragt muß man alle Tatsachen offenbaren, die untrennbar zur Sache gehören. Nur wenn man spontan etwas ganz neben der Sache liegendes aussagt und der vernehmende Richter dies nicht zum Gegenstand der Vernehmung macht, ist der Rahmen einer für § 153 relevanten Aussage überschritten.

2. Teilnahmeprobleme

Da § 153 ein eigenhändiges Delikt ist, scheidet *mittelbare Täterschaft* (und *arbeitsteilige Mittäterschaft*) aus. Teilnahme ist dagegen nach allgemeinen Regeln *möglich.*

Beispiel: Der wegen Betruges angeklagte A bittet den Zeugen X, zu seinen Gunsten falsch auszusagen. Tut X dies, ist A wegen Anstiftung zu § 153 strafbar, § 26.

Probleme entstehen hier, wenn der Teilnehmer einen anderen in die Gefahr einer falschen Aussage bringt und zusieht, wie der andere falsch aussagt, ohne dagegen einzuschreiten.

Beispiel: T benennt den X als Zeugen. Er weiß, daß X ein notorischer Schwindler ist und bemüht ist, ihm, dem T, jeden Gefallen zu tun. X sagt zu Gunsten des T falsch aus und T läßt es wohlgefällig geschehen.

In derartigen Fällen kommt *Teilnahme (Anstiftung* oder *Beihilfe)* durch *Tun* in Betracht. Es kommt aber auch Teilnahme durch *Unterlassen* in Betracht; letzteres ist nur bei der *Beihilfe,* nicht bei der Anstiftung möglich.[12] Mit der Prüfung des *Tuns* ist, wie immer, zu beginnen.

Beispiele für *ausdrückliches Tun:* T bittet den X, falsch auszusagen (Anstiftung); T sagt dem X, im Falle einer falschen Aussage werde er ihn nicht verraten (psychische Beihilfe).
Beispiele für konkludentes Tun: T benennt den X als Zeugen für eine bewußt wahrheitswidrige Behauptung, die dem X in der Ladung mitgeteilt wird (Anstiftung); T gibt dem falsch aussagenden X Geld (Beihilfe).

Erst wenn weder ausdrückliches noch konkludentes Tun vorliegt, ist die Frage einer *Beihilfe durch Unterlassen* zu prüfen. Hier liegen die eigentlichen Schwierigkeiten. Fraglich ist, wie eine Rechtspflicht zum Tun (Verhinderung der falschen Aussage) begründet werden kann. In Betracht kommen *Sicherungspflichten.*[13]

---

[12] Vgl. AT, 8. Teil, § 3 Nr. 5 d, aa und Nr. 7.
[13] Vgl. AT, 7. Teil, § 4 Nr. 1 c.

Zunächst ist an *pflichtwidriges gefährdendes Vorverhalten* zu denken (*Ingerenz*).

In diesem Sinne hat die Rechtsprechung früher argumentiert. Dadurch, daß T den X in die Lage gebracht habe, in der er der Gefahr einer falschen Aussage ausgesetzt sei, sei T zum Garanten geworden. Dagegen wurde Kritik laut. In der Tat kann ein bloß prozeßordnungswidriges, als solches nicht strafbares Verhalten (der Beschuldigte darf straflos lügen) nicht auf diesem Umwege pönalisiert werden. Das Schaffen der bloßen Gelegenheit zur Tat ist keine Beihilfe. Es ist auch unstreitig, daß § 138 ZPO und die Standespflicht des Anwaltes keine Garantenstellung begründen.

Der *BGH* hat unter dem Eindruck dieser Kritik eine Einschränkung vorgenommen. Er bejaht eine Garantenpflicht nur noch, wenn der Zeuge in eine *besondere, dem Prozeß nicht mehr eigentümliche (inadäquate) Gefahr der Falschaussage* gebracht wird.

Beispiel: T benennt die X als Zeugin dafür, daß er mit ihr keinen Ehebruch getrieben habe. Zugleich setzt er sein Liebesverhältnis mit ihr fort und verspricht ihr die Heirat. Dadurch werde die X einer besonderen, inadäquaten Gefahr der Falschaussage ausgesetzt.

Auch dies überzeugt nicht. Entscheidend muß vielmehr sein, ob das gefährdende Vorverhalten gerade im Hinblick auf die falsche Aussage eines anderen pflichtwidrig ist. Das wird nur selten der Fall sein. Ein *Beispiel* bietet der Fall, wo T den X als Zeugen benennt und als einziger weiß, daß X geisteskrank ist.

Sodann ist an *Sicherungspflichten* unter dem *Gesichtspunkt der Beaufsichtigung Dritter* zu denken.

Beispiel: Eltern haben eine entsprechende Pflicht gegenüber ihren Kindern. Hindern sie diese nicht an einer falschen Aussage, liegt Beihilfe durch Unterlassen vor. Dagegen wird man eine entsprechende Pflicht unter Ehegatten abzulehnen haben.[14]

III. Typische Konkurrenzprobleme

§ 153 wird häufig mit §§ 145d, 164, 187, 257, 258 zusammentreffen und steht dann zu diesen Tatbeständen in Idealkonkurrenz. Besonders sollte man auf die Möglichkeit des Prozeßbetruges (Dreiecksbetruges) achten. Gegebenenfalls steht § 153 mit § 263 in Idealkonkurrenz. Gegenüber § 154 ist § 153 subsidiär (Gesetzeskonkurrenz).

Spezialprobleme entstehen, wenn in *mehreren Terminen* falsch ausgesagt wird. Richtig dürfte es sein, sämtliche Aussagen *in einer Instanz* als eine Einheit anzusehen (natürliche Handlungseinheit[15]). Es liegt dann gleichartige Idealkonkurrenz vor (§ 52 I Var. 2), so daß nur auf eine Strafe aus § 153 zu erkennen ist.

Dabei macht es keinen Unterschied, ob die Aussage vor verschiedenen Richtern (z. B. ersuchter Richter, Prozeßgericht) erfolgt und ob die einzelnen Vernehmungen abgeschlossen sind oder nicht (letzteres str.).

---

[14] Ausführlich zu diesem Beispiel AT, 7. Teil, § 4 Nr. 1 c.
[15] Vgl. AT, 12. Teil, § 3 Nr. 3 c.

Bei *verschiedenen Instanzen* kann dagegen Handlungseinheit nur im (häufigen) Falle des Fortsetzungszusammenhanges[16] gegeben sein. Andernfalls liegt Realkonkurrenz vor.

Erfolgt in *derselben Instanz* (aber in einem anderen Termin) die Vereidigung, verdrängt § 154 den § 153 (Gesetzeskonkurrenz). Erfolgt die Vereidigung erst in der *nächsten Instanz*, liegt entweder Fortsetzungszusammenhang zwischen §§ 153, 154 vor (so daß nur aus § 154 zu bestrafen ist) oder Realkonkurrenz. Entsprechendes gilt, wenn falsche Aussage und Meineid in verschiedenen Verfahren (z. B. Strafprozeß, Zivilprozeß) begangen werden.

IV. Problemhinweise, Literatur

Man sollte sich einmal mit dem Begriff der Falschaussage beschäftigen.

Lektüre: Hruschka/Kässer. JuS 1972, 710.

Zum anderen sollte man sich mit der Beihilfe zu § 153 durch Unterlassen beschäftigen.

Lektüre: Bockelmann, Meineidsbeihilfe durch Unterlassen, NJW 1954, 697.

V. Bekannte BGH-Fälle

1. Altersangabe-Fall BGHSt 4, 214

Der Angeklagte hatte in einem Zivilrechtsstreit als Zeuge eidlich ausgesagt. Er hatte sein Alter falsch angegeben und gemeint, dies falle nicht unter die Eidespflicht. – Der *BGH* verneinte § 154 infolge eines Tatbestandsirrtums, bejahte jedoch § 153 in Tateinheit mit § 163.

2. Erster Mehrverkehr-Fall – BGHSt 3, 221

Die Angeklagte war als Zeugin im Unterhaltsprozeß ihres nichtehelichen Kindes nach Mehrverkehr mit bestimmten Männern gefragt worden. Sie hatte den Mehrverkehr mit anderen Männern verschwiegen. – Der *BGH* verneinte falsche Aussage und Meineid, weil die Frage des Mehrverkehrs mit anderen Männern nicht so untrennbar zum Beweisthema gehört hätte, daß das Schweigen die Aussage falsch gemacht habe.

3. Zweiter Mehrverkehr-Fall – BGHSt 25, 244

Die Angeklagte hatte als Zeugin im Unterhaltsprozeß ihres nichtehelichen Kindes wahrheitswidrig den Mehrverkehr mit anderen Männern geleugnet. – Der *BGH* hielt folgende Differenzierung für geboten: Falls die Zeugin allgemein nach dem Mehrverkehr gefragt worden sei, liege

---

[16] Vgl. AT, 12 Teil, § 3 Nr. 3 d.

§ 8. *Falsche uneidliche Aussage (§ 153)*

eine falsche Aussage vor. Falls sie nicht danach gefragt worden sei und von sich aus den Mehrverkehr mit anderen, nicht benannten Männern geleugnet habe, liege eine spontane Äußerung neben der Sache vor, die nur unter § 153 falle, wenn der Richter diese zum Gegenstand der Vernehmung gemacht habe.

4. Verschollenheitsgesetz-Fall – BGHSt 12, 56

Die Angeklagte hatte im Aufgebotsverfahren zur Todeserklärung nach dem Verschollenheitsgesetz falsch ausgesagt und geschworen. – Der *BGH* verneinte vollendeten Meineid, weil im Verfahren der freiwilligen Gerichtsbarkeit die Vernehmung und Vereidigung des Antragstellers nicht zulässig sei. Der *BGH* nahm aber Versuch des § 154 an.

5. Eidesnotstand-Fall – BGHSt (GS) 8, 301

Ein Zeuge hatte vor dem ersuchten Amtsrichter eine falsche Aussage gemacht, bei der er unvereidigt geblieben war. Das Prozeßgericht hatte seine Vereidigung angeordnet. Daraufhin hatte er im zweiten Termin die falsche Aussage wiederholt und beschworen. – Der *BGH* nahm nur den Tatbestand des § 154 an (mit grundlegenden Ausführungen zum Verhältnis zwischen § 153 und § 154). Da die uneidliche Falschaussage zwar in verschiedenen Terminen, aber in derselben Instanz gemacht worden sei, werde § 153 durch § 154 verdrängt (Subsidiarität-Gesetzeskonkurrenz). § 157 (Eidesnotstand) sei bezüglich der dem Eid vorangegangenen Falschaussage nicht gegeben.

6. Strafrichter-Fall – BGHSt 24, 38

Der Angeklagte hatte eine Zeugin dazu angestiftet, eine falsche eidesstattliche Versicherung vor dem Strafrichter über die Schuldfrage abzugeben. – Der *BGH* nahm Straflosigkeit an. Eine falsche eidesstattliche Versicherung sei im Strafverfahren unter keinem Gesichtspunkt ein zulässiges Beweismittel, weshalb Anstiftung zu § 156 mangels einer „zuständigen Behörde" ausscheide. Falls der Angeklagte irrig eine solche Zuständigkeit angenommen habe, sei er ebenfalls straflos, weil der dann in Frage kommende § 159 einen tauglichen Versuch voraussetze. Daran habe es hier gefehlt.

§ 9. Falsche Verdächtigung (§ 164)

I. Überblick

Rechtsgut des § 164 ist einerseits die *innerstaatliche Rechtspflege* (Rechtspflegetheorie), andererseits der *einzelne,* der vor ungerechtfertigten staatlichen Maßnahmen geschützt werden soll (Individualgutstheorie). Die Einzelheiten sind strittig. Praktische Bedeutung hat der Streit bei einer *Einwilligung* des Verletzten. Sie ist unbeachtlich, soweit es um die Irreführung innerstaatlicher Behörden geht, weil das Universalrechtsgut Rechtspflege nicht verfügbar ist. Sie ist dagegen beachtlich, soweit es um die (nicht geschützten) ausländischen Behörden geht, weil hier das Individualinteresse des einzelnen selbständige Bedeutung gewinnt; es ist als Individualrechtsgut verfügbar.[1]

§ 164 setzt voraus, daß eine *bestimmte andere (lebende)* Person verdächtigt wird. Fehlt es an einer dieser Voraussetzungen, kommt der subsidiäre § 145 d in Betracht. Daneben ist an die §§ 258, 189 zu denken.

Beispiele: T täuscht lediglich vor, daß eine Straftat begangen wurde; T bezichtigt sich selbst.

Berichtigt der Täter seine falsche Angabe rechtzeitig, ist mit der h. M. § 158 analog anzuwenden.

II. Struktur

1. Übersicht

Absatz I ist *lex specialis* gegenüber *Absatz II.* Absatz I erfaßt den praktisch bedeutsamen Fall, daß ein anderer einer *rechtswidrigen Tat* (§ 11 I Nr. 5) verdächtigt wird. Absatz II erfaßt die Fälle, in denen *sonstige Tatsachenbehauptungen* aufgestellt werden, die ein *behördliches Verfahren* auslösen können (z. B. die Entziehung einer Gewerbeerlaubnis).

Die Begriffe „*Behörde*" und „*Amtsträger*" sind in § 11 I Nr. 2, 7 legaldefiniert. „*Öffentlich*" ist die Tat begangen, wenn unbestimmt viele Personen Kenntnis erlangen können.

2. Verdächtigung

Zentraler Begriff des § 164 ist das „*Verdächtigen*". Die Normalfallmethode ergibt die in Abb. 1 gezeigte Struktur.

---

[1] Vgl. AT, 4. Teil, § 4 Nr. 5 b.

Abb. 1 Struktur des Verdächtigens in § 164

Von der Normalfalldefinition aus lassen sich *Problemfälle* bearbeiten: Die *Tatsachenmitteilung* ist vom *Werturteil* abzugrenzen. Es handelt sich hier um ein Problem, das auch bei anderen Tatbeständen auftauchen kann.[2] Es sollte zentral erarbeitet werden (Baukastensystem).

Beispiel: T erstattet Anzeige, im Lokal des O werde man geneppt. Dies kann eine Tatsachenmitteilung (Information) sein, falls sich dahinter ein tatsächlicher Kern verbirgt (z. B. die Behauptung, O fülle billigen Whisky in teure Markenflaschen um); es kann ein Werturteil (Kommentar) sein, falls ein solcher tatsächlicher Kern fehlt (letzterenfalls scheidet § 164 aus).

Auch durch *konkludentes Tun* kann eine Tatsachenmitteilung erfolgen. *Beispiele:* T trägt bei einem Raubüberfall die Kleider des O. T bringt Einbruchsspuren am Werkzeug des O an. T schmuggelt Diebesbeute in die Wohnung des O.

Die Tatsachenmitteilung muß objektiv *unrichtig* sein. Dabei ist genau auf den Gegenstand der Tatsachenmitteilung zu achten.

Insbesondere ist auf die Unterscheidung zwischen *äußeren Tatsachen* (z. B. O hat gestohlen) und *inneren Tatsachen* (z. B. Ich habe es gesehen) zu achten. Täuscht sich der Täter bei einer inneren Tatsache (weil er z. B. den O mit dem wahren Täter verwechselt hat), so fehlt es schon an der Unrichtigkeit der inneren Tatsache und damit am objektiven Tatbestandsmerkmal „Verdächtigen", nicht etwa erst am Vorsatz.

Beachte: Bei inneren Tatsachen kommt es nicht darauf an, ob sie im Endergebnis von der Realität gedeckt werden. *Beispiel:* O hat gestohlen. T hat ihn im Verdacht, hat ihn aber nicht gesehen und kann es nicht beweisen. Dennoch zeigt er O an und behauptet, er habe O beim Diebstahl gesehen (= unrichtige innere Tatsache). § 164 ist erfüllt, auch wenn dem O im Ergebnis kein Unrecht geschieht. Das ist auch sachgerecht. Auch der Schuldige hat ein berechtigtes Interesse daran, nicht mit falschen Beweisen verfolgt zu werden.

Sagt T nur die halbe Wahrheit, so ist das auch eine ganze Lüge. *Beispiel:* T trägt belastende Indizien vor und verschweigt entlastende Umstände. Seine Tatsachenmitteilung ist unrichtig.

Die unwahre Tatsachenmitteilung muß *geeignet* sein, einen *Verdacht zu erregen oder zu verstärken*.

Es gibt aber Situationen, in denen bloßes Leugnen zwangsläufig den Verdacht auf einen anderen lenkt. *Beispiel:* Nach einem Autounfall behauptet jeder der beiden betrunkenen Insassen, er sei nicht gefahren und schiebt damit zwangsläufig den Verdacht auf den jeweils anderen.

---

[2] Vgl. bei §§ 8 II 1 c; 10 I 1; 27 II 2 a.

§ 9. Falsche Verdächtigung (§ 164)

Da die Selbsthilfe straflos ist,[3] liegt hierin beim Fahrer kein Verdächtigen i. S. d. § 164. Dies gilt im Beispiel auch dann, wenn der Fahrer mehr tut und den anderen ausdrücklich bezichtigt. Der Sache nach liegt darin nicht mehr als eine bloße Selbsthilfe. Anders aber, wenn T mehr tut, als für die bloße Selbsthilfe erforderlich ist, so, wenn er beispielsweise die Beweislage zum Nachteil des anderen verändert.

Auf einen *Erfolg* des Verdächtigens kommt es *nicht an*. Die Behörde braucht dem Täter nicht zu glauben. Die Tat ist vollendet, wenn die *Behörde Kenntnis* erlangt hat. Bis zu diesem Zeitpunkt liegt ein tatbestandsloser *Versuch* vor.

3. Subjektiver Tatbestand

Hier sind einige Besonderheiten zu beachten. Sie sind in Abb. 2 übersichtlich zusammengefaßt.

Objektiver Tatbestand:	*Unwahrheit* der Verdächtigung	*Übriger objektiver Tatbestand* (anderer, Behörde, Amtsträger, öffentlich, rechtswidrige Tat usw.)	Keine Entsprechung im objektiven Tatbestand
Subjektiver Tatbestand:	*Dolus directus* erforderlich („wider besseres Wissen")	*Dolus eventualis* ausreichend	*Absicht, ein behördliches Verfahren zu bewirken;* nach h. M. genügt *dolus directus*

Abb. 2 Struktur zum subjektiven Tatbestand des § 164

Insbesondere ist mit der h. M. bei der *Absicht* des § 164 kein zielgerichtetes Wollen zu fordern; vielmehr genügt *dolus directus*.[4]

Beispiel: Die T will den F heiraten. Sie schwindelt ihm eine Erbschaft vor und behauptet fälschlich, Vormund O bereichere sich daran. Auf Anraten des F geht sie mit dieser Verdächtigung zur Staatsanwaltschaft. Sie will kein Verfahren gegen O auslösen, sondern handelt, damit F den Schwindel nicht bemerke. Gleich wohl weiß sie sicher, daß die Staatsanwaltschaft gegen O ermitteln wird (dolus directus) – was genügt.

III. Typische Konkurrenzprobleme

§ 164 verdrängt § 145 d. Mit § 258 ist Idealkonkurrenz möglich. Idealkonkurrenz wird häufig ferner mit den Aussagedelikten, §§ 153 ff. und der Beleidigung, §§ 185, 187 (nicht aber 186 – § 164 setzt „wider besseres Wissen" voraus) gegeben sein.

---

[3] So namentlich in den Fällen der §§ 120, 257, 258, 259.
[4] Vgl. AT, 6. Teil, § 2 Nr. 3 b.

§ 9. Falsche Verdächtigung (§ 164)

Mehrere gleichzeitige Falschverdächtigungen derselben Person stehen in Tateinheit (natürliche Handlungseinheit). Tateinheit ist auch zu bejahen, wenn eine Falschverdächtigung mehrere Opfer gleichzeitig trifft. Werden dagegen in einem Zuge mehrere Opfer nacheinander verdächtigt, wird man – wie bei der Beleidigung – auf die Höchstpersönlichkeit der betroffenen Individualinteressen abzustellen und natürliche Handlungseinheit zu verneinen haben.[5]

Entsprechendes ist auch für schriftliche Äußerungen anzunehmen, str.

IV. Problemhinweise, Literatur

§ 164 sollte zusammen mit § 145 d gesehen und bearbeitet werden, wobei auf die strukturellen Besonderheiten zu achten ist. Umstritten ist, wie erwähnt, das Rechtsgut des § 164. Hiermit sollte man sich eingehend befassen.

Lektüre: Hirsch, Zur Rechtsnatur der falschen Verdächtigung, in: Gedächtnisschr. f. Schröder, 1978, S. 307.

V. Bekannte BGH-Fälle

1. Einwilligungs-Fall – BGHSt 5, 66

Der Angeklagte hatte jemanden falschverdächtigt, der mit der Tat einverstanden war. – Der *BGH* versagte der darin liegenden Einwilligung die rechtfertigende Wirkung.

2. Fangbriefe-Fall – BGHSt 9, 240

In einer Firma war gestohlen worden. Daraufhin hatte die Polizei mit Farbe präparierte Fangbriefe ausgelegt. Die Täterin hatte mit Hilfe eines der Fangbriefe einen Unschuldigen in Verdacht bringem wollen. Den Brief hatte jedoch dessen Sekretärin in die Hände bekommen, worauf diese in Verdacht geraten war. – Der *BGH* nahm einen vollendeten Fall des § 164 an, obwohl der Verdacht auf eine andere als die vom Täter gemeinte Person gefallen war.

3. Liebesverhältnis-Fall – BGHSt 13, 219

Die Angeklagte hatte ein Liebesverhältnis mit einem Mann unterhalten. Um ihn zur Hochzeit zu bewegen, hatte sie ihm eine Erbschaft vorgeschwindelt und gesagt, ihr Vormund bereichere sich unrechtmäßig daran. Daraufhin hatte ihr der Mann geraten, sich an die Staatsanwaltschaft zu wenden. Dies hatte sie getan. – Der *BGH* bejahte § 164. Die erforderliche Absicht habe vorgelegen.

---

[5] Vgl. AT, 12. Teil, § 3 Nr. 3 c. S. auch bei § 10 III.

4. Auswärtiges-Amt-Fall – BGHSt 14, 240

Ein Diplomat hatte fremde Verdächtigungen, deren Unrichtigkeit er nicht kannte, weitergegeben. – Der *BGH* verneinte § 164. Die bloße Weiterleitung einer fremden Verdächtigung sei kein tatbestandsmäßigen Verdächtigen.

5. Namenstäuschungs-Fall – BGHSt 18, 204

Ein Motorradfahrer hatte gegenüber der Polizei, die wegen eines möglichen Motorraddiebstahls ermittelt hatte, einen fremden Namen angegeben. – Der *BGH* verneinte § 164, weil bezüglich des Namensträgers die erforderliche Absicht nicht vorhanden gewesen sei. Der Täter habe geglaubt, er selbst werde unter falschem Namen verurteilt oder freigelassen; in beiden Fällen habe er bezüglich einer Verfolgung des Namensträgers nicht mit der erforderlichen Absicht gehandelt.

§ 10. Beleidigung (§ 185)
– mit Ausführungen zu §§ 186 Üble Nachrede und 187 Verleumdung –

I. Überblick

1. Systematik der §§ 185 ff.

Eine Beleidigung ist möglich durch *Tatsachenbehauptungen* oder *Werturteile;* beides ist gegenüber dem *Beleidigten* oder gegenüber einem *Dritten* möglich. Abb. 1 zeigt anschaulich, welche Tatbestände hier jeweils in Betracht kommen.

	Tatsachenbehauptung (z.B. *X* hat eine Uhr gestohlen)	Werturteil (*X* ist ein Verbrecher)
Gegenüber einem *Dritten* (... er hat gestohlen; ... er ist ein Verbrecher)	– Bei *Nichterweislichkeit* der Tatsache: § 186 – Bei *Unwahrheit* der Tatsache: § 187 – Bei *Wahrheit* der *Tatsache:* §§ 185, 192	– immer § 185
Gegenüber dem *Beleidigten* (... du hast gestohlen; ... du bist ein Verbrecher)	– immer § 185 (i. V. m. § 192)	– immer § 185

Abb. 1 Struktur der §§ 185 ff.

§ 10. Beleidigung (§ 185)

Wie man anschaulich sieht, ist *§ 185* nicht der Grundtatbestand der §§ 185–187, sondern ein *Auffangtatbestand,* der immer dann zum Zuge kommt, wenn nicht die spezielle Kombination „*Tatsachenbehauptung gegenüber einem Dritten*" gegeben ist.

Demgemäß empfiehlt es sich, in Beleidigungsfällen folgendes *Aufbauschema* zu befolgen:

(1.) *Liegt eine Kundgabe gegenüber dem Beleidigten (B) oder einem Dritten (D) vor?*

Bei einer Kundgabe *gegenüber B* kann *nur* § 185 in Betracht kommen. Falls es sich um die Kundgabe einer wahren Tatsache handelt, gilt § 192.

Nur bei einer Kundgabe *gegenüber D* ist *weiter zu prüfen:*

(2.) *Handelt es sich um die Äußerung einer Tatsache oder eines Werturteils?*

Die Problematik der Abgrenzung der Tatsachen von den Werturteilen spielt auch bei anderen Delikten eine Rolle (Baukastensystem).[1]

Über *Tatsachen* wird *informiert; Werturteile* stellen dagegen eine *Meinungsäußerung* dar (Kommentar). Alles, was in der Zukunft liegt, ist Werturteil. *Beispiel: T* sagt zu *D,* der *B* werde gewiß noch im Zuchthaus enden. Dies ist ein Werturteil. Also kommt nur § 185 in Betracht.

Die Grenze zwischen Tatsachen und Werturteilen kann schwer zu bestimmen sein. *Beispiel: T* bezeichnet *O* als Dieb. Dies ist eine Tatsache, wenn sich dahinter ein konkreter Vorfall verbirgt; andernfalls ein Werturteil.

Bei einem *Werturteil* kommt *nur § 185* in Betracht. Nur bei einer *Tatsache* ist weiter zu prüfen:

(3.) *Wie steht es mit der Wahrheit der Tatsache?*

Hier sind *drei Antworten* möglich: *Erstens,* die Tatsache ist *unwahr.* Dann kommt (bei Ehrenrührigkeit der Tatsache) § 187, *Verleumdung* in Betracht. Beachte die *Beweisregeln* des § 190. Hier findet sich der (seltene) Fall einer Einschränkung der freien Beweiswürdigung des § 261 StPO.

Zweitens, die Tatsache ist *wahr.* Dann scheiden §§ 187, 186 aus. Es kommt nur eine *Formalbeleidigung* nach §§ 185, 192 in Betracht.

Beispiel: T erzählt auf der Hochzeitsfeier der *B* schreiend, die *B* habe – was zutrifft – schon mit anderen Männern Geschlechtsverkehr gehabt. Das Schreien begründet der „Form" nach, die Hochzeitsfeier den „Umständen" nach eine Formalbeleidigung. Um hier die Grenze zu bloßen Taktlosigkeiten zu ziehen, fordert die h. M. im subjektiven Tatbestand Beleidigungsabsicht, str.

Drittens, die Frage bleibt *offen.* Dann kommt § 186, *Üble Nachrede* in Betracht. Die Nichterweislichkeit der Tatsache ist hier objektive Strafbarkeitsbedingung.[2] Der gute Glaube des *T* an die Wahrheit der Tatsache nützt ihm also nichts.

---

[1] So bei §§ 153, 164, 263. Vgl. insbes. bei § 27 II 2 a.
[2] S. unter diesem Stichwort im Glossar des AT.

§ 10. Beleidigung (§ 185)

Beachte: § 186 erlegt dem T keine Beweispflicht im Strafprozeß auf. Das Gericht erforscht auch hier die Wahrheit von Amts wegen, § 244 II StPO. Aber wenn trotz aller Bemühungen eine Aufklärung nicht möglich ist, trägt T das Risiko.

2. Rechtsgut

Rechtsgut der §§ 185 ff. ist die *Ehre*. „Die Ehre ist das subtilste, mit den hölzernen Handschuhen des Strafrechts am schwersten zu erfassende und daher am wenigsten wirksam geschützte Rechtsgut unseres Strafrechtssystem" (Maurach). Man unterscheidet
- den *faktischen Ehrbegriff* (die sog. subjektive Ehre, also das Ehrgefühl, das aber überzogen sein kann, und die sog. äußere Ehre, also den guten Ruf, Leumund, der aber ruiniert sein kann);
- den *normativen Ehrbegriff* (den Anspruch auf Achtung der Persönlichkeit unabhängig von Habitus und Verhalten).

Die h. M. verbindet im sog. *normativ-faktischen Ehrbegriff* alle diese Gesichtspunkte.

Opfer einer *Ehrverletzung* kann zunächst *jeder Mensch* sein.

Auch Kinder und Geisteskranke können also beleidigt werden, *nicht* aber *Verstorbene* (arg. aus § 189).

Auch *mittelbar* ist eine Beleidigung möglich („Hurensohn" beleidigt unmittelbar den Sohn und mittelbar die Mutter) und auch unter einer *Kollektivbezeichnung* („die Münchener Juraprofessoren..." beleidigt gegebenenfalls jeden einzelnen Professor).

Opfer einer *Ehrverletzung* können aber auch *Organisationen* sein. Hierzu müssen *zwei Voraussetzungen* erfüllt sein: Die Organisation muß eine *rechtlich anerkannte soziale Funktion* erfüllen, und sie muß einen *einheitlichen Willen* bilden können.

Dies ist z. B. der Fall bei Parteien, Gewerkschaften, Arbeitgeberverbänden, Fakultäten, Religionsgemeinschaften, Kapitalgesellschaften (AG, GmbH), Behörden.
Dies ist z. B. nicht der Fall bei Kegelvereinen, Stammtischen, Tanzzirkeln. Hier ist aber immer zu prüfen, ob nicht die Mitglieder als Personen unter einer Kollektivbezeichnung beleidigt werden.

Auf der *Grenze* liegt die *Familie.* Da es hier an der einheitlichen Willensbildung fehlt, ist die Familie richtigerweise nicht als beleidigungsfähig anzusehen, str.

Abb. 2 faßt die bisherigen Überlegungen übersichtlich zusammen.

Abb. 2 Struktur der möglichen Opfer einer Ehrverletzung

§ 10. Beleidigung (§ 185)

Beachte: Alle Beleidigungstatbestände (nicht nur § 185) sind *Antragsdelikte*, § 194. Bei *wechselseitiger Beleidigung* besteht die Möglichkeit der *Straffreierklärung* nach § 199, sog. *Kompensation*.

3. Praktische Bedeutung

Ebenso wie bei den Körperverletzungsdelikten handelt es sich bei den §§ 185 ff. um Bagatelldelikte. Verurteilungen sind selten, nicht wegen der Seltenheit der Delikte (ganz im Gegenteil: Ehrverletzungen sind häufig), sondern wegen der Mühsal und des Kostenrisikos des Privatklageverfahrens.

Attraktiver ist für den Verletzten regelmäßig der Zivilrechtsweg. Dort gibt es nicht die in § 383 II StPO vorgesehene Möglichkeit der Einstellung wegen Geringfügigkeit. Der Beleidiger kann zur Unterlassung und zum Widerruf verurteilt werden. Er kann sogar nach der Rechtsprechung des *BGH (BGHZ* 26, 349, Herrenreiterfall) zur Zahlung eines Schmerzensgeldes auch bei immateriellem Schaden verurteilt werden. Darin soll auch eine Genugtuung des Verletzten liegen. Dies ist mit dem Grundgesetz vereinbar *(BVerfGE* 35, 269). Strafrechtlich liegt darin freilich ein Rückschritt.

II. Struktur des § 185

1. Struktur

Eine Normalfallanalyse ergibt die in Abb. 3 gezeigte Struktur.

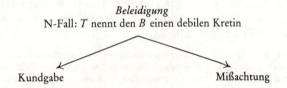

Abb. 3 Struktur der Beleidigung

Demgemäß ist *Beleidigung* die *Kundgabe von Mißachtung*. Von der Normalfallstruktur aus lassen sich Problemfälle bearbeiten. Eine *Kundgabe* ist durch Worte (Verbalbeleidigung) oder Taten (z. B. Vogel zeigen, Anspucken), durch Tun oder Unterlassen (z. B. beflissentliches Nichtgrüßen – insoweit ist § 185 auch ein echtes Unterlassungsdelikt; auf eine Garantenpflicht kommt es nicht an, str.) möglich. Problematisch sind hier vor allem *Äußerungen im engsten Familienkreis*. An sich liegt hier eine Kundgabe vor, doch ist nach allg. M. eine teleologische Reduktion erforderlich. Innerhalb des engsten Lebensbereiches muß man frei reden können. Es läßt sich hier eine Parallele zum Selbstgespräch ziehen, das ebenso wie das Tagebuch fraglos keine Kundgabe darstellt. Andererseits

§ 10. Beleidigung (§ 185)

muß man auch in der Familie Selbstzucht üben. Vertraulichkeit ist nicht gesichert. Die Familienmitglieder können sich auch gegenseitig beleidigen. Letztlich kommt es auf den Einzelfall an.

Beispiel: Die Ehefrau verleumdet (§ 187) die Hausangestellte gegenüber dem ihr nachstellenden Ehemann. Hier handelt es sich zwar um den engsten Familienkreis, doch bedarf die Ehre der Hausangestellten auch und gerade hier des Schutzes.

Weiter ist zweifelhaft, ob der *Empfänger* die *Kundgabe verstehen muß.* Bei § 185 ist dies *nicht erforderlich,* da hier die *Kundgabe eigener Mißachtung* bestraft wird. Anders bei den §§ 186, 187, wo die *Förderung fremder Mißachtung* bestraft wird – was Verstehen voraussetzt.

Wann eine *Mißachtung* vorliegt, ist Fallfrage. Es ist nicht möglich, hierfür generelle Kriterien zu nennen. Bei der Generalklausel des § 185 zeigt sich, daß alle Rechtsanwendung letztlich ein Bemühen um den Vergleich ähnlicher Fälle darstellt.

Sieht man sich die Kommentare an, stößt man auf Beispiele wie: Ausräuchern eines Stuhles, auf dem jemand saß; Abküssen durch einen Vorbestraften; die Bemerkung, Bismarck rede wie ein Schornsteinfeger; höhnische Begrüßung einer Respektsperson während des Urinierens; Ansinnen des Geschlechtsverkehrs an eine verheiratete Frau; unverlangte Zusendung sexuellen Aufklärungsmaterials – u. dgl. mehr.

In Zweifelsfällen empfiehlt es sich, wie immer, die Methode der *alternativen Vergleichsfalltechnik* anzuwenden.[3] Dabei sollte man besonders darauf achten, daß Taktlosigkeiten und bloße Unhöflichkeiten noch keine Beleidigung darstellen. Ferner ist zu beachten, daß gegenüber dem Beleidigten auch Tatsachenbehauptungen unter § 185 fallen können. Sind sie wahr, gilt § 192. Bleibt die Frage der Wahrheit offen, geht das Beweisrisiko zu Lasten des Beleidigers, str. Die Unwahrheit gehört nicht zum Tatbestand, str.

2. Rechtfertigungsgründe

Bei der Beleidigung (§§ 185–187) sind zunächst die *allgemeinen Rechtfertigungsgründe,* dann der *besondere Rechtfertigungsgrund des § 193* in Betracht zu ziehen. Von den *allgemeinen Rechtfertigungsgründen* haben praktisch nur Bedeutung:

– *Einwilligung*[4] – *Beispiel:* T fordert eine Dirne zum Geschlechtsverkehr auf. Das Ansinnen erfüllt den Tatbestand einer Beleidigung, ist jedoch durch konkludent erklärte Einwilligung gerechtfertigt.
– *Notwehr*[5] (sog. Ehrennotwehr) – *Beispiel:* eine gegenwärtige, noch nicht beendete Beleidigung wird mit einer Gegenbeleidigung abgewehrt (dieser Fall ist selten).

---

[3] Ausführlich dazu *Haft,* Juristische Rhetorik, 2. Aufl. 1981, S. 70 ff., S. 83 ff., 89 ff.
[4] Vgl. AT, 4. Teil, § 4 Nr. 5.
[5] Vgl. AT, 4. Teil, § 4 Nr. 2.

Der *besondere Rechtfertigungsgrund* des § 193 gibt die Befugnis, zur *Wahrnehmung berechtigter Interessen* die Ehre eines anderen zu verletzen. Bei § 193 treffen *mehrere Gedanken* zusammen:

- der Gedanke der *Güter- und Interessenabwägung* zwischen dem Anspruch des Beleidigten auf Unversehrtheit seiner Ehre einerseits, dem Anspruch des Beleidigers auf Wahrnehmung bestimmter Interessen andererseits;
- das *Grundrecht der freien Meinungsäußerung*, Art. 5 GG, soweit es um Fragen der öffentlichen Meinungsbildung geht;
- der Gesichtspunkt des *erlaubten Risikos*, soweit es um § 186 geht.

Von besonderer Bedeutung ist unter den Fällen des § 193 die (eigentliche) Wahrnehmung berechtigter Interessen. Dieser Gesichtspunkt wiegt eine Ehrverletzung unter *zwei Voraussetzungen* auf:
- der Täter muß ein *schutzwürdiges Interesse* verfolgen;[6] dabei kann es sich um unmittelbare oder mittelbare (z. B. als Mitglied eines Vereines) eigene Interessen oder um Interessen der Allgemeinheit handeln, die jeden Bürger angehen. Insbesondere auch Journalisten verfolgen derartige Interessen. Der Kreis ist weit gezogen. Es darf lediglich kein Verstoß gegen die Rechtsordnung oder gegen die guten Sitten vorliegen.

Beispiel: Ein Journalist berichtet in einer Zeitung über Mißstände in einer Behörde. Gegenbeispiel: Es geht dem Journalisten ausschließlich um die Verbreitung von Skandalgeschichten;

- der Täter muß ein *angemessenes Mittel* verwenden. Unter mehreren zur Verfügung stehenden Mitteln muß er das relativ mildeste Mittel verwenden. Bei *Tatsachenbehauptungen* ist eine leichtfertige Behauptung nie angemessen; deshalb muß der Täter sich informieren; diese *Informationspflicht* ist besonders für die Presse bedeutsam. Da die Wahrheit oft schwer feststellbar ist, genügt es, wenn ein Journalist sorgfältig recherchiert hat, um die Angemessenheit des Mittels zu bejahen.

III. Typische Konkurrenzprobleme

Ob zwischen § 185 einerseits, §§ 186, 187 andererseits wegen der verschiedenen Schutzrichtung der Tatbestände (bei § 185 geht es um den Ausdruck eigener Mißachtung, bei §§ 186, 187 geht es um die Förderung fremder Mißachtung) Idealkonkurrenz möglich ist (was richtig sein dürfte) oder die §§ 186, 187 den § 185 im Wege der Gesetzeskonkurrenz (Spezialität) verdrängen, ist strittig.

Praktisch bedeutsamer als diese Streitfrage ist jedoch die Tatsache, daß in Beleidigungsfällen häufig *mehrere Beleidigte* und/oder *mehrere Beleidigungen* zusammentreffen. Dann empfiehlt es sich, *zunächst* nach den

---

[6] Dies muß der Zweck seines Handelns sein (subjektives Rechtfertigungselement), vgl. AT, 4. Teil, § 3 Nr. 2.

§ 10. Beleidigung (§ 185)

Beleidigten zu trennen (z. B. Verhalten des T in bezug auf *X, Y, Z* ...) und dort jeweils wiederum nach den einzelnen Äußerungen zu trennen (z. B. die Bezeichnung des *X* als Dieb, als Kinderschänder, als Pornograph ...). Beleidigungsfälle setzen ganz besondere Sorgfalt bei der Gliederung voraus.[7]

Mehrere mündliche Beleidigungen derselben Person (der „Katarakt von Schimpfworten") stehen in Tateinheit (natürliche Handlungseinheit).
Tateinheit liegt auch vor, wenn ein Kraftwort mehrere Opfer trifft. Beleidigt dagegen der Täter mit seinem Katarakt nacheinander verschiedene Personen, liegt wegen der Höchstpersönlichkeit des Rechtsgutes Ehre keine natürliche Handlungseinheit und mithin keine Tateinheit, sondern Tatmehrheit vor.[8] Entsprechendes gilt auch für schriftliche Äußerungen, str.

IV. Problemhinweise, Literatur

Man sollte sich besonders intensiv mit dem Rechtfertigungsgrund des § 193 befassen und dabei vor allem die Problematik der Presse im Auge behalten.

Lektüre: Fuhrmann, Die Wahrnehmung berechtigter Interessen durch die Presse, JuS 1970, 70.

V. Bekannte Entscheidungen

1. Sexwerbung-Fall – BGHSt 11, 67

Die unverlangte Zusendung einer Werbeschrift für Mittel sexueller Reizsteigerung wurde als Beleidigung angesehen.

2. Zeitungsverlag-Fall – BGHSt 6, 186

Ein politischer Überzeugungstäter hatte gegenüber einem als GmbH betriebenen Zeitungsverlag ehrenrührige Tatsachenbehauptungen aufgestellt. – Der *BGH* sah die GmbH als beleidigungsfähig an.

3. Franktionsverdächtigungs-Fall – BGHSt 14, 48

Ein Journalist hatte zwei Mitglieder der X-Fraktion verfassungsfeindlicher Umtriebe beschuldigt, ohne Name zu nennen. – Der *BGH* sah darin eine üble Nachrede gegenüber allen Fraktionsmitgliedern.

4. Wohleb-Fall – BGHSt 12, 287

Der zunächst gegen die Bildung des Südweststaates eintretende Wohleb war überraschend in die neue Regierung des Landes Baden-Württem-

---

[7] Vgl. Anhang I Nr. 5.
[8] Vgl. AT, 12. Teil, § 3 Nr. 3c. S. auch bei § 9 III.

berg eingetreten. Daraufhin hatte ihn ein Leserbriefschreiber einen „zwiespältigen Charakter" genannt, der um persönlicher Interessen willen seiner südbadischen Heimat untreu geworden sei und von der Bühne des gesellschaftlichen und politischen Lebens für immer verschwinden müsse. – Der *BGH* nahm zur Abgrenzung Tatsachen-Werturteile Stellung; er hielt den Ausdruck „zwiespältiger Charakter" für ein Werturteil; im übrigen hielt er den Tatsachencharakter für überwiegend, so daß er § 186 für anwendbar hielt.

5. Adenauer-Fall – BGHSt 6, 357

Der Angeklagte hatte geäußert, Adenauer bereite aus Profitgier einen Krieg vor und wolle die deutsche Jugend als Kanonenfutter mißbrauchen. – Der *BGH* verneinte eine Tatsachenbehauptung und bejahte ein Werturteil, so daß nur § 185 anzuwenden war.

6. Hauswirt-Fall – BGHSt 11, 273

Ein Hauswirt hatte einem Dritten den Zutritt zur Wohnung eines Mieterehepaares mit der Begründung untersagt, dieser unterhalte ein intimes Verhältnis mit der Mieterin. – Der *BGH* meinte, auf die Wahrnehmung berechtigter Interessen (§ 193) dürfe erst eingegangen werden, wenn die Erweislichkeit der behaupteten Tatsache geprüft worden sei; je nach Ausgang dieser Prüfung komme beim Hauswirt der Tatbestand des § 186 oder 187 in Betracht.

7. Aktbilder-Fall – BGHSt 9, 17

Der Täter hatte Aktfotos von einem Mädchen gemacht und in einem Fotogeschäft entwickeln und kopieren lassen. – Der *BGH* sah darin eine gegenüber dem Personal des Fotogeschäftes begangene Beleidigung des Mädchens. Es sei nicht nötig gewesen, daß man dort das Mädchen gekannt habe. Es genüge, daß es aus dem Bild erkennbar gewesen sei.

8. Polizeibeschimpfungs-Fall – BGHSt 27, 290

Der Angeklagte hatte während einer Demonstration über Megaphon ehrenrührige Tatsachenbehauptungen über die Polizei aufgestellt. – Der *BGH* meinte, deren Wahrheit müsse aufgeklärt werden, auch wenn feststehe, daß bei Zutreffen der Behauptungen eine Formalbeleidigung nach §§ 185, 192 übrigbleibe.

9. Sprechstundenhilfe-Fall – BGHSt 5, 362

Der Angeklagte hatte mit einer sechzehnjährigen Sprechstundenhilfe Geschlechtsverkehr gehabt. – Der *BGH* sah die darin liegende Beleidigung als durch Einwilligung gerechtfertigt an, soweit die erforderliche Verstandesreife des Mädchens gegeben gewesen sei. Auch seien sonstige Umstände denkbar, die den objektiven oder subjektiven Tatbestand einer Beleidigung ausschließen können.

10. *Callgirlring-Fall* – BGHSt 18, 182

Ein Journalist hatte während eines aufsehenerregenden Callgirlring-Prozesses einen Zeitungsartikel veröffentlicht und darin einen namentlich nicht genannten Minister mit der „Affäre" in Verbindung gebracht. – Der *BGH* bejahte wegen der Nichterweislichkeit dieser Tatsache § 186 und nahm verneinend zu § 193 Stellung, weil es dem Journalisten um die Lust am Skandal und an Sensationen gegangen sei.

§ 11. Verletzung der Vertraulichkeit des Wortes (§ 201)
– mit einem Exkurs: Privatsphäre –

I. Überblick

1. Der strafrechtliche Schutz der Privatsphäre

In der modernen Gesellschaft mit ihren zunehmenden technischen Fähigkeiten zum Eindringen in den persönlichen Lebensbereich (Abhörgeräte, Computer, Datenbanken usw.) gewinnt das Rechtsgut „*Privatsphäre*" eine immer größer werdende Bedeutung. Das Strafrecht trug dieser Entwicklung im Jahre 1975 mit einer Reform des fünfzehnten Abschnitts des StGB Rechnung. Die heutige Fassung der §§ 201 ff. beruht auf dem gemeinsamen Grundgedanken, daß die Privatsphäre gegenüber anderen (einschließlich dem Staat) auch strafrechtlich geschützt werden soll. Freilich wurde dieser Schutz nicht umfassend ausgestaltet; vielmehr sind nur bestimmte Ausschnitte erfaßt worden.

Geschützt sind
– das *gesprochene Wort* nach Maßgabe des § 201;
– *verschlossene Briefe und Schriftstücke* nach Maßgabe des § 202, und
– *Berufsgeheimnisse* sowie *Daten* der öffentlichen Verwaltung nach Maßgabe des § 203.

Nicht geschützt ist die Privatsphäre insoweit, als es um die öffentliche Erörterung fremder Privatangelegenheiten und unbefugte Aufnahmen geht.[1]

---

[1] Hier zeigt sich deutlich der fragmentarische Charakter des Strafrechts. Siehe unter diesem Stichwort im Glossar der AT.

Entsprechende Strafbestimmungen waren in der Reformdiskussion vorgeschlagen worden. Doch sind sie nicht Gesetz geworden.

Das Rechtsgut der §§ 201 ff. ist noch wenig geklärt. Offen ist vor allem, ob „Privatsphäre" ein *Individualrechtsgut* ist, oder ob hier auch teilweise – u. U. sogar primär – ein *Universalrechtsgut*, nämlich das Interesse der Allgemeinheit am Schutz der Privatsphäre betroffen ist. Praktische Bedeutung hat diese Frage vor allem in den Fällen der Einwilligung.[2]

2. Exkurs: Privatsphäre

Auch in grundsätzlicher Hinsicht ist der Begriff Privatsphäre noch wenig geklärt. Er spielt in allen Rechtsgebieten eine Rolle. Im *Strafrecht* geht es um strafrechtlichen Schutz der Privatsphäre. Im *Zivilrecht* geht es um Schadensersatz bei Eingriffen in die Privatsphäre (Persönlichkeitssphäre) unter dem Aspekt der unerlaubten Handlung, § 823 BGB. Im *öffentlichen Recht* geht es den Schutz des einzelnen vor Eingriffen in seine Privatsphäre durch Ausgestaltung des Datenschutzrechtes. Man hat im wesentlichen drei Ansätze entwickelt, um den Begriff Privatsphäre zu strukturieren, nämlich die *Sphärentheorie*, die *Mosaiktheorie* und die *Theorie der gesellschaftlichen Kommunikation*. *In Abb. 1 ist die Struktur der Sphärentheorie* verdeutlicht. Sie geht wesentlich auf Entscheidungen des *BVerfG* zurück.[3]

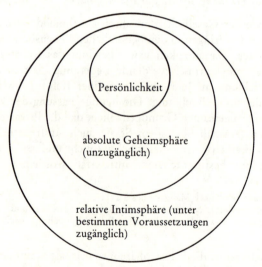

Abb. 1 Struktur der Sphärentheorie

---

[2] Siehe dazu unten 2, 3 sowie AT, 4. Teil, § 4 Nr. 5.
[3] *BVerfG*, NJW 1969, 1707 (Mikrozensusbeschluß) und *BVerfG* NJW 1970, 555 (Scheidungsaktenurteil).

§ 11. Verletzung der Vertraulichkeit des Wortes (§ 201)

Die *Kritik* an der Sphärentheorie lautet im Kern: Es gibt keine absolute Geheimsphäre. Jeder private Bereich kann irgendwann und irgendwo einmal – und zwar relativ zum jeweils Berechtigten – legitimerweise erfaßt werden (Relativität der Privatsphäre).
Die Struktur der Mosaiktheorie ist in Abb. 2 verdeutlicht. Sie beruht im wesentlichen auf der Rechtsprechung des *BGH* zum Begriff des Staatsgeheimnisses, § 93.[4] Von dort wurde sie auf den Begriff der Privatsphäre übertragen. Im Datenschutzrecht lassen sich damit die vieldiskutierten Persönlichkeitsprofile („gläserner Mensch") erfassen.

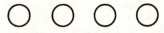

An sich nicht private Informationen

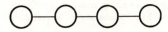

können zusammengefaßt einen Eingriff in die Privatsphäre darstellen

Abb. 2 Struktur der Mosaiktheorie

Die *Kritik* an der Mosaiktheorie lautet im Kern: Der Begriff der Privatsphäre wird auf diese Weise nicht geklärt, sondern vorausgesetzt.
In Abb. 3 ist schließlich die Struktur der *Theorie der gesellschaftlichen Kommunikation* verdeutlicht. Sie wurde im wesentlichen durch US-amerikanische Überlegungen begründet (right to share and to withhold anstelle des right to be let alone).

Dem entsprechen jeweils verschiedene Informationen – was jeweils nicht benötigt wird, ist „privat"

Abb. 3 Struktur der Theorie der gesellschaftlichen Kommunikation

Die *Kritik* an dieser Theorie lautet im Kern: Es ist schwierig, diese verschiedenen Rollen praktikabel zu bestimmen.

---

[4] Vgl. *BGHSt* 7, 234; 15, 17.

3. Das Merkmal „unbefugt".

Alle Tatbestände der §§ 201 ff. enthalten das Merkmal „unbefugt". Seine Bedeutung ist strittig. Teilweise wird es schon als *Tatbestandsmerkmal* angesehen. Richtigerweise ist darin jedoch lediglich die Kennzeichnung der allgemeinen Rechtswidrigkeit zu sehen. Das Wort „unbefugt" könnte also eigentlich auch fehlen. Seiner Existenz ist lediglich eine Mahnung zu entnehmen, daran zu denken, daß Rechtfertigungsgründe hier besonders häufig in Betracht kommen werden[5].

Hier ist an erster Stelle die *Einwilligung*[6] zu nennen. Ein tatbestandsausschließendes *Einverständnis* scheidet nach richtiger Auffassung aus. Zwar kann der Betroffene über sein Individualrechtsgut Privatsphäre verfügen. Doch leiten die §§ 201 ff. ihren Unwert nicht ausschließlich aus dem Verhalten gegen den Willen des Verletzten her. Auch die Allgemeinheit hat Interessen, die durch die Tat berührt werden (Privatsphäre auch als Universalrechtsgut). Ausnahmen können sich jedoch aus dem Wortlaut der Tatbestände ergeben. So ist nach § 201 II das Abhören des „nicht zu seiner Kenntnis bestimmten" Wortes und nach § 202 die Öffnung usw. eines „nicht zu seiner Kenntnis bestimmten" Schriftstückes strafbar. Hier beseitigt ein Einverständnis des Berechtigten bereits den Tatbestand.

Ferner sind zu nennen die *mutmaßliche Einwilligung* (z. B. bei Telefongesprächen im Geschäfts- und Behördenverkehr), der *rechtfertigende Notstand* (z. B. bei erpresserischen Anrufen, Beweisnot, der Gefahr, daß eigene Äußerungen ehrenrührig entstellt werden u. dgl.) sowie besondere *gesetzliche Ermächtigungen* (z. B. §§ 100 a, b StPO).

4. Weitere Hinweise zu § 201

Bei § 201 ist die *Privatsphäre* unter dem Aspekt der *Unbefangenheit mündlicher Äußerungen* geschützt. Man soll privat frei reden können, ohne Furcht vor Abhörtechnik. Auf den Inhalt des Gesagten kommt es nicht an.

Beachte: Für *Amtsträger* gilt die Qualifikation des Abs. III (uneigentliches Amtsdelikt – es gilt § 28 II). Beachte ferner das Antragserfordernis nach Maßgabe des § 205.

II Struktur

1. Übersicht

Man braucht zunächst das „*nichtöffentlich gesprochene Wort eines anderen*". Sodann braucht man ein Stück *Technik*. Die Technik muß zu einer der drei Tatmodalitäten des § 201 eingesetzt werden, nämlich
- *Aufnahme auf Tonträger*, Abs. I Nr. 1 (Beispiel: *T* nimmt ein privates Gespräch des *O* auf Tonband auf);
- *Gebrauchen oder Zugänglichmachen* der so hergestellten Aufnahme Abs. I Nr. 2, (Beispiel: der eben erwähnte *T* spielt seine Aufnahme ab oder übergibt das Tonband einem anderen);

---

[5] Vgl. AT, 3. Teil, § 4 Nr. 1.
[6] Vgl. AT, 4. Teil, § 4 Nr. 5.

§ 11. Verletzung der Vertraulichkeit des Wortes (§ 201)

– *Abhören mit einem Abhörgerät,* Abs. II (Beispiel: *T* hört mit Hilfe eines „Mini-Spions" ein Gespräch über größere Entfernung mit).

Jedes der Strukturelemente des § 201 kann problematisch sein. Im einzelnen:

2. *Das nichtöffentlich gesprochene Wort eines anderen*

– *Wort:* Monolog oder Dialog, Gesang und Sprechgesang gehören dazu. Stöhnen oder Gähnen ist dagegen kein Wort.
– *Gesprochen:* Das Wort muß „live" gesprochen sein. Es darf nicht von einem Tonträger reproduziert sein. (Die Tonkonserve fällt aber unter § 202, vgl. dort Abs. II).
– *Nichtöffentlich:* Nichtöffentlich ist z. B. die Parteivorstandssitzung, die Fraktionsbesprechung usw. Entscheidend ist, ob der Teilnehmerkreis individuell begrenzt ist. Öffentlich ist dagegen z. B. die Wahlkundgebung und i. d. R. die Gerichtsverhandlung, § 169 S. 1 GVG.

In Gerichtsverhandlungen sind aber Tonbandaufnahmen nach Maßgabe des § 169 S. 2 GVG verboten. Bei einem Verstoß gegen das Verbot kommen sitzungspolizeiliche und prozessuale Maßnahmen in Betracht. § 201 scheidet dagegen bei öffentlichen Gerichtsverhandlungen aus.

– *Anderer:* Selbstaufnahmen fallen nicht unter § 201 (wichtig für die Auslegung des Abs. I Nr. 2).[7]

3. *Aufnahme auf Tonträger, Abs. I Nr. 1.*

Die Aufnahme auf Tonträger (Tonband, Schallplatte usw.) ist vollendet, wenn eine akustische Wiedergabe möglich ist. Mißlingt die Aufnahme, kommt strafbarer (Abs. IV) Versuch in Betracht.

4. *Gebrauchen oder Zugänglichmachen der so hergestellten Aufnahme, Abs. I Nr. 2.*

Beides bezieht sich auf die Aufnahme selbst. Wer nur den Inhalt einer Aufnahme weiterberichtet, erfüllt den Tatbestand nicht. Im übrigen steckt hier eine *syntaktische Unklarheit*. Es ist nicht klar, worauf sich die Wendung „*so hergestellt*" bezieht. Man kann hier auf zwei verschiedene Weisen argumentieren. Einmal kann man sagen, „so hergestellt" beziehe sich auf die Nr. 1 in der Weise, daß nur eine mit dem Makel unbefugter Herstellung behaftete Aufnahme gebraucht usw. werden könne. Ein andermal kann man sagen, „so hergestellt" erfasse auch die Fälle, in denen die Herstellung der Aufnahme befugt war (z. B. infolge Einwilligung), nicht jedoch deren Gebrauch. Der Streit wird praktisch, wenn etwa Diskussionsteilnehmer vereinbaren, ihr Gespräch aufzuzeichnen und jemand diese befugt (gerechtfertigt) hergestellte Aufnahme unbefugt gebraucht.

---

[7] Vgl. unten II 4.

§ 11. Verletzung der Vertraulichkeit des Wortes (§ 201)

Richtig dürfte die erstgenannte Auslegung sein. Die Nr. 2 ist als Verwertungsdelikt anzusehen. Sie hat keine eigenständige Schutzfunktion (Vertrauen auf den diskreten Umgang mit Tonaufnahmen, strafrechtlicher Schutz des Rechtes am eigenen Wort.) § 201 schützt das *gesprochene Wort*. Fixierungen des gesprochenen Wortes werden durch § 202 geschützt.

Beachte: Bei Selbstaufnahme (z.b. Briefdiktaten) fehlt es schon am Wort eines anderen.

5. Abhören mit einem Abhörgerät, Abs. II

Absatz II schützt vor Mikrofonanlagen, Minispionen (Wanzen), Stethoskopen, Vorrichtungen zum Anzapfen von Telefongesprächen u. dgl. mehr. Erforderlich ist immer ein *technisches Abhörgerät*.

Das Telefon, das infolge eines Defektes zufällig das Mithören eines fremden Gesprächs ermöglicht, ist kein Gerät in diesem Sinne, str.
Wer ohne Gerät – z. B. an der Wand – lauscht, handelt nicht tatbestandsmäßig.

III. Typische Konkurrenzprobleme

Problematisch sind vor allem die innertatbestandlichen Konkurrenzverhältnisse. Die beiden Varianten des Abs. I (Aufnehmen einerseits, Gebrauchen oder Zugänglichmachen andererseits) sind ebenso zu beurteilen wie die entsprechenden Varianten des § 267,[8] str. (Baukastenprinzip). Abs. II enthält dagegen eine besondere Ausprägung des Schutzes der Privatsphäre im Hinblick auf Minispione u. dgl. Der Tatbestand hat deshalb selbständige Bedeutung. Er steht zu Abs. I gegebenenfalls in Idealkonkurrenz.

Beispiel: T nimmt ein vertrauliches Gespräch mittels eines Abhörgerätes auf Tonband auf (T benutzt also zwei verschiedene Geräte.)

IV. Problemhinweise, Literatur

Zu § 201 hat es in neuerer Zeit mehrere *OLG*-Entscheidungen gegeben, deren Lektüre anzuraten ist:

OLG Karlsruhe, MDR 1979, 334; *OLG Frankfurt*, JR 1978, 168; *OLG Celle*, JR 1977, 338 (die letztgenannten Entscheidungen jeweils mit Anmerkung *Arzt*).

V. Bekannte BGH-Entscheidung: Tonband-Fall – BGHSt 14, 358

Ein Anwalt war wegen versuchter Anstiftung zum Meineid und Parteiverrates angeklagt worden. Er sollte versucht haben, Zeugen unzulässig

---

[8] Vgl. bei § 29 III.

zu beeinflussen. Zum Beweis dafür waren heimlich hergestellte Tonbänder vorgelegt worden. Das Landgericht hatte es abgelehnt, die Tonbänder zu verwenden. – Der *BGH* bestätigte diese Auffassung (es ist dies eine der grundlegenden Entscheidungen zur strafprozessualen Problematik der Beweisverwertungsverbote.)[9]

12. Verletzung des Briefgeheimnisses (§ 202)

I. Überblick

Rechtsgut ist die *Privatsphäre*[1] unter dem Aspekt der Befugnis, Briefe und andere Schriftstücke sowie vergleichbare Träger von Gedankenübermittlungen (Tonbänder) und Abbildungen zu verschließen und vor anderen geheimzuhalten, str. Es kommt nicht darauf an, von wem das Schriftstück stammt, welchen Inhalt es hat, wem es gehört und ob es ein Geheimnis enthält. Entscheidend ist allein, daß jemand befugterweise ein Schriftstück verschließt und so vor Indiskretionen bewahren will.

Beachte das Antragserfordernis nach Maßgabe des § 205.

II. Struktur

Man braucht ein geeignetes *Tatobjekt;* es muß *verschlossen* sein; es darf *nicht zur Kenntnis des Täters bestimmt* sein; und es muß eine der *Tatmodalitäten* des § 201 vorliegen. Im einzelnen:

1. Tatobjekt

Schriftstücke sind alle Träger von Schriftzeichen. Mit dem Urkundsbegriff hat das nichts zu tun. Der Brief ist nur ein Unterfall des Schriftstücks (Mitteilung von Person zu Person).

Auch gedruckte Schriftstücke können unter § 201 fallen. Doch ist eine wichtige Einschränkung zu beachten: Es muß ein *Bezug zur Person* des Befugten gegeben sein (Argument aus dem Rechtsgut). Fehlt es daran, liegt kein geschütztes Schriftstück vor. Beispiele bieten Reklamezettel, Gebrauchsanweisungen, Banknoten, Zeitungen, Bücher. Doch ist auf den Fall zu achten. Bei der Werbung für pornographische Schriften kann z. B. ein schützenswerter Bezug zur Person gegeben sein.
Beispiel: Zimmerwirtin *T* öffnet einen verschlossenen Brief an ihren Untermieter *O*. Enttäuscht stellt sie fest, daß sich darin die Werbesendung eines Buchclubs befindet. Es liegt nur ein tatbestandsloser untauglicher Versuch des § 202 vor.

---

[9] Vgl. auch den Tagebuch-Fall bei § 12 V.
[1] Vgl. bei § 11 I 1, 2.

Absatz III stellt gewisse Gegenstände den Schriftstücken gleich: *zur Gedankenübermittlung bestimmte Träger* (z. B. besprochene Tonbänder) und *Abbildungen* (z. B. Erinnerungsfotos, Lichtpausen).

Auch hier muß ein Bezug zur Person des Befugten gegeben sein. Fehlt es hieran, scheidet § 202 aus. Das ist z. B. bei Sprachkursen auf Kassetten oder bei Abbildungen von technischen Geräten der Fall.

2. Verschlossen

Das Schriftstück muß in den Fällen des Abs. I selbst verschlossen sein. Hauptbeispiel ist der im verschlossenen Umschlag befindliche Brief. Zweifelsfälle können hier etwa entstehen, wenn Schriftstücke verschnürt sind. Einerseits ist nicht vorausgesetzt, daß ein Öffnen nur durch Beschädigung des Verschlusses erfolgen kann. Andererseits muß ein deutliches Hindernis gegen das Öffnen vorhanden sein. In Grenzfällen entscheidet – wie immer – eine bewußt geübte, um Aufdeckung der jeweiligen Vorverständnisstrukturen bemühte und auf Konsens ausgerichtete Rhetorik.[2]

In den Fällen des Abs. II muß das Schriftstück durch ein verschlossenes Behältnis gesichert sein. Dieser Begriff ist ebenso zu verstehen wie bei § 243 I Nr. 2 (Baukastensystem). Ein verschlossenes Zimmer ist also kein Behältnis.

Beispiel: Die zugesperrte Schreibtischschublade.

3. Nicht zur Kenntnis des Täters bestimmt

Hierüber entscheidet der, der ein Recht am gedanklichen Inhalt des Schriftstückes hat, und das ist nicht notwendig der Eigentümer. Im praktisch wichtigen Fall des Briefes ist das zunächst der Absender, nach Zugang der Empfänger.

Beispiel: Ehemann *E* hat seiner Ehefrau *T* gestattet, seine Post zu öffnen. *A* schreibt ihm einen Brief, in welchem er dem *E* über eheliche Verfehlungen der *T* berichtet. Auf den Umschlag schreibt er: ,,Persönlich". *T* öffnet den Brief und liest ihn voller Interesse. Hier ist nach Zugang des Briefes (d. h. nach Einwurf in den Kasten des *E*) die Verfügungsbefugnis auf *E* übergegangen, so daß die *T* infolge seines Einverständnisses nicht tatbestandsmäßig gehandelt hat – auch wenn *E* das nachträglich bedauern mag.[3]

4. Die Tatmodalitäten

– *Öffnen, Abs. I Nr. 1:* Normalfall: *T* reißt den Umschlag eines Briefes auf. Auch ohne Beschädigung des Verschlusses ist ein Öffnen möglich (z. B. beim Öffnen des Umschlags über Wasserdampf oder Aufrollen des Briefes auf eine Haarnadel.) Einer *Kenntnisnahme* des Inhalts bedarf es hier *nicht* (abstrakter Gefährdungstatbestand).

---

[2] Ausführlich dazu *Haft*, Juristische Rhetorik, 2. Aufl. 1981, S. 87 ff.
[3] Dazu, daß hierzu Einverständnis und keine Einwilligung vorliegt, siehe bei § 11 I 3. Vgl. ferner AT, 4. Teil, § 4 Nr. 5a.

§ 12. *Verletzung des Briefgeheimnisses (§ 202)* 69

- *Ohne Öffnen unter Anwendung technischer Mittel Kenntnis verschaffen, Abs. I Nr. 2:* Normalfall: *T* liest einen verschlossenen Brief mittels einer Quarzlampe. Es muß schon eine spezifische Technik eingesetzt werden. Es genügt nicht, wenn *T* den Brief gegen eine normale Lampe oder gegen das Fenster hält.
Kenntnis setzt nicht nur sinnliches Wahrnehmen, sondern auch *Verstehen* voraus, str. Ist das Schriftstück in einer vom Täter nicht beherrschten Fremdsprache verfaßt, liegt nur tatbestandsloser Versuch vor.
- *Behältnis öffnen und Kenntnis verschaffen, Abs. II* Hier kann man die entsprechenden Versatzstücke von Abs. I übernehmen (Baukastenprinzip).

Das Behältnis muß also z. B. nicht beschädigt werden; zur Kenntnis ist Verstehen erforderlich, str.

Das Öffnen muß gerade zum Zwecke der Kenntnisnahme erfolgt sein („dazu"). Erforderlich ist also beim ersten Akt des zweiaktigen Deliktes eine entsprechende *Absicht* im Sinne zielgerichteten Wollens.[4]

Beispiel: *T* sucht Schmuck. Er erbricht ein Behältnis, findet darin zufällig Briefe und liest sie. § 202 II entfällt wegen Fehlens der beim Öffnen erforderlichen Absicht.

III. Typische Konkurrenzprobleme

§ 202 wird häufig mit Diebstahl oder Unterschlagung zusammentreffen, so etwa, wenn *T* den fremden Brief entwendet, um ihn erst zu lesen, dann zu zerreißen.[5] Dann ist Idealkonkurrenz anzunehmen, da eine Verurteilung allein nach §§ 242, 246 den besonderen Unrechtsgehalt des § 202 nicht erfaßt. Die gleichzeitige Sachbeschädigung (Beschädigung des Verschlusses) wird dagegen durch § 202 I Nr. 1 im Wege der Gesetzeskonkurrenz verdrängt (Subsidiarität).

Bei Postbediensteten ist § 354, Verletzung des Post- und Fernmeldegeheimnisses, zu beachten. Die Vorschrift verdrängt § 202 im Wege der Gesetzeskonkurrenz (Spezialität).

IV. Problemhinweise, Literatur

Es gibt einen berühmten Fall in der Literatur, wo ein Ehemann ein Behältnis seiner Frau aus anderen Gründen öffnet und dabei zufällig auf Liebesbriefe der Ehefrau stößt. Obwohl das Geschehnis Jahre zurückliegt, fordert er den früheren Liebhaber zum Duell und tötet ihn. Die

---

[4] Vgl. AT, 6. Teil, § 2 Nr. 3 b, aa.
[5] Die Zueignungsabsicht i. S. d. § 242 I liegt hier vor, da *T* sich den Brief wenigstens kurzfristig aneignen will, was genügt, vgl. bei § 20 II 3.

Ehefrau wird verstoßen. Problem: Wäre der Ehemann heute nach § 202 II strafbar?

Lektüre: Theodor Fontane, Effi Briest.

V. Bekannte BGH-Entscheidung: Tagebuch-Fall – BGHSt 19, 325

Ein Angeklagter war wegen Meineids verurteilt worden. Das LG hatte seine Feststellungen weitgehend auf den Inhalt eines der Strafverfolgungsbehörde von dritter Seite übersandten Tagebuchs des Angeklagten gestützt. – Der *BGH* befaßte sich mit der strafprozessualen Frage eines Beweisverwertungsverbotes, das er bejahte, nicht mit § 202. Doch ist die Entscheidung wegen ihrer eingehenden Auseinandersetzung mit der Problematik des Rechtsgutes Privatsphäre auch für § 202 bedeutsam.[6]

§ 13. Verletzung von Privatgeheimnissen (§ 203)

I. Überblick

Rechtsgut des § 203 ist die *Privatsphäre*[1] str. Man soll sich Ärzten, Rechtsanwälten usw. anvertrauen können, ohne eine Weitergabe dieser Informationen befürchten zu müssen. Der *Schweigepflicht* nach § 203 steht in vielen Fällen ein *verfahrensrechtliches Schweigerecht* gegenüber. So hat der Arzt eine Schweigepflicht nach § 203 I Nr. 1, ein Schweigerecht nach §§ 53 I Nr. 3 StPO, 383 I Nr. 6 ZPO. Keine Kongruenz besteht dagegen im Falle des Geistlichen, der bewußt nicht in § 203 einbezogen worden ist, dagegen verfahrensrechtlich ein Schweigerecht hat (§§ 53 I Nr. 1 StPO, 383 I Nr. 4 ZPO).

Beachte: Macht jemand von seinem Zeugnisverweigerungsrecht keinen Gebrauch, so wird die Tat nicht schon deshalb gerechtfertigt, weil er als Zeuge aussagt; vielmehr bedarf es eines Rechtfertigungsgrundes. Eine Hauptrolle spielt hier die Einwilligung[2] des Verletzten; liegt sie vor, entfällt das korrespondierende Zeugnisverweigerungsrecht, §§ 53 II StPO, 385 II ZPO.

Soweit ein *öffentliches Interesse* an der *Wahrung von Geheimnissen* besteht, greift *§ 353 b, Verletzung des Dienstgeheimnisses und einer besonderen Geheimhaltungspflicht*, ein.

§ 203 ist die wohl umfangreichste Vorschrift des BT. Sie zählt zahlreiche Berufsgruppen auf und pönalisiert die Verletzung von „*Geheimnis-*

---

[6] Vgl. auch den Tonband-Fall, bei § 11 V.
[1] Vgl. bei § 11 I 1, 2.
[2] Vgl. AT, 4. Teil, § 4 Nr. 5.

sen" durch deren Angehörige. Darüberhinaus enthält sie an versteckter Stelle – Abs. II S. 2 – ein Stück *Datenschutzstrafrecht.* Hier kommt es nicht auf *Geheimnisse* an, sondern auf *bestimmte Daten.*

Das Datenschutzrecht ist im Bundesdatenschutzgesetz und in den Landesdatenschutzgesetzen geregelt; dort finden sich auch strafrechtliche Bestimmungen.[3]

§ 203 ist Sonderdelikt.[4] Nur Ärzte usw. können Täter sein. Andere Personen kommen nur als Teilnehmer in Betracht.[5] Es gilt § 28 I.[6]

Beachte das *Antragserfordernis* des § 205.

II. Struktur

1. Übersicht

Absatz I führt in einem *abschließenden Katalog* bestimmte *Berufsgruppen* auf; Absatz III stellt *Gehilfen* und *in der Ausbildung befindliche Personen* gleich (z. B. Rechtsreferendare). Absatz II führt *Amtsträger und amtsnahe Personen* auf. *Tathandlung* ist das *Offenbaren eines „Geheimnisses";* dieser Begriff ist also von zentraler Bedeutung und sollte darum vor allem beherrrscht werden.

2. Geheimnis

Eine Normalfallanalyse ergibt die in Abb. 1 gezeigte Struktur.

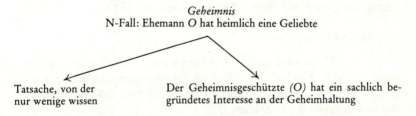

Abb. 1 Struktur des Geheimnisses

Vom Normalfall aus lassen sich Problemfälle sachgerecht bearbeiten:
– *Tatsache, von der nur wenige wissen:* Kennen alle die fraglichen Tatsachen, liegt kein Geheimnis mehr vor. Die Grenze zwischen „wenigen" und „allen" kann schwer zu bestimmen sein.

---

[3] Z. B. in § 41 BDSG.
[4] Vgl. unter diesem Stichwort im Glossar der AT.
[5] Vgl. AT, 8. Teil, § 2 Nr. 3 a (1).
[6] Vgl. AT, 8. Teil § 3 Nr. 5 c.

Beispiel: Der Ehebruch des O wurde in öffentlicher Gerichtsverhandlung erörtet, doch waren keine Zuhörer anwesend. Hier wird man wohl richtig sagen müssen, daß das, was öffentlich verhandelt wurde, kein Geheimnis mehr sein kann.

- *Der Geheimnisträger hat ein sachlich begründetes Interesse an der Geheimhaltung:* Hier geht es darum, Willkür und Launenhaftigkeit auszuschließen. Davon abgesehen entscheidet das Interesse des Geheimnisgeschützten; ob es vernünftig ist, spielt keine Rolle, ebensowenig Fragen der rechtlichen oder moralischen Bewertung.

Beispiele für Geheimnisse: Gesundheitliche, familiäre, finanzielle Verhältnisse; die Tatsache, daß jemand einen Arzt aufgesucht hat; die Untauglichkeit zum Führen eines Kraftfahrzeuges; der Plan zu einem Bankraub.
Kein Geheimnis i. S. des § 203 wird dagegen i. d. R. die Tatsache sein, daß jemand Picasso liebt und Dali verabscheut (oder umgekehrt). Hier fehlt ein sachlich begründetes Interesse an der Geheimhaltung.

3. Einzelangaben

Absatz II Satz 2 stellt unter den dort genannten Voraussetzungen „*Einzelangaben*" den Geheimnissen gleich. Das sind *Daten über bestimmte natürliche oder juristische Personen.* Die *Abgrenzung* zu den *Geheimnissen* ist *nur* erforderlich, wenn Informationen im Bereich der *öffentlichen Verwaltung* weitergegeben werden. Denn hier dürfen nach Maßgabe des Abs. II S. 2 Halbs. 2 zwar Einzelangaben, nicht aber Geheimnisse weitergegeben werden. Wenn dagegen Amtsträger und amtsnahe Personen (Abs. III S. 1) Informationen an Private geben, sind sowohl Geheimnisse als auch Einzelangaben erfaßt, so daß es auf die Abgrenzung nicht ankommt. Beachte ferner § 41 BDSG.

4. Rechtfertigungsgründe

In vielen Fällen wird die Offenbarung eines Geheimnisses gerechtfertigt sein. Deshalb ist hier besonders auf Rechtfertigungsgründe zu achten. Darauf weist auch das Merkmal „unbefugt" hin, das die allgemeine Rechtswidrigkeit kennzeichnet, str.[7]

Hier ist besonders zu denken an:
- *Einwilligung* des Verletzten, so, wenn der Arzt von seiner Schweigepflicht entbunden wird;
- *mutmaßliche Einwilligung*, so, wenn der Arzt die Angehörigen eines bewußtlosen Unfallopfers verständigt;
- *rechtfertigenden Notstand*, § 34, so, wenn der Arzt die Angehörigen eines Patienten vor einer Ansteckungsgefahr warnt oder die zuständige Verwaltungsbehörde davon verständigt, daß ein Patient als Kraftfahrer eine Gefahr für die Umwelt darstellt; und an
- *Spezialgesetze*, z. B. § 138 (jeder, der von einem der dort genannten geplanten Delikte glaubhaft erfährt, muß Anzeige erstatten und ist dann natürlich auch gerechtfer-

---

[7] Vgl. bei § 11 I 3.

§ 13. Verletzung von Privatgeheimnissen (§ 203) 73

tigt, wenn er Arzt usw. i. S. des Abs. I ist – beachte aber § 139 Abs. III S. 2[8]); §§ 12, 13 GeschlechtskrankheitenG, 4, 6 IV BSeuchenG.

III. Typische Konkurrenzprobleme

Wenn § 203 mit § 353 b zusammentrifft, besteht wegen des unterschiedlichen Rechtsgutes Idealkonkurrenz. § 41 BDSG tritt als subsidiär zurück (Gesetzeskonkurrenz).

IV. Problemhinweise, Literatur

Ein Bruch des Berufsgeheimnisses wird vor allem bei Ärzten in Frage kommen.[9] Man sollte die Gelegenheit benutzen, den dabei auftretenden Fragen im Zusammenhang nachzugehen.

Lektüre: Lenckner: Aussagepflicht, Schweigepflicht und Zeugnisverweigerungsrecht, NJW 1965, 321; *Schlund,* Zu Fragen der ärztlichen Schweigepflicht, JR 1977, 265.

V. Bekannte BGH-Fälle

1. Anwalt-Fall – BGHSt 1, 366

Ein Anwalt hatte in einem gegen ihn gerichteten Strafverfahren ihm anvertraute Privatgeheimnisse offenbart, da er sich sonst nicht hätte sachgerecht verteidigen können. – Der *BGH* sah dies als befugt i. S. des § 203 an.

2. Arzt-Fall – BGHSt 4, 355

Ein Arzt hatte einen Kollegen dazu gebracht, ihm vertrauliche Informationen über seine Ehefrau, des Kollegen Patientin, für seinen Ehescheidungsprozeß zu übermitteln. Der Kollege hatte geglaubt, es handle sich um eine Anfrage des behandelnden Arztes der Ehefrau. – Der *BGH* befand mittelbare Täterschaft bei § 203 für unmöglich, da es sich um ein Sonderdelikt handle; er hielt aber Anstiftung für möglich. (Diese letztere Auffassung gab er dann in *BGHSt* 9, 370 auf; heute stellt § 26 klar, daß Anstiftung nur bei vorsätzlicher Haupttat möglich ist.)

---

[8] Vgl. dazu näher bei § 4 I 2.
[9] Ferner bei Strafverteidigern, vgl. bei § 25 I 2.

§ 14. Mord (§ 211)
– mit Ausführungen zu §§ 212 Toschlag, 216 Tötung auf Verlangen, 217 Kindestötung sowie Exkursen zur Selbsttötung und zur Euthanasie –

I. Überblick

1. Rechtsgut der Tötungsdelikte

Rechtsgut der Tötungsdelikte ist das menschliche *Leben;* es hat unter allen Rechtsgütern den höchsten Rang (vgl. Art. 2 II 1 GG). Das Leben *beginnt* mit *Beginn der Geburt.* Dies läßt sich dem Wortlaut des § 217 entnehmen. Danach ist die Tötung eines Menschen (Kindes) schon *in* der Geburt möglich. Im *Zivilrecht* ist dagegen die *Vollendung der Geburt* erforderlich, vgl. § 1 BGB. Vor Beginn der Geburt liegt *werdendes Leben* vor. Dieses Rechtsgut ist durch *§ 218, Abbruch der Schwangerschaft* geschützt. § 218 setzt Vorsatz voraus. Fahrlässige Handlungen (Tötungen, Körperverletzungen), wie sie gerade während der Geburt häufig vorkommen, sind durch § 218 nicht erfaßt. Um hier einen umfassenden und frühzeitigen Schutz zu bieten, setzt das Strafrecht den Beginn des Lebens früher an als das Zivilrecht.

Umstritten ist, wie zu verfahren ist, wenn *pränatale Handlungen* erst nach Geburtsbeginn den Tod bewirken. Richtigerweise ist auf den Zeitpunkt abzustellen, zu dem die *Handlung sich auszuwirken beginnt.* Liegt dieser – wie meist – vor der Geburt, kommt nur § 218 in Betracht.[1]

Das Leben *endet* mit dem *Tode.* Der klassische Todesbegriff, der auf den irreversiblen Stillstand von Kreislauf und Atmung abstellte, ist mit dem medizinisch-technischen Fortschritt (Herz-Lungen-Maschinen) fragwürdig geworden. Heute ist auf das endgültige Erlöschen aller Gehirnfuktionen (Gehirntod) abzustellen. Praktische Bedeutung hat dies bei *Transplantationen.*[2] Nach Erlöschen der Gehirnfunktionen (Null-Linie im Elektroenzephalogramm) kann kein Tötungsdelikt mehr begangen werden. Nach dem Tode wird das Pietätsempfinden gegenüber dem Verstorbenen durch *§ 168, Störung der Totenruhe* geschützt. *Diebstahl* ist dagegen im Regelfall nicht möglich, weil die Leiche nicht eigentumsfähig ist.[3]

Der hohe Rang des Rechtsgutes Leben zeigt sich darin, daß es nicht verfügbar ist. Wie § 216 zeigt, kann man in eine Tötung nicht mit rechtfertigender Wirkung einwilligen.[4] Auch rechtfertigender Notstand, § 34,

---
[1] Vgl. näher bei § 15 I 2. In gleicher Weise ist bei § 223 abzugrenzen, vgl. bei § 18 I 1.
[2] Vgl. dazu bei § 18 I 4.
[3] Vgl. auch bei § 20 II 1.
[4] Vgl. AT, 4. Teil, § 4, Nr. 5b (2).

scheidet aus (Ausnahme: Tötung eines in der Geburt befindlichen Kindes, sog. *Perforation*).[5] Bei § 218 hat dagegen der Grundgedanke des § 34 zu einer speziellen Rechtfertigungsregelung in § 218a geführt.[6] Das Leben ist *absolut geschützt*. Auf die Lebensfähigkeit, die Lebenserwartung oder das Lebensinteresse des einzelnen kommt es nicht an. „Lebensunwertes Leben" gibt es nicht.

2. Selbsttötung

Die Selbsttötung ist nach allgemeiner Meinung *tatbestandslos*. Die Tötungsdelikte setzen ungeschrieben die Tötung eines „anderen" Menschen voraus. *Versuch* und *Teilnahme scheiden* daher *aus*. Die *Mitwirkung* eines anderen *an einer Selbsttötung* kann jedoch folgende Fragen aufwerfen:

– *Fahrlässige Tötung*, § 222: Beispiel: T läßt eine Schußwaffe leichtfertig herumliegen, so daß ein potentieller Selbstmörder sie benutzen kann. Hier kann man entweder die Sorgfaltspflichtverletzung des T verneinen[7] oder darauf abstellen, daß T straflos sein muß, sofern er bei vorsätzlicher Begehung wegen Anstiftung oder Beihilfe straflos wäre. Jedenfalls ist T straflos.
– *Mittelbare Täterschaft*: Beispiel: T spiegelt O vor, dieser sei unheilbar krank, und veranlaßt O so zur Selbsttötung. Hier ist T mittelbarer Täter eines vorsätzlichen Tötungsdeliktes, O ist tatbestandslos handelndes Werkzeug.[8]
– *Unterlassungstäterschaft*: Beispiel: Ehegatte T findet den Ehegatten O mit einer Schlaftablettenvergiftung vor und tut nichts. Bei einer freiverantwortlichen Entscheidung des Selbstmörders hat mit der h. L. auch der Lebensschutzgarant (z. B. Ehegatte, behandelnder Arzt) keine Rechtspflicht zum Eingreifen. Die Rechtsprechung ist dagegen ursprünglich von einer generellen Rettungspflicht des Garanten bei jedem Suizidversuch ausgegangen; neuerdings läßt sie diese erst ab Handlungsunfähigkeit des Suizidenten einsetzen. Dies überzeugt nicht.
– *Strafbarkeit nach § 323c*: Beispiel: Spaziergänger T findet den Suizidenten O im Wald mit einer Tablettenvergiftung vor und tut nichts. Nach der Rechtsprechung soll der Suizidversuch ein Unglücksfall i. S. des § 323c sein. Dies erscheint jedoch schon vom Wortlaut her zweifelhaft. Man wird hier sehr auf den Fall achten müssen. Bejaht man einen Unglücksfall, muß man besonders die „Zumutbarkeit" von Rettungsbemühungen prüfen; sie kann etwa bei der Selbsttötung eines unheilbar Kranken zu verneinen sein.[9]

3. Euthanasie

Euthanasie (gr. = schöner Tod) ist Sterbehilfe für unheilbare Kranke mit dem Zweck, ihnen ein qualvolles Ende zu ersparen. Sofern sie ohne Lebensverkürzung geschieht (z. B. Verabreichung schmerzstillender Mittel – *echte Sterbehilfe*), ist dies rechtlich unproblematisch. Bei der allein problematischen Euthanasie *mit Lebensverkürzung (Sterbenachhilfe)* muß man darauf achten, ob ein *Tun* oder ein *Unterlassen* vorliegt.

---

[5] Vgl. AT, 4. Teil, § 4 Nr. 3e.
[6] Vgl. bei § 15 II 3.
[7] Vgl. bei § 17 II.
[8] Vgl. AT, 8. Teil, § 3 Nr. 2a.
[9] Vgl. bei § 38 II 2.

Beispiel: Der behandelnde Arzt stellt ein Gerät ab, an dem das Leben des Patienten hängt. Hier ist bei normativer Betrachtung auf das Unterlassen abzustellen, str.[10]

Ein *Tun (aktive Euthanasie)* ist immer *tatbestandsmäßig* und auch nicht (insbesondere nicht durch Einwilligung) zu rechtfertigen.[11] Ein *Unterlassen (passive Euthanasie)* ist dagegen *nur* insoweit *tatbestandsmäßig*, als nicht das *Veto des Patienten* entgegensteht (er kann dem Arzt das Behandlungsrecht ja entziehen). Unabhängig davon endet die Pflicht zur Lebenserhaltung dann, wenn jede *Aussicht auf Besserung geschwunden* und die *unmittelbare Phase des Sterbens erreicht* ist.

4. Systematik der Tötungsdelikte

Die Rechtsprechung des BGH sieht Mord, § 211 und Totschlag, § 212 als selbständige Tatbestände mit jeweils eigenständigem Unwertgehalt an. Dem kann nicht gefolgt werden. Dahinter verbirgt sich eine überholte metaphysische Vorstellung von der besonderen Schwere des Mordes. Praktische Bedeutung hat dies für die Strafbarkeit von Teilnehmern.[12] Richtigerweise ist mit der h. L. § 212 als *Grundtatbestand* anzusehen. § 211 ist ein *Qualifikationstatbestand*.[13] Freilich enthält § 211 auch außerhalb des Tatbestandes stehende *spezielle Schuldmerkmale*.[14]

Der Standpunkt der h. L. hat auch *aufbaumäßige* Vorteile. Es empfiehlt sich, in Mordfällen immer *zuerst § 212* zu prüfen. Hier können vor allem Probleme der Kausalität[15] oder der Unterlassung[16] zu lösen sein. Erst *nach Bejahung des § 212* erfolgt dann die gesonderte *Prüfung des § 211.* Hier kann man sich ganz auf die einzelnen Mordmerkmale konzentrieren. Zum Schluß stellt man die Gesetzeskonkurrenz (Spezialität des § 211) fest.

Privilegierte Fälle des § 212 enthalten *§ 216, Tötung auf Verlangen* und *§ 217, Kindestötung.* Treffen sie mit der Qualifizierung des § 211 zusammen, tritt eine „*Sperrwirkung der Privilegierung*" ein.[17] Zu diesen Tatbeständen seien folgende Hinweise gegeben:

§ 216: Problematisch ist hier vor allem der Fall der *einseitig fehlgeschlagenen Doppelselbsttötung.* Beispiel: Ein Liebespaar will gemeinsam in den Tod gehen. Gemeinsam treffen sie dafür Vorbereitungen. Einer überlebt, einer stirbt. Hier ist fraglich, ob straflose Beihilfe zur Selbsttötung[18] oder Täterschaft nach §§ 212, 216 anzunehmen ist. Die allgemeinen Täterschaftskriterien (Täterwille, Tatherrschaft)[19] versagen hier, weil

---

[10] Vgl. AT, 7. Teil, § 2 Nr. 3.
[11] S. oben bei 1.
[12] Die hier existierenden Möglichkeiten sind systematisch und übersichtlich zusammengestellt im AT, 8. Teil § 3 Nr. 5c, dd.
[13] Vgl. AT, 3. Teil, § 1.
[14] Vgl. AT, 3. Teil, § 4 Nr. 2; 5. Teil, § 4 Nr. 6; 8. Teil, § 3 Nr. 5c, bb.
[15] Vgl. AT, 3. Teil, § 6.
[16] Vgl. AT, 7. Teil, § 4.
[17] Vgl. AT, 3. Teil, § 1.
[18] S. oben 2.
[19] Vgl. AT, 8. Teil, § 2.

sich der Täter in den Fällen des § 216 typischerweise dem Willen des Getöteten unterwirft. Richtig dürfte die Lösung darin liegen, darauf abzustellen, ob dem Getöteten nach dem letzten Tatbeitrag des anderen noch die freie Entscheidung über Leben und Tod verbleibt oder nicht; ersterenfalls ist Beihilfe, letzterenfalls Täterschaft anzunehmen.

Beispiele: T füllt den Becher mit dem Gift und reicht ihn O. Da O den Becher zurückweisen kann, liegt nur Beihilfe vor. – T erschießt den O. Da O hier nach dem Schießen keine freie Entscheidung mehr über sein Leben hat, ist Täterschaft des T anzunehmen.

§ 217: Die *Nichtehelichkeit* ist ein *objektiv gefaßtes spezielles Schuldmerkmal,* str.[20] Bei der Kindestötung wird unwiderleglich vermutet, daß die Mutter hiervon motiviert ist, wenn sie davon weiß. Für Teilnehmer gilt § 29, str. Sie sind also nicht nach § 217, sondern nach §§ 211 ff. zu bestrafen. Falls sie in ihrer Person Mordqualifikationen verwirklichen, kommt also § 211 in Betracht (str. – nach a. M. ist darauf abzustellen, ob in der Person der Mutter Mordqualifikationen verwirklicht wären, falls nicht § 217 den § 211 sperren würde. Diese Betrachtung ist aber nicht zwingend und nicht geboten.).

In Abb. 1 sind diese Zusammenhänge anschaulich dargestellt.

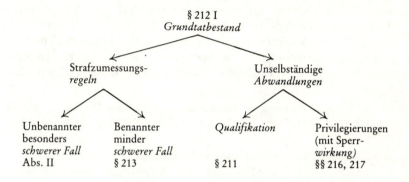

Abb. 1 Systematik der (vorsätzlichen) Tötungsdelikte

Beachte: Mord verjährt nicht (mehr), § 78 II.

5. Praktische Bedeutung der §§ 211 ff.

Die vorsätzlichen Tötungsdelikte werden selten verwirklicht. Jährlich kommen etwa 700 Verurteilungen wegen §§ 211–213 vor. Die Zahl der Mordfälle liegt bei 300. Die Dunkelziffer wird auf 1:3 bis 1:5 geschätzt (auf ein bekannt gewordenes Tötungsdelikt kommen also drei bis fünf „perfekte" Verbrechen). Die Aufklärungsquote ist hoch. Sie liegt bei 95 Prozent. Dies erklärt sich aus dem besonderen Polizeieinsatz bei Tötungsdelikten. – Das öffentliche Interesse an Mord und Totschlag ist natürlich groß.

---

[20] Vgl. AT, 5. Teil, § 4 Nr. 6 b, bb.

II. Struktur des § 211

1. Übersicht

§ 211 enthält eine Kasuistik, die problematisch ist, weil einerseits schwerste Formen (z. B. Mutwilligkeit) nicht erfaßt sind, andererseits fragwürdige Formen (z. B. die eigentlich den Täter unter dem Gesichtspunkt der Selbstbegünstigung privilegierende Absicht der Verdeckung einer anderen Straftat) einbezogen sind.

Die Formulierung „Der Mörder..." in § 211 ist ohne sachliche Bedeutung. Sie stammt aus dem Jahre 1941, als man sich mit täterstrafrechtlichen Überlegungen trug.[21]

Das *BVerfG* hat die Verfassungskonformität der lebenslangen Freiheitsstrafe bei Mord festgestellt.[22] Es besteht aber Einigkeit darüber, daß § 211 *restriktiv ausgelegt werden muß.* Dabei stehen *zwei Wege* zur Wahl:
- die Rechtsprechung legt die *einzelnen Merkmale* des § 211 *restriktiv* aus; praktische Bedeutung hat dies besonders für die *„heimtückische"* und die *„zur Verdeckung einer anderen Straftat"* begangene Tötung;
- die Literatur nimmt teilweise über ein *ungeschriebenes Tatbestandsmerkmal* der *„Verwerflichkeit"* eine *negative Tatbestandskorrektur* vor.

Beide Wege sollte man in der Klausur *sehen* und *erwähnen.* Den *Vorzug* verdient der *Weg der Rechtsprechung,* weil er es ermöglicht, *dicht am Fall* zu bleiben und zu argumentieren.

§ 211 II enthält drei Gruppen von Merkmalen:
- die *erste Gruppe* („aus Mordlust" bis „aus niedrigen Beweggründen") kennzeichnet das *„Woher"* der Tat;
- die *zweite Gruppe* („heimtückisch" bis „gemeingefährlichen Mitteln") kennzeichnet das *„Wie"* der Tat;
- die *dritte Gruppe* („um eine andere Straftat zu ermöglichen oder zu verdecken") kennzeichnet das *„Wozu"* der Tat.

Die *erste* und *dritte* Gruppe enthalten *spezielle Schuldmerkmale*, die allein die Gesinnung des Täters kennzeichnen str. Praktische Bedeutung hat dies für die Teilnahme, die sich nach § 29 richtet, str.[23]

Die *zweite Gruppe* enthält dagegen echte Tatbestandsmerkmale, str.

Problematisch sind vor allem die Merkmale „*Heimtücke*" und „*um eine andere Straftat zu verdecken*". Natürlich können auch die anderen Merkmale zum Problem werden. Doch ist es nicht möglich, hier alle Probleme und Begriffserklärungen im Studium zu „lernen". Besser ist

---

[21] Vgl. AT, 5. Teil, § 3 Nr. 4.
[22] *BVerfGE* 45, 187. Neuerdings läßt der *BGH* bei besonderen Umständen eine Strafmilderung nach § 49 I Nr. 1 extra legem zu, BGH NJW 81, 1965.
[23] Ausführlich dazu AT, 8. Teil, § 3, Nr. 5c, dd.

eine bewußt eingeübte *Normalfallmethode*, die einem auch angesichts unbekannter Problemfälle hilft.[24]

Beispiel: T tötet, um sich seiner Unterhaltspflicht zu entziehen. In Betracht kommt das Merkmal „*Habgier*". Der Normalfall einer Tötung aus Habgier ist der Raubmord. Die Begriffsentfaltung ergibt hier zwei Strukturmerkmale: einerseits ein Streben nach Gewinn, andererseits die Übersteigerung des Erwerbssinnes auf ein sittlich anstößiges Maß. Von diesen beiden Strukturpunkten ist das Gewinnstreben problematisch; der Täter will nicht sein Vermögen mehren, sondern dessen Verminderung hindern. Diese Abweichung vom Normalfall ist unwesentlich; mithin ist Habgier zu bejahen.

2. Heimtücke

Eine Normalfallanalyse ergibt hier die in Abb. 2 gezeigte Struktur.

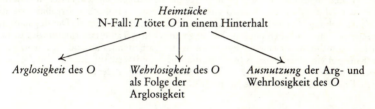

Abb. 2 Struktur der Heimtücke

Vom *Normalfall* ausgehend lassen sich *Problemfälle* sachgerecht bearbeiten.

Beispiele: T tötet einen Schlafenden. An sich ist der Schlafende nicht arglos; er ist aber arglos eingeschlafen und hat seine Arglosigkeit mit in den Schlaf genommen. Also ist Heimtücke zu bejahen.

T tötet ein Kleinkind. Das Kind ist arglos. Seine Wehrlosigkeit ist aber keine Folge der Arglosigkeit, sondern der Kostitution. Also ist Heimtücke zu verneinen.

T flößt einem Kleinkind Gift ein, das er – um das Kind am Ausspeien zu hindern – gesüßt hat. Hier ist, anders als im eben genannten Beispiel, Heimtücke zu bejahen. (Das Beispiel zeigt, daß man sorgfältig auf den Fall eingehen muß.)

T ist Polizeibeamter und hat einen sadistischen Mörder gefaßt. Er vergißt sich und erschießt ihn. Der Gefangene ist wehrlos, aber nicht arglos, wenn T ihm offen gegenübertritt. Also liegt keine Heimtücke vor.

T schlägt O ohne Tötungsabsicht bewußtlos. Anschließend entschließt er sich zur Tötung des bewußtlosen O. Hier wird man – anders als beim Schlafenden – nicht gut sagen können, dieser habe seine Arglosigkeit mit in die Bewußtlosigkeit genommen. Also ist Heimtücke zu verneinen.

Besonders problematisch sind die Fälle, in denen ein Angehöriger oder ein Arzt einen mißgebildeten oder schwerkranken Menschen aus Mitleid tötet. Hier werden die Voraussetzungen der Heimtücke, wie sie in der Struktur in Abb. 1 gezeigt sind, häufig erfüllt sein. Gleichwohl ist hier

---

[24] Auf diese dem vorliegenden Buch zugrundeliegende Methode ist immer wieder hinzuweisen. Ausführlich dazu *Haft*, Juristische Rhetorik, 2. Aufl. 1981.

eine restriktive Auslegung geboten. Hier werden die oben genannten beiden Möglichkeiten praktisch:
Die Rechtsprechung verfährt so, daß sie der Normalfalldefinition ein zusätzliches Erfordernis hinzufügt: der Täter müsse *in feindlicher Willensrichtung* gegenüber seinem Opfer gehandelt haben.

Dieses Erfordernis ist typischerweise beim Meuchelmörder gegeben, während es beim Angehörigen oder Arzt fehlt. Es bleibt dann nur ein Totschlag mit der Möglichkeit, einen minder schweren Fall nach § 213 anzunehmen. Dieser Weg verdient, wie erwähnt, den Vorzug. Er ermöglicht es, innerhalb der Begriffswelt des konkreten Tatbestandsmerkmales „Heimtücke" zu bleiben und zu argumentieren.

Die Literatur verfährt dagegen teilweise so, daß sie ein zusätzliches ungeschriebenes Tatbestandsmerkmal „*Verwerflichkeit*" postuliert.

Der Meuchelmörder handelt in diesem Sinne verwerflich, nicht aber der Angehörige oder der Arzt. Man kommt also auf diesem Wege zum gleichen Ergebnis wie die Rechtsprechung. Dieser Weg ist aber, wie erwähnt, nicht anzuraten. Der dogmatische Stellenwert eines solchen zusätzlichen ungeschriebenen Tatbestandsmerkmales ist unklar. Nimmt man nur eine Typenkorrektur des Tatbestandes an und sagt man, § 211 enthalte nur ein widerlegbares Indiz für die Tatbestandsverwirklichung, wird die Sache noch unklarer. Vollends unklar ist der hochabstrakte Begriff der „Verwerflichkeit". All diese Friktionen vermeidet die Rechtsprechung.

3. Um eine andere Straftat zu verdecken

Eine Normalfallanalyse ergibt hier die in Abb. 3 gezeigte Struktur

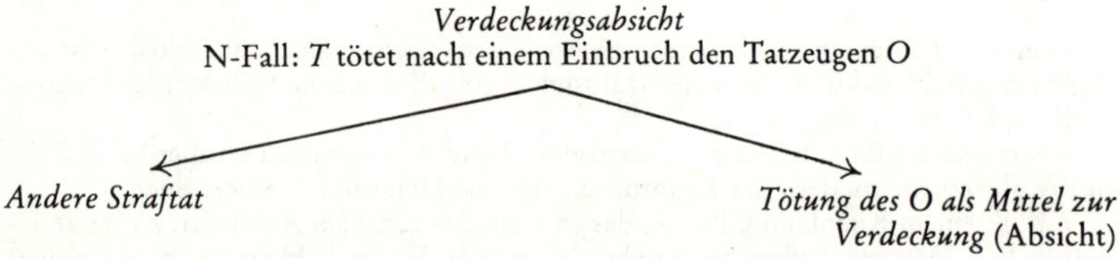

Verdeckungsabsicht
N-Fall: *T* tötet nach einem Einbruch den Tatzeugen *O*

Andere Straftat   *Tötung des O als Mittel zur Verdeckung* (Absicht)

Abb. 3 Struktur der Verdeckungsabsicht

Vom *Normalfall* ausgehend lassen sich *Problemfälle* bearbeiten.

Beispiele: Ein Dritter hat die Straftat begangen. Dies macht keinen Unterschied. Die besondere Mordqualifikation ist ebenso gegeben, wenn der Täter ein Menschenleben zur Verdeckung einer fremden Straftat opfert wie zur Verdeckung einer eigenen Straftat.

Die Straftat existiert nur in der Vorstellung des *T*. Auch hier ändert sich nichts, ebensowenig wie wenn die Straftat gerechtfertigt ist, der *T* aber davon nichts weiß. Denn die Straftat braucht nur in der Vorstellung des Täters zu existieren. Hält *T* dagegen die andere Straftat in seiner Vorstellung irrig für gerechtfertigt, fehlt es an einer Straftat, so daß eine Verdeckungsabsicht ausscheidet.

T tötet nach einem Parkverstoß den ihn aufschreibenden Polizisten. Hier fehlt es an einer „Straftat"; es liegt nur eine Ordnungswidrigkeit vor. Also ist keine Verdeckungsabsicht gegeben.

Autofahrer *T* wird nach einem betrunken herbeigeführten Unfall von der Polizei verfolgt; er rammt den verfolgenden Polizeiwagen, um unerkannt zu erkennen; dabei nimmt er den Tod der Polizeibeamten bedingt vorsätzlich in Kauf. Die Absicht (Wollen) braucht sich nur auf die Verdeckung der vorangegangenen Straftat (§ 315c) zu beziehen; bezüglich des „Tötens" genügt bedingter Vorsatz. Also ist Verdeckungsabsicht zu bejahen.[25]

Autofahrer *T* hat betrunken einen Fußgänger *O* überfahren. Er läßt ihn liegen, damit seine Trunkenheitsfahrt nicht offenbar wird, wobei er dessen Tod mit bedingtem Vorsatz in Kauf nimmt. Hier wird im Anschluß an die Rechtsprechung[26] meist gesagt, die Tötung des *O* sei nicht das Mittel zur Verdeckung der vorangegangenen Trunkenheitsfahrt gewesen, sondern deren Folge. Das dürfte aber falsch sein. Richtigerweise liegt im Unterlassen (tatbestandsmäßig – Ingerenz[27]) ein gegenüber dem Unfall (Tun i. S. des § 222) selbständiges Tötungsverhalten vor, das als Mittel zur Verdeckung einer anderen Straftat eingesetzt wird. Bezüglich des Todeserfolges genügt bedingter Vorsatz. Also ist § 211 zu bejahen.

Im Normalfall besteht eine deutliche sachliche und zeitliche Trennung zwischen der anderen Straftat und der Tötung in Verdeckungsabsicht. So liegt es etwa, wenn der Täter den Zeugen des Einbruchs Wochen nach der Tat tötet. Problemfälle entstehen, wenn die andere Straftat und die Tötung praktisch zusammenfallen.

Beispiel: T schlägt auf O mit Körperverletzungsvorsatz ein und verletzt ihn schwer. Um dies zu verdecken, schlägt er weiter auf O ein, bis O tot ist.

Auch hier stehen die *beiden* genannten *Wege zur restriktiven Auslegung* des § 211 zur Wahl:
– Mit der *Rechtsprechung* kann man sagen: Wenn Absichtstat und Tötung ohne Zäsur praktisch zusammenfallen, fehlt es an einer „*anderen"* Straftat.[28]
– Mit der *Literatur* kann man sagen: In diesem Falle fehlt es an der erforderlichen „*Verwerflichkeit*".

4. Weitere Merkmale

Es ist, wie gesagt, nicht sehr sinnvoll, alle Definitionen und Probleme „lernen" zu wollen. Deshalb soll hier auf die anderen Mordmerkmale nicht weiter eingegangen werden. Es soll lediglich noch einmal die Normalfallmethode an den Merkmalen „grausam" und „gemeingefährliche Mittel" verdeutlicht werden. In Abbdgn. 4 und 5 ist dies geschehen.

Beachte: Mehrere Merkmale des § 211 können gleichzeitig erfüllt sein. Dann liegt gleichartige innertatbestandliche Tateinheit vor. Auch Wahlfeststellung zwischen verschiedenen Merkmalen ist ohne weiteres möglich.

---

[25] Vgl. aber bei § 17 I.
[26] Siehe bei V 10 (Verkehrsunfall-Fall).
[27] Vgl. AT, 7. Teil, § 4 Nr. 1c.
[28] Allerdings neigt die neuere Rechtsprechung zusehends zu Verwerflichkeitserwägungen, vgl. unten V 1, 2.

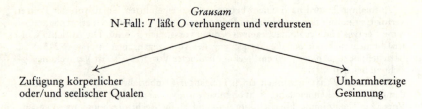

Abb 4 Struktur des Merkmals „Grausamkeit"

Abb. 5 Struktur des Merkmals „gemeingefährliche Mittel"

III. Typische Konkurrenzprobleme

Besondere Probleme entstehen im *Verhältnis zur Körperverletzung*, § 223. Nach der sog. *„Gegensatztheorie"* soll der Tötungsvorsatz schon begrifflich den Körperverletzungsvorsatz ausschließen. Folgt man dieser Auffassung, entsteht hier i. d. R. kein Konkurrenzproblem. Den Vorzug verdient aber die vor allem in der Rechtsprechung vertretene *„Einheitstheorie"*, nach der im Tötungsvorsatz stets ein Körperverletzungsvorsatz eingeschlossen ist. Folgt man dieser Auffassung, entsteht ein Konkurrenzproblem. Dann werden die §§ 223 ff. im Wege der Gesetzeskonkurrenz (Subsidiarität) verdrängt.[29]

Aufbaumäßig ist zu *beachten,* daß man erst das (schwere) Tötungsdelikt prüfen muß. Dann folgt die Körperverletzung, wobei auf die Einheitstheorie im Rahmen der Tatbestandsprüfung, mit der üblichen Auffassung beim Vorsatz einzugehen ist. Zum Schluß ist die Konkurrenzfrage zu beantworten.

Bleibt die Tötung im Versuchsstadium stecken, so wird eine vollendete Körperverletzung nicht verdrängt; vielmehr ist Idealkonkurrenz anzunehmen. Denn nur so wird dem Umstand Rechnung getragen, daß immerhin ein Körperverletzungserfolg eingetreten ist, str. Vollendete oder

---

[29] Üblicherweise wird diese Problematik als Vorsatzproblematik behandelt. Genau besehen handelt es sich aber schon um ein Problem des objektiven Tatbestandes.

versuchte privilegierte Tötungen (§§ 216, 217) üben eine Sperrwirkung aus, die den Rückgriff auf qualifizierte, mit höherer Strafe bedrohte Körperverletzungen (§§ 224ff., 229) ausschließen, str.

IV. Problemhinweise, Literatur

Die Verfassungsmäßigkeit der absoluten Strafdrohung des § 211 ist durch die Entscheidung *BVerfGE 45*, 187 (= NJW 1977, 1525) festgestellt worden, wobei zugleich die Notwendigkeit einer restriktiven Auslegung des § 211 betont wurde. Man sollte diese Entscheidung durcharbeiten; ebenso den neueren Beschluß des *BVerfG*, NJW 1979, 207). Die Reform der Tötungsdelikte war Thema eines Gutachtens von *Eser* für den 53. Deutschen Juristentag 1980 in Berlin; darüber findet sich ein kurzer Bericht in NJW 1980, 2507.

Weitere Lektüre: *Geilen*, Heimtücke und kein Ende?, in: Gedächtnisschr. f. Schröder, 1978, S. 235 ff. sowie *Lange*, Eine Wende in der Auslegung des Mordtatbestandes, ebda., S. 217 ff.

V. Bekannte BGH-Fälle

1. Geschlechtsverkehr-Fall – BGHSt 27, 281

Der Angeklagte hatte vergeblich versucht, eine 72jährige Frau zu vergewaltigen. Um sie als Zeugin für das Vorgefallene aus dem Weg zu räumen, hatte er mit einem Messer auf sie eingestochen und sie dann mit Hammerschlägen getötet. – Der *BGH* hatte hier erstmals Anlaß, sich beim Merkmal „Verdeckungsabsicht" mit dem *BVerfG*-Urteil zur Verfassungsmäßigkeit des § 211 (*BVerfGE* 45, 187) auseinanderzusetzen. Er lehnte eine einschränkende Auslegung des Tatbestandes in der Weise ab, daß der Täter die Tötung des unliebsamen Zeugen schon im voraus geplant haben müsse. Angesichts der „unglaublichen Rücksichtslosigkeit" des Angeklagten ging der BGH von der Verdeckung einer anderen Tat aus und bejahte § 211.

2. Prostituierten-Fall – BGHSt 27, 346

Der Angeklagte hatte den Geschlechtsverkehr mit einer Prostituierten ausgeübt. Danach war es zum Streit gekommen. Der Angeklagte hatte die Prostituierte geschlagen und gewürgt. Danach hatte er sie aus Angst, sie werde ihn wegen der gefährlichen Körperverletzung anzeigen, mit einer dicken, spitz zulaufenden Glasscherbe zweimal in den Bauch gestochen, woran sie gestorben war. – Der *BGH* verneinte anders als im Geschlechtsverkehr-Fall unter Berufung auf *BVerfG* 45, 187 „Verdeckungsabsicht" und damit Mord. Die Körperverletzung sei mit der Tötung praktisch zu einer Tat zusammengefallen, so daß es an einer „anderen" Tat i. S. des § 211 II gefehlt habe. Damit fehle die „besondere Verwerflichkeit", die für § 211 erforderlich sei.

3. Stieftochter-Fall – BGHSt 28, 77

Der Angeklagte war von seiner getrennt lebenden Ehefrau angezeigt worden, sich an ihrer Tochter, seiner Stieftochter vergangen zu haben. Er hatte die Tochter erst mißhandelt und anschließend getötet, um die Mißhandlung zu verbergen. – Der *BGH* befand in Auseinandersetzung mit dem *BVerfG*-Urteil zu § 211 und seinen eigenen Entscheidungen im Geschlechtsverkehr-Fall einerseits, im Prostituierten-Fall andererseits eine einschränkende Auslegung des Merkmales Verdeckungsabsicht hier für nicht geboten, bejahte also § 211.

4. Vollziehungsbeamter-Fall – BGHSt 9, 385

Ein Vollziehungsbeamter hatte sich zur Selbsttötung entschlossen und wollte seine Familie mit in den Tod nehmen. Er hatte die Tochter getötet, selbst aber überlebt. – Der *BGHSt* verneinte Heimtücke i. S. des § 211, weil dies eine feindliche Willensrichtung gegenüber dem Opfer voraussetze, hier aber der Täter geglaubt habe, zum Besten des Opfers zu handeln.

5. Schlafender-Fall – BGHSt 23, 120

Der Angeklagte hatte seine schlafende Frau und den gemeinsamen Sohn ebenfalls während des Schlafes getötet. – Der *BGH* bejahte Heimtücke i. S. des § 211.

6. Jähzorn-Fall – BGHSt 11, 139

Der Angeklagte hatte in jähem Zorn, aber von hinten getötet. – Der *BGH* bejahte Heimtücke; der Umstand, daß der Täter im Affekt handle, schließe Heimtücke i. S. des § 211 nicht aus.

7. Kleinkind-Fall – BGHSt 8, 216

Die Angeklagte hatte ein Kleinkind mit Schlaftabletten getötet. – Der *BGH* hielt Heimtücke bei einem Kleinkind in der Regel für ausgeschlossen, weil es nicht fähig sei, anderen Vertrauen entgegenzubringen. Anders sei es aber, wenn die Tabletten in die Nahrung gemischt würden, weil das Kind das Mittel andernfalls seines Geschmackes wegen nicht zu sich nehmen würde.

8. Arg- und Wehrlosigkeit-Fall – BGHSt 19, 321

Der Angeklagte hatte eine Frau ohne Tötungsabsicht wehrlos gemacht. Dann hatte er sich zur Tötung entschlossen und sie getötet. – Der *BGH* verneinte Heimtücke, weil die bloße Wehrlosigkeit der Frau nicht genügt habe; sie hätte auch arglos sein müssen.

9. Verkehrskontrolle-Fall – BGHSt 15, 291

Der Angeklagte hatte einen fremden Wagen ohne Erlaubnis, ohne Führerschein, unter Alkoholeinfluß und zu schnell gefahren. Er war auf einen Polizeibeamten zugefahren, der ihn hatte stoppen wollen. Dabei hatte er dessen Tod billigend in Kauf genommen. Der Polizeibeamte hatte sich retten können. – Der *BGH* bejahte Verdeckungsabsicht i. S. des § 211.

10. Verkehrsunfall-Fall – BGHSt 7, 287

Der Angeklagte hatte nach Alkoholgenuß einen anderen überfahren. Dieser hatte noch Lebenszeichen von sich gegeben. Später war er gestorben. Er war nicht mehr zu retten gewesen. Der Angeklagte hatte ihm nicht geholfen, weil er nicht gewollt hatte, daß seine Trunkenheitsfahrt offenbar würde. – Der *BGH* nahm u. a. fahrlässige Tötung an, verneinte aber versuchten Mord und nahm lediglich versuchten Totschlag an. Der Täter habe den als möglich vorausgesehenen Tod des von ihm verletzten Opfers nicht als Mittel zur Verdeckung des Unfalles eingesetzt, sondern als Folge der Flucht in Kauf genommen.

11. Gisela-Fall – BGHSt 19, 135

Der Angeklagte und die 16jährige *Gisela* hatten eine unglückliche Liebe gehabt und beschlossen, gemeinsam aus dem Leben zu scheiden. Er hatte Auspuffgase in sein Auto geleitet. *Gisela* war gestorben; er hatte überlebt. – Der *BGH* sah Täterschaft nach § 216 als gegeben an, weil der Angeklagte das zum Tode führende Geschehen beherrscht habe. Straflose Beihilfe zur Selbsttötung habe nicht vorgelegen.

12. Notwehr-Fall – BGHSt 11, 226

Der Angeklagte hatte einen anderen in Notwehr mit einer Wasserflasche bewußtlos geschlagen. Um zu verhindern, daß er wegen dieses Schlages angezeigt und bestraft würde, hatte er den anderen dann getötet. – Der *BGH* bejahte Verdeckungsabsicht i. S. des § 211. Es sei nicht erforderlich, daß eine zu verdeckende rechtswidrige Tat wirklich vorliege (woran es wegen der Notwehr gefehlt habe); es genüge, daß der Täter sich eine solche – wenn auch irrig – vorstelle.

13. Dorfschande-Fall – BGHSt 9, 180

Die Eltern hatten das nichteheliche Kind ihrer Tochter getötet, um die Schande im Dorf zu vermeiden. Erst hatte die Frau die Tötung versucht, dann hatte der Mann das Kind gewürgt. – Der *BGH* hielt Verdeckungsabsicht i. S. d. § 211 beim Mann für möglich, falls dieser den vorangegangenen Tötungsversuch der Frau habe verdecken wollen. Andere Straftat i. S. des § 211 II sei nicht nur eine eigene Straftat des Täters, sondern auch die Straftat einer anderen Person.

§ 15. Abbruch der Schwangerschaft (§ 218)

I. Überblick

1. Reformgeschichte

Der heutige § 218 ist das Ergebnis einer langen und mühsamen *Reform*. Der frühere § 218 a. F. hatte die „Abtreibung" (Selbstabtreibung oder durch Dritte vorgenommene Fremdabtreibung) als Verbrechen eingestuft. Später wurde die Tat als Vergehen eingestuft. Im Jahre 1974 wurde die sog. „Fristenlösung" Gesetz. Sie bewirkte praktisch eine Freigabe der Abtreibung für die ersten zwölf Wochen. Das *BVerfG* erklärte diese Regelung für nichtig. Daraufhin kam es im Jahre 1976 zur heutigen gesetzlichen Regelung.

Unter der Geltung des alten § 218 war es nicht selten zum sog. *medizinisch indizierten Schwangerschaftsabbruch* bei Gefahr für Leben und Gesundheit der Schwangeren gekommen. Es war offensichtlich gewesen, daß in derartigen Fällen eine Bestrafung unangebracht war. Die Rechtsprechung hatte hier mit der Annahme eines Rechtfertigungsgrundes – des sog. übergesetzlichen *rechtfertigenden Notstandes* – geholfen. Heute ist dieser Rechtfertigungsgrund allgemein in § 34 geregelt[1]. Für den Schwangerschaftsabbruch findet sich heute eine spezielle Ausprägung dieses Rechtfertigungsgrundes in § 218a[2]. Sie geht § 34 als speziellere Regelung vor und schließt § 34 i. d. R. aus.

Auch die *jetzige Regelung* ist *umstritten*. *Kritisiert* werden insbesondere
- die „*verkappte Fristenlösung*" des § 218 III 2 und der damit vorprogrammierte „*Abtreibungstourismus*" ins Ausland;[3]
- die *Mängel* des vorgesehenen *Systems der Beratung und Hilfe*[4] und
- die *Reform insgesamt*, die den einen zu weit geht („Abtreibung ist

---

[1] Vgl. AT, 4. Teil, § 4 Nr. 3 b.
[2] S. unten II 3.
[3] S. unten II 5.
[4] S. unten II 4.

Mord"), den anderen nicht weit genug geht („Fort mit § 218", oder „Mein Bauch gehört mir").

2. Rechtsgut

Rechtsgut des § 218 ist das *werdende Leben* und die *Gesundheit der Schwangeren,* letzteres str. Das werdende Leben ist ein eigenständiges Rechtsgut mit Verfassungsrang (Art. 2 II 1 GG). Es ist der Verfügung der Mutter entzogen; sie kann darum in seine Verletzung nicht rechtfertigend einwilligen.[5] Das werdende Leben ist *nicht* durch die *Tötungs- und Körperverletzungstatbestände* geschützt.

Wird etwa bei einem Abtreibungsversuch die Frucht verletzt, scheidet § 223 mangels eines „anderen" aus. Wird sie getötet, scheidet § 212 mangels eines „Menschen" aus.

Umstritten ist, wie zu verfahren ist, wenn *pränatale Handlungen* sich erst nach Geburtsbeginn als *Tötung* oder *Körperverletzung* auswirken.

Beispiele: Infolge eines Abtreibungsversuches kommt es zur Geburt eines lebenden, aber alsbald von selbst sterbenden, da lebensunfähigen Kindes oder eines mißgebildeten Kindes. Teilweise wird auf die *Handlung* abgestellt. Da diese werdendes Leben treffe, kommt dann nur § 218 (ohne Fahrlässigkeitsstrafbarkeit) in Betracht. Teilweise wird auf die *Folgen* abgestellt. Da diese geborenes Leben treffen, kommen dann (nur) §§ 222, 230 in Betracht. Richtigerweise ist auf den Zeitpunkt abzustellen, zu dem die *Handlung sich auszuwirken beginnt.* Es entscheidet also nicht die letzte, sondern die erste Folge. Tritt sie – wie meist – schon am werdenden Leben ein, kommt nur § 218 in Betracht. So in den genannten Beispielen.
Gegenbeispiel: T bringt der Mutter vor der Geburt eine Virusinfektion bei, welche diese nach der Geburt auf das geborene Kind überträgt. Hier ist nur Raum für §§ 222, 230.[6] Nimmt der Täter am geborenen, lebensunfähigen Kind zusätzlich Tötungshandlungen vor (z. B. Ersticken mit einem Kissen) kommt außer § 218 ein Tötungsdelikt in Betracht. Da das Leben absolut geschützt ist, spielt die Lebensfähigkeit hierbei keine Rolle.[7]

Das *werdende Leben beginnt* mit Abschluß der Einnistung des befruchteten Eies in die Gebärmutter (Nidation), § 219 d.

Es kommt also nicht auf die Befruchtung an. Die Nidation ist im statistischen Mittel am 13. Tag nach der Empfängnis abgeschlossen. Genau läßt sich dies nicht sagen. In der Praxis erfolgt Rückrechnung auf die letzte Menstruation. Etwa vier Wochen danach ist das Ei eingenistet.

Handlungen zur Verhütung der Nidation (Morning-After-Pille, Spirale, vorsorgliches Ausschaben u. dgl.) sind darum nicht tatbestandsmäßig.

Das *werdende Leben endet* mit Beginn der Geburt.[8] Fahrlässige Handlungen während der Geburt sind also nach §§ 222, 230 strafbar.

---

[5] Vgl. AT, 4. Teil, § 4, Nr. 5, b (2).
[6] Vgl. auch bei § 14 I 1 und bei § 18 I 1.
[7] Vgl. bei § 14 I 1 (a. E.).
[8] Vgl. bei § 14 I 1.

3. Praktische Bedeutung

Zur Zeit der Geltung des § 218 a. F. hatte man eine Dunkelziffer in der Größenordnung von 75000 bis 300000 illegalen Abtreibungen pro Jahr angegeben. Dem hatten zuletzt rund 300 Verurteilungen pro Jahr gegenübergestanden. Faktisch war eine entsprechende Liberalisierung also schon vor der Gesetzesreform eingetreten. Dabei war besonders die Chancenungleichheit bemerkt worden. Angehörige der mittleren und oberen Sozialschichten waren kaum bestraft worden. Unter den Motiven für einen Schwangerschaftsabbruch spielen medizinische, embryopathische und kriminologische Indikation kaum eine Rolle. Es dominieren Motive, die nur unter einer sehr weit gefaßten sozialen Indikation berücksichtigt werden können, wie Wohnungs- und Ausbildungssituation, geringes Einkommen, gestörte Beziehungen zum Erzeuger des Kindes u. dgl. mehr.

II. Struktur

1. Übersicht

Die §§ 218 ff. enthalten eine komplizierte Regelung. Deren *Grundgedanken* sind:
— der *Schwangerschaftsabbruch* ist *verboten*;
— für schwerwiegende *Konfliktsfälle* werden zeitlich abgestuft *vier Rechtfertigungsgründe (Indikationen)* anerkannt; im Zusammenhang damit wird ein *System der Hilfe und Beratung der Schwangeren* gesetzlich eingeführt;
— die *Schwangere* wird in *vierfacher Weise von der Strafdrohung ausgenommen bezw. privilegiert*;
— bestimmte *Handlungen im Vorbereitungsbereich* sind *verboten*.
Einen Überblick über die gesetzlichen Regelungen gibt Abb. 1.

Vorbereitungsbereich (abstrakte Gefährdungsdelikte)	Abbruch der Schwangerschaft (Eigen- Fremdabbruch)	Sicherung der Beratung und Indikationsfeststellung (subsidiäre Tatbestände)
Werbung, § 219b *Inverkehrbringen von Mitteln*, § 219c	Strafbegründungsnorm, § 218 I — vier *Rechtfertigungsgründe (Indikationen)*, § 218a — vier *Privilegierungen der Schwangeren*, § 218 III, IV S. 2.	*Abbruch ohne Beratung*, § 218b *Abbruch ohne ärztliche Feststellung*, § 219 Unrichtige ärztliche Feststellung, § 219a

Abb. 1 Struktur der §§ 218 ff.

§ 15. Abbruch der Schwangerschaft (§ 218)

2. Die Strafbegründungsnorm, § 218 I

§ 218 I erfaßt sowohl den *Eigenabbruch* als auch den *Fremdabbruch*. Zentrales Tatbestandsmerkmal ist das „*Abbrechen der Schwangerschaft*". Die Struktur dieses Merkmals ist in Abb. 2 anhand eines Normalfalles verdeutlicht.

```
              Abbrechen der Schwangerschaft
         N-Fall: Ausschaben der Gebärmutter (sog. Kürettage)
                       /              \
                      ←                →
           Eingriff zur Beendigung      Zielsetzung: Absterben
           der Schwangerschaft          der Leibesfrucht
```

Abb. 2 Struktur des „Abbrechens der Schwangerschaft"

Eingriffe, die auf die Geburt eines lebensfähigen Kindes abzielen, sind also nicht tatbestandsmäßig.

Beispiel: Im letzten Schwangerschaftstrimester nimmt ein Arzt einen Eingriff vor, der die Geburt eines vermeintlich bereits lebensfähigen Kindes herbeiführen soll. Das Kind ist aber nicht lebensfähig, oder es kommt schon tot zur Welt.
Hier fehlt es bereits am Tatbestand des „Abbrechens der Schwangerschaft". Zum Vorsatz kommt man nicht erst.

3. Die Rechtfertigungsgründe (Indikationen) des § 218 a

§ 218 a enthält vier Rechtfertigungsgründe, die als *spezielle Regelungen* dem *allgemeinen rechtfertigenden Notstand des § 34* grundsätzlich *vorgehen*.

Ausnahme: Ein Nichtarzt handelt, um der Mutter aus einer akuten Gefahr für Leib und Leben zu helfen. Hier greift § 34 ein. § 218 a ist nicht anwendbar, weil diese Vorschrift immer das Handeln eines Arztes voraussetzt. Derartige Fälle werden freilich selten sein.

Beachte: Kein Arzt muß an einem nach § 218 a gerechtfertigten Schwangerschaftsabbruch *mitwirken*.[9]

Ausnahme: Ein Arzt muß tätig werden, wenn die *Gefahr des Todes* oder einer anderen *schweren Gesundheitsbeschädigung der Mutter* besteht[10]. Hier kommt beim Garanten Tötung oder Körperverletzung durch Unterlassen, beim Nichtgaranten unterlassene Hilfeleistung nach § 323 c in Betracht.

Gemeinsame Voraussetzungen der vier Indikationen sind:
– Ein *Arzt* muß den Eingriff vornehmen, und
– die Schwangere muß *einwilligen*.

Die allgemeinen Grundsätze der *Einwilligung* sind heranzuziehen.[11]

---

[9] So ausdrücklich die Weigerungsklausel des Art. 2 I des 5. StRG.
[10] Vgl. Art. 2 II des 5. StRG.
[11] Vgl. AT, 4. Teil. § 4 Nr. 5.

§ 15. Abbruch der Schwangerschaft (§ 218)

§ 218 a ist so konstruiert, daß Abs. I Nr. 2 den *Grundfall* enthält, die *medizinisch-soziale Gesamtindikation.* Diese generalklauselartige Vorschrift wird durch *drei weitere Indikationen konkretisiert.* Sie gelten kraft gesetzlicher Fiktion als Fälle des Abs. I Nr. 2. Es handelt sich um die *embryopathische,* die *kriminologische* und die *Notlagen-*Indikation. Im einzelnen:

- *Medizinisch-soziale Gesamtindikation, Abs. I Nr. 2.* Hier werden Gesundheitsgefährdungen der Schwangeren unter den im Gesetz näher bezeichneten Voraussetzungen erfaßt. Dabei ist nicht nur der somatische (körperliche), sondern auch der psychiatrische (seelische) Bereich erfaßt.

    Gefahr für das Leben ist daher auch die psychische Depression, die eine Selbstmordgefahr begründet. Gefahr für die Gesundheit ist auch die psychische Dauerüberlastung der Schwangeren. Ein medizinisch fest umschriebenes Krankheitsbild ist nicht erforderlich. Doch scheiden die normalen Belastungen einer Schwangerschaft aus der Betrachtung aus; die Beeinträchtigung muß *„schwerwiegend"* sein. Wirtschaftliche und familiäre Umstände sind mit zu berücksichtigen, so daß diese Indikation nicht nur eine medizinische, sondern auch eine soziale ist.

- *Embryopathische Indikation, Abs. II Nr. 1.* Man spricht hier ungenau auch von *eugenischer, genetischer* oder *kindlicher Indikation.*

    Beispiel: Nach einer Infektion der Schwangeren mit Röteln besteht eine statistische Wahrscheinlichkeit von 25 Prozent, daß ein mißgebildetes Kind zur Welt kommt. Dies genügt, um „dringende Gründe" für die Annahme einer Schädigung des Kindes zu bejahen, str.

- *Kriminologische Indikation, Abs. II Nr. 2.* Man spricht hier häufig auch von *ethischer, humanitärer* oder *Vergewaltigungsindikation.*

    Beispiel: Die Schwangere wurde vergewaltigt.
    Beachte: Es genügt eine „rechtswidrige Tat" (§ 11 Nr. 5). Schuld des Vergewaltigers ist also nicht erforderlich.

- *Notlagenindikation, Abs. II Nr. 3.* Man spricht hier auch von *sozialer Indikation,* doch ist dies mißverständlich, weil soziale Faktoren bereits im Falle des Abs. I Nr. 2 berücksichtigt werden. Die Notlagenindikation war und ist *besonders umstritten.*

    Beispiele: Auflösung der Ehe; Verhinderung des Abschlusses einer weit fortgeschrittenen Ausbildung; jugendliches Alter der Schwangeren unter 16 Jahren; die Schwangere ist infolge Epilepsie der Erziehungsaufgabe nicht gewachsen; eine durch zahlreiche Schwangerschaften „verbrauchte Mutter" ist ihrer Erziehungsaufgabe angesichts kranker Kinder nicht mehr gewachsen.

    Strukturell ist hier folgendes *zu beachten:*
- *die Notlagenindikation ist von der medizinisch-sozialen Indikation abzugrenzen;* sie erfaßt also nur familiäre, wirtschaftliche oder soziale Belastungen, die gerade nicht zu einer gesundheitlichen Beeinträchtigung führen;

– die Notlage muß *schwerer wiegen als* die in § 218 III 3 genannte „besondere Bedrängnis"; es muß sich um einen *Extremfall* handeln.

Daran fehlt es beim Verlangen nach besseren Lebensumständen (Kühlschrank, Auto) oder beim Wunsch, der sozialen Diffamierung wegen nichtehelicher Geburt eines Kindes zu entgehen;

– *Abs. II Nr. 3* muß *restriktiv ausgelegt* werden, um verfassungskonform zu sein.

Fristen:
Bei allen Indikationen ist auf die in Abs. III genannten Fristen zu achten. Sie sind in Abb. 3 anschaulich zusammengefaßt.

Abb. 3 Struktur der Fristen bei § 218a

Beachte: Die *Rechtfertigungsgründe* des § 218a wirken *unabhängig* von dem in §§ 218b – 219a geregelten Beratungs- und Feststellungssystem. Entscheidend ist allein, ob die materiellen Voraussetzungen der jeweiligen Indikationen vorliegen. Bejahendenfalls ist die Tat nach § 218 I gerechtfertigt. Unabhängig davon kann ein Verstoß gegen die Pflichten des Beratungs- und Feststellungssystems vorliegen.

4. Beratung und Feststellung

Bei der Reform des § 218 war man bemüht, dem *Subsidiaritätsprinzip*[12] zu folgen. Soweit man Konflikte anerkannte und Normen des Strafrechts zurückzog, wollte man *positive Hilfen* an ihre Stelle setzen. Die §§ 218b bis 219a sichern dieses System strafrechtlich ab.

---

[12] Vgl. unter diesem Stichwort im Glossar des AT.

§ 15. *Abbruch der Schwangerschaft* (§ 218)

Für jeden nach § 218a zu rechtfertigenden Schwangerschaftsabbruch sind mindestens *zwei Ärzte* erforderlich:
- einerseits der *abbrechende Arzt* (§ 218a), der zugleich *ärztlich beraten* (§ 218b I Nr. 2) darf;
- andererseits der *sozialberatende Arzt* (§ 218b I Nr. 1 – hier kommt auch ein Nichtarzt in Betracht, vgl. Abs. II), der zugleich die *Indikation feststellen* (§ 219) darf. Abb. 4 verdeutlicht diese Zusammenhänge.

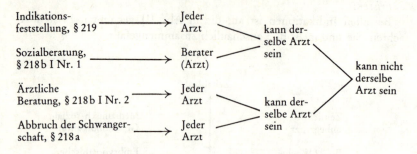

Abb. 4 System der Beratung und Feststellung bei §§ 218a ff.

Eine *Bestrafung des Arztes* kommt hier insbesondere in Betracht
- wenn er eine Schwangerschaft abbricht, *ohne daß* die *Beratung* der Schwangeren vorangegangen ist, § 218b;
- wenn er eine Schwangerschaft abbricht, *ohne daß* ihm die schriftliche *Feststellung* eines anderen Arztes vorliegt, § 219;
- wenn er für einen anderen Arzt eine *unrichtige Feststellung* trifft, § 219a.

5. Privilegierungen der Schwangeren

Das Gesetz unterscheidet – wie erwähnt – nicht zwischen Fremdabbruch und Selbstabbruch. Die Schwangere kann also ebenso wie ein anderer Täterin sein. Sie ist jedoch in *vierfacher Weise privilegiert:*
- *erstens,* der *Strafrahmen* ist *herabgesetzt,* § 218 III S. 1;
- *zweitens,* die Strafbarkeit entfällt *nach ärztlicher Beratung* bei *Durchführung* des Abbruchs *durch einen Arzt in den ersten 22 Wochen,* § 218 III S. 2 (*persönlicher Strafausschließungsgrund*);[13]

> Man wollte mit dieser Regelung der Schwangeren die Scheu vor einem ungünstigen Ausgang der Beratung nehmen. Da die Schwangere aber einen Arzt braucht und dieser von dem persönlichen Strafausschließungsgrund nicht erfaßt wird, ist durch diese „*verkappte Fristenlösung*" der *Abtreibungstourismus* in Länder mit Fristenlösung oder weitergehenden Indikationslösungen (England, Dänemark, Schweden, Österreich, Frankreich, Italien – aufgrund faktischer Nichtverfolgungspraxis auch die Niederlande) *vorprogrammiert;*

---

[13] Vgl. AT, 11. Teil, § 3.

- *drittens,* die *Versuchsstrafbarkeit entfällt* für die Schwangere, § 218 IV S. 2;
- *viertens,* bei *besonderer Bedrängnis* ist ein *Absehen von Strafe* möglich, § 218 III S. 3.

Dies setzt voraus, daß Tatbestand, Rechtswidrigkeit und Schuld sowie der persönliche Strafausschließungsgrund des § 218 III S. 2 geprüft sind, und daß nicht schon auf diesem Wege eine Strafbarkeit entfallen ist.

Besondere Bedrängnis liegt in Konflikten vor, die nicht gewichtig genug für eine Notlagenindikation i. S. d. § 218 a II Nr. 3 sind. Die Schwangerschaft selbst kann natürlich keine besondere Bedrängnis in diesem Sinne sein.

Beachte: Die Schwangerschaft ist besonderes persönliches Merkmal i. S. d. § 218 II.[14] Die Strafbarkeit anderer – auch des Erzeugers – richtet sich daher stets nach § 218 I, II.

III. Typische Konkurrenzprobleme

Beim Zusammentreffen mit den Tötungsdelikten kommt Idealkonkurrenz in Betracht. § 218 schützt ein eigenständiges Rechtsgut und ist darum nicht etwa eine lex specialis zu § 212. Eine Körperverletzung nach §§ 223, 223 a wird als subsidiär verdrängt, soweit sie notwendige Voraussetzung eines Schwangerschaftsabbruches ist. Liegt dagegen ein sog. „Pfuschabort" vor, bei dem die Tatbestände der §§ 224, 226 (Verbrechen) erfüllt sind, ist angesichts der niedrigen Strafdrohung des § 218 Tateinheit anzunehmen.

IV. Problemhinweise, Literatur

Zur Reform des § 218 existiert eine nahezu uferlose Literatur. Man sollte die Entscheidung des Bundesverfassungsgerichts zur ersten Neufassung des § 218 (BVerfGE 39, 1) sowie mindestens eine grundsätzliche Veröffentlichung zu diesem Thema lesen.

Lektüre: Arthur Kaufmann, Rechtsfreier Raum und eigenverantwortliche Entscheidung, dargestellt am Problem des Schwangerschaftsabbruchs, Festschr. f. Maurach, 1972, S. 327 ff; *Rudolphi,* Straftaten gegen das werdende Leben, ZStW 83, 105; *Rudolf Schmitt,* Überlegungen zur Reform des Abtreibungsstrafrechts, JZ 1975, 356.

V. Bekannte BGH-Fälle

1. Pieps-Fall-BGHSt 10, 291

Die Ehefrau des Angeklagten hatte Abtreibungshandlungen vorgenommen. Es war ein Kind zur Welt gekommen, das piepsende Laute

---

[14] Vgl. AT, 8. Teil, § 3 Nr. 5 c.

ausgestoßen hatte. Der Angeklagte hatte das Kind für lebend gehalten und erstickt. – Der *BGH* bejahte vollendeten Schwangerschaftsabbruch in Tateinheit mit einem versuchten oder vollendeten Tötungsdelikt.

2. *Schocktod-Fall-BGHSt 1, 278*

Die Angeklagte hatte bei Abtreibungshandlungen die Scheidenwand der Schwangeren durchstoßen. Infolge dieser Perforation war ein Schocktod der Schwangeren eingetreten. Auch die Frucht war getötet worden. – Der *BGH* bejahte einen vollendeten Schwangerschaftsabbruch in Tateinheit mit fahrlässiger Tötung, § 218 setze nicht voraus, daß die Mutter überlebe.

3. *Autofahrer-Fall-BGHSt 11, 15*

Der Angeklagte hatte seine schwangere Frau mit dem Auto angefahren, um sie zu töten. – Der *BGH* sah darin – bei entsprechendem Vorsatz – auch einen versuchten Fall des § 218 in Tateinheit mit §§ 211 ff.

4. *Strafklageverbrauch-Fall-BGHSt 13, 21*

Die Angeklagte hatte erfolglos versucht, die Leibesfrucht abzutreiben, und war deswegen rechtskräftig verurteilt worden. Nachdem das Kind vorzeitig zur Welt gekommen war, hatte sie es getötet. – Der *BGH* sah hierin eine andere Tat, so daß der Verbrauch der Strafklage einer Bestrafung wegen eines Tötungsdeliktes nicht im Wege stünde.

5. *Seifenlösung-Fall-BGHSt 28, 11*

Der Angeklagte hatte in mehreren Fällen zum Schwangerschaftsabbruch Seifenlösungen eingespritzt. In einem Fall war es zum Tode der Schwangeren gekommen. – Der *BGH* nahm Tateinheit zwischen § 226 und § 218 n. F. an. Die §§ 223, 223 a würden durch § 218 n. F. verdrängt. Versuch des § 218 und Körperverletzung könnten in Tateinheit zueinander stehen.

§ 16. Aussetzung (§ 221)

I. Überblick

Rechtsgut des § 221 ist das *Leben* hilfloser Personen, str. Es wird vor *konkreten Gefährdungen* geschützt. Nach a. M. ist auch die körperliche Unversehrtheit hilfloser Menschen geschützt. Dagegen spricht, daß § 221 im Kontext der Tötungsdelikte steht, und daß nach dieser Auffassung Fälle des sonst straflosen Versuches der einfachen Körperverletzung bestraft würden.

II. Struktur

Man braucht zunächst eine *hilflose Person,* und dann eine der beiden *Tatmodalitäten* des Abs. I. Sie muß zu einer konkreten Lebensgefährdung führen. Im einzelnen:

1. Hilflose Person

Hilflos ist, wer sich *nicht selbst helfen* kann. Das muß einen *bestimmten Grund* haben, nämlich *Jugendlichkeit* (z. B. Neugeborene, nicht versorgungsfähige Kinder), *Gebrechlichkeit* (z. B. alte Menschen) oder *Krankheit* (hierzu zählt jeder, auch der vorsätzlich herbeigeführte pathologische Zustand, z. B. auch die Berauschung oder Bewußtlosigkeit).

2. Die Tatmodalitäten

Aussetzen (Abs. I Var. 1): Hierzu muß der *Aufenthalt des Hilflosen verändert werden. Täter* kann *jedermann* sein.

Beispiele: T bringt einen Volltrunkenen auf die Straße in kalter Nacht; *T* veranlaßt einen hilflosen Greis durch Täuschung oder Drohungen, in den Wald zu gehen.
Auch durch *Unterlassen* kann diese Variante erfüllt werden, sofern *T* garantenpflichtig ist[1]. Hier kommen typischerweise Obhutspflichten in Betracht. So, wenn eine Mutter einen Babywagen in den Abgrund rollen läßt, oder wenn der Sohn einen anderen nicht daran hindert, seinen hilflosen Vater auf die Straße zu bringen, wo er Verkehrsgefährdungen ausgesetzt ist (Obhutspflichten aus natürlicher Verbundenheit mit dem Träger des Rechtsgutes).

In hilfloser Lage verlassen (Abs. I Var. 2): Hier *entfernt sich der Täter, der eine Pflichtenstellung haben muß.* Dafür ist nicht der Wortlaut des § 221 II maßgebend; entscheidend ist vielmehr, ob der Täter nach allgemeinen Grundsätzen *Garant* dafür ist, daß das Opfer nicht in Lebensgefahr gerät.

Beispiel: T hat *O* betrunken gemacht und entfernt sich nun. Der enge Wortlaut des § 221 I Var. 2 ist nicht erfüllt, weil *O* nicht unter der Obhut der *T* steht und *T* nicht für die Unterbringung, Fortschaffung oder Aufnahme des *O* zu sorgen hat. *T* ist aber Garant aus Ingerenz; sein pflichtwidriges gefährdendes Vorverhalten hat ihn sicherungspflichtig gemacht. Er muß alle Rechtsgüter schützen, die durch sein Vorverhalten bedroht sind, auch das Leben des *O*. Damit hat er auch die Pflichtenstellung des § 221 I Var. 2.

Bezüglich des Merkmales „*Verlassen*" ist ein *positives Tun* erforderlich (z. B. Weggehen des *T*). Es kann jedoch auch durch *Unterlassen* verwirklicht werden. Dabei ist auf die Entsprechungsklausel des § 13 I Halbs. 2 zu achten; § 221 ist ein *verhaltensgebundenes Delikt.*[2]

Beispiel: Ein Arzt leistet im Zimmer des Kranken keine erforderliche und mögliche Hilfe. Der Arzt ist garantenpflichtig durch freiwillige Übernahme (Obhutspflicht). Er

---

[1] Vgl. AT, 7. Teil, § 4 Nr. 1 c.
[2] Vgl. AT, 7. Teil, § 4 Nr. 2.

tut nichts. Dieses Unterlassen entspricht dem aktiven Tun, das vorliegen würde, wenn er das Zimmer verließe, str. (nach a. M. setzt § 221 I Var. 2 eine räumliche Trennung voraus, was aber dem Schutzzweck der Norm nicht entspricht).

3. Konkrete Lebensgefährdung

In allen Fällen muß das Opfer einer *konkreten Lebensgefährdung* ausgesetzt worden sein. Dieses ungeschriebene Merkmal ergibt sich aus dem Rechtsgut des § 221.[3] Es schränkt den Tatbestand ein.

Beispiel: Der Volltrunkene ist in kalter Nacht in der Gefahr des Erfrierens.
Eine Gegenmeinung läßt auch die Gefahr einer Gesundheitsbeschädigung ausreichen. *Beispiel:* Der Volltrunkene ist in der Gefahr, sich einen Schnupfen zu holen. Wie das Beispiel zeigt, wird damit der Versuch einer einfachen Körperverletzung erfaßt, der nach § 223 nicht strafbar ist. Das ist nicht akzeptabel. (Man beachte den Strafrahmen des § 221.)

III. Typische Konkurrenzprobleme

§ 221 wird vor allem nach Körperverletzungen oder Verkehrsunfällen in Betracht kommen. Dann liegt insoweit Idealkonkurrenz mit §§ 223 ff., 142 vor.

Beispiele: T verletzt den O und läßt ihn in hilfloser Lage liegen; *T* überfährt den O usw.

Tritt infolge einer Aussetzung eine Körperverletzung ein, würde an sich § 223 den § 221 nach dem Prinzip des Vorranges des Verletzungstatbestandes vor dem Gefährdungstatbestand (Subsidiarität) im Wege der Gesetzeskonkurrenz verdrängen.[4] Da aber § 221 nach richtiger Auffassung nur Lebensgefährdungen erfaßt, die von Körperverletzungstatbeständen nicht verdrängt werden, ist Idealkonkurrenz anzunehmen (sofern nicht Abs. III eingreift).
Im Verhältnis zu den vorsätzlichen Tötungsdelikten tritt § 221 zurück (Subsidiarität). Abs. III geht § 222 vor (vgl. die Strafdrohungen).

IV. Problemhinweise, Literatur

§ 221 ist zwar ein Begehungsdelikt (str. für Abs. I Var. 2), bietet aber eine gute Gelegenheit, die Problematik der Unterlassungsdelikte zu wiederholen. Der Tatbestand ist nicht ganz einfach zu handhaben.

Lektüre: v. Els, Zur Auslegung des § 221, NJW 1967, 966.

---

[3] S. oben I.
[4] Vgl. AT, 12. Teil, § 2 Nr. 2.

V. Bekannte BGH-Fälle

1. Gastwirt-Fall-BGHSt 26, 35

Ein Gastwirt hatte an einen Gast solange Alkohol ausgeschenkt, bis dieser volltrunken war. Dann hatte er ihn auf die Straße geführt und dort stehengelassen. Der Gast war auf die Fahrbahn gefallen und von einem Auto tödlich überfahren worden. – Der *BGH* bejahte § 221 I Var. 2, III. Die Pflichtstellung des Gastwirts habe sich aus Ingerenz ergeben.

2. KZ-Fall-BGHSt 4, 113

Ein SS-Bewacher in einem Konzentrationslager hatte schwerkranke jüdische Häftlinge aus dem Krankenrevier fortschaffen lassen. Drei von ihnen waren nach kurzer Zeit gestorben. – Der *BGH* bejahte u. a. Aussetzung mit Todesfolge, § 221 I Var. 1, III.

3. Mutter-Fall-BGHSt 21, 44

Eine Mutter hatte ihre Kinder zunächst versorgt verlassen. Später war sie entgegen ihrer ursprünglichen Absicht nicht zu ihnen zurückgekehrt. Ein Kind war gestorben. – Der *BGH* bejahte § 221 I Var. 2, III. Das Unterlassen der Rückkehr habe einem aktiven Verlassen entsprochen.

§ 17. Fahrlässige Tötung (§ 222)

I. Überblick

Fahrlässige Tötung ist im Gegensatz zur vorsätzlichen Tötung ein sehr häufiges Delikt, wobei vor allem der Straßenverkehr (jährlich etwa 15 000 tödliche Unfälle) beteiligt ist (jährlich etwa 4000 Verurteilungen wegen § 222).

Rechtsgut ist das menschliche *Leben*.[1] Es hat von allen Rechtsgütern den höchsten Rang und ist darum auch gegen fahrlässige Vernichtung geschützt.

Die *Häufigkeit* des Delikts und die Plötzlichkeit, mit der es gerade im Straßenverkehr verwirklicht werden kann, hat bewirkt, daß die *Rechtsprechung* hier einerseits *Vorsatzfälle als Fahrlässigkeitsfälle* ansieht, andererseits so hohe Sorgfaltsanforderungen stellt, daß auch eigentlich nicht fahrlässiges, schuldloses Verhalten als Fahrlässigkeit angesehen wird. *Der*

---

[1] Vgl. § 14 I 1.

allgemeine Fahrlässigkeitsbegriff[2] ist unter dem Druck dieses Massendeliktes verformt worden. Selbst wenn der Täter die Möglichkeit eines tödlichen Erfolges mit hoher Wahrscheinlichkeit prognostiziert und sich mit ihr abfindet, wird er mit der Einlassung gehört, er habe den Tod des Opfers nicht gewollt. Nach allgemeinen Grundsätzen läge in solchen Fällen *dolus eventualis* vor.[3] Dann wäre man freilich schnell beim Mord (so etwa, wenn der Täter gezielt auf einen Polizeibeamten zufährt, um sich einer Verkehrskontrolle wegen Trunkenheit – § 316 (Verdeckungsabsicht!) – zu entziehen.[4]

Die Fahrlässigkeitsschuld[5] wird auch in Fällen bejaht, in denen der Täter durch den Straßenverkehr überfordert war. Das gesamtgesellschaftliche Versagen angesichts des Straßenverkehrs wird dem einzelnen aufgebürdet.

Schuldstrafrechtlich ist bei der fahrlässigen Tötung die darin liegende *Erfolgshaftung*[6] problematisch. Es hängt letztlich vom Zufall ab, ob eine Sorgfaltspflichtverletzung zu einer Strafbarkeit nach § 222 führt oder straflos bleibt.

Kriminalpolitisch ist der gegenwärtige Zustand höchst unbefriedigend. Einerseits kriminalisiert man den einzelnen, der auf fast vorprogrammierte Weise einmal im Straßenverkehr versagt und dem dabei das Unglück widerfährt, einen Menschen zu töten. Andererseits tut man zu wenig, um die Misere des Straßenverkehrs zu verbessern.

Das zeigt sich besonders beim Thema Alkohol am Steuer. Solange die Gefahr des Erwischtwerdens gering ist, wird das Fahren im angetrunkenen Zustand weiterhin traurige Realität bleiben. Freilich ist es billiger, sich über einer Bestrafung derjenigen zu beruhigen, die das Pech eines Unfalls hatten, als das Übel an der Wurzel zu packen.

II. Struktur

Der geschriebene Tatbestand des § 222 setzt zunächst voraus, daß der Täter den *Tod* eines Menschen *verursacht*. Insoweit entspricht er § 212. Hier können typischerweise Probleme der *Kausalität*[7] und der *Unterlassung*[8] entstehen. Es handelt sich dabei um Probleme des AT. Dabei bereitet besonders der Fall der Doppelkausalität Schwierigkeiten.

---

[2] Vgl. AT, 6. Teil, § 3.
[3] Vgl. AT, 6. Teil, § 2, Nr. 3 b, cc und § 3 Nr. 3.
[4] Vgl. § 14 V 9 (Verkehrskontrolle-Fall).
[5] Vgl. AT, 5. Teil, § 4 Nr. 3.
[6] Vgl. AT, 1. Teil, § 2 Nr. 3.
[7] Vgl. AT, 3. Teil, § 6.
[8] Vgl. AT, 7. Teil, § 5 Nr. 1 b.

§ 17. Fahrlässige Tötung (§ 222)

Beispiel: T fährt zu schnell mit dem Auto und überfährt ein Kind, das er auch bei nicht pflichtwidriger Fahrweise überfahren hätte. Richtigerweise ist hier die objektive Zurechnung zu verneinen.[9]

Der geschriebene Tatbestand bedarf der *Ergänzung* durch eine *ungeschriebene Sorgfaltspflicht, die erst im konkreten Fall erkennbar ist.*[10]

Im *Tatbestand* ist dabei ein *objektiver Maßstab* anzulegen, während bei der *Schuld* ein *subjektiver Maßstab* zu verwenden ist *(Doppelnatur der Fahrlässigkeit).*

Die Sorgfaltspflicht ergibt sich aus sonstigen *Normen* (insbesondere der StVO) sowie aus den *Umständen des konkreten Einzelfalles.* Ihr *Inhalt* kann eine *Unterlassungspflicht* und/oder eine *Sicherungspflicht* sein. Ihre *Grenze* ergibt sich aus dem Gesichtspunkt der *sozialen Adäquanz* und aus dem *Vertrauensgrundsatz.*

Beispiel: Dem Autofahrer *T* läuft ein Fußgänger *F* in die Fahrbahn. *T* hupt und *F* bleibt kurz stehen. *T* nimmt an, *F* werde ihn vorbeifahren lassen. *F* läuft aber weiter. *T* überfährt ihn und tötet ihn. Hier kann man für die StVO nur die allgemeinen Grundregeln des § 1 heranziehen. Die übrige Regel muß man aus dem Fall schöpfen. Dabei kommt es auf alle Umstände an. Entscheidend ist, ob das verkehrswidrige Verhalten des *F* (vgl. § 25 III StVO) dem *T* angezeigt hat, daß *F* von der Situation überfordert war (Kind, Alter). Verneinendenfalls konnte er damit rechnen, daß *F* sein Warnsignal beachtete, bejahendenfalls nicht. Letzterenfalls würde *T* auch der Vertrauensgrundsatz nicht helfen, weil *T* trotz seinerseits sorgfältigen Handelns aus besonderen Gründen nicht auf ein gleiches bei *F* vertrauen durfte.[11]
Die Regel würde dann etwa lauten: „Ein Autofahrer, dem ein Fußgänger plötzlich in die Fahrbahn läuft, und der diesen durch Hupen warnt, was diesen zu einem kurzen Stehenbleiben veranlaßt, darf sich nicht darauf verlassen, dieser werde ihn vorbeifahren lassen, wenn er erkennen kann, daß der Fußgänger von der Situation überfordert ist."
Die Regel klingt umständlich und ist umständlich. Es wäre unmöglich, ein Gesetzbuch aller hier möglichen Regeln zu schreiben. Hier wird deutlich, warum der Gesetzgeber bei der Fahrlässigkeit den Weg der ergänzungsbedürftigen Tatbestände gehen mußte.[12]

Beachte: Bei Fahrlässigkeitsdelikten gibt es *keine Teilnahme,* weil diese ja Vorsatz voraussetzt. Auch *Mittäterschaft* und *mittelbare Täterschaft* scheiden aus. Es gibt nur *Nebentäterschaft.*[13] Jeder, der *fahrlässig eine Ursache für die Verwirklichung des tatbestandsmäßigen Erfolges setzt,* ist (Neben-)*Täter.* Dabei ist sorgsam auf die Bestimmung der *verschiedenen Sorgfaltspflichten* zu achten.

Beispiel: Arbeitgeber *A* erteilt seinem Angestellten *T,* der keinen Führerschein besitzt und auch nicht fahren kann, den Auftrag, Auto zu fahren. *T* tut es und verletzt *O* tödlich.
Hier sind *A* und *T* nach § 222 strafbar. Die Sorgfaltspflichtverletzung des *T* liegt darin, daß er ohne Führerschein und ohne Fahrkenntnisse Auto gefahren ist. Die

---

[9] Vgl. AT, 6. Teil, § 3 Nr. 7.
[10] Vgl. AT, 6. Teil, § 3 Nr. 4, 5.
[11] Vgl. *BGHSt* 14, 97, welcher Entscheidung das Beispiel nachgebildet ist.
[12] Vgl. auch AT, 6. Teil, § 3, Nr. 4 insbes. auch das dort gegebene Beispiel.
[13] Vgl. AT, 8. Teil, § 3 Nr. 4.

Sorgfaltspflichtverletzung des *A* liegt darin, daß er einem solchen Angestellten den Auftrag erteilt hat, Auto zu fahren.

III. Typische Konkurrenzprobleme

Wenn durch ein fahrlässiges Verhalten mehrere Personen getötet werden, so liegt ein (problemloser) Fall der (gleichartigen) Idealkonkurrenz vor. Das erfolgsqualifizierte Delikt der Körperverletzung mit Todesfolge, § 226 verdrängt § 222 im Wege der Gesetzeskonkurrenz (vgl. die Strafrahmen!). Idealkonkurrenz ist möglich mit § 218, so, wenn ein Schwangerschaftsabbruch den Tod der Mutter bewirkt.

IV. Problemhinweise, Literatur

§ 222 bietet eine gute Gelegenheit, sich mit der Straßenverkehrsproblematik zu beschäftigen.

Lektüre: Welzel, Fahrlässigkeit und Verkehrsdelikte, 1961.

V. Bekannte BGH-Fälle

1. Radfahrer-Fall-BGHSt 11, 1

Der Angeklagte hatte mit seinem Lastzug einen Radfahrer mit geringem Abstand überholt. Der Radfahrer war unter den Lastzug geraten und getötet worden. Der Radfahrer war betrunken gewesen. Er wäre auch bei größerem Abstand unter den Lastzug gekommen. – Der *BGH* verneinte die Kausalität des verkehrswidrigen Verhaltens für den Erfolg.

2. Zahnarzt-Fall-BGHSt 21, 59

Ein Zahnarzt hatte einer Patientin eine Narkose verabreicht, wobei er die angesichts des äußeren Erscheinungsbildes der Patientin (Fettsucht) angezeigte Hinzuziehung eines Internisten bezw. Anästhesisten unterlassen hatte. Die Patientin war gestorben. – Der *BGH* sah die Pflichtwidrigkeit in der Unterlassung der Zuziehung der genannten Ärzte und setzte sich mit der Frage der Kausalität auseinander.

3. Trunkenheits-Fall-BGHSt 24, 31

Ein Autofahrer hatte mit 1,9 Promille Blutalkoholkonzentration einen Motorradfahrer überfahren und getötet. – Der *BGH* führte aus, eine fahrlässige Tötung folge nicht automatisch daraus, daß der Autofahrer als absolut Fahruntüchtiger überhaupt nicht hätte fahren dürfen. Entscheidend sei vielmehr, ob der Unfall vermeidbar gewesen wäre. Falls der

§ 17. Fahrlässige Tötung (§ 222)

Autofahrer auch bei einer seiner herabgesetzten Reaktions- und Fahrfähigkeit Rechnung tragenden Geschwindigkeit den Unfall nicht hätte vermeiden könne, sei § 222 nicht erfüllt worden.

4. Schießplatz-Fall-BGHSt 20, 315

Bei einem Scharfschießen der Bundeswehr war es zu einem Kurzschuß gekommen, durch den u. a. zehn Zuschauer getötet worden waren. – Der *BGH* nahm eingehend zur Frage der Sorgfaltspflicht der verantwortlichen Offiziere Stellung.

5. Lederriemen-und-Sandsack-Fall-BGHSt 7, 363

Die Angeklagten hatten einen gleichgeschlechtlich veranlagten Kaufmann erst mit einem Lederriemen, dann mit einem Sandsack traktiert und getötet. – Der *BGH* nahm grundlegend zur Abgrenzung Vorsatz-Fahrlässigkeit Stellung.

6. Selbsttötungs-Fall-BGHSt 24, 342

Der Angeklagte hatte einer Selbstmörderin die Gelegenheit zum Suizid verschafft, indem er eine Pistole fahrlässig bereit liegen ließ. – Der *BGH* verneinte § 222 mit dem Argument, was als vorsätzliches Verhalten nicht strafbar sei (nämlich Beihilfe zum Selbstmord), könne auch nicht als fahrlässiges Verhalten bestraft werden.

7. Notwehr-Fall-BGHSt 25, 229

Der Angeklagte hatte in einer Notwehrsituation Warnschüsse abgegeben. Einer von ihnen hatte versehentlich den Angreifer getötet. – Der *BGH* verneinte § 222, weil und soweit der Angeklagte auch vorsätzlich einen gezielten Schuß hätte abgeben dürfen (ähnliche Argumentation wie im Selbsttötungs-Fall).[14]

---

[14] Vgl. zu diesem Fall auch AT, 4. Teil, § 4 Nr. 2d.

§ 18. Körperverletzung (§ 223)

– mit Ausführungen zu §§ 223a Gefährliche Körperverletzung, 223b, Mißhandlung von Schutzbefohlenen, 224 Schwere Körperverletzung, 226 Körperverletzung mit Todesfolge, 227 Beteiligung an einer Schlägerei und 229 Vergiftung sowie einem Exkurs: Ärztliche Eingriffe –

I. Überblick

1. Rechtsgut

Rechtsgut ist das *körperliche Wohl* des (geborenen) *Menschen.* Es wird problemlos durch *körperliche Einwirkungen* (z. B. Schläge) verletzt. *Seelische Einwirkungen* (z. B. Schreckerregung) sollen nach h. M. grundsätzlich nicht unter § 223 fallen. Nur in Ausnahmefällen – soweit Einwirkungen auf die Psyche eine Beeinträchtigung der Physis bewirken – sollen auch seelische Einwirkungen unter § 223 fallen (so z. B. bei Schlafstörungen durch Lärm). Ein derart einseitig somatologisches Rechtsgutsverständnis verkennt aber, daß eine reinliche Scheidung von Körper und Seele nicht möglich ist. Nach richtiger Auffassung können auch seelische Einwirkungen das körperliche Wohl beeinträchtigen, ohne daß man auf die (gekünstelte) Suche nach körperlichen Auswirkungen (z. B. Herzklopfen) gehen muß.

Geschützt wird nur der *geborene Mensch.* Abzustellen ist auf den *Beginn der Geburt.*[1] Fahrlässige Handlungen *während der Geburt* werden also durch § 230 erfaßt. Dagegen kommt bei fahrlässigen Handlungen *vor Geburtsbeginn* § 230 nicht in Betracht. Das werdende Leben ist allein durch § 218 geschützt, und dort ist keine Fahrlässigkeitsstrafbarkeit angeordnet.

Umstritten ist, ob dies auch gilt, wenn eine *pränatale Handlung* sich erst nach der Geburt auswirkt. Richtigerweise ist auf den Zeitpunkt abzustellen, zu dem die *Handlung sich auszuwirken beginnt.* Liegt dieser – wie meist – vor Geburtsbeginn, kommt nur § 218 in Betracht.[2]

2. Übersicht über die §§ 223 ff.

Einen Überblick über die in Frage kommenden Tatbestände gibt Abb. 1.

Zu beachten ist, daß auch die *fahrlässige Körperverletzung* strafbar ist, § 230.[3] *Aufbaumäßig* ist zu beachten, daß bei den *Qualifikationen* zu-

---

[1] In gleicher Weise ist bei den Tötungsdelikten abzugrenzen, vgl. bei § 14 I 1.
[2] Vgl. näher bei § 15 I 2.
[3] Hier kann auf § 222 verwiesen werden. Die dortigen Ausführungen gelten entsprechend.

§ 223 I
Grundtatbestand

Unselbständige *Abwandlungen (Qualifikationen)*
- § 223 II
  Körperverletzung *gegen Aszendenten*
- § 223 a
  Gefährliche Körperverletzung
- § 224
  Schwere Körperverletzung
- § 226
  Körperverletzung *mit Todesfolge*
- § 340
  Körperverletzung *im Amt*

Selbständige Abwandlungen
- 223 b
  Mißhandlung von Schutzbefohlenen
- 227
  Beteiligung an einer Schlägerei
- 229
  Vergiftung

Abb. 1 Struktur der §§ 223 ff.

nächst der Grundtatbestand des § 223 zu prüfen ist, während die *Sonderdelikte* sofort zu prüfen sind.[4]

Zu den *einzelnen Tatbeständen* seien folgende *Hinweise gegeben:*

- § 223 II: Aszendenten sind Vorfahren (Eltern, Großeltern). Bei Adoption treten die Adoptiveltern an die Stelle der leiblichen Eltern. Das qualifizierende Verwandtschaftsverhältnis ist *besonderes persönliches Merkmal* i.S. des § 28 II. Beispiel: T schlägt seinen Vater O. Freund F hilft ihm. T ist strafbar nach § 223 II. F ist nur wegen Beihilfe zu § 223 I strafbar, §§ 27, 28 II.
- § 223 a: Diese Qualifikation gründet in der *Gefährlichkeit der Begehungsweise.* Man achte sorgsam auf die vier verschiedenen Varianten und löse Problemfälle über die Normalfallmethode. *Beispiel:* T stößt O gegen eine Hauswand. Hier kommt ein „gefährliches Werkzeug" in Betracht. Normalfall ist etwa der Hammer. Er ist ein beweglicher Gegenstand, der auf den Körper einwirkt (Normalfalldefinition). Im Problemfall handelt es sich um einen unbeweglichen Gegenstand, auf den der Körper einwirkt. Die Frage ist, ob man über diese beiden Abweichungen vom Normalfall hinwegkommt, was wohl zu bejahen ist, str.[5]
§ 223 a bietet regelmäßig Gelegenheit, die *Methode der Subsumtion* schulmäßig vorzuführen.
- § 224: Diese Qualifikation gründet in der *schweren Folge.* Es handelt sich um ein *erfolgsqualifiziertes Delikt.*[6] Hinsichtlich der schweren Folge muß *wenigstens Fahrlässigkeit* vorliegen, § 18. Problematisch ist hier vor allem, ob die *Wichtigkeit* eines *Gliedes generell* (so die Rechtsprechung) oder *individuell* (so mit Recht die Lehre) zu bestimmen ist. *Beispiel:* Ein Geiger verliert zwei Fingerkuppen der linken Hand. Strittig ist weiter, ob im Verlust vorliegt, wenn ärztliche Wiederherstellung ohne unzumutbares Risiko möglich ist. *Beispiel:* O hat die Schneidezähne verloren; eine Prothese kann das aber ausgleichen. O ist „in erheblicher Weise", aber nicht „dauernd" entstellt.

---

[4] Vgl. AT, 3. Teil, § 1.
[5] Anders der *BGH*, s. unten V 5 (Wand-Fall). Vgl. dort auch die weiteren Beispiele zu § 223 a, Nrn. 6–8. Zur schulmäßigen Behandlung solcher Fälle vgl. ausführlich Haft, Juristische Rhetorik, 2. Aufl. 1981, S. 60 ff, 75 ff.
[6] Vgl. unter diesem Stichwort im Glossar des AT.

Wenn die *schwere Folge beabsichtigt* war, greift § 225 ein.
§ 224 ist *Verbrechen*, so daß der *Versuch strafbar* ist. Hier sind zwei Fallgruppen zu unterscheiden. Einmal kann es so liegen, daß bereits der Versuch des § 223 fahrlässig die schwere Folge i. S. des § 224 bewirkt (so, wenn *T* ausholt, um den *O* zu schlagen, *O* aber ausweicht, stürzt und i. S. des § 224 geschädigt wird). Hier scheidet eine Versuchsstrafbarkeit aus, weil der Erfolg des § 224 auf dem Erfolg des § 223 aufbaut, also eine vollendete Körperverletzung voraussetzt. Zum anderen kann es so liegen, daß der Täter die schwere Folge i. S. des § 224 bedingt oder unbedingt in seinen Vorsatz aufnimmt, sie aber trotz Vollendung oder Versuch des § 223 nicht erreicht. Dann ist problemlos ein Versuch des § 224 (bzw. bei unbedingtem Vorsatz des § 225) gegeben. Hier wirkt sich der Erfolg als gewöhnliches Tatbestandsmerkmal aus. (§ 18 steht dem nicht entgegen, weil dort nur „wenigstens" Fahrlässigkeit gefordert ist, also auch Vorsatz vorliegen kann. Ein eigener Vorsatztatbestand, der § 224 im Wege der Gesetzeskonkurrenz verdrängen würde, existiert – anders als im Falle des § 226 – abgesehen von § 225 nicht.)[7]
– *§ 226:* Auch hier handelt es sich um ein *erfolgsqualifiziertes Delikt.* Es kommt im Gegensatz zu § 224 *nur* in Betracht, *wenn* bezüglich des Todes *Fahrlässigkeit* vorliegt, § 18. Liegt insoweit (auch nur bedingter) Vorsatz vor, ist ein vorsätzliches Tötungsdelikt (§§ 211 ff.) gegeben, welches § 226 verdrängt (Subsidiarität).
Im Normalfall des § 226 bewirkt gerade die vorsätzlich herbeigeführte Körperverletzung (z. B. ein Schlag) den Tod. Probleme entstehen bei atypischem Kausalverlauf, so, wenn der Schlag mit einer Pistole erfolgt und sich dabei ein Schuß löst, der das Opfer tötet. Hier herrscht viel Streit. Sachgerechte Ergebnisse dürften durch Anwendung der Lehre von der *objektiven Zurechnung* möglich sein.[8] Danach kommt es darauf an, ob *T* durch den *Grundtatbestand* – d. h. durch die vorsätzlich herbeigeführte Körperverletzung – eine *rechtlich mißbilligte Gefahr des Erfolgseintrittes* (Tod) geschaffen hat, und ob *diese sich im konkreten Erfolgseintritt auch realisiert hat.* Das letztere ist im genannten Beispiel zu verneinen.[9] Es kommt nur § 222 in Betracht. Bei § 222 ist die objektive Zurechnung anders als bei § 226 auch zu bejahen, weil man hier an die gefährliche Handlung anknüpft (Schlag mit einer Pistole) und nicht, wie bei § 226, an die Körperverletzung (Erfolg des Schlages). Das Ergebnis ist auch sachgerecht (vgl. die höhere Strafdrohung des § 226 gegenüber der des § 222 – für § 226 muß sich nun einmal irgendeine, sondern gerade die dem § 223 eigentümliche Gefahr verwirklicht haben).
§ 226 ist wie § 224 Verbrechen, doch scheidet *Versuch* aus, str. Wenn bereits der Versuch des § 223 die schwere Folge bewirkt, fehlt es – wie bei § 224 – an der für § 226 vorausgesetzten vollendeten Körperverletzung. (Beispiele: *T* holt aus, um *O* zu schlagen; *O* weicht zurück und stürzt tödlich. Oder: *T* will *O* mit einer Pistole schlagen; ehe es dazu kommt, löst sich ein tödlicher Schuß.) Wenn dagegen die schwere Folge vorsätzlich herbeigeführt wurde, ist ein vorsätzliches Tötungsdelikt gegeben, wodurch § 226, wie erwähnt, verdrängt wird.
– *§ 340:* Es handelt sich hier um ein *uneigentliches Amtsdelikt.* Man sollte sich § 340 neben § 223 notieren und dort wiederum § 28 II notieren.
– *§ 223b:* Die Vorschrift hat einen geringfügigen selbständigen Anwendungsbereich. Man kann davon absehen und auch die Auffassung vertreten, daß es sich hier um eine Qualifikation des § 223 handle.
– *§ 227:* Die Vorschrift ist ein *abstraktes Gefährdungsdelikt,* wobei als *objektive Strafbarkeitsbedingung*[10] der Tod oder die schwere Körperverletzung eines Menschen erforderlich ist.
Auch hier kann eine Gelegenheit gegeben sein, in Problemfällen die *schulmäßige Subsumtion* vorzuführen.

---

[7] Vgl. AT, 9. Teil, § 7 Nr. 2. S. auch unten V 11 (Vagina-Fall).
[8] Vgl. AT, 3. Teil, § 6 Nr. 4.
[9] Anders aber der *BGH*, s. unten V 4 (Pistolenschlag-Fall).
[10] Vgl. unter diesem Stichwort im Glossar des AT.

Beispiel: Drei Personen prügeln sich, jeder gegen jeden. Einer entfernt sich. Die beiden übrigen prügeln sich weiter. Danach kommt einer zu Tode. Die Normalfallmethode ergibt, daß eine Schlägerei mindestens drei Personen voraussetzt. Bei nur zwei Personen fehlt es an diesem Merkmal. Also scheidet § 227 aus.

Das Wort „*Beteiligung*" ist *nicht technisch* (im Sinne von Täterschaft und Teilnahme) zu verstehen. Beteiligt ist jeder, der als Partei bei der Schlägerei mitmacht. Wer dagegen nur insgesamt die Streitenden anfeuert, beteiligt sich nicht i. S. d. § 227. Wohl aber kann Teilnahme an § 227 vorliegen (Beihilfe).

- *§ 229:* Systematisch handelt es sich hier um den *Versuch einer gefährlichen Körperverletzung* i. S. des § 223a (Gift ist ein gefährliches Werkzeug), der wegen der besonderen Gefährlichkeit des Mittels zum selbständigen vollendeten Verbrechen gemacht worden ist. Es handelt sich um ein *konkretes Gefährdungsdelikt.* Mit der Giftbeibringung ist der Tatbestand erfüllt. Eine Gesundheitsbeschädigung ist nicht vorausgesetzt. Beigebracht ist das Gift auch bei äußerlicher Anwendung.

Beachte: Das *Antragserfordernis* nach Maßgabe des § 232 und die Möglichkeit der *Kompensation* nach § 233. Beide betreffen nur die einfache Körperverletzung.

3. Praktische Bedeutung der §§ 223 ff.

In der Praxis dominiert die *fahrlässige Körperverletzung* im Straßenverkehr mit rund 100 000 Verurteilungen im Jahr. Die vorsätzliche Körperverletzung spielt demgegenüber nur eine untergeordnete Rolle. Ungeachtet des Ranges des Rechtsgutes sind die meisten Körperverletzungen Bagatellen. Das schlägt sich in den verhängten Strafen nieder (in 90 Prozent der Fälle nur Geldstrafen).

Nach § 374 I Nr. 4 StPO sind die §§ 223, 223a, 230 Privatklagedelikte. Das Privatklageverfahren ist umständlich und belastet alle Beteiligten mit hohen Kosten. Bei Straßenverkehrsdelikten wird freilich das öffentliche Interesse regelmäßig bejaht.

Viele Körperverletzungen sind als *sozialadäquat* schon nicht tatbestandsmäßig.[11]

Beispiel: Verletzungen der körperlichen Integrität durch Rückstände von Pflanzenschutzmitteln aus der Landwirtschaft.

4. Exkurs: Körperverletzung und ärztliche Eingriffe

Nach ständiger *Rechtsprechung* ist jeder *ärztliche Eingriff tatbestandsmäßig* eine *Körperverletzung,* die durch *Einwilligung* oder *mutmaßliche Einwilligung gerechtfertigt* werden muß. Die *h. L.* meint dagegen, schon *tatbestandlich* sei der Heileingriff das *Gegenteil einer Körperverletzung.* Die Rechtsprechung beharrt aber auf ihrem Standpunkt, weil sie das Selbstbestimmungsrecht des Patienten im Auge hat.[12] De lege ferenda ist eine Lösung durch Schaffung einer eigenen Strafvorschrift über die eigenmächtige Heilbehandlung zu erwarten.

---

[11] S. unter dem Stichwert „Soziale Adäquanz" im Glossar der AT.
[12] Vgl. dazu und zu den besonderen Problemen bei Minderjährigen AT, 4. Teil, § 4 Nr. 5 d, aa. Zur Einwilligung siehe näher unten II 3.

Für *Kastrationen* zur Behandlung eines abnormen Geschlechtstriebes bei Männern gilt das Kastrationsgesetz vom 15. 8. 1969 (BGBl I 1143).

Für *Sterilisationen* ist eine Neuregelung (§ 226 b) in Vorbereitung. Sterilisation ist die Unfruchtbarmachung von Männern durch Unterbrechung der Samenstränge oder von Frauen durch Unterbrechung der Eileiter, wobei im Gegensatz zur Kastration der Geschlechtstrieb erhalten bleibt. Gegenwärtig hält die Rechtsprechung im Anschluß an *BGHSt 20, 81* (Dohrn-Fall) bei Einwilligung des Betroffenen eine Strafbarkeit für nicht gegeben. Die h. L. hält dagegen §§ 223, 224 für anwendbar. Sie meint, nur bei Vorliegen bestimmter Indikationen sei die Tat trotz Einwilligung nicht sittenwidrig, § 226 a.

Für *Transplantationen* ist ebenfalls eine gesetzliche Regelung in Vorbereitung (Transplantationsgesetz).

Soweit Organe eines Verstorbenen transplantiert werden, muß dessen Tod (Gehirntod) festgestellt sein.[13] Liegt das Einverständnis des Verstorbenen bezw. der Angehörigen nicht vor, ist § 168 I Var. 1 zu prüfen, wobei strittig ist, ob dieser Tatbestand erfüllt ist. Bejaht man dies, kommt eine Rechtfertigung nach § 34 in Betracht.

Soweit Organe eines Lebenden transplantiert werden (was grundsätzlich nur bei paarigen Organen in Betracht kommt, z. B. Nieren), muß dessen Einwilligung vorliegen, wobei im Rahmen von § 226 a zu prüfen ist, inwieweit sich der Spender dadurch einer schweren Eigengefährdung aussetzen darf.[14]

II. Struktur des § 223

Man braucht zunächst einen *anderen* und dann eine *tatbestandsmäßige Handlung*. Beides kann problematisch sein. Im einzelnen:

1. Ein anderer

Die *Selbstverletzung* fällt nicht unter § 223.[15]

Hier kann freilich eine Strafbarkeit nach § 109 sowie § 17 WStG gegeben sein.

Der andere muß ein *Mensch* im Sinne des Strafrechts sein.

Der Nasciturus scheidet, wie erwähnt aus. Hier kommt gegebenenfalls eine Strafbarkeit nach § 218 in Betracht.[16]

2. Die tatbestandsmäßige Handlung

Das Gesetz nennt die *körperliche Mißhandlung* und die *Gesundheitsbeschädigung*. Das Verhältnis beider Modalitäten zueinander ist in Abb. 2 verdeutlicht.[17]

---

[13] Vgl. bei § 14 I 1.
[14] Vgl. AT, 4. Teil, § 4, Nr. 5 d, bb.
[15] Der Gedanke des Schutzes des Opfers vor sich selber klingt freilich in § 226 a an.
[16] Vgl. bei § 15 I 2.
[17] Das „oder" in § 223 I ist als einschließendes „oder/und" zu lesen.

§ 18. Körperverletzung (§ 223)

Abb. 2 Struktur der Tatmodalitäten des § 223

– *Körperliches Mißhandeln:* Eine Normalfallanalyse ergibt das in Abb. 3 gezeigte Bild.

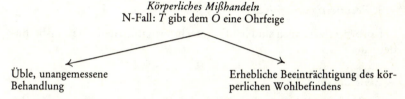

Abb. 3 Struktur des körperlichen Mißhandelns bei § 223

Vom *Normalfall* aus lassen sich *Problemfälle* bearbeiten. Dabei gilt generell, daß eine *weite Auslegung* geboten ist. Dies hat seinen Grund darin, daß letztlich Körper und Seele nicht zu trennen sind.[18]
– Eine *üble, unangemessene Behandlung* liegt beispielsweise auch vor, wenn keine Substanzschäden (z. B. blaues Auge, Beule, Prellung, Hautrötung u. dgl.) vorhanden sind (so z. B. beim Anspucken oder beim Beschmieren mit Teer). Nicht einmal ein unmittelbarer Körperbezug ist erforderlich (so z. B. bei der Verursachung von Angst, Schrecken, Ekel usw.).

Telefonische Störanrufe können darum Körperverletzung sein. Die h. M. will freilich rein seelische Mißhandlungen nur insoweit erfassen, als sie sich körperlich auswirken, z. B. durch Herzklopfen, Angstschweiß. Dem liegt indes ein einseitig somatologisches Rechtsgutsverständnis zugrunde, das den Wechselwirkungen zwischen physiologischen und psychologischen Befunden nicht gerecht wird.

Statt auf die verfehlte Trennung Körper-Seele abzustellen, sollte man auf die Analogie problematischer Fälle zu den problemlosen Fällen des § 223 achten. Ob beispielsweise das nächtliche Starten schwerer Lastzüge ein „körperliches Mißhandeln" darstellt, hängt nicht vom Aufweis somatischer Reaktionen ab, sondern davon, ob dieser Fall dem Normalfall – etwa dem Verpassen einer Ohrfeige – gleichzustellen ist. Dies wird bei erheblichen Beeinträchtigungen der Fall sein.

---

[18] S. oben I 1.

- Eine *erhebliche Beeinträchtigung des körperlichen Wohlbefindens* ist auch gegeben, wenn keine Schmerzen zugefügt werden (z. B. beim Abschneiden des Zopfes oder bei der Defloration).
- *Gesundheitsbeschädigung:* Geht man auch hier vom Normalfall aus (z. B. T steckt O mit einer Krankheit an), so sieht man, daß Krankheit (körperlicher oder seelischer Art) erzeugt oder gesteigert werden muß.

Beide Tatmodalitäten können auch durch *Unterlassung* verwirklicht werden, wenn eine *Garantenpflicht* besteht.[19]

Beispiele: Ein Angehöriger (obhutspflichtiger Garant durch natürliche Verbundenheit) holt trotz Krankheit keinen Arzt, wodurch sich der Gesundheitszustand verschlechtert (Gesundheitsbeschädigung); ein Unfallverursacher (sicherungspflichtiger Garant durch pflichtwidriges gefährdendes Vorverhalten) unternimmt nichts zur Versorgung seines durch Blutung geschwächten Opfers (Gesundheitsbeschädigung); ein Pfleger (obhutspflichtiger Garant durch freiwillige Übernahme) gibt einem Gebrechlichen nichts zu essen (körperliches Mißhandeln).

3. Rechtfertigungsgründe

Körperverletzungen sind häufig gerechtfertigt. Zu denken ist insbesondere an

- *Einwilligung*[20]

Vor allem der ärztliche Eingriff[21] wird durch Einwilligung gerechtfertigt. Die Einwilligung kann auch *konkludent* erklärt werden. Dieser Fall ist zu trennen von der *mutmaßlichen Einwilligung*, die u. U. auch trotz entgegenstehenden Willens des Berechtigten rechtfertigen kann, also strukturell einen Fall des erlaubten Risikos darstellt.[22] *Einwilligungsberechtigt* ist der Patient, soweit er die erforderliche *Verstandesreife* besitzt. Vorausgesetzt ist eine *ärztliche Aufklärung*. Fehlt sie, kann die Einwilligung wegen *Willensmangels* (Irrtum) unwirksam sein. Die Einzelheiten können hier sehr problematisch sein.[23]

Bedeutung hat die Einwilligung ferner bei *fahrlässigen Körperverletzungen* im *Sport* und im *Straßenverkehr*. Dabei ist besonders auf die *Grenzen der Einwilligung* zu achten. Z. B. deckt die Einwilligung regelmäßig nicht grobe Regelverstöße.[24]

- *rechtfertigenden Notstand, § 34*[25]

Hiernach können ärztliche Eingriffe trotz fehlender Einwilligung gerechtfertigt werden. *Beispiele:* Ein bewußtloser Unfallpatient muß sofort operiert werden; während eines durch Einwilligung gedeckten Eingriffes stellt sich die Notwendigkeit eines weitergehenden Eingriffes heraus.

---

[19] Vgl. AT, 7. Teil, § 4, Nr. 1 c.
[20] Vgl. AT, 4. Teil, § 4 Nr. 5.
[21] S. oben I 4.
[22] Vgl. AT, 4. Teil, § 4 Nr. 5 c.
[23] Vgl. näher – insbes. auch zur Problematik des Minderjährigen – AT, 4. Teil, § 4 Nr. 5 d, aa.
[24] Näher dazu AT, 4. Teil, § 4 Nr. 5 e.
[25] Vgl. AT, 4. Teil, § 4 Nr. 3 e.

– *Züchtigungsrecht*[26]

Die Rechtsprechung erkennt immer noch in bestimmten Grenzen ein Züchtigungsrecht der Eltern und Lehrer an. Es soll auf Gewohnheitsrecht beruhen. Das ist aber ausnahmslos abzulehnen. Leichte taktile Einwirkungen (z. B. „Ausrutschen der Hand") sind als sozialadäquat[27] nicht tatbestandsmäßig. Soweit im übrigen der Tatbestand erfüllt ist, scheidet richtigerweise jede Rechtfertigung aus.

III. Typische Konkurrenzprobleme

Die Qualifikationstatbestände zu § 223 verdrängen ihrerseits § 223 und stehen untereinander in Idealkonkurrenz.

Beispiel: T verletzt O mit einem Messer, wodurch O erblindet. Hier verdrängt § 223 a den § 223 und steht – wegen des jeweils eigenständigen Unwerts – mit § 224 in Idealkonkurrenz (str. – nach a. M. geht § 224 vor).

Bei den Sonderdelikten ist zu unterscheiden: § 227 kann in Idealkonkurrenz zu §§ 223 ff. stehen, soweit gegenüber einem Beteiligten der Nachweis von Ursächlichkeit und Schuld geführt werden kann. § 229 ist lex specialis zu §§ 223 ff.

Mehrere Schläge (die „Tracht Prügel") werden im Wege der natürlichen Handlungseinheit zur selben Handlung i. S. d. § 52 zusammengefaßt.[28]

Problematisch kann schließlich das Verhältnis der Körperverletzung zu den Tötungsdelikten sein.[29]

IV. Problemhinweise, Literatur

Die §§ 223 ff. sind sehr häufig zu prüfen, wobei es meistens darauf ankommt, schulmäßig zu subsumieren. Das sollte man üben; nicht aber sollte man die einzelnen Fallgestaltungen „lernen"; das wäre unökonomisch.

Auf drei Problemgruppen ist besonders zu achten, weil bei ihnen die Körperverletzung zum Hauptproblem werden kann:

– *Pränatale Schädigungen*; Lektüre: *Lüttger*, Der Beginn der Geburt und das Strafrecht, JR 1971, 133.
– *Sportverletzungen*; Lektüre: *Eser*, Zur strafrechtlichen Verantwortlichkeit des Sportlers, JZ 1978, 368;
– *Ärztliche Eingriffe*; Lektüre: *Grünwald*, Die Aufklärungspflicht des Arztes, ZStW 73, 5; *Zipf*, Probleme eines Straftatbestandes der eigenmächtigen Heilbehandlung, in: Festschr. f. Bockelmann, 1979, S. 577.

---

[26] Vgl. AT, 4. Teil, § 4 Nr. 6, d.
[27] S. unter dem Stichwort „soziale Adäquanz" im Glossar des AT.
[28] Vgl. AT, 12. Teil, § 3 Nr. 3 c.
[29] Vgl. dazu bei § 14 III.

V. Bekannte BGH-Fälle

1. Pfleger-Fall-BGHSt 25, 277

Ein Pfleger in einer Heilanstalt hatte Patienten roh mißhandelt. – Der *BGH* bejahte §§ 223, 223b mit eingehenden Ausführungen zum Begriff der „rohen Mißhandlung".

2. Myom-Fall – BGHSt 11, 111

Ein Arzt hatte bei einer Patientin ein Myom festgestellt und zur operativen Entfernung geraten. Dabei hatte er nicht auf die denkbare Möglichkeit einer notwendigen Entfernung der ganzen Gebärmutter hingewiesen. Dies war dann notwendig geworden und geschehen. Die Patientin machte geltend, dazu habe sie ihre Einwilligung nicht erteilt. – Der *BGH* nahm insoweit eine nicht durch Einwilligung gerechtfertigte fahrlässige Körperverletzung an. Die Fahrlässigkeit sah der BGH darin, daß der Arzt es vor der Operation versäumt hatte, die Einwilligung vollständig einzuholen.

3. Raufhandel-Fall-BGHSt 15, 369

A hatte B angegriffen. B hatte in Notwehr dem A Körperverletzungen zugefügt (Trutzwehr). C hatte eingreifen wollen, um dem B zu helfen oder zu schlichten. Der Angeklagte hatte den C gewaltsam daran gehindert. Einer war zu Tode gekommen. – Der *BGH* bejahte § 227. Drei Personen seien beteiligt gewesen, nämlich A, der in Trutzwehr sich verteidigende B (anders wäre bei bloßer Schutzwehr zu entscheiden gewesen) und der sich einmischende Angeklagte. Damit sei das Tatbestandsmerkmal „Schlägerei" erfüllt gewesen,

4. Pistolenschlag-Fall-BGHSt 14, 110

Ein Polizeibeamter hatte mit seiner Dienstwaffe zugeschlagen, wobei sich versehentlich ein Schuß gelöst und das Opfer tödlich verletzt hatte. – Der *BGH* bejahte § 226. Es genüge, daß die Körperverletzung*handlung* zum Tode geführt habe.

5. Wand-Fall-BGHSt 22, 235

Der Angeklagte hatte den Kopf des Opfers gegen die Wand gestoßen. – Der *BGH* bejahte § 223, verneinte aber § 223a, weil die Wand kein gefährliches Werkzeug sei.

6. Salzsäure-Fall-BGHSt 1, 1

Der Angeklagte hatte seinem Opfer verdünnte Salzsäure ins Gesicht geschüttet. – Der *BGH* bejahte § 223 a. Salzsäure sei eine Waffe.

7. Hund-Fall-BGHSt 14, 152

Der Angeklagte hatte einen Hund auf einen Menschen gehetzt. Der Hund hatte das Opfer gebissen. – Der *BGH* bejahte § 223 a. Der Hund sei ein gefährliches Werkzeug.

8. Straßenpflaster-Fall-BGHSt 19, 352

Der Angeklagte hatte dem infolge Trunkenheit wehrlosen Opfer heftige Schläge versetzt, so daß dieser wiederholt auf das Straßenpflaster stürzte. – Der *BGH* bejahte § 223 a. Eine das Leben gefährdende Behandlung habe vorgelegen. Auch der Vorsatz sei gegeben gewesen.

9. Dohrn-Fall-BGHSt 20, 81

Ein Arzt hatte freiwillige Sterilisierungen vorgenommen. – Der *BGH* sah dieses Verhalten als tatbestandslos an. Es gebe keine Strafvorschrift mehr, die freiwillige Sterilisationen mit Strafe bedrohe.

10. Nieren-Fall-BGHSt 28, 100

Der Angeklagte hatte sein Opfer so verletzt, daß diesem eine Niere entfernt werden mußte. – Der *BGH* verneinte § 224. Die Niere sei kein wichtiges Glied i. S. dieser Vorschrift.

11. Vagina-Fall-BGHSt 21, 194

Der Angeklagte hatte auf den Geschlechtsteil einer Frau geschossen und dabei billigend in Kauf genommen, daß sie die Zeugungsfähigkeit verliere, wozu es aber nicht gekommen war. – Der *BGH* bejahte Versuch des § 224 in Tateinheit mit vollendeter gefährlicher Körperverletzung.

§ 19. Nötigung (§ 240)
– mit Ausführungen zu §§ 234 Menschenraub, 235 Kindesentziehung, 236 Entführung mit Willen der Entführten, 239 Freiheitsberaubung und 241 Bedrohung –

I. Überblick

1. Rechtsgut und Systematik

§ 240 hat dogmatisch große Bedeutung und sollte gut beherrscht werden.[1] Die hier erarbeiteten Strukturen sind auch für andere Tatbestände wichtig. So ist der Raub, § 249 aus Nötigung und Diebstahl konstruiert. Auch die Erpressung, § 253 baut auf der Nötigung auf (Baukastensystem!).

Rechtsgut ist die *Freiheit der Willensentschließung und Willensbetätigung*. Der Mensch soll frei entscheiden können, *ob* er etwas tun oder lassen will *(Dispositionsfreiheit)*, und *wie* er gegebenenfalls sein Tun gestalten will *(Handlungsfreiheit i.e.S.)*. Wird er in der Ausübung einer dieser beiden Freiheiten behindert, ist das Rechtsgut des § 240 verletzt.

§ 240 ist ein *Freiheitsdelikt*, bei dem der Tatbestand sich im *Angriff auf die Freiheit* erschöpft. Darin liegt ein Unterschied zu solchen Tatbeständen, bei denen ein Angriff auf die Freiheit lediglich notwendiges Mittel zur Verletzung eines anderen Rechtsgutes ist. So zielt die Freiheitsverletzung beim Raub auf das Eigentum, bei der Erpressung auf das Vermögen.

Aus dieser Besonderheit des § 240 resultiert ein spezielles Problem. Sieht man nämlich genau hin, wird jedermann pausenlos „genötigt".

> Man muß morgens aufstehen, obwohl man liegenbleiben möchte, muß Vorlesungen besuchen, obwohl man lieber nichts tun würde, muß lernen, obwohl man lieber ins Kino ginge – undsofort. Das Leben ist voller Zwang.

Der Gesetzgeber stand hier vor dem Problem, die unzähligen strafrechtlich irrelevanten Zwänge des Lebens aus dem Anwendungsbereich des § 240 zu entfernen. Der normale gesetzgeberische Weg – deskriptive Beschreibung des strafbaren Verhaltens angesichts eines scharf umrissenen Sachverhalts – war bei § 240, wo schon die „Drohung mit einem empfindlichen Übel" ausreicht, nicht gangbar.

> Wenn die Ehefrau dem Ehemann Liebesentzug androht, falls er weiter Überstunden mache, oder wenn der Arbeitgeber dem Arbeitnehmer mit Entlassung droht, falls der nicht endlich fleißiger würde, oder wenn der Lehrer eine Verdoppelung der Hausaufgaben androht, falls die Schüler nicht endlich ruhiger würden, so drohen diese Personen mit sehr empfindlichen Übeln – und nötigen doch gewiß nicht auf strafbare Weise.

---

[1] Die praktische Bedeutung des § 240 ist dagegen gering (konstant nur ca 2500 Verurteilungen pro Jahr).

Der Gesetzgeber ist angesichts dieser Problematik einen besonderen Weg gegangen. Er hat eine eigene Regelung der „*Rechtswidrigkeit*" in *Absatz II* getroffen. *Mittel* und *Zweck* der Nötigung müssen in Relation zueinander gesetzt werden, und es muß geprüft werden, ob danach „*Verwerflichkeit*" gegeben ist. Hier liegen die *Hauptprobleme* der Nötigung.

Sie betreffen zunächst den *systematischen Standort* der Regelung. Handelt es sich um einen Rechtfertigungsgrund oder (was richtig erscheint) um eine Ergänzung des Tatbestandes?

Sie betreffen sodann das *sachliche Problem:* Was heißt „verwerflich"?

Dahinter verbirgt sich schließlich ein *methodisches Problem*. „Mittel" und „Zweck" sind abstufbare Größen, die man umgangssprachlich nur mit Mühe zueinander in Relation setzen kann.

2. Benachbarte Tatbestände

Neben der Nötigung stehen weitere Straftaten gegen die persönliche Freiheit. Dabei finden sich im 18. Abschnitt diejenigen Tatbestände, bei denen die Freiheit allein oder vorrangig geschützt wird. Straftatbestände, bei denen der Angriff auf die Freiheit nur Mittel zum Zweck einer anderen Rechtsgutsverletzung ist, finden sich im Systembereich jener anderen Rechtsgüter. Einen Überblick über die wichtigsten hier insgesamt in Frage kommenden Tatbestände gibt Abb. 1. (Es handelt sich nur um eine grobe Strukturierung. Ein Angriff auf die Freiheit ist auch sonst vielfach inmitten, z. B. bei der Wählernötigung, § 108, oder bei der Vergewaltigung, § 177.)

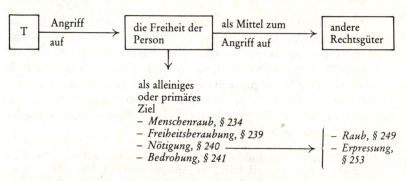

Abb. 1 Struktur der Freiheitsdelikte

Zu den einzelnen Tatbeständen des 18. Abschnitts seien folgende Hinweise gegeben:

- § 234: *Menschenraub* ist ein *Spezialfall der Freiheitsberaubung*, § 239 mit einem geringfügigen eigenen Anwendungsbereich.
- § 239: Bei der *Freiheitsberaubung* ist die *potentielle persönliche Fortbewegungsfreiheit* geschützt. Man kann daher auch Schlafende und Bewußtlose ihrer Freiheit berauben (str. – auf den Fall achten!), nicht aber Kleinstkinder. Wie das geschieht,

spielt keine Rolle (z. B. Wegnahme der Krücken eines Gelähmten). Ein *Einverständnis* schließt den Tatbestand aus.[2] Soweit die Tat notwendige Voraussetzung anderer Tatbestände ist (z. B. § 177), wird § 239 im Wege der Gesetzeskonkurrenz verdrängt. Im übrigen handelt es sich um ein *Dauerdelikt*. Straftaten, die nur gelegentlich der Freiheitsberaubung begangen werden, stehen nicht in Idealkonkurrenz, sondern Realkonkurrenz zu § 239, str.[3]

— *§ 241: Bedrohung* ist ein *abstraktes Gefährdungsdelikt* gegen den *individuellen Rechtsfrieden*. Es spielt also keine Rolle, ob sich das Opfer im konkreten Fall auch tatsächlich beunruhigen läßt. Der Täter braucht das angedrohte Verbrechen nicht als solches zu werten; er muß aber die Vorstellung haben, daß die wesentlichen Merkmale eines Verbrechens vorhanden sind. – Der Tatbestand hat ein Gegenstück in § 126, wo der öffentliche Rechtsfrieden geschützt ist.

Die §§ 235, *Kindesentziehung* und 236, *Entführung mit Willen der Entführten* enthalten keine Freiheitsdelikte, sondern *Angriffe auf die sog. Muntgewalt* insbesondere der *Eltern*.

Bei § 236 ist „mit ihrem Willen" Tatbestandsmerkmal. Die Minderjährige muß mit ihrer Entführung in Kenntnis des vom Täter verfolgten sexuellen Zwecks einverstanden sein. Die Absicht des Täters ist im Sinne von Wollen zu verstehen.

Bei *Demonstrationen* ist neben § 240 an *§ 113, Widerstand gegen Vollstreckungsbeamte* zu denken.[4]

II. Struktur des § 240

1. Übersicht

§ 240 ist folgendermaßen konstruiert: Ein bestimmtes *Mittel* (Gewalt oder Drohung mit einem empfindlichen Übel) wird eingesetzt. Dadurch wird das Opfer zu einem Tun oder Unterlassen genötigt; dies ist der *Erfolg* der Nötigung. Er kann Selbstzweck sein. Dahinter kann aber auch ein anderer vom Täter angestrebter Zweck stehen. Wie immer auch – der Zweck muß mit dem Mittel in Relation gesetzt werden; daraus ergibt sich die Antwort auf die Frage der *Verwerflichkeit*. Fällt sie positiv aus, ist eine Nötigung tatbestandsmäßig gegeben.

Beispiele: T hat eine Auseinandersetzung mit O. O will sich entfernen. T will das verhindern, weil er O erst noch kräftig die Meinung sagen will. Nun packt er O am Kragen (Gewalt) oder droht ihm Prügel an, falls O sich entferne (empfindliches Übel). O bleibt deshalb anwesend (Unterlassung als Nötigungserfolg). Mittel und Zweck (Beschimpfung des O) sind zueinander in Relation zu setzen und müssen eine „Verwerflichkeit" ergeben.

In Abb. 2 ist diese Struktur der Nötigung anschaulich dargestellt.

---

[2] Vgl. AT, 4. Teil, § 4 Nr. 5 a.
[3] Vgl. AT, 12. Teil, § 3 Nr. 3 b.
[4] Vgl. näher zum Demonstrationsstrafrecht bei § 1 I 2.

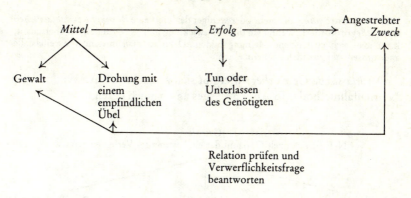

Abb. 2 Struktur der Nötigung

2. Tatbestandsprobleme des Abs. I

Hier können die beiden Nötigungs*mittel* (Gewalt, Drohung) und der Nötigungs*erfolg* (Handlung, Duldung, Unterlassung) problematisch werden.

Die beiden Nötigungs*mittel* sind durch höchst unklare Tatbestandsmerkmale beschrieben. Der *Gewalt*begriff ist im Zuge einer umstrittenen „Vergeistigung" (oder Verwässerung) durch die Rechtsprechung aufgeweicht worden. Die *Drohung* mit einem empfindlichen Übel ist uferlos. Es empfiehlt sich, diese Begriffe im Zweifel zu bejahen und die notwendigen Einschränkungen erst bei der Verwerflichkeitsprüfung nach Abs. II vorzunehmen. Bei letzterer handelt es sich nach der hier vertretenen Auffassung um eine Tatbestandsergänzung. Sie soll den zu weit geratenen Abs. I einschränken. Auch klausurentaktisch ist dieses Vorgehen empfehlenswert (es führt zu „mehr" Problemen).

Im einzelnen:

a) Gewalt

Der *Gewaltbegriff* spielt in *vielen Tatbeständen* (z. B. §§ 249, 252, 255) mit freilich unterschiedlichen Akzentuierungen im einzelnen eine *zentrale Rolle*. Deshalb sind die hier anzustellenden Überlegungen von großer allgemeiner Bedeutung (Baukastensystem!).

Dabei muß man die Entwicklung auch historisch betrachten. Ursprünglich gab es einen *klassischen Gewaltbegriff;* er entsprach dem natürlichen (umgangssprachlichen) Verständnis des Wortes „Gewalt". Dann gab es Fälle, die nicht in dieses Schema paßten, die aber als gleichwertig angesehen wurden. Das gab der Rechtsprechung Anlaß zu einer (umstrittenen) *Auflösung („Vergeistigung") des Gewaltbegriffes.* Damit wurden die Konturen fließend. Dies führte dazu, daß der *BGH* heute den klassischen Gewaltbegriff so gut wie ganz verlassen hat und nur noch auf das Vorliegen einer *Zwangswirkung* abstellt, wobei Gewalt als Zwang vor allem von den beiden anderen möglichen Mitteln zur Verletzung der Freiheit – *Drohung* und *List* – abgegrenzt werden muß. Das ist natürlich fragwürdig, und deshalb gibt es in der Literatur heute eine starke *Gegenströmung*, die mehr oder weniger dezidiert eine *Rückkehr zum klassischen Gewaltbegriff* fordert. Wenn man diese Entwicklung in ihren Grundzügen überschaut, kann man sich eine eigene Meinung bilden. Dann ist man imstande, Zweifelsfälle angemessen zu behandeln. Im einzelnen:

Der *klassische Gewaltbegriff* ergibt sich zwanglos bei Anwendung der Normalfallmethode. In Abb. 3 ist dies anschaulich gezeigt.

Abb. 3 Normalfallstruktur der Gewalt

Entsprechend lautete die ursprüngliche Definition des Begriffes „Gewalt" durch das *RG*: *„Eine unter Anwendung von Körperkraft erfolgende Einwirkung auf den Körper des Opfers zur Überwindung eines Widerstandes."*

Man beachte dabei das subjektive Element. Nicht blinde Gewalt, sondern zweckvolle, auf ein bestimmtes Verhalten abzielende Gewalt ist i. S. d. § 240 I tatbestandsmäßig.
Fehlt es hieran beim Täter, so mag ein Mißhandeln und damit eine Körperverletzung i. S. d. § 223 vorliegen; es fehlt jedoch an Gewalt i. S. d. § 240. Dies gilt auch dann, wenn das Opfer irrig glaubt, es solle zu einem bestimmten Verhalten genötigt werden, eine entsprechende Zielsetzung beim Täter aber fehlt.

Diese klassische Definition wurde mit der Entwicklung immer raffinierterer Formen der Zwangseinwirkung auf das Opfer an allen drei Strukturpunkten aufgelöst („*Vergeistigung des Gewaltbegriffes*").
– Vom Merkmal „*Einwirkung auf den Körper des Opfers*" wurden insbesondere *Abstriche* gemacht bei der sog. „*Sachgewalt*".

Beispiel: Der Vermieter hängt dem Mieter die Fenster aus oder stellt ihm Strom und Wasser ab, um ihn zum Auszug zu bewegen. Obwohl hier nur ein ganz entfernter Körperbezug gegeben ist, hat die Rechtsprechung schon früh bei Anwesenheit des Mieters Gewalt bejaht. Sie hielt es für ausreichend, daß sich die Sachgewalt mittelbar gegen die Person des zu Nötigenden richtete.

– Vom Merkmal „*Körperliche Kraftentfaltung*" wurden Abstriche insbesondere gemacht in Fällen, in denen gewaltlos narkotische Mittel beigebracht wurden.

Beispiel: T bringt O heimlich ein Betäubungsmittel (Chloräthyl) bei und beraubt ihn so seiner Widerstandskraft. Auch hier wurde durch die Rechtsprechung Gewalt bejaht.

– Vom Merkmal „*Ziel: Widerstand brechen*" wurden Abstriche insbesondere in Fällen gemacht, in denen das Opfer die Gewalt nicht als solche empfand.

Beispiel: T schleppt ein bewußtloses Mädchen fort und übt mit ihm den Beischlaf aus.
Ebenso wie dieses Beispiel betraf auch das vorher genannte Beispiel nicht unmittelbar die Nötigung, sondern einen Tatbestand, bei dem der Angriff auf die Freiheit Mittel zur Verletzung eines anderen Rechtsgutes ist („Eigentum" beim Raub, § 249 bezw. „Selbstbestimmung der Frau über ihr Geschlechtsleben" bei der Entführung gegen den Willen der Entführten, § 237). Doch ist die hier erfolgte Auflösung des Gewaltbegriffes auch für § 240 bedeutsam.

Insgesamt ist von den Konturen des klassischen Gewaltbegriffes wenig übriggeblieben.

Im *modernen Gewaltbegriff des BGH* wird entscheidend auf das Vorliegen einer *Zwangswirkung* abgestellt. Dabei werden *körperlicher* (physischer) und *seelischer* (psychischer) Zwang einander gleichgestellt.

Beispiele: Körperlicher Zwang liegt vor, wenn T den O prügelt. Seelischer Zwang liegt vor, wenn T die Fahrbahn des Autofahrers O blockiert, so daß dieser halten muß, weil er andernfalls T überfahren würde. (In vielen Fällen wird aber eine Trennung Körper-Seele nicht möglich sein, so z. B. bei Schreckschüssen.)

Der *BGH* verdient im Ergebnis Zustimmung. Es ist unmöglich, die vielen Einzelfallgestaltungen in einer Definition aufzufangen. Im Kern läuft die neue Lehre darauf hinaus, jeden Fall unmittelbar aus sich heraus zu entscheiden, indem er mit problemlosen Gewaltfällen verglichen wird und über die Ähnlichkeitsfrage entschieden wird. Das ist die richtige Methode. Daß von einem *weiten Gewaltbegriff* auszugehen ist, zeigt auch der Zusammenhang mit der Drohungsalternative. Wenn die Androhung eines empfindlichen Übels der Gewalt gleichgesetzt wird, muß auch die Zufügung eines empfindlichen Übels Gewalt sein.

Beispiel: T nimmt O eine Sache weg, teilt ihm dies mit und fordert für deren Rückgabe Geld. Die Gewaltalternative des § 240 I ist hier zu bejahen.

Gewalt kann also ganz allgemein als *gegenwärtige Zufügung eines empfindlichen Übels zwecks Herbeiführung eines Nötigungserfolges* definiert werden. Praktische Bedeutung hat dieser weite Gewaltbegriff vor allem im *Straßenverkehr* erlangt. Erzwingen oder Verhindern des Überholens, Schneiden nach Überholen, mutwilliges Bremsen, Blockieren einer Ausfahrt oder eines geparkten Fahrzeuges, Verhindern der Weiterfahrt durch Dazwischentreten – solche und ähnliche Verkehrswidrigkeiten hat die Rechtsprechung wegen der darin liegenden Zufügung eines empfindlichen Übels zwecks Erzwingung eines bestimmten Verhaltens als Nötigung durch Gewalt angesehen.

Auch *politische Vorgänge* wie das Blockieren der Fahrbahn anläßlich einer Demonstration oder die Durchführung eines rechtswidrigen Streiks sind auf diese Weise als Nötigung angesehen worden.

Schwierigkeiten bereiten vor allem die Fälle der *Sachgewalt*. Auch sie kann Gewalt i.S. des § 240 I sein. Doch muß eine Grenze zur bloßen *Sachbeschädigung*, § 303 oder *Sachentziehung* (welche straflos ist) gezogen werden. Diese Grenze gewinnt man durch das erwähnte subjektive Element des Gewaltbegriffes. Sachgewalt ist nur Gewalt i.S.d. § 240 I, wenn mit ihr gerade der Nötigungserfolg bezweckt wird.

Beispiel: T versteckt das Redemanuskript des *O*. Wenn *T* dem *O* nur einen Streich spielen will, scheidet Gewalt i. S. des § 240 aus. Wenn *T* den *O* dagegen daran hindern will, seine Rede zu halten, liegt Gewalt i. S. des § 240 vor.

Manche Autoren erreichen dieses Ergebnis auch, indem sie im subjektiven Tatbestand bezüglich des Nötigungserfolges Absicht (im Sinne zielgerichteten Wollens) verlangen. Doch steckt ein entsprechendes subjektives Element bereits im Gewaltbegriff. Erkennt man dies an, muß man diesen Punkt aufbaumäßig schon im objektiven Tatbestand prüfen.[5]

Beachte: Sowohl *vis absoluta* als auch *vis compulsiva*[6] kommen als Gewalt i. S. des § 240 in Betracht.

Vis absoluta: T schreit einen Redner nieder; *T* hält *O* fest; *T* sperrt *O* ein.
Vis compulsiva: T fährt gezielt mit dem Auto auf *O* zu; *T* richtet seinen Revolver auf *O* ; *T* fährt auf der Autobahn dicht hinter *O* zur Erzwingung des Überholens. – Wie man sieht, enthält vis compulsiva regelmäßig auch ein Drohungselement. Doch liegt keine reine Drohung vor, weil die Zwangswirkung bereits gegenwärtig ist.

Gewalt gegen *Dritte* genügt, wenn sie sich mittelbar gegen die Person des zu Nötigenden richtet (so insbesondere bei Angehörigen). Auch ein *Unterlassen* kann Gewalt sein, sofern der Täter Garant für die Abwendung einer Zwangslage ist.[7]

Beispiel: T hat *O* versehentlich eingesperrt. Sobald er dies entdeckt, entsteht ein pflichtwidriger Dauerzustand, der *T* aus Ingerenz garantenpflichtig macht. Unterläßt er es, den *O* freizulassen, liegt Gewalt (vis absoluta) vor.

b) Drohung mit einem empfindlichen Übel

Darin stecken zwei Fragen: Was ist *Drohung?* Und: Was ist ein *Übel?* Im einzelnen:

Drohung ist *Ankündigung* eines Übels. Sie unterscheidet sich von der *Warnung* dadurch, daß der Drohende Einfluß auf den Eintritt des Übels zu haben vorgibt. Sie unterscheidet sich von der *Gewalt* dadurch, daß das Übel noch nicht gegenwärtig ist. Dabei kommt es nicht auf die gewählten Worte, sondern den Sinn einer Erklärung an.

Beispiel: Ein Hochschullehrer „droht" seinen Studenten, sie würden durch das Examen fallen, wenn sie nicht lernen. Hier liegt eine *Drohung* nur vor, wenn der

---

[5] S. auch unten lit. d.
[6] Vgl. unter diesen Stichwörtern im Glossar des AT.
[7] Vgl. AT, 7. Teil, § 4 Nr. 1.

Hochschullehrer vorgibt, *er* werde die Studenten durchfallen lassen. Andernfalls liegt eine *Warnung* vor.
Beachte: Die *Situation* ist *aus der Sicht des Bedrohten* zu beurteilen. Entscheidend ist, ob der Anschein der Ernstlichkeit erweckt wird. Bejahendenfalls liegt eine Drohung vor, auch wenn der Täter es nicht ernst meint.

Übel ist alles, was ein Mensch als Nachteil empfinden kann.

Dies kann ein *Tun* sein. *Beispiel: T* droht *O* Prügel an.
Dies kann ein *Unterlassen* sein: *Beispiel:* Filmproduzent *T* droht Schauspielerin *O* an, er werde sie nicht engagieren, falls sie sich ihm nicht geschlechtlich hingebe. Auf eine Garantenpflicht kommt es nicht an, str. Entscheidend ist allein, ob etwas angedroht wird, was als Übel empfunden wird.

Das Übel muß *empfindlich* sein. Das ist es, wenn es einen besonnenen Menschen zu dem abgenötigten Verhalten bestimmen kann.

So, wenn *T* mit „Entlassung", „Selbstmord", „Strafanzeige", „öffentlicher Bekanntmachung", „Gewaltanwendung" usw. droht.
Dagegen fehlt es an einer Drohung mit einem *empfindlichen* Übel, wenn *T* lediglich mit einer Dienstaufsichtsbeschwerde oder ganz allgemein mit „Weiterungen", „Konsequenzen" usw. droht.

Bei entsprechender Garantenstellung kann auch ein Unterlassen eine Drohung sein. Man muß also das *Drohen mit Unterlassen* vom *Drohen durch Unterlassen* unterscheiden.

Beispiel (für Drohen durch Unterlassen): *T* erkennt, daß *O* sein Verhalten irrtümlich als Ankündigung eines empfindlichen Übels empfindet. Sobald er dies erkennt, entsteht ein pflichtwidriger Dauerzustand (Ingerenz). Wenn *T* jetzt nichts tut, um den Irrtum aufzuklären, droht er durch Unterlassen.[8]

Auch die Drohungsalternative des § 240 I enthält ein *subjektives Element:* die Drohung muß gerade den Nötigungserfolg bezwecken.

c) *Zusammenfassung zu den Nötigungsmitteln*

Die Begriffe *Gewalt* und *Drohung* sind, wie bereits bemerkt, weit auszulegen.[9] Konturen gewinnen diese Begriffe dadurch, daß man sie *voneinander* sowie von der *List* als der dritten, im Rahmen des § 240 *nicht* tatbestandsmäßigen Möglichkeit, die Willensfreiheit anzugreifen, abgrenzt.

Wer die Freiheit eines anderen durch *List* beeinträchtigt, begeht keine Nötigung. Er kann aber einen *Betrug* begehen, wenn er das Rechtsgut Vermögen verletzt. *Beispiel: T* schwindelt *O* eine günstige Kaufgelegenheit vor und veranlaßt ihn dadurch zum Kauf eines Staubsaugers. Soweit hier infolge des „persönlichen Schadeneinschlages" ein Vermögensschaden vorliegt, ist Betrug zu bejahen. Soweit *T* lediglich die Dispositionsfreiheit des *O* durch List angreift, ist er dagegen straflos.[10]

In Abb. 4 ist diese Abgrenzung anschaulich gezeigt.

---

[8] Vgl. AT, 7. Teil, § 4, Nr. 1 c.
[9] S. oben 2 (a. A.).
[10] Vgl. bei § 27 II 2 d (a. E.).

Angriff auf die Freiheit des O durch...	List (tatbestandslos)	Drohung	Gewalt
Beispiel	T täuscht O vor, Spülwasser sei ein wertvolles exotisches Getränk und bringt O dazu, es zu trinken	T droht O dessen Entlassung an und bringt ihn so dazu, Spülwasser zu trinken	T zwingt O durch Schläge, Spülwasser zu trinken

Abb. 4 Struktur zur Abgrenzung zwischen List, Drohung und Gewalt

Beachte: Soweit ein Verhalten zugleich Drohung und Gewalt ist, verdrängt die (stärkere) Gewalt die Drohung im Wege der Gesetzeskonkurrenz (Subsidiarität).

Beispiel: T richtet seinen Revolver auf O und bringt ihn so dazu, Spülwasser zu trinken. Hier liegt außer der Drohung schon ein gegenwärtiges Übel (vis compulsiva), also Gewalt vor.

Beachte: Die Frage, ob Gewalt oder Drohung vorliegt, darf nicht etwa offenbleiben. Zwar sind beide Alternativen im Rahmen des Abs. I gleichwertig. Doch bestehen Unterschiede im Hinblick auf die Verwerflichkeitsregelung des Abs. II. Bei Gewalt wird Verwerflichkeit eher zu bejahen sein als bei Drohung. (Nach Ansicht mancher Autoren soll Gewalt sogar ausnahmslos zur Bejahung der Verwerflichkeit führen, was aber nur für den ,,harten Kern" der Gewalt, nicht für deren ,,vergeistigte" Formen richtig sein dürfte.)

d) Der Nötigungserfolg: Handlung, Duldung oder Unterlassung

Das Gesetz ist hier mißverständlich. Duldung und Unterlassung ist dasselbe. Eine Handlung im Rechtssinne[11] muß nicht vorliegen. Gemeint ist vielmehr jedes *Verhalten* (Tun oder Unterlassen), das *kausal* auf das Nötigungsmittel des Täters zurückzuführen ist.

Bei einem *Tun* ist das im allgemeinen problemlos. Bei einem *Unterlassen* muß man feststellen, daß das Opfer willens oder wenigstens imstande gewesen wäre, die unterlassene Handlung vorzunehmen. Fehlt es daran, kommt nur (strafbarer – Abs. III) Versuch in Betracht. *Beispiel:* T sperrt O ein. Wenn O deswegen nicht weggehen kann, sei es, daß er dies wirklich will, sei es, daß er dies nicht wirklich will, sich aber bewußt ist, daß er eingesperrt ist, liegt vollendete Nötigung vor. Merkt O dagegen überhaupt nicht, daß er eingesperrt ist, liegt nur Versuch vor.

Mit dem Unterlassen i. S. der Unterlassungsdelikte hat dies alles nichts zu tun. Wer eingesperrt ist, unterläßt im technischen Sinne nichts. Es fehlt ja an der – bei den Unterlassungsdelikten vorausgesetzten – Möglichkeit zum Tun.

Manche Autoren fordern, daß im *subjektiven Tatbestand* bezüglich des Nötigungserfolges *Absicht* (im Sinne zielgerichteten Wollens)[12] vor-

---

[11] Vgl. AT, 2. Teil. § 3.
[12] Vgl. AT, 6. Teil, § 2 Nr. 3b, aa.

liegen müsse. Praktische Bedeutung hat das vor allem bei der *Sachgewalt*. Nach richtiger Auffassung ist aber bereits in den Begriffen Gewalt und Drohung ein entsprechendes *subjektives Element* enthalten.[13]

Grenzfälle sind dabei durchaus möglich. So erzeugen auch bloße Sachbeschädigungen oder Sachentziehungen häufig „Erfolge" beim Betroffenen wie Trauer über den Verlust der Sache, Ärger, Schmerz u. dgl. Es kann auch sein, daß T gerade dies bezweckt hat. So, wenn T den Kanarienvogel des O fliegen läßt, um den O unglücklich zu machen, oder wenn T dem Hund des O Gift verabreicht, um ihn in Sorge zu versetzen.

Derartige „Erfolge" erreichen aber nicht den unteren Schwellenwert eines Nötigungserfolges. Es muß „mehr" abgenötigt werden. Im letztgenannten Beispiel liegt ein Nötigungserfolg nur vor, wenn O etwa durch seine Sorge um den kranken Hund von einer geplanten Reise abgehalten werden soll.

Nötigung scheidet daher auch aus, wenn T den Brunnen des O vergiftet (worauf O nicht mehr daraus trinken kann – ein „Erfolg", aber kein ausreichender Nötigungserfolg) oder wenn T das Brautkleid der O versteckt, damit diese nicht in weiß zur Kirche gehen kann. Wollte man in solchen Fällen § 240 bejahen, würde man die Grenze zur Sachbeschädigung, § 303 und Sachentziehung (welche straflos ist) verlieren.

Freilich können hier schwierige Grenzfälle vorkommen.

3. Die Verwerflichkeit des Abs. II

Über die *dogmatische Zuordnung* dieser Regelung herrscht *Streit*. Die h.M. sieht § 240 I als ergänzungsbedürftigen Tatbestand. Seine Verwirklichung indiziere noch nicht die Rechtswidrigkeit. Man müsse Absatz II als *Tatbestandsergänzung* heranziehen. Zugleich soll dieser Absatz eine *Rechtswidrigkeitsregel* enthalten. Dabei müsse man zwischen den *Wertungsbestandteilen* und dem *Werturteil* selbst unterscheiden. Die *Bestandteile* der Mittel-Zweck-Relation gehörten zum *Tatbestand*, das *Werturteil* über ihre Verwerflichkeit zur *Rechtswidrigkeit*.[14]

Das alles ist *nicht überzeugend* und *überflüssig kompliziert*. Die h.M. geht diese verschlungenen Wege, weil sie sich in einem Dilemma befindet:

– *Einerseits* sieht sie, daß *Absatz II den Tatbestand ergänzt*.
– *Andererseits* will sie in den vielen Fällen, in denen bei einer Nötigung „normale" *Rechtfertigungsgründe* (z. B. Notwehr) in Betracht kommen, diese *vor* dem als schwierig empfundenen *Absatz II prüfen*. Das aber verstößt bei einer Deutung des Abs. II als Tatbestandsbestandteil gegen elementare *Aufbauprinzipien*.[15]

Das Dilemma der h.M. löst sich, wenn man die Schwierigkeiten bei der Anwendung des Absatzes II beheben kann. Dann ist immer *erst die Verwerflichkeitsfrage* zu *prüfen*. *Bejahendenfalls* ist nach *Rechtfertigungsgründen* Ausschau zu halten. Da dieser Aufbau unüblich ist, sollte er in der Klausur kurz begründet werden.

---

[13] S. oben lit. a (bei Fußn. 5).
[14] Die Unklarheit zeigt sich schon in der Teminologie. So wird bei § 240 II von „gesamttatbewertenden Merkmalen", „Komplexbegriffen", „Rechtspflichtmerkmalen" oder „speziellen Rechtswidrigkeitsmerkmalen" gesprochen – was immer das sein mag.
[15] S. AT, 1. Teil, § 2 Nr. 5 und 3. Teil, § 4 Nr. 1.

Die *Begründung* für den hier vertretenen Standpunkt ergibt sich aus *zwei Überlegungen:*
- *Erstens,* nur die Deutung als *Tatbestandsbestandteil* trägt der Tatsache Rechnung, daß *Abs. II* den zu weit geratenen *Abs. I einschränken muß.*

Diese *Weite* ergibt sich aus dem Merkmal „*Drohung mit einem empfindlichen Übel*". Früher bedurfte es der Drohung mit einem Verbrechen oder Vergehen. Seit 1943 gilt die jetzige – uferlose – Fassung. Auch die „Vergeistigung" des Gewaltbegriffes hat den Tatbestand ausgeweitet.

Die Richtigkeit des hier vertretenen Standpunktes ergibt sich auch daraus, daß man beim Raub, § 249 infolge der dort vorgenommenen Reduktion des Nötigungsteiles auf eine qualifizierte Nötigung und der darin liegenden Konturschärfung des Nötigungstatbestandes auf eine Verwerflichkeitsregelung verzichten konnte.

- *Zweitens,* die Frage der Verwerflichkeit ist *ausschließlich* eine *Frage des Nötigungstatbestandes.*

Sie hat mit der *Rechtswidrigkeit nichts zu tun.* Bei der *Rechtswidrigkeit* geht es um ein *Gesamturteil der Rechtsordnung.* Die gesamte Rechtsordnung – nicht nur das Strafrecht, sondern auch Zivilrecht und öffentliches Recht – befinden darüber, ob ein tatbestandsmäßiges (und damit als rechtswidrig indiziertes) Verhalten auch wirklich rechtswidrig ist (sich das Indiz also bestätigt).[16] Die spezielle Verwerflichkeitsfrage des Abs. II hat damit nichts zu tun. Sie betrifft ausschließlich den Nötigungstatbestand, muß also bejahend beantwortet sein, ehe die Rechtswidrigkeitsfrage gestellt werden darf. Es trifft daher nicht zu, wenn behauptet wird, eine gerechtfertigte Nötigung könne nicht verwerflich sein.

Nach Abs. II müssen *Mittel* und *Zweck* in Relation gesetzt werden. Beides sind *abstufbare Begriffe.*

Mittel: Bereits zwischen der schwächeren Drohung und der stärkeren Gewalt besteht ein Stufenverhältnis. Abstufungen ergeben sich auch daraus, daß das Mittel verboten (z. B. nach §§ 223, 303) oder nicht verboten (so regelmäßig bei Drohungen) sein kann. Abstufungen ergeben sich schließlich aus dem sachlichen Gehalt des Mittels selbst: Eine Sachgewalt kann z. B. geringfügig oder brachial sein. Das alles kann theoretisch durch eine Skala dargestellt werden, deren einer Endpunkt durch „nicht recht" und deren anderer Endpunkt durch „recht" markiert wird – mit allen möglichen Abstufungen dazwischen.

Zweck: Hier geht es um die subjektive Zielsetzung des Täters. Der Täter bezweckt zunächst den Nötigungserfolg (z. B. Hinderung eines Straßenbahnfahrers am Weiterfahren). Dahinter kann ein weiterer Fernzweck stehen (z. B. Verfolgung des Ziels der Mobilisierung der Öffentlichkeit für eine Fahrpreissenkung). Bereits daraus kann sich ein Stufenverhältnis ergeben. Abstufungen ergeben sich auch daraus, daß es negative Zwecke (z. B. Verfolgung eines Zieles, auf das man keinen Anspruch hat) und positive Zwecke (z. B. Durchsetzung einer existierenden Forderung) gibt. Abstufungen ergeben sich schließlich auch hier aus dem sachlichen Gehalt des Zwecks selbst: Ein politischer Fernzweck kann z. B. inakzeptabel oder hochgradig unterstützenswert sein. Das alles kann theoretisch durch eine Skala dargestellt werden, deren einer Endpunkt durch „nicht billigenswert" und deren anderer Endpunkt durch „billigenswert" markiert wird – mit allen möglichen Abstufungen dazwischen.

Es ist nicht möglich, Präzision bei der Bildung der beiden Skalen selbst zu erzielen. In Literatur und Rechtsprechung tauchen an dieser Stelle

---

[16] Vgl. AT, 4. Teil, § 1.

inhaltslose Leerformeln auf. So wird mit Begriffen operiert wie ,,sozialethische Mißbilligung", ,,sittliche Mißbilligung", ,,Anstößigkeit", ,,soziale Unerträglichkeit", ,,Sozialwidrigkeit", ,,Unerträglichkeit", ,,gesteigertes Unrecht" usw. – Sie verraten, daß die Umgangssprache hier überfordert ist.

Dagegen ist es möglich, das Verhältnis der (als solche vorausgesetzten) beiden Skalen, also die *Relation* des Abs. II präzise darzustellen. Dazu bedarf es eines (umgangssprachlich nicht darstellbaren) zweidimensionalen Entscheidungsraumes. Die grafische Strukturskizze in Abb. 5 ermöglicht diese Darstellung.

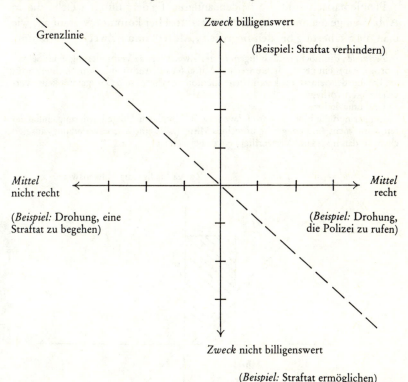

Abb. 5 Struktur der Mittel-Zweck-Relation bei § 240 II

Wie man anschaulich sieht, gibt es problemlose Bereiche und problematische Bereiche. Problemlos sind die Felder zwischen den Koordinaten ,,Zweck billigenswert" und ,,Mittel recht" sowie ,,Zweck nicht billigenswert" und ,,Mittel nicht recht". Im ersteren Falle ist die Verwerflichkeit immer zu verneinen, wie immer man auch die Skalierung bei den vagen Begriffen ,,Mittel" und ,,Zweck" vornimmt.

Beispiel: T zwingt O durch die Drohung, die Polizei zu rufen (rechtes Mittel) dazu, eine geplante Straftat zu unterlassen (billigenswerter Zweck).

§ 19. Nötigung (§ 240)

Im letzteren Falle ist die Verwerflichkeit in entsprechender Weise immer zu bejahen.

Beispiel: T zwingt O durch Androhung einer Straftat (unrechtes Mittel) dazu, eine andere Straftat zu ermöglichen (nicht billigenswerter Zweck). Damit ist der Nötigungstatbestand glatt erfüllt. Nun kann aber ein Rechtfertigungsgrund hinzutreten. So kann T unter dem Aspekt des politischen Widerstandsrechtes gerechtfertigt sein, Art. 20 IV GG. Dann ist sein Verhalten verwerflich im Sinne des Nötigungstatbestandes, aber durch das öffentliche Recht gerechtfertigt und darum unter dem Aspekt der „Einheit der Rechtsordnung" insgesamt kein Unrecht.

Problematisch sind die beiden anderen Felder, durch welche die in Abb. 5 eingezeichnete Grenzlinie verläuft. Hier kommt es darauf an, wie man die Skalierung bei den Begriffen „Mittel" und „Zweck" vornimmt.

Beispiele: Ein hochgradig billigenswerter Zweck (etwa: Verhinderung eines Selbstmordes) kann ein geringfügig unrechtes Mittel (etwa: Androhung von Nachteilen für die Familie des Selbstmordkandidaten) überkompensieren, so daß insgesamt keine Verwerflichkeit vorliegt.

Und umgekehrt:

Ein geringfügig billigenswerter Zweck (z. B. T will eine fällige Forderung einkassieren) kann nicht ein hochgradig unrechtes Mittel (z. B. eine Körperverletzung) ausgleichen, so daß insgesamt Verwerflichkeit zu bejahen ist.

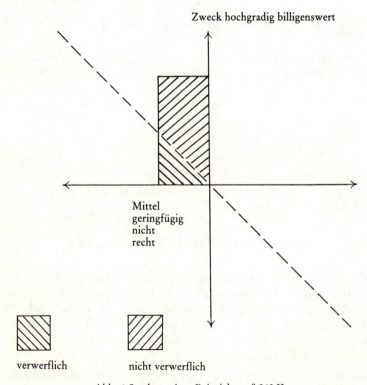

Abb. 6 Struktur eines Beispiels zu § 240 II

In Abbildung 6 ist dies anschaulich gemacht. Man sieht dabei, daß die Fälle umso problematischer werden, je näher man der Grenzlinie kommt. Natürlich darf die Struktur nicht als Patentformel mißverstanden werden. Sie erleichtert lediglich die Darstellung und verhindert, daß man sich in Leerformeln von der genannten Art flüchtet. Eine Antwort auf die eigentlichen Inhaltsfragen bietet sie nicht. Sie setzt diese vielmehr voraus.

Wie immer, sollte man die Struktur auch mit einer gehörigen Portion Mißtrauen verwenden. So kann der Fall gerade so liegen, daß die Möglichkeit der Struktur selbst mißbraucht wird. *Beispiel:* T droht O, ihn wegen eines Straßenverkehrsdeliktes anzuzeigen (rechtes Mittel), damit O eine alte Schuld bezahle (billigenswerter Zweck). Da aber Mittel und Zweck nichts miteinander zu tun haben, liegt ein Mißbrauch der Struktur vor, aus dem sich die Verwerflichkeit der Nötigung ergibt.

Anders, wenn eine solche Relation gegeben ist, wenn also T im Beispiel eine Forderung gerade aus dem betreffenden Verkehrsunfall einkassieren möchte. Dann scheidet Nötigung aus.

Wie man sieht, erfordert Abs. II einen recht erheblichen methodischen Aufwand. Deshalb sollte man in Bagatellfällen den alten Geringfügigkeitsgrundsatz (minima non curat praetor) anwenden und auf diesem Wege schon den Tatbestand des Abs. I verneinen.

Beispiele: T hält O aus Schabernack einen Augenblick die Tür vor der Nase zu; T fährt langsam über die Kreuzung und zwingt den hinter ihm fahrenden O, ebenfalls langsam zu fahren; T läßt aus Verärgerung den O kurze Zeit nicht überholen; u. dgl. mehr.

III. Typische Konkurrenzprobleme

Es gibt viele Tatbestände, die eine Nötigung voraussetzen, z. B. Vergewaltigung, § 177, Raub, § 249, Erpressung, § 253. Sie alle verdrängen § 240 (Gesetzeskonkurrenz, Spezialität). Wird jedoch neben den in diesen Tatbeständen verpönten Zwecken ein anderer Zweck verfolgt, steht § 240 zu ihnen in Idealkonkurrenz.

Beispiel: T sperrt O ein, um O zum Akzeptieren eines Wechsels zu zwingen. § 239 verdrängt an sich § 240. Wegen des weitergehenden Zweckes steht § 240 jedoch in Idealkonkurrenz.

Besondere Probleme können im Verhältnis zum privilegierenden § 113 entstehen.[17]

IV. Problemhinweise, Literatur

Das Hauptproblem des § 240 ist natürlich die Verwerflichkeitsregelung des Absatzes II.

Lektüre: Arzt, Zum Zweck und Mittel der Nötigung, in: Festschr. f. Welzel, S. 823; *Roxin,* Verwerflichkeit und Sittenwidrigkeit als unrechtsbegründende Merkmale im Strafrecht, JuS 1964, 373.

---

[17] Vgl. dazu näher bei § 1 III.

V. Bekannte BGH-Fälle

1. Sitzstreik-Fall (sog. Laepple-Urteil) – BGHSt 23, 46

Demonstrierende Studenten hatten sich auf den Gleiskörper der Straßenbahn gesetzt, um den Straßenbahnverkehr zu blockieren. – Der *BGH* bejahte u. a. Nötigung mit Gewalt wegen der psychischen Zwangswirkung auf den Straßenbahnfahrer. Auch die Verwerflichkeit wurde bejaht. (Diese Entscheidung markiert den Endpunkt der Entwicklung des Gewaltbegriffes durch die Rechtsprechung).

2. Autobahn-Fall – BGHSt 19, 263

Der Angeklagte hatte auf der Autobahn einen vor ihm fahrenden Autofahrer mit Hupe und der Lichthupe bedrängt. – Der *BGH* bejahte Nötigung mit Gewalt und sah auch die Verwerflichkeit als gegeben an.

3. Dirnen-Fall – BGHSt 17, 328

Der von einer Dirne geprellte Täter hatte sich mit Gewalt (Griff an die Haare) seine Vorauszahlung von 10 Mark zurückgeben lassen. – Der *BGH* verneinte die Verwerflichkeit i. S. des § 240 II. Da der Zweck erlaubt gewesen sei, hätte nur ein gröberes Mittel Verwerflichkeit begründen können.

4. Anwalt-Fall – BGHSt 2, 194

Ein Anwalt hatte eine Strafverteidigung begonnen und in der ersten Verhandlungspause Honorarforderungen gestellt. Da er gedroht hatte, bei ihrer Nichterfüllung die Verteidigung niederzulegen, hatte die Mandantin diese Forderungen erfüllt. – Der *BGH* bejahte den Tatbestand einer Nötigung durch Drohung mit einem empfindlichen Übel und nahm einen Verbotsirrtum an. (Es ist dies die berühmte Entscheidung, mit der die neue Irrtumslehre des BGH begründet wurde).[18]

5. Strafanzeige-Fall – BGHSt 5, 254

Der Angeklagte hatte einem Mieter, der eine Wohnung räumen sollte, für den Fall der Nichträumung eine Strafanzeige wegen in der Wohnung herbeigeführter Brandgefahr (§ 310a) angedroht. – Der *BGH* verneinte die Verwerflichkeit i.S. des § 240 II. Derselbe Sachverhalt, aus dem sich das Recht zur Strafanzeige ergebe, habe den Anspruch begründet, um dessen Durchsetzung es dem Täter gegangen sei.

---

[18] Vgl. AT, 10. Teil, § 3 Nr. 4.

6. Straßenbummler-Fall – BGHSt 18, 389

Der Angeklagte war auf der Straße absichtlich langsam gefahren und hatte einen Autofahrer ohne jeden vernünftigen Anlaß auf mehrere Kilometer am Überholen gehindert. – Der *BGH* bejahte Nötigung. Die Verwerflichkeit sei gegeben gewesen.

§ 20. Diebstahl (§ 242)
– mit Ausführungen zu §§ 243 Besonders schwerer Fall des Diebstahls, 244 Diebstahl mit Waffen; Bandendiebstahl, 247 Haus- und Familiendiebstahl, 248a Diebstahl und Unterschlagung geringwertiger Sachen, 248b Unbefugter Gebrauch eines Fahrzeugs, 248c Entziehung elektrischer Energie und 252 Räuberischer Diebstahl –

I. Überblick

1. Rechtsgut

Rechtsgüter sind *Eigentum*[1] und *Gewahrsam*, letzteres str. Man kann daher auch den Dieb bestehlen. (Nach der Gegenmeinung wird in einem solchen Fall das Rechtsgut Eigentum – erneut – verletzt, so daß sich letztlich kein Unterschied ergibt.)

2. Benachbarte Tatbestände

Im Umfeld des § 242 existieren einige wichtige Tatbestände. Die größte Bedeutung davon hat *Unterschlagung*, § 246. Beide Tatbestände stehen im Verhältnis „Entweder-Oder". Beim Diebstahl finden ein *Gewahrsamsbruch* statt; bei der Unterschlagung *fehlt es* eben *hieran*. Die Abgrenzung kann schwierig sein.

Beachte: Wegen dieses Verhältnisses der Exklusivität darf nach einer Bejahung von Diebstahl keine Unterschlagung mehr geprüft werden, und umgekehrt.

Ferner gibt es etliche *unselbständige* und *selbständige Tatbestandsabwandlungen* sowie eine *Strafzumessungsregel*. Abb. 1 gibt hierzu einen Überblick.

Zu den genannten Vorschriften seien folgende Hinweise gegeben:
- *§ 243:* Hier handelt es sich um eine benannte *Strafzumessungsregel*. § 243 ist das Hauptbeispiel für die sog. *Regelbeispielstechnik*, deren Problematik man sich an § 243 erarbeiten sollte. Trotz Erfüllung eines Beispiels kann ein schwerer Fall aus-

---

[1] S. auch die Übersichten bei § 27 I 3 (Abbildungen 1 und 2).

§ 20. Diebstahl (§ 242)

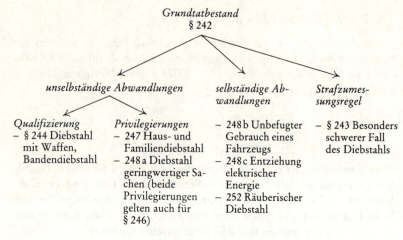

Abb. 1 Struktur des Umfeldes zu § 242

scheiden; auch ohne Erfüllung eines Beispiels kann ein schwerer Fall gegeben sein. Eine Kollision mit dem Satz nulla poena sine lege[2] liegt darin nicht. Denn § 243 hat keinen Tatbestandscharakter. De facto stehen die Regelbeispiele freilich den echten Tatbestandsmerkmalen nahe. Das zeigt sich insbesondere an drei Punkten:
- *Vorsatz:* Es ist anerkannt, daß der Vorsatz auch die Merkmale des Regelbeispiels erfassen muß; bei einem Irrtum wird § 16 I 1 angewandt;
- *Versuch:* Einen Versuch des § 243 gibt es begrifflich nicht; doch kann schon der Versuch des § 242 nach den Strafsätzen des § 243 zu bestrafen sein;
- *Teilnahme:* § 28 II ist analog anzuwenden; für jeden Beteiligten ist § 243 gesondert zu prüfen.

Unter die einzelnen Merkmale des § 243 wird wie bei echten Tatbestandsmerkmalen subsumiert. Hier kann sogar Gelegenheit geboten sein, die Subsumtion schulmäßig zu demonstrieren.

Bei *geringwertigen Sachen* (Grenze: etwa bei 20 Mark) scheidet § 243 aus. Hier sind Irrtümer möglich: T hält eine geringwertige Sache für hochwertig, und umgekehrt. In beiden Fällen scheidet § 243 aus (wobei es auf die bei Tatbestandsmerkmalen geltenden Irrtumsregeln nicht ankommt). Im ersteren Fall fehlt es am *Erfolgsunwert*, im letzten Fall am *Handlungswert*[3] eines besonders schweren Falles.

Beachte: Zwischen § 243 und 242 gibt es keine Konkurrenz; es handelt sich ja um eine Regelung im Bereich der Strafzumessung des § 242.
- § 244: Diese *Qualifizierung* betrifft besonders *gefährliche Formen des Diebstahls.* Hier bietet sich regelmäßig Gelegenheit zur schulmäßigen Subsumtion. *Beispiel:* Können zwei Personen eine ,,Bande" sein? Die Normalfallmethode zeigt, daß für § 244 I Nr. 3 – anders als etwa für die Vereinigung des § 129 – nicht die Existenz einer selbständigen Organisation (was mindestens drei Personen voraussetzt) entscheidend ist, sondern die erhöhte Gefährlichkeit mehrerer Diebe – die bereits bei einem Diebespaar gegeben sein kann. Also können zwei Personen eine Bande sein. (Solche Probleme sollte man nicht ,,lernen". Man sollte vielmehr imstande sein, sie methodisch richtig anzupacken.)
§ 244 verdrängt als lex specialis §§ 242, 243.

---

[2] Vgl. AT, 3. Teil, § 5 Nr. 1.
[3] Vgl. AT, 3. Teil, § 4 Nr. 2.

- *§ 247:* Diese *Privilegierung* insbesondere der *Angehörigen* (§ 11 I Nr. 1) wird auch anderswo (z. B. in § 263 IV) in Bezug genommen. Auch hier können Auslegungsprobleme entstehen. *Beispiel:* Ein mit seinem Opfer zusammenlebender Heiratsschwindler bestiehlt und betrügt dieses und überredet es anschließend dazu, einen gestellten Strafantrag zurückzunehmen (vgl. § 77 d I). Hier sind an sich alle Merkmale des Begriffes „häusliche Gemeinschaft" fraglos erfüllt, aber das Rechtsgefühl sträubt sich dagegen, diese Fortsetzung des Heiratsschwindels bis in die Abschwindelung des Strafantragsrechts hinein zu sanktionieren. Die Rechtsprechung hat die Normalfalldefinition des Merkmals „häusliche Gemeinschaft" darum so verändert, daß dem Heiratsschwindler § 247 nicht zugutekommt (was aber fragwürdig ist).
- *§ 248 a:* Diese *Privilegierung* wirft das auch bei § 243 II (Baukastensystem) auftauchende Problem auf, wann eine *Sache geringwertig* ist. Die Grenze liegt, wie gesagt, etwa bei 20 Mark. Entscheidend ist regelmäßig (aber nicht immer – so nicht bei einer Reliquie) der Verkehrswert. *Irrtümer* sind ebenso wie in § 247 wegen des prozessualen Charakters der Privilegierung (Strafantrag) *unbeachtlich.*
- *§ 248 b:* Hier ist der sog. *Gebrauchsdiebstahl* (das *furtum usus*) geregelt. Geschützt ist ausschließlich das Gebrauchsrecht, str., so daß auch der Eigentümer gegenüber dem Berechtigten § 248 b begehen kann, str. *Hauptbeispiel* ist die Spritzfahrt mit dem Auto. Der darin liegende Benzindiebstahl ist mit erfaßt, d. h. insoweit sind die §§ 242, 246 – entgegen dem Wortlaut des § 248 b – subsidiär. Läßt der Täter das Auto nach der Spritzfahrt irgendwo so stehen, daß der Zugriff Dritter möglich ist und es vom Zufall abhängt, ob der Berechtigte das Auto zurückbekommt, ist *Zueignungsabsicht* (dauernde Enteignung des Berechtigten) und damit § 242 zu bejahen, womit § 248 b ausscheidet. Diese Abgrenzung zwischen „Gebrauch" und „Zueignung" ist auch sonst praktisch wichtig, weil der Gebrauchsdiebstahl grundsätzlich – von § 248 b sowie § 290 abgesehen – straflos ist.[4]
- *§ 248 c:* Hier handelt es sich um ein historisches Denkmal. Das RG hatte sich in einer bekanntgewordenen Rechtsprechung geweigert, den *Elektrizitätsdiebstahl* nach § 242 zu bestrafen, weil Elektrizität keine Sache sei. Es hatte darin der Anwendung des § 242 einen Verstoß gegen das Analogieverbot im Strafrecht[5] gesehen. Um hier einen Verstoß gegen das Analogieverbot im Strafrecht gesehen. Um hier abzuhelfen (Elektrizität kann man ja stehlen) wurde § 248 c geschaffen.
- *§ 252:* Hier handelt es sich um einen *raubähnlichen Tatbestand.* Während beim Raub Gewalt zum Stehlen eingesetzt wird, wird hier Gewalt nach Vollendung eines Diebstahls zur Sicherung des bereits erlangten Gewahrsams eingesetzt[6].

Beachte: Bei den drei selbständigen Abwandlungen des § 242 ist *aufbaumäßig* ein Beginn mit § 242 verboten. Diese Tatbestände sind vielmehr sofort und selbständig zu prüfen. Eine Anwendung der §§ 247, 248 a scheidet bei ihnen aus.

3. Praktische Bedeutung

§ 242 ist der praktisch wichtigste Tatbestand des Strafrechts. Rund zwei Drittel der Kriminalität (ohne Straßenverkehrsdelikte) ist Diebstahlskriminalität. 1976 wurden der Polizei über 900 000 Fälle einfachen Diebstahls und über 1 Million Fälle des Diebstahls nach §§ 243, 244 bekannt (bei insgesamt knapp über 3 Millionen Straftaten).

---

[4] S. unten II 3 a.
[5] Vgl. AT, 3. Teil, § 5 Nr. 3.
[6] Vgl. auch bei 22 I 1. Zur Systematik der §§ 242 ff. s. auch AT, 3. Teil, § 1.

Diebstahl ist ein archetypisches Delikt. Das 7. Gebot des Dekalogs verbietet den Diebstahl. Von hier aus erklärt sich eine Überbewertung des Delikts, die in auffallendem Gegensatz zur oftmals milden Beurteilung der White-collar-Vermögenskriminalität steht. Dabei erklärt sich der große Umfang der Diebstahlskriminalität durch die häufigen Bagatellfälle.

Hier ist vor allem der Ladendiebstahl zu nennen. Bei den ermittelten Ladendiebstählen liegt der Durchschnittswert der Beute unter 40 DM. (Den jährlichen Gesamtschaden beziffern die Einzelhandelsverbände freilich mit 2 Milliarden DM.) Bemühungen, das Problem des Ladendiebstahls durch Einsatz außerstrafrechtlicher – insbes. zivilrechtlicher – Mittel zu lösen, sind auf emotional heftigen Widerstand gestoßen.

Mit der Erforschung der Ursachen des Diebstahls begann im 19. Jahrhundert der Beginn der sozialwissenschaftlichen Kriminologie. 1865 hatte *G. v. Mayr* eine den „jungen Statistiker geradezu erfreuende Regelmäßigkeit der Beeinflussung der Verfehlichkeit durch die Roggenpreise" festgestellt und ein dem Rechnung tragendes „Getreidepreisgesetz" formuliert.

II. Struktur

§ 242 ist folgendermaßen konstruiert: Der objektive Tatbestand setzt die *Wegnahme* einer *fremden beweglichen Sache* voraus; hiervon ist in erster Linie das Merkmal „*Wegnahme*" problematisch. Der subjektive Tatbestand enthält das Merkmal „*Absicht*" die Sache „sich *rechts*widrig zuzueignen"; es handelt sich hierbei um eine *überschießende Innentendenz;* die Zueignung muß nicht vollzogen sein; § 242 ist ein *kupiertes Erfolgsdelikt*[7]. Auch die *Zueignungsabsicht* kann *problematisch* werden. Im einzelnen:

1. Fremde bewegliche Sache

Im allgemeinen werden diese Tatbestandsmerkmale nicht zum Problem.

- *Sachen* sind nur körperliche Gegenstände, also nicht Rechte.
- *Beweglich* sind alle Sachen, die bewegt werden können. Dazu gehören auch Grundstücksbestandteile nach ihrer Trennung.
- *Fremd* sind Sachen, die im (Allein-, Mit- oder Gesamthand –) Eigentum eines anderen stehen. Entscheidend ist hier das Zivilrecht. Bei Alleineigentum des Täters oder bei herrenlosen Sachen scheidet die Fremdheit aus.

Nur bei besonderen Fallgestaltungen treten hier Probleme auf.

Beispiele: Sachen: Ein Computerprogrammierer einer Bank bewirkt, daß Buchgeld auf sein Konto fließt. § 242 scheidet aus, da das Buchgeld keine Sache ist.

---

[7] S. auch unter diesem Stichwort im Glossar des AT.

§ 20. Diebstahl (§ 242)

Beweglich: T reißt Zaunlatten ab. „Bewegliche" Sachen liegen vor, weil – anders als im Zivilrecht – beweglich alles ist, was bewegt werden kann.

Fremd: Zahnarzt T bricht dem Patienten O einen Goldzahn (= bewegliche Sache) heraus und behält ihn. Der Goldzahn wird mit der Trennung ohne weiteres Eigentum des O, ist also für T fremd.

T „stiehlt" eine Leiche. Diese ist i. d. R. (Ausnahme: Mumie, Anatomieleiche) nicht eigentumsfähig. Also scheidet § 242 aus. Es kommt aber § 168 in Betracht.

T „stiehlt" einen von X gewilderten Hasen. Der Hase ist nach wie vor herrenlos, also nicht fremd. § 242 scheidet aus. Es kommt aber § 292 in Betracht.

T „stiehlt" eine Sache, deren Miteigentümer er ist. Die Sache ist für ihn fremd i. S. des § 242. Diebstahl kommt also in Betracht.

2. Wegnahme

Wegnahme ist „*Bruch fremden und Begründung neuen Gewahrsams*". Das wirft drei Fragen auf. Was ist *Gewahrsam?* Wann ist Gewahrsam *gebrochen?* Wann ist *neuer Gewahrsam begründet?* Im einzelnen:

a) Gewahrsam

Die Struktur des *Gewahrsams* ist anhand eines Normalfalles in Abb. 2 gezeigt. Mit dem zivilrechtlichen Besitz hat Gewahrsam nichts zu tun.

Gewahrsam
N-Fall: O hat seine Brieftasche eingesteckt

Sachherrschaft (enge räumliche Beziehung zur Sache)

Herrschaftswille (bewußte und gewollte Beherrschung der Sache)

Abb. 2 Struktur des Gewahrsams

Unter *Gewahrsam* ist also *die von einem (natürlichen) Herrschaftswillen getragene (tatsächliche) Sachherrschaft eines Menschen über eine Sache* zu verstehen. Beide Strukturpunkte können dabei zum Problem werden:

Die *Sachherrschaft* ist auch noch bei einer gewissen räumlichen Lockerung zu bejahen. Sie endet bei einer endgültigen Trennung, oder wenn ein anderer Alleingewahrsam an der Sache begründet wird. Entscheidend ist die *Verkehrsauffassung.*

Beispiele: Am Pfluge auf dem Felde hat der Bauer noch Sachherrschaft. Dagegen besteht keine Sachherrschaft mehr an Sachen, die verloren wurden, oder die z. B. von der Bahn in Alleingewahrsam genommen wurden.

Der *Herrschaftswille* ist auch noch bei gewissen Bewußtseinslockerungen zu bejahen. Er endet mit der endgültigen Aufgabe des Herrschaftswillens oder dem Tode des Berechtigten. Auch hier entscheidet die Verkehrsauffassung.

Beispiele: Auch ein Schlafender hat im Sinne der Definition Herrschaftswillen und kann bestohlen werden. Dagegen besteht kein Herrschaftswille mehr, wenn der Berechtigte die Sache nicht mehr in Gewahrsam haben will.

Beachte: Die *Gewahrsamsfrage* betrifft die *tatsächliche Sachherrschaft;* sie ist von der die *Fremdheit* der Sache betreffenden *Eigentumsfrage scharf zu trennen.*

Spezialprobleme entstehen, wenn *mehrere Personen als Gewahrsamsinhaber* in Betracht kommen und der Täter zu ihnen zählt. Dann ist die Abgrenzung zu § 246 fraglich. Bei der Unterschlagung fehlt es ja an einem Gewahrsamsbruch.[8] Strukturell sind drei Möglichkeiten gegeben:

Gleichrangiger Mitgewahrsam

Beispiel: Die Ehegatten *T* und *O* haben eine Sache in gleichrangigem Mitgewahrsam. *T* kann den Gewahrsam des gleichrangigen *O brechen*, so daß ein Diebstahl (nicht Unterschlagung) gegenüber *O* möglich ist.

Beachte: § 242 setzt weiter voraus, daß die Sache *fremd* ist. Dies ist sie im Beispiel auch bei Miteigentum des Ehegatten.[9] Eigentumsfrage und Gewahrsamsfrage müssen strikt unterschieden werden. Hier droht einer der häufigsten Fehler bei der Behandlung des § 242.

Mehrstufiger Mitgewahrsam

Beispiel: Der Hausherr hat übergeordneten, die Hausangestellte hat untergeordneten Gewahrsam an Sachen des Haushaltes. Dann ist von *unten nach oben* Gewahrsamsbruch und damit Diebstahl möglich. Die Hausangestellte kann also stehlen. Von *oben nach unten* ist dagegen nur *Unterschlagung* möglich. (Dabei ist wiederum zwischen Gewahrsam und Fremdheit zu unterscheiden.)

Alleingewahrsam

Beispiel: Chef – Lehrling. Hier ist der letztere nur ein *Gewahrsamshüter (Gewahrsamsgehilfe)*, so daß der Chef Alleingewahrsam hat.

Welche der drei Möglichkeiten in Betracht kommt, kann immer nur am Fall gesagt werden. Schematisch sollte man hier nicht vorgehen.

Als Faustregel mag dienen: In kleinen Betrieben wird häufig Alleingewahrsam des Inhabers vorliegen. In großen Betrieben wird gleichrangiger Mitgewahrsam mehrerer Angestellter vorliegen. Mehrstufiger Mitgewahrsam wird selten sein; manche Autoren lehnen diese Figur ganz ab.

b) Gewahrsamsbruch

Die Struktur des *Gewahrsamsbruches* ist anhand eines Normalfalles in Abb. 3 gezeigt.

Dabei ist besonders auf den Strukturpunkt „*Handeln gegen den Herrschaftswillen*" zu achten.

Ein *Einverständnis* des Berechtigten schließt bereits den Tatbestand aus.[10] Dabei ist auf etwaige *tatsächliche Grenzen* des Einverständnisses zu achten. So ist z.B. der

---

[8] S. auch bei 21 II 2.
[9] S. oben 1.
[10] Vgl. AT, 4. Teil, § 4 Nr. 5 a.

§ 20. Diebstahl (§ 242)

Abb. 3 Struktur des Gewahrsamsbruches

Inhaber eines Warenautomaten mit der Entnahme von Waren nur einverstanden, soweit der Kunde echtes Geld einwirft.

Rechtliche Mängel des *Einverständnisses* sind – wie immer – unbeachtlich. Hier kommt gegebenenfalls Betrug in Betracht. *Beispiel:* T täuscht dem Gewahrsamsinhaber O vor, der Eigentümer X habe ihn zur Wegnahme der Sache ermächtigt.

Vom *Einverständnis* ist das bloße *Dulden* zu unterscheiden. *Beispiel:* T täuscht als falscher Kriminalbeamter eine Beschlagnahme vor, die O hinnimmt. Hier liegt Diebstahl vor.

Wie man sieht, verläuft hier eine *Grenzlinie* zwischen *Diebstahl* und *Betrug*.[11]

c) Begründung neuen Gewahrsams

Neuer Gewahrsam ist begründet, wenn die Kriterien der Gewahrsamsstruktur (vgl. Abb. 2) nicht mehr auf den bisherigen Gewahrsamsinhaber, sondern auf einen anderen (nicht notwendig den Täter) anwendbar sind. Da es sich um den Schlußstein des objektiven Tatbestandes handelt, entscheidet sich hier, ob der Diebstahl *vollendet* wird. Diese Frage hängt also *nicht* davon ab, ob die erstrebte *Zueignung* gelingt. Gelingt sie, ist der Diebstahl nicht nur vollendet, sondern auch *beendet.*[12]

Für die Antwort auf die Frage, wann der Gewahrsamswechsel vollzogen ist, wurden verschiedene Theorien entwickelt. Sie sind anschaulich in Abb. 4 zusammengefaßt.

Nach herrschender und richtiger Meinung ist von der *Apprehensionstheorie (Ergreifungstheorie)* auszugehen. Erforderlich ist also *ein zum Gewahrsamswechsel führendes Ergreifen.* Damit ist der Diebstahl *vollendet.*

Anhand der Geschichte eines Ladendiebes lassen sich alle zeitlich möglichen Phasen eines Diebstahles durchspielen:

T präpariert seine Einkaufstasche mit einer Öffnung im Boden und macht sich auf den Weg (straflose *Vorbereitung*). Mit dem Überschreiten der Schwelle des Supermarktes überschreitet er auch die Schwelle zum strafbaren (Abs. II) *Versuch*.[13] Lange zögert er, nimmt schließlich eine Schnapsflasche in die Hand (immer noch Versuch – Rücktritt ist noch möglich, § 24 I Var. 1) und läßt sie in der Tasche verschwinden (*Vollendung*

---

[11] Vgl. bei § 27 II 2c.
[12] Siehe unter den Stichwörtern „Beendigung" und „Vollendung" im Glossar des AT.
[13] Vgl. AT, 9. Teil § 5.

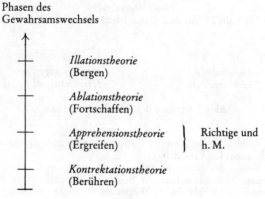

Abb. 4 Struktur des Gewahrsamswechsels

nach der Ergreifungstheorie; sollte T beobachtet worden sein, ändert das nichts; Diebstahl ist kein heimliches Delikt). Nunmehr bringt T die Beute an der Kasse vorbei und in seine Wohnung (*Beendigung* des Diebstahls).

Natürlich kommt es für die Antwort auf die Frage nach dem Ergreifen auch auf den Fall an.

Für eine Schnapsflasche gelten andere Grundsätze als für einen Löwen oder ein Klavier.

3. Absicht, sich selbst die Sache rechtswidrig zuzueignen

Bei diesem subjektiven Tatbestandsmerkmal handelt es sich um das zweite besonders schwer zu handhabende Merkmal des § 242. Um es in den Griff zu bekommen, empfiehlt sich eine zunächst jeweils isolierte Betrachtung der Bestandteile *Zueignung, Ziel der Zueignung, Gegenstand der Zueignung, Absicht und Rechtswidrigkeit der erstrebten Zueignung.* Im einzelnen:

a) Zueignung

Der Zueignungsbegriff ist seit langem umstritten. Er ist immer noch nicht abschließend geklärt. Man sollte sich zunächst klarmachen, daß *Zueignung nichts* mit *Eigentumserlangung* i. S. des Zivilrechts zu tun hat. Der Dieb, der sich eine Sache zueignen will, wird (natürlich) nicht Eigentümer. Zueignung bedeutet also nur die *Anmaßung einer eigentümerähnlichen Verfügungsgewalt* über die Sache *(se ut dominum gerere)*.

Fehlt es hieran, scheidet Zueignungsabsicht aus. Beachtet man diese wichtige Ausgangsüberlegung, lassen sich viele Fälle lösen, die sonst unter dem Aspekt der (gleich noch zu besprechenden) Sachwerttheorie Schwierigkeiten bereiten.

Beispiele: Ein Bundeswehrsoldat *(T)* nimmt einem anderen zur Vermeidung von Regreßansprüchen Ausrüstungsgegenstände, die er verloren hat, weg, um sie als eigene

§ 20. Diebstahl (§ 242)

zurückzugeben. Hier ist Zueignungsabsicht schon deshalb zu verneinen, weil *T* sich zu keiner Zeit, auch nicht vorübergehend, eine Eigentümerposition angemaßt hat. Hier kommt nur Betrug in Betracht.[14]

T nimmt dem Verkäufer einer Sache diese weg, um sie dem Käufer zu überbringen und den Kaufpreis zu kassieren. Auch hier scheidet Zueignungsabsicht aus, weil *T* sich keine Eigentümerposition anmaßt. Er tritt nur als vermeintlicher Bote auf. Auch hier kommt nur Betrug in Betracht.

T nimmt einen entlaufenen Hund dem Finder weg, um vom Eigentümer Finderlohn zu kassieren. Auch hier scheidet Zueignungsabsicht aus, weil *T* sich keine Eigentümerstellung anmaßt.

Sodann ist zu beachten, daß die Zueignung *bei § 242* nur *beabsichtigt*, *bei § 246* dagegen wirklich *vollzogen* werden muß. Sie ist also einmal im subjektiven Tatbestand, ein andermal im objektiven Tatbestand zu prüfen. Davon abgesehen ist der Begriff Zueignung hier wie dort in gleicher Weise zu bestimmen (Baukastensystem).

Schließlich ist strukturell wichtig, daß jede Zueignung *zwei Komponenten* enthält. In Abb. 5 ist dies anhand eines Normalfalles gezeigt. Dabei ist gleich mit gezeigt, auf welche der beiden Komponenten sich die Absicht (zielgerichtetes Wollen) allein beziehen muß.

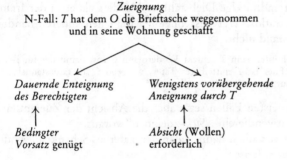

Abb. 5 Struktur der Zueignung

Beide Strukturpunkte können problematisch werden.
– An einer *dauernden Enteignung des Berechtigten* fehlt es bei einer bloßen *Gebrauchsanmaßung*. Sie ist nur in Ausnahmefällen (§§ 248b, 290) strafbar.

Die Abgrenzung kann schwierig sein. Hier sind einmal die Fälle zu nennen, in denen die *Rückführung* der Sache zum Berechtigten *zweifelhaft* ist. Hauptbeispiel ist das Auto, das *T* nach einer Spritzfahrt irgendwo stehen läßt.[15] Weiter sind hier die Fälle zu nennen, in denen infolge des Gebrauches eine *Wertminderung* der Sache eintritt. *Beispiel: T* nimmt ein druckfrisches Buch weg, um es zu lesen und zurückzugeben. Hier kommt es darauf an, ob das Buch nach Lektüre noch als neu verkauft werden

---

[14] S. unten V 10 (Bundeswehr-Mützen-Fall).
[15] S. dazu oben I 2 bei § 248b sowie unten lit. d.

kann (keine Enteignung) oder ein Fall für das Antiquariat ist (insoweit ist dann Enteignung zu bejahen, wobei der Entzug des Neuverkaufswertes sich aus Sachwerterwägungen ergibt[16]). Auch die starke Abnutzung eines Autos kann unter diesem Aspekt Diebstahl sein.

Schließlich sind hier die Fälle zu nennen, in denen der *Gebrauch* so *lange währt*, daß der Berechtigte sich vernünftigerweise Ersatz beschaffen wird. Hier wird man auch ohne Wertminderung eine dauernde Enteignung bejahen müssen, so, wenn *T* sich im Herbst die Skiausrüstung des *O* nimmt, um sie dem *O* im kommenden Frühjahr zurückzugeben.

– An einer *wenigstens vorübergehenden Aneignung* fehlt es bei einer bloßen *Sachbeschädigung, Sachentziehung* oder bei bloßer *Eigenmacht* für Zwecke des Berechtigten.

Beispiele: T zerstört die Sache (strafbar nach § 303); *T* läßt den Kanarienvogel des *O* fliegen (straflos – str., nach a. M. Fall des § 303[17]); *T* füttert den Hund des *O* mit Futter des *O* (straflos).

Dagegen liegt eine vorübergehende Aneignung vor, wenn *T* den Brief des *O* wegnimmt, um ihn erst zu lesen (= Aneignung) und dann zu zerreißen. Hier ist § 242 erfüllt.

b) Ziel der Zueignung

Der Täter muß *sich* die Sache zueignen wollen (animus rem sibi habendi). Der fremdnützige Diebstahl ist – anders als etwa der fremdnützige Betrug – straflos. Wer ausschließlich für einen anderen handelt, erfüllt den Tatbestand nicht.

Beispiel: Hintermann *T* schickt Vordermann *G* los, damit der für ihn eine Sache wegnehme. Hier ist *T* mittelbarer Täter, während *G* als tatbestandslos handelndes Werkzeug nur wegen Beihilfe strafbar ist.[18]

In den meisten Fällen setzt aber die Absicht der Zueignung an einen anderen notwendig ein „*Sich*-zueignen" voraus.

Dies gilt vor allem dann, wenn der Täter als Schenkender oder Quasiberechtigter auftritt.

Beispiele: T pflückt Blumen im Park, um sie seiner Mutter zum Muttertag zu schenken; *T* nimmt eine Sache weg, um sie dem ahnungslosen Eigentümer zurückzuverkaufen. Beides setzt notwendig ein kurzfristiges (was genügt) „*Sich*-aneignen" voraus. Damit ist die Zueignungsabsicht zu bejahen. (Im zweiten Beispiel liegt auch trotz der Rückführung der Sache zum Eigentümer eine dauernde Enteignung im oben dargelegten Sinne vor. Der Eigentümer wird nicht in seine ursprüngliche Eigentumsposition zurückversetzt. Er muß sich vielmehr diese Position neu erkaufen. – Das ist strittig. Die Gegenansicht nimmt nur eine straflose Gebrauchsanmaßung an. Beachte: Die nachfolgende Rückveräußerung an den Eigentümer ist Betrug.)

Nach der Rechtsprechung soll es für ein „Sich-zueignen-wollen" auch genügen, wenn der Täter durch die beabsichtigte Übergabe der Sache an

---

[16] Hier ist bereits die Problematik der Sachwerttheorie erreicht. S. dazu unten lit. c.
[17] Vgl. bei § 33 II.
[18] Vgl. AT, 8. Teil, § 3 Nr. 2 a. *G* ist ein „absichtslos-doloses Werkzeug". Dieser Fall ist unter Tatherrschaftsgesichtspunkten umstritten. Z. T. wird auch Täterschaft des *G* angenommen. Manche Autoren lassen jede Dritt-Zuwendung für § 242 genügen.

einen anderen einen wirtschaftlichen Vorteil im weitesten Sinne mittelbar erstrebt.

Beispiel: T nimmt eine Sache weg, um sie dem X zu geben und damit Regreßansprüche des X gegen T abzuwenden.

Dieser Auffassung kann nicht gefolgt werden. Sie steht mit dem Wortlaut („sich") des § 242 nicht in Einklang. Auch unter dem Aspekt der Sachwerttheorie[19] ergiebt sich keine andere Beurteilung, weil eine Entnahme des Sachwertes nicht vorliegt.

Es bleibt also dabei, daß altruistisches Verhalten nur dann ein „Sich-zueignen-wollen" darstellt, wenn es notwendig die Anmaßung der Eigentümerposition voraussetzt. Dies ist typischerweise der Fall, wenn T als Schenkender auftritt. Schenken kann nur der Besitzende. Dies ist dagegen nicht der Fall, wenn jemand von vornherein für den handelt, dem er die Sache zueignen will. Hier tritt er nicht als Quasiberechtigter auf, so daß ein „Sich-zueignen-wollen" entfällt. Es kommt bei Bösgläubigkeit des Handelnden nur Beihilfe zu einem Diebstahl des anderen in Betracht (was dessen Täterschaft voraussetzt).

So verhält es sich im erwähnten Fall des absichtslos-dolosen Werkzeuges. Ein weiteres Beispiel bietet der vieldiskutierte „Moos-raus-Fall".[20] Hier hatte ein Kellner dem Gastwirt geholfen, einem Gast das für eine Zeche geschuldete Geld wegzunehmen. Der BGH sah den Kellner als Mittäter des Diebstahls an, weil er zwar fremdnützig weggenommen habe, aber Regreßansprüche des Gastwirtes wegen der Zeche habe vermeiden wollen. Dies überzeugt nicht. Der Kellner erstrebte keine eigentümerähnliche Position, auch nicht bezüglich eines Sachwertes, so daß Täterschaft bei ihm mangels der Absicht des § 242 ausscheidet.

Beachte: Die Anmaßung der Eigentümerposition setzt nicht notwendig voraus, daß T den Anschein erweckt, Eigentümer zu sein. Manchmal muß er dies (so beim erwähnten Fall der Wegnahme einer Sache, um sie an den ahnungslosen Eigentümer zurückzuverkaufen), manchmal muß er dies nicht (so beim Verkauf der Diebesbeute an den eingeweihten Hehler). Im ersteren Fall tritt T *als* Eigentümer auf. Im letzteren Fall tritt er *wie* ein Eigentümer auf. Auch darin liegt ein Fall des se ut dominum gerere.

c) *Gegenstand der Zueignung*

Gegenstand der Zueignung ist entweder die *Sache selbst* oder der *in ihr verkörperte Wert (Vereinigung von Substanz- und Sachwerttheorie).*

Beispiele: T will sich eine Sache zueignen, um sie zu besitzen, zu gebrauchen, zu verzehren, zu verkaufen usw. Auf einen wirtschaftlichen Wert der Sache kommt es nicht an (Rechtsgut: Eigentum und Gewahrsam!). Zueignen will sich auch der Fetischist, dem es „nach dem Halstuch an der Brust gelüstet". Diese (typischen und häufigen) Fälle hat die *Substanztheorie* im Auge. Sie stellt darauf ab, daß T sich die Sache *ihrer Substanz nach* zueignen will.

T nimmt ein Sparbuch weg, um einen Teilbetrag davon abzuheben und das Sparbuch dem Berechtigten alsdann wieder zurückzugeben. Hier wird der Sache ein Wert entzogen (*lucrum ex re*) und es wird die mehr oder weniger wertlose „Sachhülse" zurückgegeben. Diese weniger häufigen Fälle hat die *Sachwerttheorie* im Auge. Sie erfaßt jedoch *nicht* die Fälle, in denen eine Sache nur benutzt wird, um eine Bereicherung zu bewirken (*lucrum ex negotio cum re*), so, wenn T den Ausweis des O benutzt, um sich unrechtmäßig Geld auszahlen zu lassen. Hier kommt nur Betrug in Betracht.

---

[19] S. dazu unten lit. c.
[20] S. V 7.

Die Sachwerttheorie wurde von der Rechtsprechung entwickelt und ist heute von der h. L. akzeptiert. Sie birgt aber Gefahren, deretwegen sie teilweise heute noch abgelehnt wird. Ihre Gegner befürchten, daß auf diesem Wege der Diebstahl aus einem Angriff gegen Eigentum und Gewahrsam in einen solchen gegen das Vermögen umgedeutet werde. An die Stelle des animus rem sibi habendi trete ein animus ex re lucri faciendi. Sie meinen, die fraglichen Fälle seien sachgerechter nach Betrugsgrundsätzen zu behandeln.

Das *RG* hatte zunächst im *Sparbuchfall* einen Diebstahl an der Substanz angenommen (*RGSt* 10, 369). Dann hatte es eine Kellnerin freigesprochen, die Biermarken weggenommen hatte, um sie einzulösen (*RGSt* 24, 22 – erster *Biermarkenfall*). Im zweiten *Biermarkenfall* (RGSt 40, 10) hatte es dagegen Diebstahl am Sachwert bejaht. Seitdem ist die Sachwerttheorie in der Rechtsprechung anerkannt.

Die Lehre hatte das überwiegend akzeptiert. *Frank*[21] hatte die Formel geprägt: *„Zueignung der Sache selbst oder doch des von ihr verkörperten Wertes"*. Freilich entstand damit die erwähnte *Gefahr*, daß aus dem Zueignungsdelikt des § 242 ein *Bereicherungsdelikt* wird. Ihr wird mit einer vornehmlich von *Bockelmann* entwickelten Unterscheidung zwischen dem in der Sache steckenden Wert (lucrum ex re) und dem unter Verwendung der Sache erzielten Gewinn (lucrum ex negotio cum re) entgegengetreten.

Kein Diebstahl ist es daher, wenn ein Musiker ein fremdes Instrument wegnimmt, um damit einen Abend gegen Entgelt zu spielen, oder wenn ein Fotoreporter bei einem aufregenden Ereignis dem Kollegen die Kamera wegnimmt, um sich eine Exklusivreportage zu sichern.

Im übrigen ist darauf zu achten, daß in Fällen, in denen der Wegnehmende sich keine Eigentümerposition anmaßt, eine Zueignungsabsicht schon deswegen ausscheidet. Sachwerterwägungen können daran nichts ändern.[22]

d) Absicht (Wollen)

Unter Absicht ist zielgerichtetes Wollen[23] zu verstehen. Sie muß sich auf die *Aneignung* beziehen; bezüglich der *Enteignung* genügt bedingter Vorsatz. Beim Diebstahl kommt es dem Täter ja typischerweise auf die Erlangung der Sache an. Die Enteignung des Berechtigten wird er häufig nur billigend in Kauf nehmen (dolus eventualis).

Beispiel: T benutzt für eine Reise den Koffer des *O*, den er danach auf dem Bahnhof stehen lassen will.

Hier kommt es dem *T* auf die (vorübergehende) Aneignung an (Absicht), nicht auf die (dauernde) Enteignung des *O*, die *T* freilich als möglich erkennt und akzeptiert (bedingter Vorsatz). Glaubt *T* dagegen an eine alsbaldige Rückführung der in ihrem Wert nicht geminderten Sache, fehlt es bezüglich des Enteignungselementes am Minimalerfordernis des bedingten Vorsatzes und damit insgesamt an der Zueignungsabsicht. Dann liegt eine Gebrauchsanmaßung vor?

---

[21] S. zu *Frank:* AT, 1. Teil, § 3 Nr. 4 d.
[22] S. oben lit. a und die dort angegebenen Beispiele.
[23] Vgl. AT, 6. Teil § 2 Nr. 3 b, aa.

§ 20. Diebstahl (§ 242)

Das Zusammenspiel zwischen subjektiven und objektiven Komponenten bei der Zueignungsabsicht des § 242 läßt sich anschaulich am vieldiskutierten Fall des Mißbrauchs fremder Strafzettel zeigen.

Hier parkt T an verbotener Stelle, nimmt von einem dort schon parkenden Auto einen polizeilichen Aufforderungszettel und steckt ihn an sein Auto, um den Eindruck zu erwecken, er sei schon kontrolliert worden. Dabei besteht die Möglichkeit, daß das andere Auto demnächst weggefahren wird, so daß T nicht sicher sein kann, daß er den Zettel wieder zurückstecken kann.
Eine dauernde Enteignung des Berechtigten liegt vor, wenn dieser so frühzeitig wegfährt, daß T den Zettel nicht mehr zurückstecken kann. Insoweit genügt dolus eventualis. Die vorübergehende Aneignung des Zettels liegt ebenfalls vor. Nur insoweit ist Absicht erforderlich (und gegeben). Zueignunsabsicht ist also zu bejahen.

e) Rechtswidrigkeit der erstrebten Zueignung

Die erstrebte Zueignung muß schließlich *rechtswidrig* sein. Nach richtiger Auffassung handelt es sich hier um ein *Tatbestandsmerkmal*, das im Rahmen des subjektiven Tatbestandes zu prüfen ist. Es ist scharf von der Rechtswidrigkeit des ganzen Diebstahls zu trennen; bei letzterer handelt es sich um das *allgemeine Verbrechensmerkmal* der Rechtswidrigkeit.[25]

Rechtswidrig ist die erstrebte Zueignung, wenn sie *der Rechtsordnung widerstrebt*.

Daran fehlt es z. B. beim Aneignungsrecht und bei einem fälligen und einredefreien Anspruch auf Übereignung gerade der weggenommenen Sache.
Problematisch sind hier Gattungsschulden. Da der Schuldner ein Auswahl- und Konkretisierungsrecht hat, widerspricht die Auswahl durch den Gläubiger der Rechtsordnung, ist also rechtswidrig.
Eine Ausnahme hiervon ist entgegen der sog. Wertsummentheorie auch bei Geldschulden nicht anzuerkennen.[26] Für den hier genannten Hauptfall des eigenmächtigen Geldwechselns besteht auch kein Grund, eine solche Ausnahme anzuerkennen, weil man hier regelmäßig mit einer Rechtfertigung aus mutmaßlicher Einwilligung[27] helfen kann.

Da es sich bei der *Rechtswidrigkeit* der erstrebten Zueignung um ein *Tatbestandsmerkmal* handelt, ist *Vorsatz (nicht* aber als *Absicht* – diese braucht sich nur auf die *Zueignung* zu erstrecken) erforderlich. Ein *Irrtum* ist also *Tatbestandsirrtum*. Die Abgrenzung vom Verbotsirrtum kann – wie immer – schwierig sein.

Ein *Beispiel* bietet der erwähnte „Moos-raus-Fall":[28] T nimmt O Geld wegen einer gegen O existierenden Forderung weg. Da T keinen Anspruch gerade auf die weggenommenen Geldscheine hat, ist die erstrebte Zueignung rechtswidrig (anders die Wertsummentheorie, deren Verfehltheit sich aber gerade an diesem Beispiel zeigt). Wenn T nun glaubt, er habe ein „Recht" so zu handeln, kommt es darauf an, ob dieser Irrtum gegenstandsbezogen ist (so, wenn T glaubt, das Zivilrecht gewähre ihm einen

---

[24] S. oben lit. a.
[25] Vgl. AT, 3. Teil, § 4 Nr. 1.
[26] Die Gründe hierfür sind bei § 26 II 2 genannt.
[27] Vgl. AT, 4. Teil, § 4 Nr. 5 c.
[28] S. unten V 7.

Anspruch gerade auf die weggenommenen Scheine – Tatbestandsirrtum), oder ob er begriffsbezogen ist (so, wenn T glaubt, es existiere ein in Wirklichkeit hier nicht gegebenes Selbsthilferecht – Verbotsirrtum).[29]

III. Typische Konkurrenzprobleme

Im Verhältnis zur Unterschlagung kann kein Konkurrenzproblem entstehen, weil Diebstahl und Unterschlagung im Verhältnis des „Entweder-Oder" stehen (Exklusivität). Raub, § 249 geht dem Diebstahl vor (Spezialität).[30] Tatbestandsmäßige Handlungen, die der Dieb nach der Vollendung des Diebstahls zur Verwertung der Sache vornimmt, sind mitbestrafte Nachtaten (Gesetzeskonkurrenz, Konsumtion), soweit das Rechtsgut des § 242 erneut verletzt wird. *Beispiel:* Sachbeschädigung, § 303 des gestohlenen Schmuckes. Wird dagegen ein neues Rechtsgut verletzt, kommt Realkonkurrenz in Betracht. *Beispiel:* Gestohlener Schmuck wird an einen arglosen Erwerber verkauft. Hier steht Betrug in Realkonkurrenz zum Diebstahl.

Der häufige Einbruchdiebstahl (§§ 242, 243 I S. 2 Nr. 1) verdrängt §§ 303 und 123 im Wege der Gesetzeskonkurrenz (Konsumtion).

IV. Problemhinweise, Literatur

Diebstahlsfälle sind vor allem im Hinblick auf die Zueignungsabsicht problematisch.

Lektüre: Androulakis, Objekt und Grenzen der Zueignung im Strafrecht, JuS 1968, 409; *Eser,* Zur Zueignungsabsicht beim Diebstahl, JuS 1964, 477; *Rudolphi,* Der Begriff der Zueignung, GA 1965, 33; *Wessels,* Zueignung, Gebrauchsanmaßung und Sachentziehung, NJW 1965, 1153.

Häufig ist auch die Abgrenzung zu Unterschlagung und Betrug problematisch.

Lektüre: Backmann, Die Abgrenzung des Betrugs von Diebstahl und Unterschlagung, 1974; *Geppert,* Die Abgrenzung von Betrug und Diebstahl, JuS 1977, 69; *Herzberg,* Betrug und Diebstahl durch listige Sachverschaffung, ZStW 89, 367; *Otto,* Zur Abgrenzung von Diebstahl, Betrug und Erpressung bei der deliktischen Verschaffung fremder Sachen, ZStW 79, 59.

Schließlich sollte man sich mit der Problematik der Wertsummentheorie befassen.

Lektüre dazu (nicht nur mit Blick auf § 242): *Roxin,* Geld als Objekt von Eigentums- und Vermögensdelikten, in: Festschr. f. H. Mayer, 1966, S. 467.

---

[29] Vgl. AT, 10. Teil, § 6.
[30] Zum aufbaumäßigen Vorgehen in Raubfällen s. bei 22 I 1.

V. Bekannte BGH-Fälle

1. Dirnenlohn-Fall – BGHSt 6, 377

Ein Freier hatte der Dirne im voraus 5 Mark bezahlt und diese nach vollzogenem Geschlechtsverkehr wieder an sich genommen. – Der *BGH* bejahte Diebstahl (bzw. Raub), weil das Geld „fremd" gewesen sei. Zwar sei die Vereinbarung mit der Dirne wegen Sittenwidrigkeit nichtig gewesen, doch habe diese Nichtigkeit nicht auch das dingliche Erfüllungsgeschäft erfaßt.

2. Selbstbedienungs-Fall – BGHSt 16, 271

Der Angeklagte hatte im Selbstbedienungsladen ein Päckchen Zigaretten in Zueignungsabsicht in seine Hosentasche gesteckt. Dabei war er beobachtet worden. – Der *BGH* bejahte vollendeten Diebstahl (mit eingehenden Ausführungen zur „Wegnahme").

3. Angehörigen-Fall – BGHSt 10, 400

Der Angeklagte hatte Angehörige bestohlen. Diese waren zur Tatzeit verreist gewesen. In der Wohnung hatte eine Hausangestellte untergeordneten Mitgewahrsam gehabt. – Der *BGH* fand, der untergeordnete Mitgewahrsam der Hausgehilfin stehe dem Antragserfordernis des § 247 I hier nicht entgegen. Da die Angehörigen keinen Strafantrag gestellt hatten, stellte er das Verfahren ein.

4. Gaststätten-Fall – BGHSt 23, 254

Der Angeklagte war in eine Gaststätte eingebrochen und hatte aus einem Automaten erbeutetes Münzgeld bereits in die Tasche gesteckt, als die Polizei ihn stellte. – Der *BGH* nahm vollendeten Diebstahl an.

5. Erster Spritzfahrt-Fall – BGHSt 16, 190

Der Angeklagte hatte ein Auto für eine Spritzfahrt entwendet und irgendwo stehen gelassen. Am nächsten Tag war er zum Auto zurückgekehrt und hatte im Wagen befindliche Sachen an sich genommen. – Der *BGH* bejahte Diebstahl am Auto und Unterschlagung an den Sachen.

6. Zweiter Spritzfahrt-Fall – BGHSt 22, 45

Der Angeklagte hatte ein Auto für eine Spritzfahrt entwendet und irgendwo stehen gelassen. – Der *BGH* bejahte Diebstahl (mit Ausführungen zur Abgrenzung zu § 248 b).

7. Moos-raus-Fall – BGHSt 17, 88

Ein Gastwirt, der gegen sein Opfer eine Forderung über 20 Mark hatte, hatte diesem mit den Worten „Moos raus" einen entsprechenden Geldbetrag abgenommen. Sein Kellner hatte ihm dabei geholfen. – Der *BGH* bejahte Diebstahl (Raub) in Mittäterschaft. Auch beim Kellner habe Zueignungsabsicht vorgelegen. Im übrigen nahm der BGH Stellung zur Abgrenzung zwischen Tatbestands- und Verbotsirrtum.

8. „Paul"-Fall – BGHSt 11, 47

Der Angeklagte hatte sich von einem Bekannten, von dem er nur den Namen „Paul" kannte, ein Auto geliehen, um damit eine Besorgungsfahrt zu machen. Unterwegs erkannte er, daß Paul nicht der Besitzer des Autos sein konnte. Gleichwohl hatte er die Fahrt fortgesetzt. – Der *BGH* bejahte ab Bösgläubigkeit § 248b (mit eingehenden Ausführungen zur „Ingebrauchnahme").

9. Mittagsbanden-Fall – BGHSt 23, 239

Der Angeklagte hatte sich mit einem anderen zur fortgesetzten Begehung von Diebstählen verbunden. Diese hatten sie immer in der Mittagszeit ausgeführt. – Der *BGH* nahm Bandendiebstahl an, § 244 I Nr. 3; eine Bande könne aus nur zwei Mitgliedern bestehen.

10. Bundeswehr-Mützen-Fall – BGHSt 19, 387

Ein Soldat hatte einem Kameraden einen Dienstgegenstand weggenommen, um ihn als Ersatz für einen von ihm empfangenen aber abhanden gekommenen auf der Bekleidungskammer abzugeben. – Der *BGH* verneinte Zueignungsabsicht i. S. des § 242. Es komme Betrug in Betracht.

11. Sammelgaragen-Fall – BGHSt 18, 221

Der Angeklagte hatte den Wächter einer Sammelgarage zur Herausgabe eines Autos veranlaßt, indem er ihm die Genehmigung des Berechtigten vorgespiegelt hatte. – Der BGH verneinte Diebstahl. Ein Gewahrsamsbruch habe nicht vorgelegen. Der Wächter als der der Sache am nächsten stehende Mitgewahrsamsinhaber habe wirksam sein Einverständnis erklärt. Da dies auf Täuschung beruht habe, komme Betrug in Betracht.[31]

---

[31] Vgl. auch bei § 27 V 15.

§ 21. Unterschlagung (§ 246)

I. Überblick

1. Rechtsgut und Systematik

Rechtsgut ist (nur) das *Eigentum.* Die Unterschlagung ist dem *Diebstahl* benachbart. Beide Tatbestände stehen im Verhältnis „Entweder-Oder". Beim Diebstahl erfolgt ein Gewahrsamsbruch und ist objektiv keine Zueignung nötig (die bloße Absicht genügt); bei der Unterschlagung fehlt es gerade an einem Gewahrsamsbruch (weil der Täter schon Gewahrsam hat); dafür muß objektiv eine Zueignung erfolgen.[1]

Wichtig für den *Aufbau:* Wenn man bereits § 242 bejaht hat, darf man § 246 nicht mehr prüfen – und umgekehrt.
Beachte: § 246 I Var. 2 enthält eine Qualifikation (Veruntreuung), die häufig erfüllt ist, weil an das Merkmal „anvertraut" nur geringe Anforderungen gestellt werden. Z. B. genügt Miete. Für die Teilnahme gilt § 28 II. – Die Privilegierungen der §§ 247, 248a gelten auch für die Unterschlagung.

2. Praktische Bedeutung

Unterschlagung ist zwar ein praktisch wichtiges Delikt, doch stehen die der Polizei bekanntgewordenen Fälle weit hinter dem Diebstahl zurück.

Die Anerkennung des Instituts des Eigentumsvorbehalts im Zivilrecht hat bei Massengeschäften Millionen von potentiellen Unterschlagungssituationen geschaffen. Dies hat sich jedoch in der Kriminalstatistik nicht niedergeschlagen.

II. Struktur

Bei den Tatbestandsmerkmalen des § 246 kann man weitgehend auf die Tatbestandsmerkmale des § 242 zurückgreifen. Es sind nur die strukturellen Unterschiede zu beachten. Im einzelnen:

1. Fremde bewegliche Sache

Hier besteht volle Kongruenz zu § 242. Eine strukturelle Besonderheit des § 246 liegt lediglich darin, daß bei Unterschlagung von Sachgesamtheiten Aussonderung der Sache erforderlich ist.

---

[1] Vgl. auch bei § 20 I 2. Siehe ferner die Übersichten bei § 27 I 3 (Abbildungen 1 und 2).

Beispiel: T hat ein fremdes Warenlager (z. B. Kohlen) im Gewahrsam. Er verkauft davon einen Teil (z. B. zehn Zentner) an X. Für eine vollendete Unterschlagung muß er diese zehn Zentner aussondern. Vorher kommt nur (strafbarer, Abs. II) Versuch in Betracht.

Bei § 242 kann eine vergleichbare Problematik nicht entstehen.

2. Besitz oder Gewahrsam

Beide Wörter sind gleichbedeutend, str. Das Merkmal „Gewahrsam" ist ebenso zu verstehen wie das entsprechende Untermerkmal zur Wegnahme beim Diebstahl.[2]

Dabei ist auf die *Grenzlinie zum Diebstahl* zu achten. Bei Alleingewahrsam und übergeordnetem Mitgewahrsam des T kommt Unterschlagung in Betracht, sonst Diebstahl.

Eine strukturelle Problematik des § 246 folgt daraus, daß im Tatbestand die Formulierung „*im* Besitz oder Gewahrsam" verwendet ist. Es gibt nämlich „Unterschlagungen", bei denen der Täter vor der Zueignung keinen Gewahrsam hat. Hier ist einmal die *Fundunterschlagung* zu nennen. Bei ihr fallen Gewahrsamserlangung und Zueignung zeitlich zusammen. Sodann ist hier der Fall zu nennen, wo der Täter eine fremde Sache an einen gutgläubigen Dritten verleiht und sie diesem dann übereignet (§ 929 S. 2 BGB) oder sie an einen Vierten durch Abtretung des Herausgabeanspruchs (§ 931 BGB) übereignet. Hier fehlt es ganz am Gewahrsam des Unterschlagenden; es liegt nur eine Zueignung vor. Zur Lösung dieser Problematik werden drei Auffassungen vertreten (es handelt sich hier um *das* klassische Problem des § 246):

— Die *engste Auffassung* stellt auf den *Wortlaut* ab und verneint in beiden Fallgruppen Unterschlagung, weil es am Merkmal „im ... Gewahrsam" fehlt.

Die Fundunterschlagung ist nach dieser Auffassung nur strafbar, soweit *nach* dem Fund ein Zueignungsakt vorliegt (z. B. Verkauf der gefundenen Sache).

— Die h. M. nimmt eine sog. „*kleine berichtigende Auslegung*" vor. Sie läßt es für § 246 genügen, wenn Gewahrsamserlangung und Zueignung zeitlich zusammenfallen. Dem ist zuzustimmen. Die Fundunterschlagung ist daher strafbar.

— Eine dritte (Minder-)meinung nimmt eine sog. „*große berichtigende Auslegung*" vor. Sie meint, § 246 sei einfach schlecht formuliert. § 246 wolle alle Zueignungen ohne Gewahrsamsbruch erfassen. Eine Lücke zwischen Diebstahl und Unterschlagung dürfe es nicht geben. Auch dem ist zuzustimmen.

Strafbar sind also auch die Fälle, in denen T überhaupt keinen Gewahrsam erlangt, sich die Sache aber gleichwohl zueignet, str.

---

[2] Vgl. bei § 20 II 2a.

3. Zueignung

Der Begriff Zueignung (einschließlich Rechtswidrigkeit) ist ebenso zu verstehen wie beim Diebstahl. Die strukturelle Besonderheit des § 246 liegt darin, daß hier *objektiv vollzogen* sein muß, was dort nur *subjektiv zu beabsichtigt* sein braucht. Man braucht also einen äußerlich erkennbaren *Zueignungsakt* (Manifestation des Zueignungsvorsatzes).

> Beim Diebstahl braucht man das nicht. Dort hat man ja den äußerlich erkennbaren Akt des Gewahrsamsbruches, von dem aus man auf die subjektive Zueignungsabsicht schließen kann. Bei der Unterschlagung fehlt dieses äußerlich erkennbare Geschehen.

Im übrigen gilt alles, was bei § 242 über die *Zueignung*, das *Ziel der Zueignung*, den *Gegenstand der Zueignung* und die *Rechtswidrigkeit* der Zueignung gesagt wurde,[3] hier entsprechend:
– Ein *Eigentumserwerb* ist also *nicht vorausgesetzt*.

> Ebensowenig wie der Dieb wird der Defraudant im Regelfall zivilrechtlich Eigentümer. Entscheidend ist vielmehr die Anmaßung einer eigentümerähnlichen Stellung.
> *Beispiel:* Ein Kassenverwalter gleicht einen Fehlbetrag in der von ihm verwalteten Kasse mit fremdem Geld des Kasseninhabers aus. Er stopft also ein Loch, indem er ein anderes aufreißt. Hier maßt er sich notwendig eine Eigentümerposition an, weshalb Zueignung zu bejahen ist.[4]

– Eine *dauernde Enteignung des Berechtigten* muß angelegt sein.

> Wie beim Diebstahl kann hier die Abgrenzung zur bloßen *Gebrauchsanmaßung* fraglich sein.
> *Beispiel:* T verpfändet eine fremde Sache. Hier kommt es darauf an, ob T nach den Umständen davon ausgehen kann, die Sache wieder rechtzeitig einzulösen (bloße straflose Gebrauchsanmaßung) oder nicht (Zueignung).

– Eine wenigstens *vorübergehende Aneignung* muß vorliegen.

> Wie beim Diebstahl scheiden bloße Sachbeschädigung, Sachentziehung und Eigenmacht aus.
> *Beispiel:* T zerstört das ihm geliehene Fahrrad. Hier liegt eine bloße Sachbeschädigung vor.

– Der Täter muß die Sache *sich* aneignen.

> Wie beim Diebstahl tut er das auch, wenn er die Sache verschenkt, denn dies setzt notwendig ein „Sich-aneignen" voraus.

– Gegenstand der Aneignung muß entweder die *Sache* oder der in ihr verkörperte *Wert* sein.

> Unterschlagung liegt also auch vor, wenn T von dem in seinem Gewahrsam befindlichen Sparbuch Geld abhebt, nicht aber, wenn er die ihm geliehene Geige zu einem Konzert benutzt.

---

[3] Vgl. bei § 20 II 3 a, b, c, e.
[4] Siehe auch unten V 9 (Kassenfehlbetragsfall). In der Anmaßung der Eigentümerposition liegt der entscheidende Unterschied zum „Bundeswehr-Mützen-Fall", vgl. bei § 20 II 3 a (bei Fußn. 14).

Bei § 246 ist oft fraglich, ob eine Zueignung vorliegt. Dann empfiehlt es sich, zunächst die allgemeinen Merkmale der Zueignung zu prüfen und alsdann zu prüfen, ob ein äußerlich erkennbarer Zueignungsakt vorliegt. Sachlich fällt beides zusammen. Gedanklich sollte es aber getrennt werden.

Beispiele: O hat dem T sein Radio zur Aufbewahrung gegeben. T benutzt es eifrig. Hier fehlt es schon an der Enteignungskomponente der Zueignung, so daß sich die Frage des Zueignungsaktes nicht erst stellt.

T verzehrt Lebensmittel, die ihm O zur Aufbewahrung gegeben hat. Hier ist die Zueignung zu bejahen; der Verzehr setzt eine wenigstens vorübergehende Aneignung voraus. Dann stellt sich die Frage eines äußerlich erkennbaren Zueignungsaktes. Ein solcher ist im Verzehr zu finden.

Der *Zueignungsakt* kann bei entsprechender Garantenpflicht[5] auch in einem *Unterlassen* bestehen, str.

Beispiel: Gerichtsvollzieher G pfändet bei T eine fremde Sache. T läßt es geschehen und verständigt auch später nicht den Eigentümer der Sache, so daß dieser nicht nach § 771 ZPO Drittwiderspruchsklage erheben kann.

Hier liegt die Zueignung nicht schon darin, daß T die Pfändung widerspruchslos geschehen läßt, sondern darin, daß T dem O die Pfändung nicht mitteilt und ihm so die Möglichkeit des § 771 ZPO nimmt. Dies ist die Anmaßung der eigentümerähnlichen Stellung usw. Der Zueignungsakt wird dadurch auch manifest. Die Garantenpflicht des T ergibt sich sowohl aus Ingerenz (Entstehung eines pflichtwidrigen Dauerzustandes mit der Pfändung) als auch aus freiwilliger Übernahme. Das Unterlassen des Widerspruches während der Pfändung ist dagegen hier irrelevant, denn für den Gerichtsvollzieher ist bei der Pfändung nicht die Eigentumslage, sondern die Gewahrsamslage entscheidend (vgl. § 808 ZPO). Insoweit fehlt es also an der Kausalität der Unterlassung.

III. Typische Konkurrenzprobleme

Nach einer Unterschlagung kommt es häufig zu Verwertungshandlungen.

Beispiele: T verkauft die unterschlagene Sache an einen anderen (a); T gibt Geld aus, das er durch Vermischung mit eigenem Geld unterschlagen hat (b); T zerstört die unterschlagene Sache (c).

Soweit die Verwertung kein neues Rechtsgut verletzt, sind Verwertungshandlungen als *mitbestrafte Nachtaten* straflos (Gesetzeskonkurrenz – Konsumtion[6]). Bezüglich *erneuter Zueignungen* wird teilweise die sog. *Tatbestandslösung* vertreten; es wird gesagt, nur die erstmalige Zueignung sei tatbestandsmäßig i. S. des § 246. Besser ist aber auch hier die sog. *Konkurrenzlösung*.

Im Beispiel (a) ist deshalb der Betrug zum Nachteil des früheren Eigentümers mitbestrafte Nachtat. Entsprechend verhält es sich mit der erneuten Unterschlagung im

---

[5] Vgl. AT, 7. Teil, § 4 Nr. 1 c.
[6] Vgl. AT, 12. Teil, § 2 Nr. 3.

Beispiel (b), wo der ersten Zueignung (Vermischen) eine zweite (Ausgeben) nachfolgt. Auch im Beispiel (c) ist die Sachbeschädigung konsumiert.

Eine Unterschlagung kann auch mitbestrafte Vortat sein.

Beispiel: T eignet sich einen Autoschlüssel zu, um später ein Auto zu stehlen.

Fällt die Unterschlagung mit Untreue zusammen, geht § 266 vor.[7]

IV. Problemhinweise, Literatur

Unterschlagung sollte immer im Zusammenhang mit Diebstahl gesehen werden, wobei der weitere Zusammenhang mit den Vermögensdelikten zu beachten ist.

Lektüre: Schünemann, Die Stellung der Unterschlagungstatbestände im System der Vermögensdelikte, JuS 1968, 114. Von grundlegender Bedeutung ist natürlich das Problem der berichtigenden Auslegung. *Lektüre* hierzu: *Bockelmann,* Ist eine berichtigende Auslegung des § 246 statthaft, MDR 1953, 3.

V. Bekannte BGH-Fälle

1. Inkasso-Fall-BGHSt 14, 38

Ein Beamter hatte sich die Verfügungsgewalt über fremde bewegliche Sachen durch Betrug verschafft. Er hatte vorgegeben, Geld in amtlicher Eigenschaft zu kassieren. In Wirklichkeit hatte er mit dem Willen gehandelt, es für sich zu verwerten. – Der *BGH* verneinte eine (Amts-) Unterschlagung. Schon tatbestandlich schließe der Betrug die nachfolgende Unterschlagung aus, weil Zueignung i. S. des § 246 nur die erstmalige Zueignung sei.

2. Fernsehgerät-Fall – BGHSt 22, 180

Der Angeklagte hatte ein Fernsehgerät mit Münzeinwurf in Betrieb gehabt. Er hatte den Münzbehälter zertrümmert, um an das Geld zu gelangen. Dieser war jedoch leer gewesen. – Der *BGH* bejahte versuchte Unterschlagung. Der Angeklagte habe trotz des fehlenden Schlüssels zum Münzbehälter Alleingewahrsam am darin (evtl.) befindlichen Geld gehabt.

3. Zeitungspapier-Fall – BGHSt 2, 317

Der Angeklagte hatte Zeitungspapier, an dem er Alleingewahrsam hatte, unterschlagen. Arbeiter hatten ihm dabei geholfen. – Der *BGH* verneinte bezüglich der Arbeiter Mittäterschaft. Mittäter könne nur sein,

---

[7] Vgl. bei § 28 III.

wer Mitgewahrsam habe. Fehle es daran, komme nur Teilnahme in Betracht.

4. Kirchenrendant-Fall – BGHSt 8, 273

Ein Kirchenrendant hatte Geld unterschlagen. Angestellte, die Mitgewahrsam am Geld hatten, hatten ihm dabei geholfen. – Der *BGH* bejahte Unterschlagung. Zwar setze die Unterschlagung normalerweise Alleingewahrsam des Täters voraus. Bei einem Bruch des Mitgewahrsams liege i. d. R. Diebstahl vor. Doch fehle es an einem Gewahrsamsbruch, wenn alle übrigen Mitgewahrsamsinhaber mit der Zueignung einverstanden seien.

5. Benzinmarken-Fall – BGHSt 4, 236

Ein Polizeibeamter hatte Benzinmarken der Polizei Geschäftsleuten gegeben, die dafür Preise zu Verlosungen gestiftet hatten. – Der *BGH* bejahte Unterschlagung, sofern der Täter durch die unentgeltliche Zuwendung an Dritte einen Nutzen oder Vorteil im weitesten Sinne erlangt habe.

6. Reichsbank-Fall – BGHSt 4, 76

Bei Kriegsende hatten Reichsbankbedienstete Wertpapiere an sich genommen. – Der *BGH* bejahte Unterschlagung. Gewahrsamserlangung und Zueignung könnten zusammenfallen (sog. kleine berichtigende Auslegung).

7. Kraftfahrzeug-Fall – BGHSt 13, 43

Der Angeklagte hatte ein gestohlenes, vom Dieb aufgegebenes Auto an sich gebracht, um es zu benutzen und später irgendwo stehen zu lassen. – Der *BGH* bejahte Unterschlagung; der Fall liege ganz ähnlich der Fundunterschlagung.

8. Sicherungsübereignungs-Fall – BGHSt 1, 262

Der Angeklagte hatte dieselbe Sache mehreren Personen sicherungsübereignet. – Der *BGH* sah die zweite (und die nachfolgenden) Sicherungsübereignungen als Unterschlagung an, sofern der Täter den späteren Empfängern habe wirksam Eigentum verschaffen wollen. Habe er gewußt, daß dies nicht möglich sei, liege Betrug vor.

9. Kassenfehlbetrags-Fall – BGHSt 24, 115

Ein Postbeamter hatte Kassenfehlbestände vorübergehend mittels eingehender Gelder ausgeglichen. – Der *BGH* bejahte Unterschlagung. Wegen der Anmaßung einer eigentümerähnlichen Position habe eine Zueignung vorgelegen.

§ 22. Raub (§ 249)
– Mit Ausführungen zu §§ 250 Schwerer Raub, 251 Raub mit Todesfolge, 252 Räuberischer Diebstahl und 316 a Räuberischer Angriff auf Kraftfahrer –

I. Überblick

1. Rechtsgut und Systematik

Raub ist ein aus *Diebstahl* und (qualifizierter) *Nötigung* konstruierter Tatbestand. *Rechtsgüter sind demgemäß Eigentum* (nebst Gewahrsam) und *Freiheit*. Der Schwerpunkt liegt auf dem *Eigentum*.[1]

Im Verhältnis zu §§ 242, 240 ist Raub delictum sui generis. *Aufbaumäßig* ist deshalb nicht mit diesen Tatbeständen, sondern *sofort mit § 249 zu beginnen*. Wird § 249 bejaht, können sie kurz mit dem Hinweis auf die Gesetzeskonkurrenz (Spezialität) abgetan werden. Das erspart einem insbesondere Ausführungen zur Verwerflichkeit i. S. des § 240 II, auf die es im Rahmen des § 249 nicht ankommt.

Im *Umfeld* des § 249 existieren:
– ein *Qualifikationstatbestand*, § 250, *Schwerer Raub* (entspricht weitgehend dem § 244);
– ein *erfolgsqualifizierter Tatbestand*, § 251, *Raub mit Todesfolge* (wobei § 18 gilt, aber Leichtfertigkeit[2] erforderlich ist);
– zwei *raubähnliche Sonderdelikte*, *§§ 252, Räuberischer Diebstahl* und *§ 316 a, Räuberischer Angriff auf Kraftfahrer*.

Aufbaumäßig ist im Falle der §§ 252, 316 a sofort mit diesen Delikten zu beginnen. § 252 unterscheidet sich vom Raub dadurch, daß die Nötigung nicht das Mittel zur Wegnahme ist, sondern erst nach Vollendung der Wegnahme zur Sicherung des bereits erlangten Gewahrsams eingesetzt wird. § 249 und § 252 stehen deshalb im Verhältnis „Entweder-Oder". Bei *Abgrenzungsschwierigkeiten* kommt es entscheidend auf die zur *Vollendung der Wegnahme* bei § 242 entwickelte Apprehensionstheorie an.[3]
Bestrafung „gleich einem Räuber" bedeutet eine Verweisung auf die §§ 249–251.
§ 316 a geht auf das Autofallengesetz von 1938 zurück.[4] Es handelt sich um ein *Unternehmensdelikt* (vgl. § 11 I Nr. 6), durch das Handlungen im sonst straflosen Vorfeld des Raubes erfaßt werden. Kommt es zum geplanten Raub, ist Tateinheit mit § 249 möglich.

2. Praktische Bedeutung

Die Raubkriminalität hat in den letzten Jahren zugenommen. Typisch sind vor allem der Straßenraub und die Beraubung von Geschäften. Mehr

---
[1] S. auch die Übersichten bei § 27 I 3 (Abbildungen 1 und 2).
[2] S. unter diesem Stichwort im Glossar des AT.
[3] S. bei § 20 II 2 c.
[4] Es handelt sich um ein – fragwürdiges – Gelegenheitsgesetz. Man beachte die hohe Strafdrohung.

als 90 Prozent aller Täter sind Männer; der Anteil von Kindern, Jugendlichen und Heranwachsenden beträgt zusammen fast 50 Prozent.

Ab einer gewissen Häufigkeit von Raubtaten tritt rechtspolitisch der Aspekt der allgemeinen Unsicherheit in den Vordergrund. In der Skala der Angstgründe nimmt die Furcht vor einem „Überfall" den ersten Rang ein. In den USA hat sich das gesellschaftliche und rechtspolitische Klima durch das starke Anwachsen der Raubkriminalität in den letzten Jahren stark verändert. Amerikanische Viktimisierungsstudien zeigen dabei, daß die Ärmsten mit dem höchsten Opferrisiko belastet sind.

II. Struktur

1. Übersicht

Aus der Konstruktion des § 249 ergibt sich eine weitgehende Anwendung des Baukastenprinzips:
– Der *Diebstahlsteil* entspricht *völlig* dem § 242; hier gibt es überhaupt keine Abweichungen.

Wer also gewaltsam ein Fahrzeug wegnimmt, um es nach einer Spritztour dem Eigentümer zurückzugeben, macht sich nach § 249 nicht strafbar[5].

– Der *Nötigungsteil* entspricht *weitgehend* dem § 240. Es ist aber *eine Einschränkung* zu beachten. Die *Drohung* muß eine *gegenwärtige Gefahr für Leib oder Leben* ausdrücken. Wegen dieser Einschränkungen des Tatbestandes auf eine qualifizierte Nötigung bedarf es einer dem § 240 II entsprechenden *Korrektur* durch eine *Verwerflichkeitsklausel nicht.*[6]

2. Typische Problemfälle

Die qualifizierte Nötigung muß das *Mittel zur Wegnahme* sein. Hieran fehlt es, wenn der Täter ohne dieses Ziel nötigt, hinterher aber die Situation zur Wegnahme ausnutzt.

Beispiel: T hat O gewürgt. Hinterher bemerkt er, daß der O dadurch die Brieftasche verloren hat und steckt sie ein, ohne daß der verstörte O es bemerkt. Hier scheidet Raub aus; es kommen nur Diebstahl, Nötigung und Körperverletzung in Betracht. – Anders aber, wenn T während des Würgens die Brieftasche des O zu fassen bekommt und diese aufgrund eines neuen Entschlusses wegnimmt. Jetzt liegt ein Raub vor, dessen Versuchsstadium mit dem neuen Entschluß beginnt. – Wieder anders, wenn T

---

[5] Nach richtiger Auffassung scheidet auch § 255 aus, vgl. bei § 23 II 2.
[6] Dagegen ergibt sich keine Einschränkung des Gewaltbegriffes daraus, daß § 249 von „Gewalt gegen eine Person", § 240 nur von „Gewalt" spricht. Auch bei § 240 ist (auch bei der sog. Sachgewalt) immer nur Gewalt gegen eine Person möglich, vgl. bei § 19 II 2a. Abweichend wird z. T. die Meinung vertreten, für § 249 sei körperlicher Zwang erforderlich; seelischer Zwang reiche nicht aus. Das überzeugt schon deshalb nicht, weil körperlicher und seelischer Zwang nicht säuberlich voneinander unterschieden werden können, vgl. bei § 18 I 1. S. auch die Beispiele unten bei 2 a. E.

bei der zuerst genannten Variante die Brieftasche aufhebt und dem O sicherheitshalber noch einen Schlag versetzt. Jetzt kommt § 252 in Betracht.

Der *Gewaltbegriff* ist wie bei § 240 weit aufzufassen; nach der Rechtsprechung kommt es letztlich nur auf die Zwangswirkung an. Auch Sachgewalt reicht aus, wenn sie wenigstens mittelbar auf die Person wirkt, str.

Beispiel: T sperrt den O im Schlafzimmer ein, um ungestört das Wohnzimmer ausplündern zu können. Hier wirkt die unmittelbare Sachgewalt (Versperren der Tür) mittelbar auf die Person des O (physische Gewalt), was für § 249 genügt. – Anders dagegen, wenn T die Tür zur Wohnung des abwesenden O zertrümmert, um stehlen zu können, Hier kommt nur Einbruchsdiebstahl in Betracht. – Wieder anders, wenn O anwesend ist und T die Wohnungseinrichtung zertrümmert, um O so in Angst und Schrecken zu versetzen, daß der dem Ausplündern keinen Widerstand entgegensetzt. Hier wirkt sich die Sachgewalt mittelbar auf die Person des O (psychische Gewalt) aus, was für § 249 genügt.

III. Typische Konkurrenzprobleme

Die §§ 240, 242 werden von § 249 im Wege der Gesetzeskonkurrenz verdrängt (Spezialität). §§ 223, 223a werden häufig erfüllt sein; sie stehen dann in Idealkonkurrenz zum Raub. Zur räuberischen Erpressung, § 255 verläuft auf dem Boden der hier vertretenen Auffassung, wonach § 253 eine Vermögensverfügung voraussetzt,[7] eine klare Grenzlinie, so daß Konkurrenzprobleme nicht entstehen können.

IV. Problemhinweise, Literatur

§ 249 sollte benutzt werden, um die Probleme von Diebstahl und Nötigung zu repetieren. Eine spezielle Problematik des § 249 ist die Verknüpfung der Nötigung mit der Wegnahme.

Lektüre: Eser, Zum Verhältnis von Gewaltanwendung und Wegnahme beim Raub, NJW 1965, 377.

V. Bekannte Fälle

1. Handtaschen-Fall – BGHSt 18, 329

Der Angeklagte hatte seinem Opfer eine Handtasche überraschend aus der Hand geschlagen. – Der *BGH* sah darin Gewalt, auch wenn dazu keine besondere Kraft nötig war, und bejahte einen Raub.

---

[7] Vgl. bei § 23 II 2.

2. Kuss-Fall – BGHSt 20, 32

Der Angeklagte hatte ursprünglich zur sexuellen Belästigung (Kuss) eingesetzte Gewalt zur Wegnahme einer Uhr aufgrund eines neuen Entschlusses benutzt. – Da hierbei seine Gewaltanwendung noch angedauert hatte, bejahte der *BGH* Raub. Daß das Opfer die Wegnahme bemerke, sei nicht erforderlich.

3. Keller-Fall – BGHSt 20, 194

Der Angeklagte hatte seine Opfer im Keller eingeschlossen und das Schlafzimmer geplündert. Nachdem sie sich befreit hatten, hatte er einen Spielzeugrevolver benutzt, um sie zu schlagen. – Der *BGH* bejahte Gewalt gegen Personen durch das Einsperren und nahm damit Raub an. Außerdem bejahte er § 250 I Nr. 2; mit dem Schlagen sei die Spielzeugwaffe zum gefährlichen Werkzeug geworden; der entsprechende Entschluß, ein solches zu benutzen, könne bis zur Beendigung des Raubes gefaßt werden.

4. Gastwirt-Fall – BGHSt 16, 341

Die Angeklagte hatte einem Gastwirt Beilhiebe versetzt. Dann hatte sie den Entschluß gefaßt, ihm Geld wegzunehmen; dazu hatte sie die Hand des bei Bewußtsein befindlichen, aber kraftlosen Gastwirtes zur Seite geschoben. – Der *BGH* nahm einen Raub an. Gewalt gegen eine Person läge auch dann vor, wenn lediglich unbewußte Schutz- und Abwehrmaßnahmen eines anderen ausgeschaltet würden.

5. Betrunkenen-Fall – BGHSt 4, 210

Die Angeklagten hatten ein betrunkenes Opfer an einen anderen Ort geschleppt, geschlagen und ausgeplündert. – Der *BGH* bejahte Raub. Auch gegen einen Bewußtlosen sei Gewaltanwendung möglich. Schon das Wegschleppen sei Gewalt gewesen.

6. Fünf-Mark-Siebenhundert-Mark-Fall – BGHSt 22, 350

Der Angeklagte hatte sein Opfer geschlagen, um ihm fünf Mark aus der Brieftasche zu nehmen. Als er dann gesehen hatte, daß sie 700 Mark enthielt, hatte er das ganze Geld genommen. – Der *BGH* sah die Tat im ganzen als Raub an, nicht als Raub in Tateinheit mit Diebstahl.

§ 23. Erpressung (§ 253)
– mit Ausführungen zu § 255 Räuberische Erpressung –

I. Überblick

Erpressung ist ein *ähnlich* dem *Betrug* strukturiertes *Vermögensverschiebungsdelikt*. Der Unterschied liegt im *Mittel*, mit dem die Vermögensverschiebung bewirkt wird. Bei *§ 263* ist es *Täuschung*, bei *§ 253* ist es *Gewalt* oder *Drohung mit einem empfindlichen Übel*, also eine *Nötigung*.
Rechtsgüter sind *Vermögen* und *Freiheit*. Der Schwerpunkt liegt auf dem Vermögen.[1]

Im Verhältnis zu § 240 ist § 253 delictum sui generis. *Aufbaumäßig* ist deshalb nicht mit § 240, sondern sofort mit § 253 zu beginnen. Wird § 253 bejaht, kann § 240 kurz mit dem Hinweis auf die Gesetzeskonkurrenz (Spezialität) abgetan werden.

Es existiert ein *Qualifikationstatbestand* in *§ 255*. Wenn der Täter die qualifizierten *Nötigungsmittel des Raubes*, § 249 einsetzt, ist er wegen *räuberischer Erpressung* strafbar.[2] *§ 253 hat daher selbständige Bedeutung nur für die Fälle, in denen Drohungen ohne gegenwärtige Gefahr für Leib oder Leben* vorkommen.

Beachte: Bestrafung „gleich einem Räuber" bedeutet eine Verweisung auf die §§ 249 bis 251.

II. Struktur

1. Übersicht

Aus der Konstruktion des § 253 ergibt sich eine weitgehende Anwendung des Baukastenprinzips:
– Der *Nötigungsteil* entspricht *fast vollkommen* dem *§ 240*. Die einzige Besonderheit ergibt sich daraus, daß *strittig* ist, ob sich das *abgenötigte Verhalten* als *Vermögensverfügung* darstellen muß oder nicht. Hier steckt das *Kernproblem des § 253*.[3]

Unverändert kann man also von der Nötigung übernehmen die *Gewalt* (wobei jedoch nach richtiger Auffassung wegen der Notwendigkeit einer Vermögensverfügung vis absoluta ausscheidet) bzw. die *Drohung mit einem empfindlichen Übel* sowie die *Verwerflichkeitsregelung* des Abs. II.

---

[1] Siehe auch die Übersichten bei 27 I 3 (Abbildungen 1 und 2).
[2] Vgl. bei § 22 II 1, dort insb. auch Fußn. 6.
[3] Siehe dazu unten 2.

– Der *Vermögensverschiebungsteil* entspricht *fast vollkommen* dem § 263. Strittig ist lediglich, wie erwähnt, ob § 253 eine *Vermögensverfügung* voraussetzt.

Unverändert kann man also vom Betrug übernehmen den *Vermögensschaden* (Nachteil zufügen = Vermögen beschädigen) einschließlich der Möglichkeit des Dreiecksverhältnisses (Genötigter und Geschädigter müssen nicht identisch sein). Unverändert kann man auch übernehmen die *Absicht, sich oder einem Dritten einen rechtswidrigen Vermögensvorteil zu verschaffen* (= Absicht, sich oder einen Dritten zu Unrecht zu bereichern) einschließlich der Stoffgleichheit. Nach richtiger Auffassung kann (und muß) man auch die *Vermögensverfügung* vom Betrug übernehmen.

2. Der Streit um die Vermögensverfügung

Das abgenötigte Verhalten kann eine „*Handlung, Duldung oder Unterlassung*" sein. Aus dieser muß ein *Vermögensnachteil (Schaden)* entstehen. Bei einem *Tun* des Genötigten ist das problemlos. Bei einem *Nichttun* des Genötigten – einem bloßen Dulden oder Unterlassen – ist das dagegen problematisch. Denn tut das Opfer nichts, muß der Täter etwas tun, soll es zu einem Vermögensschaden kommen. Dieses Tun wird i. d. R. ein Nehmen sein.

Beispiele: T droht O, er werde ihm die Scheiben seines Geschäftes einschlagen, falls O nicht eine Schutzgebühr bezahle; daraufhin bezahlt O. Dieser Fall ist unproblematisch.
T hält O gewaltsam fest und nimmt ihm seine Brieftasche weg; O muß das dulden. Er hat keine Möglichkeit, es zu verhindern (vis absoluta). Dieser Fall ist vom Wortlaut des § 253 zwar gedeckt, jedoch problematisch, weil er auch vom Wortlaut des § 249 gedeckt ist. Es liegt sogar ein typischer Raub vor.

Die Rechtsprechung beruft sich auf den Wortlaut und subsumiert beide Fälle unter § 253.[4] Die Rechtslehre vertritt dagegen (wohl) überwiegend die Auffassung, daß § 253 eine *Vermögensverfügung* des O voraussetze. Begründet wird dies mit der Parallele zwischen §§ 253 und 263.

Vermögensverfügung ist jedes *freiwillige* Tun oder Lassen *des O, das sich unmittelbar vermögensschädigend* auswirkt.[5] Bei vis absoluta fehlt es hieran. Hier verfügt nicht der O. Sein „Lassen" ist irrelevant, weil O nichts tun könnte. Vielmehr handelt (allein) der T. So liegt es im letztgenannten Beispiel, wo der T dem O die Brieftasche wegnimmt. Dies wäre also allein nach § 249, nicht nach § 253 strafbar.

Im Regelfall ist der Streit in den Fällen, in denen T vis absoluta anwendet, ohne Bedeutung für das Ergebnis.

Wenn T mit Zueignungsabsicht handelt, ist nach der Rechtsprechung sowohl § 249 als auch § 253 erfüllt; letzterer wird im Wege der Gesetzeskonkurrenz verdrängt. Nach der Lehre ist von vornherein nur § 249 erfüllt. – Auf beiden Wegen kommt man also zu § 249 und gegebenenfalls den Raubqualifikationen, §§ 250, 251.

---

[4] S. unten V 7, 8 (Taxi-Fälle).
[5] Vgl. bei § 27 II 2c.

Bedeutung hat dagegen der Streit, wenn *T* ohne Zueignungsabsicht handelt.

Beispiele: *T* erzwingt gewaltsam einen Fall des unbefugten Gebrauches eines Fahrzeuges, § 248b, oder eine Pfandkehr, § 289.

Folgt man der Rechtsprechung, scheidet in derartigen Fällen zwar § 249 aus, doch bleibt § 253 anwendbar. Er führt zu § 255 und von dort zu den (schweren) Raubqualifikationen („gleich einem Räuber"). Folgt man der Literatur, ist letzteres nicht möglich. Dann bleibt nur eine Bestrafung nach den genannten §§ 248b bezw. 289 sowie wegen Nötigung. Diese letztgenannte Meinung verdient den Vorzug.

Für den Raub und seine Qualifikationen ist die Zueignungsabsicht kennzeichnend. Fehlt es daran – wie in den Fällen der §§ 248b, 289 – sind keine entsprechenden Qualifikationen vorgesehen. Es erscheint nicht sachgerecht, diese Differenzierung durch Anwendung des § 255 einzuebnen. Auch wäre dann nicht klar, welche selbständige Bedeutung § 249 gegenüber § 255 noch haben sollte.

Mit der Lehre ist also für die Erpressung eine *Vermögensverfügung* zu fordern. Dabei kann auf das entsprechende Merkmal des § 263 zurückgegriffen werden (Baukastenprinzip). Der einzige Unterschied besteht darin, daß ein unbewußtes Lassen abweichend vom Betrug nicht ausreicht. Zum Wesen der Willensbeugung durch Nötigung gehört, daß der Genötigte *bewußt* etwas läßt.

Beispiel: *T* droht dem *O* Schläge für den Fall an, daß *O* eine Forderung geltend macht. *O* läßt dies daraufhin bleiben. Wie man sieht, ist ein bewußtes Lassen erforderlich.

III. Typische Konkurrenzprobleme

§ 240 wird von § 253 im Wege der Gesetzeskonkurrenz verdrängt (Spezialität). Zu den Wegnahmedelikten (§§ 242, 249) kann auf dem Boden der hier vertretenen Auffassung kein Konkurrenzverhältnis gegeben sein, weil Vermögensverfügung und Wegnahme einander ausschließen. Auch Betrug steht zur Erpressung regelmäßig im Verhältnis „Entweder-Oder", wobei es entscheidend darauf ankommt, ob eine Täuschung vorliegt (dann Betrug) oder eine Drohung (dann Erpressung).[6] Die Abgrenzung kann schwierig sein.

Beispiel: Nach einer Kindesentführung täuscht *T* telefonisch vor, der Entführer zu sein und fordert unter Drohungen für das Leben des Kindes Lösegeld. Hier ist die Täuschung der Drohung untergeordnet (notwendige Voraussetzung), so daß nur räuberische Erpressung vorliegt.
Gegenbeispiel: *T* und *X* haben eine Straftat begangen *T* täuscht *X* vor, er werde deswegen erpreßt, und veranlaßt *X* dadurch, sich an den vermeintlichen Schweigegeldzahlungen zu beteiligen. Hier ist die Drohung der Täuschung untergeordnet, so daß nur Betrug anzunehmen ist.

---

[6] Vgl. auch die Zusammenfassung bei § 19 II 2c.

IV. Problemhinweise, Literatur

Man sollte sich einmal mit dem Problem der *Vermögensverfügung* bei § 253 befassen.

Lektüre: *Tenckhoff,* Die Vermögensverfügung des Genötigten als ungeschriebenes Merkmal der §§ 253, 255 StGB, JR 1974, 489.

Sodann sollte man sich mit der Abgrenzung der Erpressung von Diebstahl und Betrug befassen.

Lektüre: *Herzberg,* Konkurrenzverhältnisse zwischen Betrug und Erpressung, JuS 1972, 570; *Otto,* Zur Abgrenzung von Diebstahl, Betrug und Erpressung, ZStW 88 (1976), 960.

V. Bekannte Rechtsfälle

1. Kunstgegenstände-Fall – BGHSt 26, 346

Die Angeklagten hatten Kunstgegenstände gestohlen und sie anschließend dem Eigentümer gegen ein Lösegeld zurückgegeben. – Der *BGH* sah hierin eine Erpressung. Ein Vermögensschaden liege vor, weil der Eigentümer einen Rückforderungsanspruch hatte, mithin die Leistung der Kunstgegenstände nicht wertmäßig gegen das Lösegeld verrechnet werden dürfe.

2. Sträucher-Fall – BGHSt 19, 342

Der Angeklagte hatte sein Opfer mit Schlägen zur Herausgabe von Geld genötigt. Das Geld war aber zwischen Sträucher gefallen und hatte nicht wiedergefunden werden können. – Der *BGH* bejahte eine vollendete Erpressung, weil der Vermögensnachteil eingetreten war und bezüglich der Bereicherung eine bloße Absicht genüge.

3. Entführungs-Fall – BGHSt 23, 294

Nach einer Entführung hatte der Täter sich als Entführer ausgegeben und Lösegeld gefordert. – Der *BGH* bejahte (versuchte) räuberische Erpressung, nicht Betrug, weil es hier entscheidend auf die Drohung, nicht auf die Täuschung ankomme.

4. Geldbörse-Fall – BGHSt 7, 252

Die Angeklagten hatten ihr Opfer unter der Drohung, es zu schlagen, zur Herausgabe seiner Geldbörse genötigt. – Der *BGH* sah hierin räuberische Erpressung, nicht Raub.

5. Vaterschafts-Fall – BGHSt 7, 197

Eine Frau hatte einen verstorbenen Dritten fälschlich als Vater ihres nichtehelichen Kindes bezeichnet. Später hatte sie dem echten Vater vorgetäuscht, der Dritte lebe noch und sie müsse ihm Schweigegeld bezahlen, woran er, der Vater sich beteiligen solle. – Der *BGH* nahm Betrug, nicht Erpressung an, weil er wesentlich auf die Täuschung, nicht auf die Drohung abstellte.

6. Kindsmord-Fall – BGHSt 16, 316

Der Angeklagte hatte ein Kind entführt und ermordet. Danach hatte er Geld verlangt und gedroht, das Kind zu ermorden. – Darin sah der *BGH* u. a. eine versuchte räuberische Erpressung. Es genüge eine Drohung für Leib oder Leben eines anderen als des Erpreßten. Darauf, daß das Kind schon tot gewesen sei, komme es nicht an, weil die Sicht des Erpreßten maßgeblich sei. § 251 wurde dagegen verneint, weil die Tötung für die Erpressung nicht tatbestandsmäßig war.

7. Erster Taxi-Fall – BGHSt 14, 386

Ein Fahrgast hatte einen Taxifahrer mit einer Gaspistole gezwungen, das Taxi zu verlassen. Anschließend hatte er das Taxi für eine Spritzfahrt benutzt und sich dann der Polizei gestellt. – Der *BGH* verneinte Raub mangels Zueignungsabsicht, bejahte aber Erpressung, wobei er die Bereicherungsabsicht wegen des erstrebten Besitzes bejahte und das Erfordernis einer Vermögensverfügung verneinte. Auf diesem Wege kam er trotz fehlender Zueignungsabsicht zu §§ 255, 250 I Nr. 1.

8. Zweiter Taxi-Fall – BGHSt 25, 224

Ein Fahrgast hatte einen Taxifahrer gewaltsam gezwungen, ihn ohne Bezahlung laufenzulassen. – Der *BGH* sah darin eine räuberische Erpressung. Zwar fehle eine Vermögensverfügung des Taxifahrers, doch sei eine solche nicht zu fordern. Es genüge, daß es dem Taxifahrer unmöglich gemacht worden sei, seine Forderung durchzusetzen.

9. Unterhalts-Fall – BGHSt 20, 136

Der Angeklagte hatte befürchtet, seine getrennt lebende Frau werde nicht bestehende Unterhaltsansprüche gegen ihn geltend machen. Um dem entgegentreten zu können, hatte er sie unter Schlägen gezwungen, ihm entsprechende Quittungen auszustellen. – Der *BGH* verneinte eine Erpressung; es fehle am Vermögensschaden wie an der Rechtswidrigkeit der erstrebten Bereicherung.

10. Dirnen-Fall – BGHSt 4, 105

Nach einem an der Trunkenheit des Freiers gescheiterten Geschlechtsverkehr hatten eine Dirne und ihr Ehemann den Freier unter Androhung von Schlägen zur Zahlung des Lohnes gezwungen. – Der *BGH* bejahte den äußeren Tatbestand der schweren räuberischen Erpressung, hielt jedoch einen vorsatzausschließenden Tatbestandsirrtum bezüglich der Rechtswidrigkeit der erstrebten Bereicherung für möglich. Zwar habe die Dirne wegen § 138 BGB keine Forderung gegen den Freier gehabt, doch könne sie an die Existenz einer solchen Forderung geglaubt haben.

§ 24. Begünstigung (§ 257)

I. Überblick

Begünstigung ist die *nachträgliche Unterstützung* (irgend-)einer *rechtswidrigen Tat*. Ähnlich wie bei der Hehlerei wird die Wiederherstellung des gesetzmäßigen Zustandes vereitelt *(Restitutionsvereitelung, Perpetuierung des rechtswidrigen Zustandes)*. Es sind aber *Unterschiede* vorhanden. So wird bei der Hehlerei der rechtswidrige Zustand durch Verschieben der Beute perpetuiert, wobei Bereicherungsabsicht erforderlich ist. Bei der Begünstigung wirkt dagegen der Täter auf die Sicherung der aus der Vortat erlangten Vorteile hin, ohne daß Bereicherungsabsicht erforderlich wäre. (Beides kann freilich zusammentreffen, so namentlich bei der Absatzhilfe. Dann ist Idealkonkurrenz zwischen §§ 257, 259 gegeben). Ferner ist Hehlerei ein *Vermögensdelikt*. Bei der Begünstigung *braucht* dagegen die Vortat *kein Vermögensdelikt* zu sein. Zwar wird dies regelmäßig der Fall sein (weshalb § 257 in den Lehrbüchern meist bei den Vermögensdelikten behandelt wird). Es kann aber auch anders liegen. So kann man beispielsweise auch den begünstigen, der eine Kindesentziehung, § 235 (Rechtsgut: Muntgewalt) begangen hat.

Rechtsgut der Begünstigung ist – dem gesagten entsprechend – das jeweils durch die *Vortat betroffene Rechtsgut*, str.

Wollte man ein selbständiges Rechtsgut des § 257 bestimmen, müßte man eine Abstraktion vornehmen, die zu einer nahezu vollständigen Inhaltslosigkeit des Rechtsgutsbegriffes führen würde.[1]

Bis 1975 waren Begünstigung und Strafvereitelung als sog. sachliche und persönliche Begünstigung in § 257 a. F. zusammengefaßt gewesen. Darauf ist bei älterer Literatur und Rechtsprechung zu achten.

Historisch ist die Geschichte der Begünstigung ebenso wie die der Strafvereitelung und die der Hehlerei eine *Geschichte* ihrer *Ausgliederung aus der Teilnahme an der Vortat*. Nach heutigem Verständnis ist die echte Teilnahme an der Vortat von der Pseudo-Teilnahme nach der Tat zu unterscheiden. Bei der ersteren ist ein konkreter

---

[1] Vgl. auch AT, 4. Teil, § 2 sowie bei § 26 I 1. S. ferner die Übersichten bei § 27 I (Abbildungen 1 und 2).

Vorsatz bezüglich einer bestimmten Tat[2] erforderlich; bei der letzteren (also bei der Begünstigung usw.) genügt ein auf die Existenz irgendeiner rechtswidrigen Tat gerichteter Vorsatz.

Zwischen *Vollendung* und *Beendigung* der Vortat ist *noch Beihilfe* zur Vortat und *schon Begünstigung* möglich.[3]

Beispiel: V hat gestohlen und die Beute noch auf dem Gelände des Diebstahls versteckt (= Vollendung des § 242). Am nächsten Tag fährt T für V die Beute weg (= Beendigung des § 242). – Die h. M. grenzt hier nach der Willensrichtung des T ab. Will er die *Vortat beenden helfen,* liegt *Beihilfe* vor; dann scheidet die gleichzeitige Annahme einer Begünstigung wegen § 257 III 1 aus. Will T dagegen die *Vorteile der Vortat sichern helfen,* liegt nur Begünstigung vor.

Beachte: Da die Strafdrohung der Beihilfe sich nach der Haupttat richtet, § 27 II 1, kann die Annahme von Beihilfe bei schweren Haupttaten für T nachteiliger sein als die von Begünstigung.

§ 257 ist ebenso wie § 113 und § 323 c ein *unechtes Unternehmensdelikt* (ein echtes Unternehmensdelikt scheidet aus, weil der Terminus „Unternehmen" i. S. des § 11 I Nr. 6 nicht verwendet wird). Das Merkmal „*Hilfeleisten*" umschreibt eine *finale Handlung,* die von der bloßen *Zielrichtung* des Täters getragen wird, *ohne daß ein Erfolg* nötig ist. *Praktische Bedeutung* hat dies für den *Versuch,* der nicht ausdrücklich tatbestandsmäßig ist.

Manche Autoren wollen *alle Versuchsfälle* unter Berufung auf den Unternehmenscharakter des § 257 als tatbestandsmäßig ansehen (was aber mit Art. 103 II GG nicht mehr vereinbar ist. Auch ist zu bedenken, daß beim Hilfeleisten der Beihilfe der Versuch straflos ist). Andere Autoren wollen den Versuch *in keinem Fall* bestrafen (was dem Unternehmenscharakter des Delikts nicht Rechnung trägt).

Richtig dürfte eine *differenzierende Lösung* sein. Der Versuch kann nur insoweit strafbar sein, als er sich aus dem Begriff „Hilfeleisten" ableiten läßt. Dies ist nur beim tauglichen Handlungsversuch der Fall. *Beispiel:* T lenkt die nach der Beute suchenden Polizisten ab; diese durchschauen aber das Manöver und lassen sich nicht ablenken.[4]

Die Fälle des untauglichen Versuchs[5] lassen sich dagegen nicht aus dem Begriff „Hilfeleisten" ableiten. Ihre Bestrafung würde gegen Art. 103 II GG verstoßen. Dies betrifft einmal die Fälle des untauglichen Handlungsversuchs (d. h. des Versuchs mit untauglichen Mitteln. – *Beispiel:* T versteckt Geld des X, das aus einer Steuerhinterziehung stammt in der irrigen Meinung, dadurch die Vorteile der Steuerhinterziehung zu sichern; dies ist irrig, weil die Steuerhinterziehung sich gegen den staatlichen Steueranspruch richtet und es auf dessen Bestand ohne Einfluß ist, wo sich das Geld befindet). Es betrifft aber auch alle anderen Fälle des untauglichen Versuches. In Betracht kommt noch der Versuch am untauglichen Objekt *(Beispiele:* T leistet X in der irrigen Vorstellung Hilfe, X habe eine Vortat i. S. des § 257 begangen. – T lenkt die nach der Beute

---

[2] Ein nur allgemein auf die Existenz irgendeiner rechtswidrigen Tat gerichteter Vorsatz ist im Fall der Beihilfe irrelevant, während bei der Anstiftung § 111 zu prüfen ist, vgl. AT, 8. Teil, § 3 Nr. 5 d, e.
[3] Vgl. AT, 9. Teil, § 1 (Abb. 62).
[4] Freilich können hier schwierige Auslegungsprobleme entstehen. Siehe unten bei II 3.
[5] Vgl. AT, 9. Teil, § 6.

suchenden Polizisten erfolglos oder erfolgreich ab, wobei er nicht weiß, daß die Beute sich nicht mehr im vermeintlichen Versteck befindet).

Die praktische Bedeutung des § 257 ist gering. Dies hat sicher damit zu tun, daß Vortatbeteiligte nach § 257 III 1 straflos sind. Es kommen daher als Täter nur Außenstehende in Betracht. Diese Konstellation ist selten.

II. Struktur

1. Übersicht

Vorausgesetzt ist (irgendeine) rechtswidrige Tat (§ 11 I Nr. 5) als *Vortat;* der Täter muß einem anderen *Hilfe leisten:* dies muß in der *Absicht* geschehen, ihm die *Vorteile der Vortat zu sichern.* Jeder dieser drei Strukturpunkte kann problematisch werden. Im einzelnen:

2. Vortat

Die Vortat eines anderen (auch Versuche oder Teilnahme) muß *wirklich vorliegen.* Ein *Vermögensdelikt* ist dabei, wie gesagt, *nicht erforderlich.*

Beispiele: V hat gestohlen (Vermögensdelikt); V hat sich durch eine Urkundenfälschung die Approbation als Arzt erschlichen (kein Vermögensdelikt).

Fehlt es an der Vortat, glaubt der Täter aber irrig an eine solche, liegt strukturell ein untauglicher Versuch (am untauglichen Objekt) vor. Dieser ist, wie gesagt, straflos.[6] Freilich muß nicht genau feststehen, welche Vortat gegeben ist. Es genügt, daß eine von mehreren möglichen Vortaten sicher ist, ohne daß es dabei auf die Voraussetzungen der Wahlfeststellung ankommt. Verfolgbarkeit der Vortat ist nicht nötig (wichtig z. B. bei Verjährung, Antragsdelikten).

3. Hilfeleisten

Eine Normalfallanalyse ergibt die in Abb. 1 gezeigte Struktur.

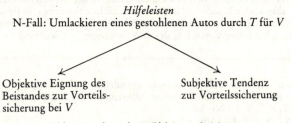

Abb. 1 Struktur des Hilfeleistens bei § 257

---

[6] S. oben I.

§ 24. Begünstigung (§ 257)

Von der Struktur aus lassen sich *Problemfälle* bearbeiten.

– Die *objektive Eignung des Beistandes zur Vorteilssicherung* ist bei *untauglichen Hilfsmaßnahmen* problematisch. Die Lösung dieser Fälle ergibt sich aus dem Charakter des § 257 als *unechtes Unternehmensdelikt*.[7] Es muß eine *objektiv taugliche Hilfe* vorliegen. Darauf, ob sie Erfolg hat, kommt es nicht an. Alle *Fälle* des *untauglichen Versuchs* sind *kein „Hilfeleisten"* i. S. des § 257 I. Sie können nur einen Versuch der Begünstigung darstellen, der aber tatbestandslos ist.

– Die *subjektive Tendenz des Beistandes zur Vorteilssicherung* ist *problematisch*, wenn es dem (bösgläubigen) Täter lediglich um die *Sacherhaltung* geht.

Schulbeispiel ist die Fütterung von gestohlenen Tieren. Soweit es dem Täter nicht um die Restitutionsvereitelung geht, scheidet hier § 257 aus.

Weitere Beispiele: Schutz gestohlener Sachen vor Regen oder Verderbnis (z. B. durch Einlagern in einen Kühlraum), Verteidigung gegen (weiteren) Diebstahl u. dgl. mehr.

Auch ein *Unterlassen* kann ein Hilfeleisten sein, falls eine entsprechende *Garantenpflicht* besteht (unechtes Unterlassungsdelikt).[8]

Beispiel: Eltern (Garanten unter dem Aspekt einer Sicherungspflicht- Beaufsichtigung ihrer Kinder) sehen tatenlos zu, wie die Kinder Diebesbeute im Haus verstecken. Soweit das erforderliche Tun eine Anzeige bei der Behörde wäre (z. B. weil die Kinder schon groß sind und sich nichts mehr sagen lassen), ist § 139 III S. 1 analog anwendbar.[9]

Das *täterschaftliche „Hilfeleisten"* i. S. des § 257 I muß von den Fällen bloßer (strafloser) *Teilnahme* an der (tatbestandslosen) *Selbstbegünstigung* des Vortäters V (der ja kein „anderer" i. S. des § 257 I ist) unterschieden werden. Nicht jede Hilfe ist tatbestandsmäßig. Der *obere Schwellenwert* der *reinen Teilnahme* muß *überschritten* werden.

Beispiele: Beschränkt sich T darauf, den V zur Selbstbegünstigung zu veranlassen (Anstiftung) oder beschränkt er sich darauf, eine Selbstbegünstigung des V zu unterstützen (Beihilfe), scheidet § 257 I aus. Die Grenze zur Täterschaft wird überschritten, sobald T „mehr" tut, indem er z. B. dem V ein bestimmtes Beuteversteck zeigt oder ihm zeigt, wie man die Beute am besten verstecken kann.

Das *täterschaftliche „Hilfeleisten"* muß auch von der *Teilnahme* an der *Begünstigung Dritter* unterschieden werden.

Beispiel: D bittet T, dem V zu helfen, (Anstiftung), oder er hilft dem T bei dessen Hilfe für den V (Beihilfe). Hier liegt bei D nur Teilnahme vor. Scheidet bei T Täterschaft aus, liegt bei D nur straflose versuchte Teilnahme, nicht etwa täterschaftliches „Hilfeleisten" i. S. des § 257 I vor, str.

Die Begünstigung ist also in *dreifacher Hinsicht* von der Teilnahme abzugrenzen: Einmal von der Teilnahme des T an der *Vortat*, ein ander-

---

[7] S. oben I.
[8] Vgl. AT, 7. Teil, § 4 Nr. 1 c.
[9] Vgl. bei § 4 I 2.

mal von der *Teilnahme des T an der Selbstbegünstigung des V*, ein drittes Mal von der *Teilnahme des D an der Begünstigung des T*. Die erstere Abgrenzung ist im Stadium zwischen Vollendung und Beendigung der Vortat erforderlich. Die zweitgenannte Abgrenzung ist immer erforderlich und wichtig, weil Teilnahme an der Selbstbegünstigung tatbestandslos ist. Die letztgenannte Abgrenzung ist schließlich bei Existenz mehrerer Helfer vorzunehmen. Abb. 2 verdeutlicht diese Situation.

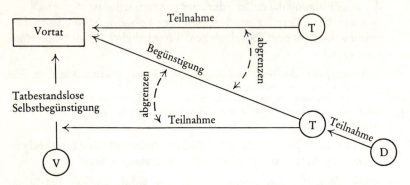

Abb. 2 Struktur zur Abgrenzung zwischen Begünstigung und möglichen Teilnahmefällen

Der Versuch ist straflos. Soweit wegen des Charakters des § 257 als unechtes Unternehmensdelikt der Versuch des Hilfeleistens dennoch strafbar ist, muß der Bereich der straflosen Vorbereitungshandlung überschritten sein.[10]

Daran fehlt es z. B., wenn *T* sein Auto lediglich für den Transport der Beute des *V* vorbereitet.

4. Absicht, die Vorteile der Vortat zu sichern

Hier entstehen zwei Fragen: Was heißt *Absicht?* Was heißt *Vorteil?* Im einzelnen:

Bei der *Absicht* ist strittig, ob *Wollen* oder sicheres Wissen (dolus directus) erforderlich und ausreichend sind (dolus eventualis scheidet aus).[11] Mit der h. M. ist Wollen zu fordern. Dabei ist zu beachten, daß andere Motive nicht das Wollen ausschließen.

Beispiel: Ein Taxifahrer transportiert einen Dieb samt Beute (Absicht), um sich den Fahrlohn zu verdienen (Motiv).

Beim *Vorteil* ist zu fordern, daß er *unmittelbar* aus der Vortat stammen muß, str. § 257 scheidet daher aus, wenn der Vortäter eine erbeutete

---

[10] S. oben I 1. Vgl. auch AT, 9. Teil, § 5.
[11] Vgl. AT, 6. Teil, § 2, Nr. 3, b, aa, bb.

Sache veräußert hat und *T* ihm hilft, den Erlös zu sichern (anders aber, wenn die Veräußerung selbst eine neue Straftat – z. B. Betrug ist).

Geld, das der Vortäter gewechselt hat, wird man ausnahmsweise noch als unmittelbar aus der Vortat erlangt ansehen müssen, str. Bei § 259, wo ebenfalls eine „Ersatzhehlerei" nicht möglich ist [12], ist das anders. Dort wird auf den engen Begriff der Sache abgestellt, während bei § 257 auf den weiten Begriff des *Vorteils* abgestellt wird. Das erlaubt eine entsprechende Auslegung. Freilich entsteht dann ein Problem der Grenzziehung: Wie ist es, wenn *V* das gestohlene Geld öfters wechselt?

Ist der Vorteil beim Vortäter nicht mehr vorhanden, glaubt der Täter aber irrig daran, handelt es sich, wie erwähnt, um einen Fall des straflosen Versuches.[13] Im umgekehrten Fall fehlt der Vorsatz. Bezüglich der Existenz des Vorteils genügt dolus eventualis. Die Absicht (Wollen) muß sich auf die Sicherung, also die Restitutionsvereitelung beziehen. Ein entsprechender Erfolg ist nicht nötig (überschießende Innentendenz).

Beispiel: X erzählt *T*, er habe gestohlen und fette Beute gemacht, die er gerne im Keller des *T* verstecken würde. *T* ist skeptisch, weil er *X* als Aufschneider kennt. Er hält es aber für möglich, daß *X* die Wahrheit gesagt hat (= dolus eventualis) und erfüllt ihm den Wunsch (= Absicht der Sicherung). *T* ist strafbar nach § 257.

5. Beteiligungsprobleme

Bei § 257 sind immer mindestens zwei Personen vorhanden: der Täter *(T)* und der Vortäter *(V)*. Folgende Möglichkeiten bestehen:
– *V hilft sich selbst (Selbstbegünstigung).*

Dieser Fall ist *tatbestandslos*. § 257 setzt „*einen anderen*" voraus.

– *Mehrere Vortäter (Mittäter) begünstigen sich wechselseitig.*

Auch dieser Fall ist *tatbestandslos*. Aus dem Wesen der Mittäterschaft (wechselseitige Zurechnung der einzelnen Beiträge, § 25 II),[14] folgt, daß hier ebenfalls *kein* „*anderer*" i. S. des § 257 vorhanden ist.

– *Vortatteilnehmer begünstigen sich bzw. den V wechselseitig.*

Bei Anstiftern und Gehilfen ist an sich „ein anderer" i. S. d. § 257 gegeben, so daß sie Täter einer Begünstigung sein können. Es existiert aber hier die *Sondervorschrift des Abs. III S. 1* (persönlicher Strafausschließungsgrund).[15] Sie sind also straflos. Vorausgesetzt ist eine *wirkliche Strafbarkeit* wegen der Vortat. Es darf also insoweit z. B. kein Schuldausschließungsgrund vorliegen.

– *T nimmt an der Selbstbegünstigung des V teil.*

Dieser Fall ist *tatbestandslos*, weil es an einer *tatbestandsmäßigen Haupttat fehlt*. Sobald aber der untere Schwellenwert täterschaftlicher Hilfe überstritten wird, ist *T* Täter i. S. des § 257 I.[16]

---

[12] Vgl. bei § 26 II 3.
[13] S. oben bei I.
[14] Vgl. AT, 8. Teil, § 3, Nr. 3, b.
[15] Vgl. AT, 11. Teil, § 3.
[16] S. oben 3.

— *V (oder ein anderer Vortatbeteiligter) beteiligt sich an der Begünstigung seiner selbst durch den an der Vortat unbeteiligten T.*

Hier ist zu unterscheiden. Ist V bezüglich T Mittäter oder Gehilfe, ist er nach der bereits erwähnten Vorschrift des Abs. III S. 1 straflos. Ist V dagegen *Anstifter,* ist er nach *Abs. III S. 2 strafbar.*

Diese *Ausnahme* ist *fragwürdig.* Die Strafwürdigkeit des V soll sich daraus ergeben, daß er einen Unbeteiligten „in Schuld und Strafe" verstricke. Aber das ist nichts anders als der Grundgedanke der für die Teilnahme heute allgemein abgelehnten Schuldteilnahmetheorie.[17]

Abb. 3 faßt die wichtigsten dieser Möglichkeiten übersichtlich zusammen.

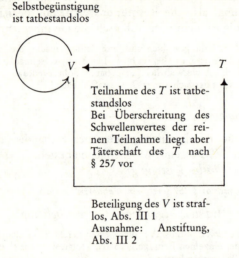

Abb. 3 Struktur zu den Beteiligungsproblemen bei § 257

Schließlich können auch mehr als zwei Personen beteiligt sein. Hier ist zu beachten, daß eine vollendete oder versuchte Teilnahme an der Begünstigung Dritter nicht täterschaftliches Hilfeleisten i. S. des § 257 I ist.[18]

III. Typische Konkurrenzprobleme

Begünstigung wird häufig mit Strafvereitelung, § 258 und Hehlerei § 259 zusammentreffen; dann ist Idealkonkurrenz gegeben. Entsprechendes gilt für die Aussagedelikte, §§ 153 ff. Hat der Vortäter mehrere Straftaten begangen, deretwegen er begünstigt wird, liegt eine Tat i. S. des

---

[17] Vgl. AT, 8. Teil, § 3 Nr. 5 a.
[18] S. oben 3.

§ 257 vor. Wird umgekehrt einem Vortäter, der eine Vortat begangen hat, mehrmals geholfen, liegen mehrere Taten des § 257 vor; dabei ist Fortsetzungszusammenhang möglich.

Zwischen Teilnahme an der Vortat und Begünstigung kann wegen § 257 III 1 kein Konkurrenzproblem entstehen.

IV. Problemhinweise, Literatur

Es empfiehlt sich, die drei Tatbestände Begünstigung, Strafvereitelung und Hehlerei im Zusammenhang zu sehen, zu vergleichen und Gemeinsamkeiten wie Unterschiede herauszuarbeiten.

Lektüre: Stree, Begünstigung, Strafvereitelung und Hehlerei, JuS 1976, 137.

V. Bekannte BGH-Fälle

1. Spieler-Fall – BGHSt 24, 166

Ein Spieler (V) hatte Geld veruntreut und einen Teilbetrag seiner gutgläubigen Ehefrau geschenkt. Als sie den wahren Sachverhalt erfahren hatte, hatte sie dem Geschädigten erklärt, sie würde es ihm zurückgeben. Das hatte sie aber nicht getan, sondern es ihrem Mann gegeben, der es verspielt hatte. – Der *BGH* verneinte Begünstigung. Durch das Verschenken habe *V* sich des Vorteils entäußert gehabt, so daß eine objektive Hilfeleistung nicht mehr möglich gewesen sei. Die Rückgabe des Geschenkes habe daran nichts geändert, weil darin nicht mehr der unmittelbar aus der Vortat erlangte Vorteil gelegen habe.

2. Wahlfeststellung-Fall – BGHSt 23, 360

Der Angeklagte hatte zusammen mit einem anderen Täter entweder einen schweren Diebstahl begangen oder den anderen begünstigt gehabt. – Der *BGH* hielt Wahlfeststellung für zulässig. Beide Tatbestände seien gleichartig, weil 257 mindestens auch das Rechtsgut der Vortat verletze.

3. Tabakwaren-Fall – BGHSt 4, 122

Die Angeklagte hatte Tabakwaren, die ihr Sohn gestohlen hatte, in dessen Auftrag einem anderen geschenkt, dem sich der Sohn hatte erkenntlich zeigen wollen. – Der *BGH* sah hierin eine Begünstigung. Es sei nicht erforderlich, daß der Täter dem Vortäter gerade den Besitz der gestohlenen Sache erhalten müsse.

4. Betriebsleiter-Fall – BGHSt 4, 221

Ein Betriebsleiter hatte Untreue begangen und einen Teil des veruntreuten Geldes der Angeklagten geliehen, wobei diese geglaubt hatte, der Betriebsleiter habe Steuerhinterziehung begangen. – Der *BGH* verneinte eine Begünstigung. Zwar genüge die allgemeine Vorstellung, der Vortäter habe irgendeine Vortat begangen, für den Vorsatz der Begünstigung. Doch müsse die Hilfeleistung auf der Basis dieses Vorsatzes eine zur Vorteilssicherung geeignete Handlung sein. Daran fehle es. Die Vorstellung, das bei ihr befindliche Geld sichere den Vorteil der Tat, sei bezüglich einer Steuerhinterziehung eine Wahnvorstellung. Zur Vorteilssicherung ungeeignete Handlungen seien auch dann straflos, wenn der Täter sie irrigerweise für geeignet halte.

5. Fahrrad-Fall – BGHSt 2, 362

Der Täter hatte einem Dieb geholfen, einen Käufer für ein gestohlenes Fahrrad ausfindig zu machen. – Der *BGH* bejahte eine Begünstigung, sofern dies in der Absicht geschehen sei, dem Dieb die Vorteile der Tat zu sichern. Dabei sei Tateinheit mit Hehlerei (Absatzhilfe) möglich.

§ 25. Strafvereitelung (§ 258)

– mit einem Exkurs: Strafverteidiger –

I. Überblick

1. Rechtsgut und Systematik

Die heutige Strafvereitelung war bis 1975 als sog. persönliche Begünstigung in § 257 a. F. zusammen mit der sachlichen Begünstigung enthalten gewesen. Die §§ 257, 258 weisen *Parallelen* auf. Auch die Strafvereitelung ist historisch durch Ausgliederung aus der Teilnahme an der Vortat entstanden. Überschneidung zwischen Beihilfe zur Vortat und Strafvereitelung sind zwischen Vollendung und Beendigung der Vortat möglich. Sie sind in gleicher Weise wie bei § 257 zu behandeln.[1] Es sind aber auch *Unterschiede* vorhanden. So ist § 258 anders als § 257 *Erfolgsdelikt* ohne überschießende Innentendenz.

Konsequenz: Bis zum Eintritt des Erfolges hat der Täter die Möglichkeit des Rücktritts, § 24 beim (strafbaren, vgl. Abs. IV) *Versuch.*

---

[1] Vgl. bei § 24 I 1.

§ 25. Strafvereitelung (§ 258)

Rechtsgut ist die *staatliche Rechtspflege*. Strafen sollen verhängt und auch vollstreckt werden. Wer das vereitelt, verletzt das Rechtsgut des § 258. Eine *Qualifikation* findet sich in § 258a für *Amtsträger* (uneigentliches Amtsdelikt). Bei Beteiligung an § 258a gilt § 28 II. Neben § 258 sollte man sich die *§§ 145d*, Vortäuschen einer Straftat und 164, Falsche Verdächtigung notieren, die häufig in einschlägigen Fällen ebenfalls zu prüfen sind.

Die praktische Bedeutung des § 258 ist gering. Dabei spielt sicher eine Rolle, daß wegen § 258 V nur ein Außenstehender als Täter in Betracht kommt. Bedeutung hat die Vorschrift vor allem für *Strafverteidiger*.

2. Exkurs: Strafverteidiger

Der Strafverteidiger (S) hat drei jeweils strafbewehrte Pflichten. Abb. 1 verdeutlicht dies.

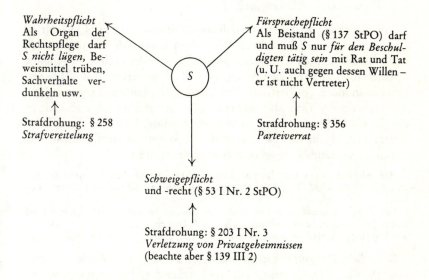

Abb. 1 Struktur zur Rechtsstellung des Strafverteidigers

Der *Verteidiger darf* also
- von einem Geständnis abraten,
- Zeugen bitten, von ihrem Zeugnisverweigerungsrecht Gebrauch zu machen,
- auf Freispruch plädieren, auch wenn der Beschuldigte ihm unter vier Augen die Tat gestanden hat (er muß das sogar tun, wenn sonst die Beweise nicht ausreichen).

Der *Verteidiger darf dagegen nicht*
- zum wahrheitswidrigen Widerruf eines Geständnisses raten,

– eine Falschaussage herbeiführen,
– Zeugen bestechen usw.

II. Struktur des § 258

1. Übersicht

§ 258 enthält zwei verschiedene Tatbestände:
– die *Verfolgungsvereitelung*, Abs. I; hier verhindert der Täter eine *Bestrafung;*
– die *Vollstreckungsvereitelung*, Abs. II; hier verhindert der Täter die *Vollstreckung* einer *verhängten Strafe.*
Im einzelnen:

2. Verfolgungsvereitelung, Abs. I

Voraussetzung ist zunächst, daß die *rechtswidrige Tat* (§ 11 I Nr. 5) eines *anderen* wirklich vorliegt. Wer einem *Unschuldigen* hilft, handelt tatbestandslos. Auch wenn der Unschuldige von der Polizei für schuldig gehalten (und später vielleicht sogar zu Unrecht verurteilt wird) ändert sich hieran nichts. Bei Irrtumsfällen ist zu differenzieren: Liegt eine Vortat vor, weiß der Täter aber nichts von ihr und glaubt er deshalb irrig an die Unschuld des Vortäters, entfällt sein Vorsatz, § 16 I 1. – Liegt keine Vortat vor, glaubt der Täter aber daran, kommt es darauf an, ob der Irrtum gegenstandsbezogen oder begriffsbezogen ist.[2]

Beispiele: Ein Polizist hält einen unbeteiligten Dritten irrtümlich für einen Unfallbeteiligten i. S. des § 142 IV und läßt ihn laufen (= gegenstandsbezogener Irrtum, Versuch).

Ein Polizist erkennt zutreffend, daß der Schaden bei einem Unfall nur 5 Mark ausmacht; er meint, auch in einem solchen Falle läge ein „Unfall" i. S. des § 142 vor[3] und läßt einen „Unfall"-Beteiligten laufen (= begriffsbezogener Irrtum, Wahndelikt).

Bezüglich der *Vortat* genügt *bedingter Vorsatz.* Die Worte „*absichtlich*" (Wollen) bzw. „wissentlich" (dolus directus)[4] beziehen sich nur auf

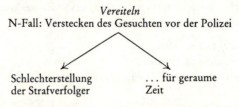

Abb. 2 Struktur der Verfolgungsvereitelung

---

[2] Vgl. AT, 10. Teil, § 6.
[3] S. auch bei § 5 I, II 1.
[4] Vgl. AT, 6. Teil, § 2, Nr. 3 b, aa, bb.

§ 25. Strafvereitelung (§ 258)

die Tathandlung (die *Vereitelung*). Die Struktur des *Vereitelns* ergibt sich aus einer Normalfallanalyse. Das ist in Abb. 2 anschaulich gemacht.

Beide Strukturmerkmale können problematisch werden:
- *Schlechterstellung der Strafverfolger:* Hier sind vor allem die Fälle des *Unterlassens* problematisch.

Beispiele: T weiß, wo sich der gesuchte Bankräuber versteckt, unterläßt es aber, die Polizei zu verständigen (a); T schweigt beharrlich vor der ihn vernehmenden Polizei (b); T schweigt vor der Staatsanwaltschaft (c); T schweigt vor dem Richter (d).

Ein Vereiteln durch *Unterlassen* setzt eine *Garantenpflicht* voraus *(unechtes Unterlassungsdelikt).* Hier kommt eine Obhutspflicht für das Rechtsgut (staatliche Rechtspflege) in Betracht.[5] So haben die *Strafverfolgungsorgane* aufgrund ihrer amtlichen Stellung die Pflicht zur Strafverfolgung. Bei anderen Personen muß man prüfen, ob diese eine entsprechende *Obhutspflicht* haben. Das ergibt sich in den genannten Beispielen aus der StPO. Eine *Anzeigepflicht* besteht selbst nach schwersten Verbrechen *nicht.*[6] Auch braucht *niemand* vor der *Polizei* eine *Aussage zu machen.* Deshalb scheidet Vereiteln in den Fällen (a) und (b) aus. Dagegen bestehen vor der *Staatsanwaltschaft* und vor dem *Richter Aussagepflichten,* §§ 161 a, 52 ff. StPO. Deshalb kommt in den Fällen (c) und (d) § 258 in Betracht. Natürlich muß man in derartigen Fällen vorweg immer *prüfen,* ob nicht ein *Tun* anzunehmen ist.

Beispiel: Zeuge T gibt vor der Polizei wahrheitswidrig an, er habe nichts gesehen. Dieses Tun hält die Polizei davon ab, eine Vernehmung durch den Staatsanwalt (wo der Zeuge erscheinen und aussagen muß) oder durch den Richter (wo der Zeuge zur Wahrheit verpflichtet ist, § 153) herbeizuführen. Darin liegt eine Schlechterstellung der Strafverfolger. § 258 ist zu bejahen.

In der *Geltendmachung eines Rechtes* kann *keine Schlechterstellung der Strafverfolger* liegen. Deren Position ist von vornherein durch diese Rechte beschränkt.

Beispiele: Ein Zeuge macht von einem Zeugnisverweigerungsrecht Gebrauch. Der Geschädigte zieht seinen Strafantrag zurück.
Da in derartigen Fällen der Tatbestand des Vereitelns nicht erfüllt ist, scheidet auch Teilnahme hieran aus. Das ist wichtig für den *Strafverteidiger.*[7] Er darf Zeugen bitten, von ihrem Zeugnisverweigerungsrecht Gebrauch zu machen, usw. (Wendet er dabei aber unlautere Mittel i. S. des § 136 a StPO an, wird er selbst zum mittelbaren Täter, der ein tatbestandslos handelndes Werkzeug benutzt.[8]

- *Für geraume Zeit:* Dieses Merkmal steckt schon im Begriff des Vereitelns, der keine endgültige Unmöglichkeit der Strafverfolgung voraussetzt. Es steckt *nicht* etwa in der Formulierung „ganz oder zum Teil". Diese bezieht sich vielmehr auf die *Bestrafung.*

---

[5] Vgl. AT, 7. Teil, § 4 Nr. 1 c.
[6] Vgl. bei § 4 I 1.
[7] S. oben I 2.
[8] Vgl. AT, 8. Teil, § 3, Nr. 2.

Beispiel: V hat gemordet. T bewirkt, daß er nur wegen Jagdwilderei bestraft wird. T hat die Bestrafung des V „zum Teil" vereitelt.

Problematisch ist hier natürlich die *Dauer* der „geraumen Zeit". Man kann sich diesem Problem von den Extremfällen her nähern. Einerseits ist definitive Straflosigkeit nicht erforderlich. Andererseits genügen wenige Tage nicht. Stets ist jedenfalls geraume Zeit vergangen, wenn eine Falschaussage in erster Instanz zum Freispruch führt, und erst in der zweiten Instanz die Verurteilung erfolgt.

Beachte: Bei kurzfristigen Verzögerungen, bei denen die „geraume Zeit" zu verneinen ist, ist Versuch zu prüfen.

Sozialadäquate Handlungen[9] sind schon *tatbestandsmäßig kein Vereiteln*.

Beispiele: Ein Arzt leistet einem flüchtigen Verbrecher erforderliche erste Hilfe. Ein Bankangestellter zahlt ihm Geld von dessen Konto aus. Ein Ladeninhaber verkauft ihm Lebensmittel. Ein Hotelinhaber vermietet ihm ein Zimmer. Anders aber, wenn der Arzt über das erforderliche Maß hinausgeht, indem er z. B. den Verbrecher für die weitere Flucht fit macht.
In derartigen Fällen ist das Rechtsgut des § 258 nur unwesentlich berührt. Da bereits der objektive Tatbestand ausscheidet, kommt es auf den Vorsatz nicht erst an.

Wie bei der vergleichbaren Problematik des „Hilfeleistens" in § 257 muß man das *täterschaftliche Vereiteln* von der *bloßen Teilnahme* an der *straflosen Selbsthilfe* des Vortäters V unterscheiden. Man muß es ferner von der *Teilnahme* an der Strafvereitelung Dritter unterscheiden. Die entsprechenden Ausführungen zu § 257 sind heranzuziehen (Baukastensystem).[10] Anders als bei § 257 ist der Versuch beim Erfolgsdelikt des § 258 strafbar, Abs. IV.

Das strafbare Versuchsstadium beginnt, wenn der Täter zum Vereiteln unmittelbar ansetzt. Es ist z. B. noch nicht erreicht, wenn T sich gegenüber V bereit erklärt, im Prozeß gegen V falsch auszusagen.

3. Vollstreckungsvereitelung, Abs. II

Voraussetzung ist hier die *rechtskräftige* (= Voraussetzung der Vollstreckung, § 449 StPO) *Verurteilung eines anderen*. Ob die Verurteilung zu Recht oder Unrecht erfolgte, ist irrelevant. Ein Irrtum insoweit ist unbeachtlich. Beachtlich ist dagegen ein Irrtum, der sich auf die Existenz einer Verurteilung bezieht. Hier gelten die zur Verfolgungsvereitelung genannten Grundsätze entsprechend. Ebenso wie dort genügt auch hier dolus eventualis in Bezug auf die Verurteilung. Absicht oder dolus directus ist nur in Bezug auf die Vereitelung erforderlich.

---

[9] Vgl. unter dem Stichwort „Soziale Adäquanz" im Glossar des AT.
[10] Vgl. bei § 24 II 3.

§ 25. Strafvereitelung (§ 258)

Beispiele bieten das Verbergen des Verurteilten, die Befreiung aus staatlichem Gewahrsam, die Verbüßung der Strafe anstelle des Verurteilten.[11]

Problematisch und strittig ist hier vor allem der Fall, daß jemand für einen Verurteilten dessen *Geldstrafe* bezahlt. Nach richtiger Auffassung ist dies ein Fall des Vereitelns, weil die Geldstrafe den Verurteilten persönlich treffen soll. Dagegen kann nur eingewendet werden, es sei sehr leicht, § 258 II zu umgehen; man brauche nur dem Verurteilten einen entsprechenden Geldbetrag zu schenken, was ja nicht verboten sei, und was nicht unter § 258 II falle. Die leichte Möglichkeit der Gesetzesumgehung ist aber kein überzeugendes Argument.

Auch bei der Vollstreckungsvereitelung ist täterschaftliches Handeln von der bloßen Teilnahme an der straflosen Selbsthilfe und von der Teilnahme an der Strafvereitelung Dritter abzugrenzen.[12]

4. Beteiligungsprobleme

Bei § 258 sind immer mindestens zwei Personen vorhanden: der Täter (*T*) und der Vortäter (*V*). Folgende Möglichkeiten bestehen:

— *V hilft sich selbst.*

Dieser Fall ist *tatbestandslos*. § 258 setzt einen „anderen" voraus.

— *Mehrere Vortäter (Mittäter) helfen sich wechselseitig.*

Auch dieser Fall ist *tatbestandslos*. Aus dem Wesen der Mittäterschaft (wechselseitige Zurechnung der einzelnen Beiträge, § 25 II[13] folgt, daß hier ebenfalls *kein „anderer"* i. S. des § 258 vorhanden ist.

— *Vortatteilnehmer helfen sich bzw. dem V wechselseitig.*

Bei Anstiftern und Gehilfen ist an sich ein „anderer" i. S. des § 258 gegeben, so daß sie Täter einer Strafvereitelung sein können. Ein dem § 257 III 1 entsprechender persönlicher Strafausschließungsgrund existiert nicht. Es existiert aber der spezielle Entschuldigungsgrund des Abs. V, der hier einschlägig sein kann. Unter den dort genannten Voraussetzungen sind Anstifter oder Gehilfen der Vortat also straflos, sonst strafbar.

— *T nimmt an der Selbsthilfe des V teil.*

Dieser Fall ist *tatbestandslos*, weil es an einer tatbestandsmäßigen Haupttat fehlt. Sobald aber der untere Schwellenwert täterschaftlichen Vereitelns überschritten wird, ist T Täter i. S. d. § 258.

— *V (oder ein anderer Vortatbeteiligter) beteiligt sich an der ihm durch (den an der Vortat unbeteiligten) T gewährten Strafvereitelung.*

Diese Beteiligung ist nach Abs. V unter den dort genannten Voraussetzungen straflos. Eine dem § 257 III 2 entsprechende Sonderregelung für die Anstiftung existiert nicht.

---

[11] Im zweitgenannten Beispiel ist zugleich an § 120 zu denken. Im letzten Beispiel kommt wegen der falschen Eintragung im Gefangenenbuch auch § 271 in Betracht.
[12] S. oben 3 a. E.
[13] Vgl. AT, 8. Teil, § 3 Nr. 3 b.

Abb. 3 faßt die wichtigsten dieser Möglichkeiten anschaulich zusammen.

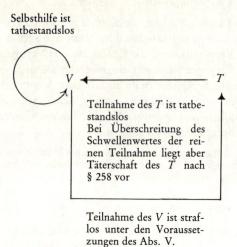

Abb. 3 Struktur von Teilnahmeproblemen bei § 258

§ 258 V enthält einen *speziellen Entschuldigungsgrund*, str.[14] Man will damit gewissen notstandsähnlichen Situationen des Vortäters Rechnung tragen.

Beispiele: V hilft einem Komplizen, weil er bei dessen Festnahme die Aufdeckung seiner eigenen Tatbeteiligung fürchtet. Oder: V hilft einem Dritten, weil der ihn sonst wegen der Vortat anzeigen würde.

Die eigene und die fremde Strafvereitelung brauchen sich also nicht auf dieselbe Vortat zu beziehen, doch muß ein Zusammenhang bei der Zielsetzung gegeben sein („durch"). Wenn V auf seiner Flucht noch zufällig und aus Gefälligkeit einem anderen Verbrecher hilft, scheidet Abs. V aus.

Nimmt der Täter irrig einen Sachverhalt an, der Abs. V ausfüllen würde, ist § 35 II entsprechend anzuwenden, str.

Beispiel: T glaubt irrig, er habe sich als Mittäter der Vortat strafbar gemacht.

Die Straffreiheit nach Abs. V erstreckt sich nicht auf andere Tatbestände, die zugleich mit § 258 verwirklicht werden. Das ist strittig für die häufig mit § 258 zusammentreffende Begünstigung. Richtig ist auch insoweit keine Ausnahme anzuerkennen. Die beiden Tatbestände sind (jetzt) selbständig.

Schließlich enthält Abs. VI einen persönlichen Strafausschließungsgrund für den Angehörigen (§ 11 I Nr. 1). Auf Vorsatz und mögliche Irrtümer kommt es hier nicht an, str. Persönliche Strafausschließungsgründe stehen jenseits von Unrecht und Schuld.[15]

---

[14] Vgl. AT, 5. Teil, § 4 Nr. 5 a.
[15] Vgl. AT, 11. Teil, § 3.

III. Typische Konkurrenzprobleme

§ 258 geht § 145 d vor (ausdrückliche Subsidiarität). Mit § 164 ist Idealkonkurrenz möglich. An diese beiden Tatbestände sollte man immer denken. Ferner sollte man an die §§ 113, 120 und 153 ff. denken, mit denen ebenfalls Idealkonkurrenz möglich ist und häufig in Frage kommen wird. Auch mit § 257 ist Idealkonkurrenz möglich. Hat der Vortäter mehrere Straftaten begangen, deretwegen ihm geholfen wird, liegt nur ein Fall des § 258 vor.

Die beiden Tatbestände des § 258 stehen bei gleicher Vortat im Verhältnis ,,Entweder-Oder"; ein Konkurrenzproblem kann hier nicht entstehen. Falls es sich um verschiedene Vortaten handelt, kann freilich ein Konkurrenzproblem entstehen.

Beispiel: Ein Verurteilter, der weitere Taten begeht, wird vor der Ergreifung bewahrt. Hier wird man, falls auch der subjektive Tatbestand sowohl des Abs. I als auch des Abs. II vorliegt, gleichartige Idealkonkurrenz annehmen müssen, str.

Zweifelhaft kann schließlich das Verhältnis zwischen § 258 und Beihilfe zur Vortat sein.

Beispiel: T hat vor der Vortat dem V zugesagt, er werde ihn danach vor Bestrafung schützen. Darin kann psychische Beihilfe zur Vortat liegen. Die nachfolgende Strafvereitelung wird nicht durch die Beihilfe verdrängt. Eine dem § 257 III 1 entsprechende Regelung gibt es bei § 258 nicht. Also ist Idealkonkurrenz zu bejahen. Ein anderes kann sich nur ergeben, wenn mit der Strafvereitelung Selbsthilfe wegen der vorangegangenen Beihilfe gesucht wird; dann greift Abs. V ein.

Gleichartige Idealkonkurrenz ist schließlich auch gegeben, wenn der Täter mehreren Vortätern durch dieselbe Handlung hilft.

IV. Problemhinweise, Literatur

§ 258 sollte zum Anlaß genommen werden, sich mit der Stellung des Strafverteidigers zu beschäftigen.

Lektüre: Ackermann, Die Verteidigung des schuldigen Angeklagten, NJW 1954, 1385.
Weitere Lektüre: Lenckner, Zum Tatbestand der Strafvereitelung, in Gedächtnisschr. f. Schröder, 1978, S. 339.

V. Bekannte Rechtsfälle

1. Dienstvorgesetzter-Fall – BGHSt 4, 167 (169)

Ein Dienstvorgesetzter (Leiter einer Polizeibehörde) hatte dienstlich Kenntnis von der Straftat eines Untergebenen erhalten und es unterlassen, Anzeige zu erstatten. – Der *BGH* nahm einen Fall der Strafvereitelung durch Unterlassen an, soweit nicht die Anzeigeerstattung im Ermessen des Dienstvorgesetzten liege. Im vorliegenden Fall ergebe sich die Rechtspflicht des Vorgesetzten zur Herbeiführung der Strafverfolgung aus § 163 StPO.

2. Arbeitsüberlastungs-Fall – BGHSt 15, 18

Ein stark überlasteter Polizeibeamter hatte Strafanzeigen unbearbeitet liegen gelassen. – Der *BGH* verneinte eine Strafvereitelung durch Unterlassen, weil es dem Beamten wegen seiner Überlastung unmöglich gewesen war, die geforderte Handlung vorzunehmen.

3. Verteidiger-Fall – BGHSt 2, 375

Ein Anwalt hatte auf Befragen von einer Selbstanzeige wegen Meineids abgeraten. – Der *BGH* verneinte eine Strafvereitelung, weil dieser Rat die Strafverfolgung nicht erschwert habe.

4. Zeugnisverweigerungsrechts-Fall – BGHSt 10, 393

Ein Anwalt hatte Angehörige des Angeklagten gebeten, von ihrem Zeugnisverweigerungsrecht Gebrauch zu machen. – Der *BGH* verneinte eine Strafvereitelung, wenn und soweit der Anwalt dabei keine unerlaubten Mittel verwende.

5. Wiederaufnahme-Fall – BGHSt 17, 303

Der Angeklagte hatte durch falsche Angaben bewirkt, daß das Urteil gegen einen anderen nach Verbüßung der Strafe im Wiederaufnahmeverfahren aufgehoben wurde. – Der *BGH* bejahte die Möglichkeit einer Strafvereitelung auch für diesen Fall. Der staatliche Strafanspruch werde auch dadurch beeinträchtigt, daß nach Verbüßung der Strafe der Schuldspruch zu Unrecht aufgehoben werde.

6. Schwiegervater-Fall – BGHSt 15, 210

Ein Polizeibeamter hatte eine Anzeige, die ein anderer Polizeibeamter gegen seinen Schwiegervater erstattet hatte, weggesteckt, um ihn einer Bestrafung wegen einer von ihm für möglich gehaltenen Kriminalstrafe zu entziehen. Es hatte jedoch nur eine Ordnungswidrigkeit vorgelegen. – Der *BGH* nahm einen Versuch der Strafvereitelung, nicht ein Wahndelikt an.

7. Angehörigen-Fall – BGHSt 14, 172

Eine Angehörige hatte einen Dritten dazu angestiftet, den Vortäter der Strafe zu entziehen. – Der *BGH* gewährte ihr auch für diesen Fall den persönlichen Strafausschließungsgrund des § 258 VI.

Beachte: Die genannten Entscheidungen sind zu § 257 a. F. ergangen und können nur sinngemäß auf § 258 n. F. übertragen werden.

§ 26. Hehlerei (§ 259)

I. Überblick

1. Rechtsgut und Systematik

Ähnlich wie die *Begünstigung* ist Hehlerei ein Delikt, bei dem eine rechtswidrige Lage infolge einer Vortat existiert und die Wiederherstellung des rechtmäßigen Zustandes (Restituierung) beeinträchtigt, der rechtswidrige Zustand also aufrecht erhalten (perpetuiert) wird.[1] Es sind aber wesentliche *Unterschiede* vorhanden:

Bei der *Begünstigung* wird dem Vortäter geholfen, um ihm die *Vorteile* der Tat zu *sichern;* eine gegen fremdes Vermögen gerichtete Vortat ist nicht notwendig vorausgesetzt.

Bei der *Hehlerei* wird durch die Vortat deliktisch erlangtes *Vermögen weiterverschoben;* hier muß also die Vortat gegen fremdes Vermögen gerichtet sein.

Rechtsgut der *Hehlerei* ist – dem gesagten entsprechend – allein *das Vermögen*. Abweichende frühere Auffassungen sind seit der Neufassung des § 259 durch das EGStGB im Jahre 1975 überholt. Historisch ist die Geschichte der Hehlerei ebenso wie die der Begünstigung eine Geschichte ihrer Ausgliederung aus der Teilnahme an der Vortat. Klassisch ist der Wirt, der Dieben und Räubern gewerbsmäßig Unterkunft und Hehlerei gewährt. Ein geflügeltes Wort sagt: „Der Hehler ist schlimmer als der Stehler." Man bezeichnet ihn auch als den „Zuhälter der Diebe".

2. Praktische Bedeutung

Von den relativ seltenen „Anschlußtaten" §§ 257 bis 259 hat Hehlerei noch die größte praktische Bedeutung. Auch hier kommt als Täter regelmäßig nur ein Außenstehender in Betracht. Täter und Mittäter (nicht aber Teilnehmer) der Vortat scheiden aus. Dabei besteht häufig das Beweisproblem, dem Hehler nachzuweisen, daß er Kenntnis von der Vortat hatte. Die Aufklärungsquote der Hehlerei ist hoch, doch vermutet man ein großes Dunkelfeld. Hehlerei ist die typische Anschlußtat bei Diebstahl, wobei vor allem die Kraftfahrzeughehlerei stark zunimmt. Daneben spielt das Rauschgiftproblem eine zunehmende Rolle (Diebstähle zur Finanzierung der Beschaffung von Drogen).

In den USA bekämpft man das organisierte Verbrechen (Mafia) dadurch, daß die Investition des durch Straftaten erlangten Geldes in legale Unternehmen als „Geldhehlerei" bestraft wird. – In Deutschland ist dagegen Geld- und Ersatzhehlerei nicht strafbar.[2]

---

[1] Vgl. bei § 24 I. S. auch die Übersichten bei § 27 I 3 (Abbildungen 1 und 2).
[2] S. unten II 3.

II. Struktur

1. Übersicht

Die Grundstruktur des § 259 ist in Abb. 1 anschaulich gezeigt.

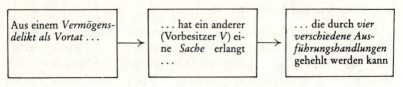

Abb. 1 Struktur der Hehlerei

Jeder der drei Strukturpunkte kann problematisch werden. Im einzelnen:

2. Vermögensdelikt als Vortat

Normalerweise ist die Vortat ein Vermögensdelikt im technischen Sinne.

Beispiel: V hat gestohlen. T kauft ihm die gestohlenen Sachen ab.

Doch können auch andere Vortaten, z. B. Urkundenfälschung, § 267, oder Nötigung, § 240 taugliche Vortaten sein, sofern sie unter *Verletzung fremder Vermögensinteressen zu einem deliktischen Sacherwerb* und dadurch *unmittelbar zu einer rechtswidrigen Vermögenslage* führen.

Hieran fehlt es z. B., wenn V eine Geldfälschung, § 146 begangen hat, und T das Falschgeld kauft. Eine rechtswidrige Vermögenslage entsteht durch die Geldfälschung nicht. Vielmehr ist dadurch allein die Sicherheit und Zuverlässigkeit des Geldverkehrs beeinträchtigt (= Rechtsgut des § 146[3]) beeinträchtigt. T ist darum nicht nach § 259 strafbar. (Wohl aber kommt § 146 I Nr. 2 in Betracht.)

Auch *Hehlerei* ist eine geeignete Vortat („*Kettenhehlerei*"). Die Vortat muß als *rechtswidrige Tat* (§ 11 I Nr. 5) wirklich vorliegen.

Fehlt es daran, kommt Versuch in Betracht. Er ist nach Abs. III – anders als bei der Begünstigung – strafbar.

Normalerweise geht die *Vortat* der Hehlerei *zeitlich voraus*.

Beispiel: V stiehlt am Montag. Am Dienstag kauft T ihm die gestohlene Sache ab.

Ein Problem entsteht, wenn Vortat und Hehlerei zeitlich zusammenfallen.

Beispiel: V unterschlägt eine Sache gerade dadurch, daß er sie an T verkauft.[4]

---

[3] Vgl. bei § 7 I.
[4] Vgl. bei § 21 II 3.

Rechtsprechung und h. M. fordern, daß die Vortat „vollendet" sein muß (z. T. wird sogar „Beendigung" der Vortat gefordert)[5], ehe Hehlerei möglich ist. Dies wird aus den Worten „erlangt hat" geschlossen. Im Beispiel kommt danach bei T keine Hehlerei, sondern nur Anstiftung oder Beihilfe zur Unterschlagung des V in Betracht. Richtig gelesen zwingt § 259 indes zu dieser Einschränkung nicht. Die Worte „erlangt hat" beziehen sich nicht auf die zeitliche Chronologie, sondern auf den sachlichen Vorrang der Vortat, der auch gegeben ist, wenn – wie im Beispiel – Vortat und Hehlerei zeitlich zusammenfallen. Mit der Mindermeinung ist deshalb im Beispiel auch § 259 zu bejahen.[6]

3. Sache

Nur eine Sache kann Gegenstand der Hehlerei sein. Rechte und Werte scheiden aus. Hehlerei ist bei ihnen nur insoweit möglich, als sie in Papieren (= Sachen) verkörpert sind.

Beispiel: V hat betrügerisch eine Forderung gegen O erworben, die er an T abtritt. Die Forderung ist kein tauglicher Gegenstand der Hehlerei. Anders aber, wenn ein sie bestätigendes schriftliches Schuldanerkenntnis vorliegt.

Entsprechend verhält es sich bei Wechseln, Schecks, Sparbüchern, Fahrkarten oder Gepäckscheinen. Beim Gepäckschein, Pfandschein (Leihhausschein) usw. ist freilich sorgsam zu unterscheiden, ob dieser oder die fragliche Sache Gegenstand der Hehlerei ist. *Beispiele:* V hat einen Gepäckschein gefunden und verkauft ihn an T (= Hehlerei am Gepäckschein). V hat gestohlene Sachen verpfändet und verkauft sie an T unter Übergabe des Pfandscheines (= Hehlerei an den verpfändeten Sachen).

Die *Sache* kann *beweglich* oder *unbeweglich, fremd* oder *eigen,* auch *herrenlos* sein.

Beispiele: V hat sich betrügerisch ein Grundstück verschafft, eine eigene Sache des T durch Pfandkehr, § 289 in seinen Besitz gebracht, oder herrenlose Tiere gewildert, § 292. An all diesen Sachen ist Hehlerei möglich.

Doch müssen *zwei Voraussetzungen* immer erfüllt sein: die Sache muß noch *bemakelt* sein, und sie muß noch die *Originalsache* sein. Im einzelnen:
– Die *Bemakelung* (= Fortbestehen der rechtswidrigen Vermögenslage – Argument aus dem Rechtsgut!) hört auf, wenn *unanfechtbarer Eigentumserwerb* eintritt.

Beispiele: Die unterschlagene oder gewilderte Sache wird gutgläubig erworben, § 932 BGB. Ein bösgläubiger Dritter kann danach keine Hehlerei mehr begehen. Ebenso, wenn V gestohlene Sachen verarbeitet und nach § 950 BGB Eigentum von Bestand daran erwirbt. Ein Dritter, der ihm das Produkt abkauft, kann keine Hehlerei daran begehen.

Anfechtbarer Eigentumserwerb schließt Hehlerei dagegen *nicht aus.*

---

[5] S. unter den Stichworten „Vollendung" und „Beendigung" im Glossar des AT.
[6] Dazu, daß Vortatteilnehmer auch nach § 259 strafbar sein können, siehe unten 6. Zur Konkurrenz siehe unten III.

Beispiel: V hat durch Betrug die Übereignung einer Sache an sich bewirkt. Er verkauft diese an den bösgläubigen T, der nach § 259 strafbar ist. Anders mit Ablauf der Anfechtungsmöglichkeit. Dann hört die Bemakelung auf.

- Nur an der *Originalsache* ist Hehlerei möglich. Ersatzsachen scheiden aus.

Beispiel: V stiehlt Geld, kauft davon Schmuck und schenkt ihn der bösgläubigen T. Hehlerei scheidet aus. Anders nur, wenn der Erwerb der Ersatzsache eine neue Straftat (z. B. Betrug) ist und zum Erwerb einer bemakelten Sache führt.

Hiervon will die *Wertsummentheorie* eine Ausnahme bei Geld machen.

Beispiel: V hat einen Hundertmarkschein gestohlen, wechselt ihn in zwei Fünfziger und schenkt einen der T. Eine solche Ausnahme ist indes nicht anzuerkennen. Anders als bei § 257, wo der weite Begriff des „Vorteils" maßgebend ist, spricht § 259 von „Sache".[7] Man würde die tatbestandlichen Grenzen des § 259 auflösen, wollte man an irgendeiner Stelle Ersatzsachen ausreichend sein lassen.

Die bisherigen Überlegungen sind in Fortführung der in Abb. 1 gezeigten Struktur in Abb. 2 anschaulich zusammengefaßt.

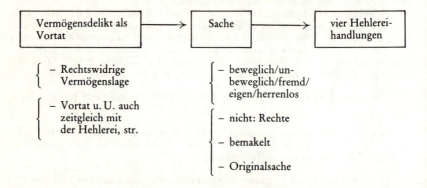

Abb. 2 Detailstruktur zur Hehlerei

4. Die vier Hehlereihandlungen

a) Übersicht

Auf vier verschiedene Weise kann man hehlen, nämlich durch „*Sich verschaffen*", „*Einem Dritten verschaffen*", *Absetzen*" oder „*Absetzen helfen*". Immer muß *einverständliches Zusammenwirken des Hehlers* mit dem *Vorbesitzer* vorliegen. Fehlt es daran, scheidet Hehlerei von vornherein aus.

---

[7] Vgl. bei § 24 II 4.

Beispiel: V hat Sachen gestohlen. T weiß davon und nimmt sie dem V heimlich weg. § 259 scheidet aus. T ist nur nach § 242 strafbar.

Beachte: Sobald der Hehler die Sache zu eigenen Zwecken übernommen hat, scheidet begrifflich die Möglichkeit eines (weiteren) Einvernehmens mit V aus. Deshalb können nachfolgende Verkaufshandlungen kein „Absetzen" mehr i. S. des § 259 sein.

Der Vorbesitzer muß nicht notwendig der Vortäter sein, auch wenn dies regelmäßig der Fall sein wird.

Beispiel: X hat eine gestohlene Sache an den gutgläubigen V verkauft (der kein Eigentum erwerben kann, § 932 II BGB). Der bösgläubige T kauft dem V die Sache ab. T ist nach § 259 strafbar.

b) Sich verschaffen

Das im Gesetz genannte „Ankaufen" ist nur ein (schlechtes) *Beispiel*. Da dieser Begriff sprachlich unklar ist, empfiehlt es sich, ihn nicht zu verwenden. Statt dessen empfiehlt es sich, von der *Normalfallstruktur* des „Sich-verschaffens" auszugehen, wie sie in Abb. 3 anschaulich gezeigt ist. Dabei ist zu berücksichtigen, daß von einer Hehlerei regelmäßig drei Personen betroffen sind, nämlich der Berechtigte B, der Vorbesitzer V und der Hehler T.

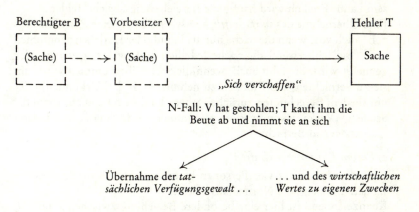

Abb. 3 Struktur des Sich-verschaffens

Von der Normalfallstruktur aus lassen sich Problemfälle bearbeiten:
- Die *Übernahme der tatsächlichen Verfügungsgewalt* setzt nicht die Erlangung der unmittelbaren Sachherrschaft voraus.

Beispiele: T erwirbt in einem Versteck befindliche Sachen, wobei er mit V vereinbart, die Sachen selbst dort abzuholen. Damit liegt ein (vollendetes) Sich verschaffen vor.

T erwirbt in einem Schließfach befindliche Sachen durch Übernahme des Schlüssels. Auch damit hat er die tatsächliche Verfügungsgewalt übernommen.

T erwirbt eine verpfändete Sache durch Übernahme des Pfandscheines. Da T sich auf diese Weise gegenüber dem Pfandhaus legitimieren kann, hat er sich die tatsächliche Verfügungsgewalt verschafft, str. (Strukturell ist hier auch auf die Möglichkeit der Hehlerei am Pfandschein zu achten, falls V diesen durch Betrug gegenüber dem Pfandhaus erworben hat.)

Sie setzt auch nicht voraus, daß V die tatsächliche Verfügungsgewalt verliert.

Beispiel: T kauft dem V eine gestohlene Sache ab, die er dem V noch für einige Zeit leihweise überläßt. Anders aber, wenn es an einer solchen Vereinbarung fehlt. Der bloße Kaufvertrag begründet noch kein vollendetes Sich verschaffen; hier ist (strafbarer, Abs. III) Versuch zu prüfen.

Auch das bloße Mitverzehren stellt eine Übernahme der tatsächlichen Verfügungsgewalt dar.

Beispiel: V hat Lebensmittel gestohlen. Seine Ehefrau verzehrt sie mit.

Hier existiert ein klassisches Klausurproblem, welches davon lebte, daß in § 259 a. F. das Wort „Ansichbringen" verwendet wurde. Da der Verzehr ein „Insichbringen" darstellt, wurde darüber gestritten, ob dies das Gegenteil des Ansichbringens sei (so damals die h. M.) oder die „intensivste Form des Ansichbringens" *(F. v. Hippel).* Heute sollte nicht bezweifelt werden, daß auch der Verzehr ein „Sich-verschaffen" sein kann. Freilich wird häufig die Bereicherungsabsicht[8] fehlen.

– Eine Übernahme des *wirtschaftlichen Wertes zu eigenen Zwecken* liegt z. B. auch vor, wenn die Sache nur als Pfand oder Darlehen genommen wird. Sie fehlt, wenn die Sache lediglich aufbewahrt, geliehen oder gemietet wird. Sie fehlt auch, wenn die Sache übernommen wird, um sie zu vernichten, um Einblick zu nehmen (z. B. bei Urkunden) oder um sie dem Berechtigten zurückzugeben. Und sie fehlt auch, wenn die Sache in Verkaufskommission genommen wird, doch kommt dann „*Absetzen*" in Betracht.

c) Einem Dritten verschaffen

Hier sind insgesamt vier Personen betroffen. Abb. 4 macht dies anschaulich und zeigt die Normalfallstruktur.

Kennzeichnend ist hier eine besondere Beziehung zwischen T und D, wie sie außer beim Gewerbegehilfen etwa beim Ehegatten, Schuldner, Bankkunden usw. T des D bestehen kann. Dabei macht es keinen Unterschied, ob die Sache durch die Tätigkeit des T unmittelbar von V zu D oder mittelbar über T von V zu D gelangt. Entscheidend ist, daß sie im dargelegten Sinne dorthin kommt.[9]

Wenn D bösgläubig ist, begeht er seinerseits Hehlerei in der Form des Sich-verschaffens. Dann ist zu überlegen, ob T nicht richtigerweise nur wegen Beihilfe zu dieser Hehlerei strafbar ist.

---

[8] Siehe unten bei 5.
[9] Dazu muß D nicht unbedingt die unmittelbare Sachherrschaft erlangen, siehe oben b.

26. Hehlerei (§ 259)

Für diese Abgrenzung gelten die allgemeinen Grundsätze.[10] Entscheidend ist, ob T funktionelle Tatherrschaft hat. Wenn man sagen kann, daß T ein Stück des tatbestandsmäßigen Geschehensablaufes „in Händen hat" (wobei Arbeitsteilung nicht notwendig ist), ist T (Mit-) Täter. Andernfalls liegt bloße Beihilfe vor. Letzteres wird insbesondere dann der Fall sein, wenn T keinen selbständigen Spielraum hat und nach genauen Weisungen des D diesem die Sache verschafft.

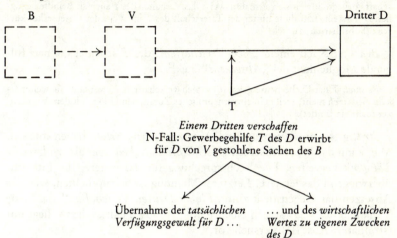

Abb. 4 Struktur des „Einem-Dritten-Verschaffens"

d) Absetzen

Das „Absetzen" ist das *Gegenstück* zum „*Einem-Dritten-Verschaffen*".[11] Der Unterschied liegt darin, daß T jetzt keine besondere Beziehung zu D hat, vielmehr im Interesse des V tätig wird. Schulbeispiel ist der Verkaufskommissionär. Man kann also von der in Abb. 4 gezeigten Struktur ausgehen und braucht sie nur abzuändern, damit deutlich wird, daß T jetzt im Interesse des V tätig wird. Dies ist in Abb. 5 geschehen.

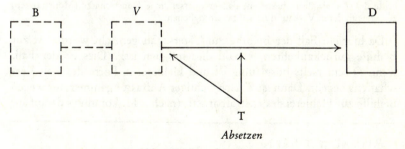

Abb. 5 Struktur des Absetzens

---

[10] Vgl. AT, 8. Teil, § 2 Nr. 3 d.
[11] Soweit es um das Verschaffen geht, kann man die in Abb. 3 gezeigte Normalfallstruktur heranziehen (Baukastensystem).

Wenn *D* bösgläubig ist, begeht er seinerseits Hehlerei in der Form des „Sichverschaffens". Die Frage einer Beteiligung des *T* hieran wird sich regelmäßig nicht stellen. Vielmehr liegt strukturell Mittäterschaft am tatbestandslosen Verhalten des *V* vor (*V* handelt tatbestandslos, weil § 259 einen „anderen" voraussetzt). An gemeinsamer Planung und Tatausführung im Verhältnis zwischen *T* und *D* wird es regelmäßig fehlen, so daß (nicht arbeitsteilige) Mittäterschaft ausscheidet, vielmehr Nebentäterschaft vorliegt. Soweit sich ausnahmsweise das Verhalten des *T* auch als Beihilfe bezüglich *D* darstellt, tritt diese hinter der Täterschaft des *T* im Wege der Gesetzeskonkurrenz (Subsidiarität) zurück.[12]

Beachte: Nach einem „*Sich-Verschaffen*" des *T* scheidet die nachfolgende Möglichkeit des „*Absetzens*" aus.[13]

Beispiel: T hat Diebesbeute gekauft (= Sich-verschaffen). Er verkauft sie weiter (= kein Absetzen mehr, weil kein einvernehmliches Zusammenwirken mit dem Vorbesitzer mehr stattfindet).

Strittig ist, ob *Absetzen* (und *Absetzenhelfen*) *Erfolg* haben müssen. Man kann das Wort Absetzen als *schlichte Tätigkeit* oder als *erfolgreiche Tätigkeit* begreifen. Die Rechtsprechung tut das erstere, die Literatur überwiegend das letztere. Letzterer Meinung ist beizupflichten, weil das Absetzen das Gegenstück zum „*Einem-Dritten-Verschaffen*" ist. Beide Varianten des § 259 setzen einen Erfolg voraus. Fehlt es daran, liegt nur (strafbarer, Abs. III) Versuch vor.

e) Absetzen helfen

Während das *Absetzen* strukturell einen Fall der *Mittäterschaft* im Verhältnis zum tatbestandslos handelnden *V* darstellt, handelt es sich beim „*Absetzenhelfen*" um eine entsprechende *Beihilfe*. Die Grundstruktur der Abb. 5 bleibt unverändert. Der Unterschied liegt darin, daß jetzt nicht mehr der *T*, sondern der *V* die Sache zu *D* transportiert und der Beitrag des *T* sich auf bloße Unterstützungshandlungen beschränkt.

Beispiel: T verschafft dem *V* die Adresse des *D*. Der Gesetzgeber hat diesen Fall der an sich mangels Haupttat straflosen Beihilfe zu einem Fall strafbarer Täterschaft gemacht, weil hier besonders strafwürdige Verhaltensweisen häufig sind. So kann die Hilfe des *T* etwa darin bestehen, daß er unersetzliche Kunstschätze (Monstranzen) zerlegt, um deren Verkauf durch *V* zu ermöglichen.

Da hier ein Fall der Beihilfe zur Täterschaft gemacht wurde, ist zur Beihilfe zurückzukehren, sobald dies möglich ist.[14] Dies ist der Fall, wenn *D* seinerseits bösgläubig ist und Hehlerei in Form des Sich-Verschaffens begeht. Dann ist *T* nach richtiger Auffassung immer nur wegen Beihilfe zur Hehlerei des *D* strafbar, str. (nach a. M. kommt es darauf an,

---

[12] Vgl. AT, 12. Teil, § 2 Nr. 2.
[13] S. oben lit. a.
[14] Andererseits ist hier jede Hilfe tatbestandsmäßig. Anders als bei der vergleichbaren Problematik des Hilfeleistens in § 257 (vgl. bei § 24 II 3) ist es angesichts des klaren Wortlauts des § 259 nicht möglich, Fälle der bloßen Beihilfe, die deren oberen Schwellenwert nicht überschreiten, auszugrenzen.

ob T „im Lager" des D steht.) Die Annahme von Beihilfe statt Täterschaft hat zwei Konsequenzen: Einmal ist die Strafe obligatorisch zu mildern, § 27 II 2; zum anderen ist der Versuch straflos, vgl. § 30 I. Ebenso wie das Absetzen muß die Absatzhilfe Erfolg haben, str.[15]

5. Bereicherungsabsicht

Alle Varianten des § 259 erfordern im subjektiven Tatbestand die *Absicht* (= zielgerichtetes Wollen[16]), *sich oder einen Dritten* zu bereichern. Es muß dazu ein *Vermögensvorteil* erstrebt werden, der aber – anders als beim Betrug – *nicht rechtswidrig* zu sein braucht und der *nicht* im Verhältnis zum Schaden *stoffgleich* sein muß.

Im Normalfall ist das unproblematisch: T kauft gestohlene Waren weit unter Wert, um sich zu bereichern.

An der Bereicherungsabsicht fehlt es dagegen, wenn T gestohlene Waren zum üblichen Preis kauft, wobei er oder sie nach seiner Vorstellung auch anderswo legal zum gleichen Preis kaufen könnte.

Rechtswidrigkeit des erstrebten Vermögensvorteils ist nicht erforderlich. *Beispiel:* T hat eine Forderung gegen V. Er kauft zu ihrer Befriedigung unter Preis Diebesgut des V. T handelt in Bereicherungsabsicht.

Auch *Stoffgleichheit* ist nicht erforderlich. *Beispiel:* T kauft von V Diebesware, für die er keine Verwendung hat (kein Vorteil) in der konkreten Hoffnung, später Ware zu bekommen, die er brauchen kann (anderer Vorteil). – Auch bei der Absatzhilfe wird der Hehler häufig einen nicht stoffgleichen Vorteil (z. B. eine Belohnung) erstreben – was genügt.

6. Beteiligungsprobleme

Bei § 259 sind mindestens zwei, maximal drei Personen vorhanden, die sich strafbar machen können. Dies ist bei der Prüfung von Beteiligungsfragen zu berücksichtigen. Abb. 6 zeigt die dabei mögliche Grundstruktur, wie sie aus den Abbn. 3, 4, 5 zu entnehmen ist:

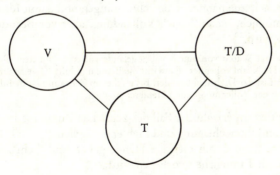

Abb. 6 Beteiligungsprobleme bei § 259

---

[15] S. oben lit. d (a. E.).
[16] Vgl. AT, 6. Teil, § 2 Nr. 3 b, aa.

Folgende Möglichkeiten bestehen:

Der Vortäter (V) selbst begeht Hehlereihandlungen

Dieser Fall ist tatbestandslos. § 259 setzt einen „anderen" voraus.

Mehrere Vortäter (Mittäter) begehen wechselseitig Hehlereihandlungen

Beispiel: Mehrere Diebe haben gestohlen und die Beute aufgeteilt. Danach übernimmt einer auch noch die Beute eines anderen. Auch dieser Fall ist tatbestandslos. Aus dem Wesen der Mittäterschaft (wechselseitige Zurechnung der einzelnen Beiträge, § 25 II)[17] folgt, daß hier ebenfalls kein „anderer" i. S. des § 259 vorhanden ist.

Vortatteilnehmer begehen Hehlereihandlungen

Bei Anstiftern und Gehilfen ist ein „anderer" i. S. des § 259 gegeben. Die Rechtsprechung bejaht uneingeschränkt ihre Strafbarkeit. Die Literatur nimmt hier Einschränkungen vor. Doch ist der Rechtsprechung zu folgen. Strafbar ist also der Anstifter, der es auf einen Beuteteil abgesehen hat, wenn er einen erwirbt. Strafbar ist auch der Gehilfe, wenn er für seine Hilfe einen Beuteteil erhält, str.[18]

T nimmt an Hehlereihandlungen des V teil

Anstiftung entfällt mangels tatbestandsmäßiger Haupttat. Beihilfe ist dagegen entweder täterschaftliche Absatzhilfe oder Beihilfe zur Hehlerei des D.

V (oder ein anderer Vortatbeteiligter) beteiligt sich an den Hehlereihandlungen des T/D

Hier kommt häufig Anstiftung und regelmäßig Beihilfe in Betracht. Diese Teilnahme tritt jedoch im Wege der Gesetzeskonkurrenz (Konsumtion – mitbestrafte Nachtat) hinter die Vortat (Täterschaft, Teilnahme) zurück.[19]

III. Typische Konkurrenzprobleme

Hehlerei und Teilnahme an der Vortat stehen regelmäßig im Verhältnis der Tatmehrheit zueinander. Überschneidungen und damit Idealkonkurrenz sind möglich, wenn *T* nach Vollendung, aber vor Beendigung der Vortat tätig wird.[20]

Beispiel: V hat Waren von einem Fabrikgelände entfernt. Mit dem Gewahrsamsbruch ist der Diebstahl vollendet. T erwirbt die Beute und hilft V, sie abzutransportieren. Erst damit ist der Diebstahl beendet. Bis zu diesem Zeitpunkt ist Beihilfe möglich. Zugleich ist ab der Vollendung schon Hehlerei möglich.

Tateinheit ist im erwähnten Fall des zeitlichen Zusammentreffens von Teilnahme an Unterschlagung und Hehlerei möglich.[21]

Eine Sache kann durch mehrere Hände gehen und mehrfach gehehlt werden, wobei Tatmehrheit vorliegen wird.

---

[17] Vgl. AT, 8. Teil, § 3 Nr. 3 b.
[18] Zur Konkurrenz s. unten III.
[19] Sonderregelungen wie §§ 257 III und 258 V existieren hier nicht.
[20] Vgl. auch AT, 9. Teil, § 1.
[21] S. oben II 2 (bei Fußn. 6).

Beispiel: T hat Absatzhilfe geleistet; später erwirbt er selbst die Sache von D (= Sich-Verschaffen, wobei jetzt die Hehlerei des D die Vortat ist).

IV. Problemhinweise, Literatur

Bei § 259 sollte man vor allem auf die nicht einfach zu durchschauende Struktur achten. Als Spezialproblem bietet sich die Ersatzhehlerei an.

Lektüre: Stree, Die Ersatzhehlerei als Auslegungsproblem, JuS 1961, 50; ders., Abgrenzung der Ersatzhehlerei von der Hehlerei, JuS 1961, 83.

V. Bekannte Rechtsfälle

1. Aluminiumhandel-Fall – BGHSt 13, 403

Ein Schrotthändler hatte Altmetall gestohlen. T hatte beim Abtransport der Beute geholfen. – Der *BGH* nahm Beihilfe zum Diebstahl und Hehlerei in Tateinheit an.

2. Teilnahme-Fall – BGHSt (GS) 7, 134

In dieser Grundsatzentscheidung wurde ausgeführt, daß Teilnehmer an der Vortat Täter der Hehlerei sein können.

3. Kinder-Fall – BGHSt 1, 47

Kinder hatten Altmetall gestohlen. Ein Schrotthändler hatte es ihnen abgekauft. – Der *BGH* bejahte Hehlerei, weil eine rechtswidrige Vortat vorlag. Auf die Schuldunfähigkeit der Kinder komme es nicht an.

4. Kraftrad-Fall – BGHSt 10, 151

Ein Dieb hatte ein gestohlenes Kraftrad beim gutgläubigen T untergestellt. Später hatte T von dem Diebstahl erfahren und sich das Kraftrad zugeeignet. – Der *BGH* nahm nur Unterschlagung an. Die Hehlerei ließ er daran scheitern, daß kein einverständliches Zusammenwirken mit dem Vorbesitzer vorlag.

5. Pfandschein-Fall – BGHSt 27, 160

Der Angeklagte hatte Pfandscheine über betrügerisch erlangte und beim Leihamt versetzte Sachen erworben. – Der *BGH* bejahte Hehlerei an den Sachen. Ein Sich-verschaffen liege dann vor, wenn dem Täter durch die Übergabe der Pfandscheine ermöglicht werden solle, über die verpfändeten Sachen zu eigenem Nutzen zu verfügen.

6. Ölgemälde-Fall – BGHSt 27, 45 (ähnlich auch BGHSt 26, 358)

Im Besitz des Angeklagten hatten sich gestohlene Ölgemälde gefunden. Sicher war, daß er sie nicht gestohlen hatte. Sein Bemühen um einen

Verkauf hatte nicht zum Erfolg geführt. – Der *BGH* bestätigte die frühere Rechtsprechung zu § 259 a.F. und meinte, auch nach dem neuen Wortlaut setze das „Absetzen" bzw. „Absetzen-Helfen" keinen Erfolg voraus.

7. Mitverprassen-Fall – BGHSt 9, 137

T hatte sich von einem Straßenräuber mit dem erbeuteten Geld freihalten lassen. – Der *BGH* verneinte § 259. Das bloße Mitverprassen sei kein Mitwirken zum Absatz (heute: Absetzen-Helfen).

8. Reifen-Fall – BGHSt 2, 135

Ein Dieb hatte gestohlene Reifen beim gutgläubigen *T* untergestellt. Später hatte *T* den Sachverhalt erfahren und die Reifen weiter verwahrt. Auch hatte er sich nach einem Abnehmer umsehen wollen. – Der *BGH* nahm ein strafloses Vorbereitungsstadium zum Versuch des Absetzens bzw. Absetzen-Helfens an.

9. Freundin-Fall – BGHSt 10, 1

Ein Erpresser hatte seine Freundin *T* in ein Kleidergeschäft geführt und ihr dort mit dem erpreßten Geld Kleider gekauft. – Der *BGH* nahm Mitwirken zum Absatz (heute: Absetzen-Helfen) bezüglich des Geldes an. Er nahm nicht etwa straflose Ersatzhehlerei bezüglich der Kleider an.

10. Wahlfeststellung-Fall – BGHSt 16, 184

Nach einem Diebstahl war *T* in der Nähe des Tatortes mit der Beute ertappt worden. – Der *BGH* hielt eine wahldeutige Verurteilung wegen Diebstahl, Hehlerei oder Unterschlagung für zulässig.

§ 27. Betrug (§ 263)

– mit Ausführungen zu §§ 265 Versicherungsbetrug, 265a Erschleichen von Leistungen, 352 Gebührenüberhebung und 353 Abgabenüberhebung; Leistungskürzung sowie einem Exkurs: Vermögensdelikte –

I. Überblick

1. Rechtsgut und Systematik

§ 263 ist ein *wichtiger Tatbestand*, der gut beherrscht werden muß. Strukturdenken ist hier von besonderer Bedeutung, weil die Vorschrift recht kompliziert und sprachlich mißglückt ist. Fast an jedem Strukturpunkt sind schwierige Probleme festgemacht.

Rechtsgut ist das *Vermögen.* Freilich ist strittig, was darunter zu verstehen ist.[1]

Im Umfeld des § 263 wurden im Zuge der Bekämpfung der Wirtschaftskriminalität neue Tatbestände geschaffen, nämlich §§ *264 Subventionsbetrug* und *265 b Kreditbetrug.* Vorgesehen sind neue §§ *263 a Computerbetrug, 264 a Ausschreibungsbetrug* und *264 c Kapitalanlagebetrug.*

Diese Reformgesetzgebung erscheint kriminalpolitisch und gesetzgebungstechnisch fragwürdig. Ein Bedürfnis nach Bestrafung etwa des Computerbetruges ist kaum erkennbar. Sprachlich sind die neuen Vorschriften wahre Wortungetüme, gegen die der – seinerseits schon mißglückte – alte Betrugstatbestand geradezu als Muster für Kürze und Klarheit gelten kann.

Vier *Sonderfälle* des Betruges sind in eigenen Tatbeständen geregelt. Es handelt sich um die §§ *265 Versicherungsbetrug, 265 a Erschleichen von Leistungen, 352 Gebührenerhebung* und *353 Abgabenüberhebung.* Alle vier Tatbestände sind selbständige Tatbestandsabwandlungen. Aufbaumäßig ist sofort und ohne Rückgriff auf § 263 mit ihrer Prüfung zu beginnen.[2]

§ 265 Versicherungsbetrug ist eine selbständig mit Strafe bedrohte Vorbereitungshandlung zum Betrug. Kommt es zum beabsichtigten Betrug, liegt i. d. R. Tatmehrheit vor, str. – Problematisch sind hier vor allem die Fälle der sog. *Repräsentantenhaftung.* Beispiel: Der Hoferbe zündet den Hof an. Fraglich ist, ob sich der versicherte Vater dieses Verhalten zurechnen lassen muß (vgl. § 61 VVG). Bejahendenfalls ist betrügerische Absicht i. S. des § 265 (= Absicht auf Verschaffung eines rechtswidrigen Vermögensvorteils i. S. des § 265) gegeben.

§ 265 a Erschleichen von Leistungen enthält vier Auffangtatbestände zum Betrug. Sie dienen zur Lückenschließung in Fällen, in denen die Annahme von Betrug am Fehlen einer Täuschung scheitern würde. So täuscht der Schwarzfahrer niemanden (Fall der ignorantia facti[3]). Täuscht er ausnahmsweise (indem er z. B. dem Schaffner einen ungültigen Fahrausweis zeigt), ist § 263 erfüllt. § 265 a tritt dann als subsidiär zurück.

§ 352 Gebührenüberhebung (sog. übermäßiges Sportulieren) ist ein historisches Privileg für Amtsträger (§ 11 I Nr. 2) und Anwälte. Es erklärt sich daraus, daß die Opfer sich sehr leicht über die richtigen Gebühren informieren könnten. Soweit diese ratio zutrifft, verdrängt § 352 den § 263 (Spezialität). Beispiel: Ein Anwalt berechnet entgegen der BRAGebO statt einer halben eine volle Gebühr. – Soweit diese ratio nicht zutrifft, steht § 352 in Idealkonkurrenz zu § 263. Beispiel: Ein Anwalt berechnet die gesetzlich vorgesehenen Gebühren für eine Reise, die er überhaupt nicht unternommen hat.

§ 353 Abgabenüberhebung; Leistungskürzung ist ein zweiaktiges Delikt, das aus einem Tun (Erheben nicht geschuldeter Abgaben bzw. Kürzung von Leistungen) und einem Unterlassen (Nicht-zur-Kasse-bringen des Erhobenen bzw. Als-vollständig-in-Rechnung-Stellen des Verkürzten) zusammengesetzt ist. Ebenso wie bei § 352 handelt es sich um ein *Sonderdelikt.*[4] Für Teilnehmer gilt § 28 I. § 263 wird durch § 353 i. d. R. verdrängt.

---

[1] S. unten II 2 d.
[2] Vgl. AT, 3. Teil, § 1.
[3] S. unten II 2 a, b.
[4] S. unter diesem Stichwort im Glossar des AT.

Ferner ist auf die Strafzumessungsregel des § 263 III, IV und die prozessualen Privilegierungen des Abs. IV zu achten.

2. Praktische Bedeutung

Betrug ist nach dem Diebstahl das häufigste Vermögensdelikt. Der angerichtete Schaden kann nicht einmal grob geschätzt werden. Freilich darf dabei das häufige Opferverschulden nicht übersehen werden.

Nicht selten ist das Opfer dumm oder gierig oder selbst ein betrogener Betrüger.
Oft erleichtert das Opfer durch Verzicht auf Kontrollen und Formalitäten den Betrug.
Häufig verlangt das Opfer aber auch vom Täter umfassende Erklärungen, welche diesen zwingen würden, gegen seine eigenen Interessen zu handeln.

Die Grenze zwischen strafbarem Betrug und strafloser Geschäftstüchtigkeit ist oft unsicher.
Historisch ist Betrug ein vom Gesetzgeber des 19. Jahrhunderts geschaffenes Kunstprodukt. Betrug hat sich aus dem Fälschungsverbrechen (crimen falsi) entwickelt. Dabei wurde von den spezifischen Täuschungshandlungen (z. B. Urkundenfälschung) abstrahiert und auf den Erfolg – die Vermögensbeschädigung – abgestellt.
Im ersten juristischen Staatsexamen spielt Betrug eine Hauptrolle.

3. Exkurs: Vermögensdelikte

Es existiert *kein Allgemeintatbestand,* der vermögensschädigende Handlungen schlechthin unter Strafe stellt. Vielmehr wird das Vermögen ganz oder teilweise in vielen Tatbeständen gegen bestimmte, jeweils näher umschriebene Angriffe geschützt. Aus dieser Technik folgt notwendig die Existenz von Strafbarkeitslücken; nicht jede strafwürdig erscheinende Vermögensschädigung muß auch wirklich strafbar sein.
Man kann die Vermögensdelikte einmal nach dem *Rechtsgut,* ein andermal nach den möglichen *Angriffsarten* strukturieren. In Abbildung 1 ist zunächst die Struktur des Rechtsgüterschutzes gezeigt. Sie ist freilich nicht absolut zu nehmen. Einmal gibt es Tatbestände, die neben Vermögenswerten noch weitere Rechtsgüter schützen (z. B. schützt § 253 neben dem Vermögen auch die Freiheit). Zum Anderen gibt es Tatbestände, die zwar regelmäßig, aber nicht ausnahmslos das Vermögen schützen (z. B. ist das Objekt der Begünstigung, § 257 regelmäßig, aber nicht immer ein Vermögensvorteil).
Die Struktur der möglichen Angriffsarten ist in Abbildung 2 gezeigt. Auch diese Struktur ist nicht absolut zu nehmen. Sie soll nur die Orientierung erleichtern.

§ 27. Betrug (§ 263)

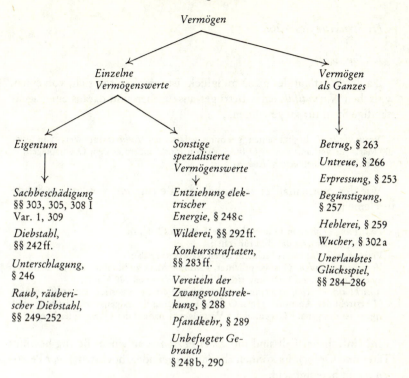

Abb. 1 Struktur des Rechtsgüterschutzes der Vermögensdelikte

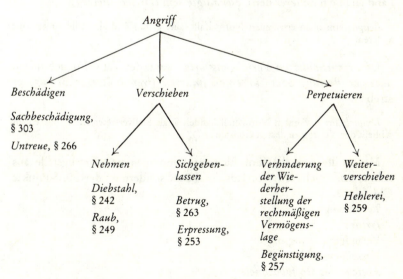

Abb. 2 Struktur der Angriffsarten bei den Vermögensdelikten

II. Struktur des § 263

1. Übersicht

Da der Wortlaut des § 263 mißglückt ist, empfiehlt es sich, von einem typischen *Normalfall* eines Betruges auszugehen und daraus eine eigenständige Struktur zu gewinnen.

Normalfall: T besitzt einen gekonnt gefälschten *Rubens* im Wert von etwa 100 Mark. Er verkauft ihn an O für 1 Million Mark, indem er dem O vorspiegelt, es handle sich um einen echten *Rubens*.

Wie der Normalfall zeigt, enthält der Betrug *fünf* wesentliche Strukturelemente:

- *Täuschung* (T täuscht O über die Unechtheit des Bildes);
- *Irrtum* (O hält irrig das Bild für echt);
- *Vermögensverfügung* (O schließt einen Kaufvertrag ab);
- *Vermögensschaden* (O ist verpflichtet, 1 Million Mark zu bezahlen und hat dafür nur einen Anspruch auf Lieferung eines Bildes im Wert von 100 Mark);
- *Absicht auf Verschaffung eines rechtswidrigen Vermögensvorteils* und *Stoffgleichheit* (T erstrebt den Anspruch gegen O; dieser erstrebte Vermögensvorteil ist rechtswidrig; er ist das genaue Gegenteil des Vermögensschadens des O (Stoffgleichheit).

Im einfachsten Fall sind nur *zwei Personen* an einem Betrug beteiligt (Täter und Opfer). Es können aber auch *drei* oder (höchstens) *vier* Personen daran beteiligt sein.

Der *getäuschte Irrende* muß immer auch der *Verfügende* sein. Doch kann auch ein *anderer* der *Geschädigte* sein *(Dreiecksbetrug)*.

Beispiel: Im oben erwähnten Normalfall kauft O das Bild als Stellvertreter eines anderen.

Den *rechtswidrigen Vermögensvorteil* kann der Täter *für sich (eigennütziger Betrug)* oder *für einen anderen (fremdnütziger Betrug)* erstreben.

Beispiel: Im erwähnten Normalfall handelt T als Stellvertreter eines anderen und schließt den Vertrag zu dessen Gunsten ab.

Man sollte sich die fünf Elemente einprägen und Betrugsfälle ausnahmsweise nicht am Wortlaut des § 263, sondern an der Fünf-Punkte-Checkliste
- *Täuschung*
- *Irrtum*
- *Vermögensverfügung*
- *Vermögensschaden*
- *Absicht mit Stoffgleichheit*

abprüfen. Dabei sollte man beachten:

– die *ersten vier Elemente* ergeben den *objektiven Tatbestand;* die Vermögensverfügung ist dabei ein ungeschriebenes Merkmal, das jedoch unerläßlich ist, um die Verbindung vom Irrtum zum Vermögensschaden herzustellen;
– die *Absicht samt Stoffgleichheit* gehört zum *subjektiven Tatbestand;* sie ist nach dem Vorsatz zu prüfen; sie braucht nicht realisiert zu sein („überschießende Innententendenz"); regelmäßig wird sie freilich realisiert sein; dann ist der Betrug nicht nur vollendet, sondern auch beendet.[5]

Weiter sollte man beachten, daß – wie erwähnt – bis zu vier Personen in einem Betrug Rollen spielen können. Wegen der Möglichkeit, daß der Geschädigte ein anderer ist als der (getäuschte und irrende) Verfügende sollte man sich für jede Betrugsprüfung zur eisernen Regel machen: *Bereits in der Überschrift ist klarzustellen, zu wessen Nachteil ein Betrug in Betracht kommen soll*

Beispiele: (1.) § 263 I z. N. d. (= zum Nachteil der) Bank; (2.) § 263 I z. N. d. Versicherung; (3.) § 263 I z. N. d. Müller[6]

Die bisher genannten Zusammenhänge sind in Abb. 3 übersichtlich dargestellt.

2. Probleme

An jedem der genannten fünf Strukturmerkmale sind typische und schwierige Probleme festgemacht. Die Kunst der Betrugsprüfung besteht darin, diese zunächst einmal an der richtigen Stelle zu lokalisieren, dann zu lösen.

Beachte: Nur Problematisches ist im Gutachtenstil zu erörtern. Alles Unproblematische ist – wenn überhaupt – so kurz wie möglich und im Urteilstil, ohne jede Begründung festzustellen.[7]

a) Täuschung

Das Gesetz ist hier schlecht formuliert. Besser ist es zu lesen: „... *dadurch beschädigt, daß er durch Täuschung über Tatsachen* ...". Darin stecken vor allem drei Probleme: Was heißt *Täuschen?* Ist Täuschen auch durch *Unterlassen* möglich? Was heißt *Tatsachen?* Im einzelnen:
– *Täuschen* heißt *Einwirken auf den Intellekt eines anderen.* Dies kann durch *Worte* (ausdrücklich) oder *Taten* (konkludent) geschehen.

---

[5] S. unter den Stichwörtern Vollendung, Beendigung und überschießende Innententendenz im Glossar des AT.
[6] Gelegentlich wird hier der Fehler begangen, von einer „Strafbarkeit gegenüber der Bank usw." zu sprechen. Das gibt es natürlich nicht.
[7] Vgl. AT, Anhang I sowie hier Anhang I Nr. 13.

§ 27. Betrug (§ 263)

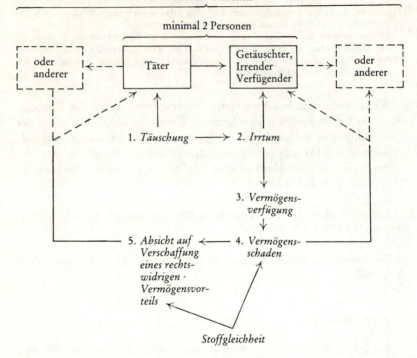

Abb. 3 Struktur des Betruges

Beispiele: T erklärt wahrheitswidrig, eine Fälschung sei ein echtes Kunstwerk (Worte); T stellt einen Spielautomaten auf, dessen Gewinnchancen er durch Eingriffe in die Apparatur vermindert hat (Taten).

An einer Einwirkung auf den Intellekt eines anderen fehlt es in den Fällen der sog. *ignorantia facti:* Wer etwa Waren aus einem Lager stiehlt, mag beim Opfer den Eindruck und damit den Irrtum erwecken, der Warenbestand sei noch vollständig; es fehlt jedoch an einer Täuschung i. S. des § 263.

– *Täuschen durch Unterlassen* ist nach herrschender und richtiger Meinung *möglich.* Es gelten die *allgemeinen Regeln* über das *unechte Unterlassen;*[8] zu ihnen treten einige *Besonderheiten* hinzu. Da nur das Tun Realität besitzt, das Unterlassen dagegen ein Werturteil („enttäuschte Erwartung") ist, kann das Problem der Abgrenzung zwischen *Tun* und *Unterlassen* entstehen. Im Zweifel sollte man Tun annehmen.[9] Man vermeidet dann die u. U. schwierige Garantenproblematik.

---

[8] Vgl. AT, 7. Teil, § 4.
[9] Vgl. AT, 7. Teil, § 2.

Beispiel: Ein Gebrauchtwagenhändler verkauft ein einwandfrei aussehendes Fahrzeug (Tun) und verschweigt, daß es sich um einen Unfallwagen handelt (Unterlassen).
Beachte: Es handelt sich bei *dieser Abgrenzung* um eine *Frage der Wertung*, nicht der *Erkenntnis.*

Nach *allgemeinen Regeln* sind bei einem Unterlassen festzustellen
- die *Kausalität, Möglichkeit, Erforderlichkeit* und *Zumutbarkeit* der unterlassenen Handlung (gemeinsame Voraussetzung aller Unterlassungsdelikte[10]) und
- die *Tatbestandsmäßigkeit über § 13 I* (Garantenklausel, Entsprechungsklausel).[11]

Hinzu tritt die *Besonderheit,* daß die Rechtsprechung zusätzlich zu den allgemeinen Garantenpflichten ausnahmsweise auch eine *Garantenpflicht aus Treu und Glauben* anerkennt. Generelle Regeln hierfür kann man nicht aufstellen; es handelt sich um ein Einzelfallproblem, bei dem eine bewußt gestaltete Einzelfallrhetorik besonders wichtig ist. Die Rechtsprechung neigt insbesondere zur Bejahung einer solchen Garantenpflicht, wenn
- die Nichtaufklärung erheblichen Schaden verursacht *(Schadensfaktor)* oder/und
- es dem Partner erkennbar auf einen verschwiegenen Umstand ankommt *(Wesentlichkeitsfaktor)* oder/und
- der Partner erkennbar unerfahren ist *(Unerfahrenheitsfaktor).*

Im erwähnten Gebrauchtwagenfall treffen (sofern man sich dort für Unterlassen entscheidet) alle drei Gesichtspunkte zusammen.

Diese Rechtsprechung ist umstritten. Das Geschäftsleben beruht nicht zuletzt auf einer Ausnutzung fremder Irrtümer. Hier darf man nicht schlafen; das Strafrecht darf den Verschlafenen nicht prämieren.

Beispiel: T bezahlt im Laden mit einem 20-Mark-Schein. Der Verkäufer gibt versehentlich auf 50 Mark heraus. T klärt den Irrtum nicht auf. Sein Unterlassen ist nicht tatbestandsmäßig. Es würde zu weit führen, ihn hier unter Berufung auf Treu und Glauben garantenpflichtig zu machen. Der Verkäufer sollte besser nicht schlafen.
Fazit: Nur in ganz eindeutig gelagerten Fällen sollte man eine Garantenpflicht aus Treu und Glauben bejahen.

- *Tatsachen* sind zu unterscheiden von den *Werturteilen.*[12] Es kommen *äußere* (z. B. Zahlungsfähigkeit) oder *innere* (z. B. Zahlungswilligkeit) *Tatsachen* in Betracht. Über Tatsachen wird informiert; Werturteile

---

[10] Vgl. AT, 7. Teil, § 3 Nr. 2.
[11] Betrug ist kein reines Erfolgsdelikt, sondern ein verhaltensgebundenes Delikt, so daß es auf die Entsprechungsklausel hier ankommt, vgl. AT, 7. Teil, § 4 Nr. 2.
[12] Dieses Problem spielt auch bei anderen Tatbeständen eine Rolle (Baukastensystem). Vgl. bei §§ 6 II 2; 8 II 1 c; 9 II 2 und 10 I 1.

stellen dagegen einen Kommentar dar (Meinungsäußerung). Die Grenze kann fließend sein.

Beachte: Alles, was in der *Zukunft* liegt, ist (noch) *keine Tatsache.* Nimmt z. B. T ein Darlehen auf und erklärt er, in einem Jahr werde er es mit Sicherheit zurückzahlen können, so täuscht er über keine Tatsache. Anders, wenn er schon zu diesem Zeitpunkt nicht die Absicht hat, das Darlehen zurückzuzahlen. Dann täuscht er über die gegenwärtige innere Tatsache seiner Zahlungswilligkeit.

Die bisherigen Überlegungen zur Täuschung sind in Abb. 4 übersichtlich zusammengefaßt.

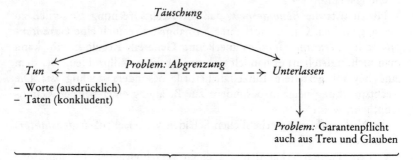

Abb. 4 Struktur der Täuschung

b) Irrtum

Irrtum bedeutet: *Bewußtsein und Wirklichkeit stimmen nicht überein.*[13] Das Bewußtsein muß entweder aktuell vorhanden oder mindestens als „sachgedankliches Mitbewußtsein" (ständiges Begleitwissen) vorhanden sein. Ganz fehlen darf es nicht, str.

Beispiele: O, der ein gefälschtes Kunstwerk als echt kauft, hat insoweit ein *aktuelles Bewußtsein.*

Der Kellner, der gehetzt durch das Lokal jagt, macht sich keine besonderen Gedanken über die Zahlungsfähigkeit seiner Gäste; er hält diese selbstverständlich für gegeben; das genügt für die Bejahung eines Irrtums, wenn ein Zechpreller anwesend ist. Umgekehrt geht auch der Gast selbstverständlich davon aus, das bestellte Gulasch sei vom Rind und nicht vom Hund; letzterenfalls unterliegt auch er einem Irrtum *(sachgedankliches Mitbewußtsein).*

Der Käufer einer Sache täuscht über seine Solvenz. Der Verkäufer vereinbart daraufhin Vorleistung, um jedes Risiko auszuschließen. Damit sind die Angaben des Käufers für ihn uninteressant geworden. Sein *Bewußtsein fehlt ganz.* Ein Irrtum scheidet aus. (Es kommt allenfalls Versuch in Betracht.)

---

[13] Vgl. AT, 10. Teil, § 2.

§ 27. Betrug (§ 263)

Beachte: Der *Irrtum* muß gerade durch die vorangegangene *Täuschung* erregt oder *unterhalten* werden. *Unterhalten* wird er, wenn eine *Aufklärung* des Irrtums *verhindert* wird.

Beides kann, dem zur Täuschung gesagten entsprechend, durch *Tun* (*Beispiel:* T bringt den einen vorhandenen Irrtum sonst aufklärenden Brief an sich) oder *Unterlassen* (*Beispiel:* T hat sich vertraglich zur Aufklärung verpflichtet – beachte: hier ist eine Garantenpflicht erforderlich) geschehen. Liegt ein Unterlassen vor und fehlt es an einer Garantenpflicht, handelt es sich um ein bloßes nicht tatbestandsmäßiges Ausnutzen des Irrtums.

Fehlt es an einer Täuschung, ist ein etwaiger Irrtum im Rahmen des § 263 unbeachtlich. Dies ergibt sich schon aus der sachlogischen Reihenfolge der Prüfung ,,Täuschung-Irrtum-Vermögensverfügung usw." Sobald ein Merkmal zu verneinen ist, ist die Prüfung beendet.[14]

Beispiele bieten die erwähnten Fälle der ignorantia facti.[15] So etwa, wenn ein blinder Passagier an Bord oder ein Schwarzfahrer im Zug ist. Hier haben Kapitän bzw. Schaffner möglicherweise die Fehlvorstellung, alle Fahrgäste hätten ordnungsgemäß bezahlt. Gleichwohl ist dieser Irrtum unbeachtlich, weil es an einer Täuschung fehlt. (In derartigen Fällen kommt aber § 265 a in Betracht.)

Irren kann nur ein *Mensch,* nicht eine juristische Person, nicht eine Behörde und auch nicht der Computer. In entsprechenden Fällen muß man also einen irrenden Menschen suchen. Findet man ihn nicht, scheidet Betrug aus.

Salopp wird gelegentlich etwa vom Irrtum der Bank oder der Versicherung gesprochen. Derartige sprachliche Nachlässigkeiten sollte man vermeiden.

Bezugspunkt des *Irrtums* sind zunächst die *Tatsachen,* über die der Täter getäuscht hat.

Im Ausgangsbeispiel ist dies die Unechtheit des als echt verkauften Kunstwerkes. Dieser Irrtum motiviert den O zur anschließenden Vermögensverfügung. – Wie man sieht, muß zwischen dem Irrtum und der anschließenden Vermögensverfügung *Kausalzusammenhang* bestehen. (Dies gilt für alle Merkmale des objektiven Tatbestandes. Von der Täuschung bis zum Vermögensschaden muß ein *durchlaufender Ursachenzusammenhang* bestehen.)

Weiter muß der *Irrtum* dem Getäuschten *verbergen,* daß ein *Vermögensschaden* eintritt, str. *(Lehre von der unbewußten Selbstschädigung).*

Im *Normalfall* (so im Ausgangsbeispiel) ist dies *unproblematisch* gegeben. O weiß nicht, daß er zuviel, T zuwenig leisten soll. Entsprechend verhält es sich, wenn O es infolge eines Irrtums unterläßt, eine Forderung geltend zu machen, oder wenn sich das vermeintliche Autogramm als Wechsel entpuppt.

Problematisch ist dies dagegen beim *Bettel-, Spenden-* und *Subventionsbetrug.* Wenn O dem vermeintlich armen, in Wirklichkeit reichen Bettler Geld gibt, weiß er, daß er sich am Vermögen schädigt. Die ältere Literatur hat deswegen in solchen Fällen Betrug verneint. Die Rechtsprechung hat dagegen Betrug bejaht (was dem Rechtsge-

---

[14] Ein häufiger Fehler besteht darin, z. B. die Täuschung zu verneinen und trotzdem noch den Irrtum zu prüfen.
[15] S. oben lit. a (a. A.).

fühl entspricht – es ist unerträglich, den vorgeblich für die Caritas, in Wirklichkeit für sich selbst sammelnden T nicht als Betüger ansehen zu können) und dies dogmatisch damit begründet, daß die Lehre von der unbewußten Selbstbeschädigung abzulehnen sei.

Mit der in der neueren Literatur herrschenden Meinung kann man dieses Ergebnis aber auch auf der Basis der Lehre von der unbewußten Selbstschädigung erreichen. Man muß dazu diese Lehre mit der *Lehre von der Zweckverfehlung* kombinieren. Danach ergibt sich ein *Schaden auch* aus der Zweckverfehlung (z. B. Förderung der Caritas), und *diesen* Schaden *kennt O nicht*. Auf dieses Problem ist beim Merkmal Vermögensschaden zurückzukommen.[16]

c) Vermögensverfügung

Dieses ungeschriebene Merkmal verbindet Irrtum und Vermögensschaden. Verdeutlicht man sich dies zunächst anhand der bisher geschilderten Beispiele, so erkennt man drei unterscheidbare Merkmale:
– das Opfer muß etwas *tun* oder *lassen;*
– beides muß *freiwillig* erfolgen; und
– es muß sich *unmittelbar vermögensschädigend* auswirken.

Jedes dieser Merkmale kann problematisch werden. Im einzelnen:
– *Tun* heißt zunächst *jedes Tun.*

Es kommen *rechtliche Akte* (z. B. Vertragsschluß) oder rein *tatsächliche Akte* (z. B. Herausgabe einer Sache) in Betracht. Auch ein Kind oder ein Geisteskranker kann in diesem Sinne verfügen. Auch ein hoheitlicher Akt (z. B. eine Verurteilung im Zivilprozeß) kann eine Verfügung sein (wichtig beim gleich zu besprechenden Dreiecksbetrug).

– *Lassen* heißt: Das Opfer läßt etwas, was es tun könnte.[17]

Ein *Beispiel* bietet das Nichtgeltendmachen einer Forderung. So etwa wenn Kellner T dem Gast O zuwenig Wechselgeld herausgibt in der Hoffnung, O werde es nicht merken. T hat dem O konkludent vorgetäuscht, das Wechselgeld in voller Höhe ausbezahlt zu haben. O hat hierüber geirrt und infolge dieses Irrtums (Kausalität!) es unterlassen, seine Restgeldforderung geltend zu machen. Damit hat O auch verfügt.

Wie das Beispiel zeigt, braucht das Opfer sich dessen nicht bewußt zu sein, daß es verfügt.

– Beides muß *freiwillig* erfolgen.

Hier verläuft eine *Grenze zum Diebstahl*. Wenn etwa T als falscher Kriminalbeamter eine Beschlagnahme vortäuscht und O sich darein fügt, so liegt – richtig gesehen – keine Freiwilligkeit im Handeln des O, auch wenn er die Sache „freiwillig" herausgibt. In derartigen Fällen kommt nur Diebstahl in Betracht.[18]

– Die Verfügung muß sich *unmittelbar vermögensschädigend* auswirken.

Auch hier verläuft eine Grenze zum (Trick-)Diebstahl. Wenn O den falschen Gasmann in die Wohnung läßt und dieser dann dort stiehlt, so bewirkt O durch sein Handeln nur mittelbar eine Vermögensminderung. Das reicht für § 263 nicht aus.

---

[16] S. unten lit. d (a. E.).
[17] Bei der Erpressung, wo in Parallele zu § 263 ebenfalls eine Vermögensverfügung erforderlich ist, fehlt es hieran in den Fällen der vis absoluta, vgl. bei § 23 II 2.
[18] Vgl. bei 20 II 2b.

§ 27. Betrug (§ 263)

Eine unmittelbare Verursachung des Vermögensschadens ist auch dann gegeben, wenn das Opfer auch ohne Täuschung und Irrtum in gleicher Weise verfügt hätte.

Beispiel: Der charmante Heiratsschwindler gibt sich viel Mühe, um Geld zu ergattern, das ihm das Opfer auch ohne diese Mühe gewährt hätte. Auf diese hypothetische Möglichkeit kommt es nicht an. Vollendeter Betrug liegt vor.

Der durch die Vermögensverfügung bewirkte *Vermögensschaden* kann *beim Opfer* selbst oder bei einem *Dritten* eintreten. Diese letztere Möglichkeit des *Dreiecksbetruges* birgt typische Probleme. Ihre Grundstruktur ist in Abb. 5 gezeigt.

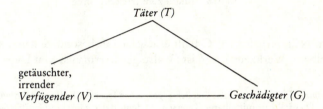

Abb. 5 Grundstruktur des Dreiecksbetruges

Damit der Verfügende einen anderen schädigen kann, muß er eine *besondere Beziehung* zu diesem anderen haben. Das ist *unproblematisch*, wenn diese Beziehung *rechtlicher Natur* ist.

Beispiele: V ist Vertreter, Konkursverwalter, Testamentsvollstrecker u. dgl. des G. Auch der Prozeßbetrug zählt hierher. V. ist der getäuschte Richter, der aufgrund der Täuschung im Zivilprozeß den G verurteilt und damit schädigt.

Problematisch ist es, wenn diese Beziehung nur *tatsächlicher Natur* ist.

Beispiel: V ist Parkwächter und gibt aufgrund Täuschung das Auto des G an den T heraus.[19]

Die Behandlung dieser Fälle ist umstritten. Für ihre Lösung muß man bedenken, daß Betrug nur in Betracht kommt, wenn V schon vor der Tat „im Lager" des G steht und zwischen beiden ein „Näheverhältnis" besteht (sog. *Lagertheorie*). Fehlt es hieran, scheidet ein Dreiecksbetrug nach richtiger Auffassung aus. Dann kommen andere Tatbestände – insbesondere Diebstahl – in Betracht. In Abb. 6 ist dies verdeutlicht.

Im vorerwähnten *Beispiel* des Parkwächters („Sammelgaragen-Fall") ist dieses Näheverhältnis gegeben, so daß Betrug zu bejahen ist.

Weiteres Beispiel: T spiegelt der Garderobenfrau V vor, er sei Eigentümer des dem G gehörigen Mantels, den er dann auch ausgehändigt bekommt.

---

[19] Vgl. unten V 15 („Sammelgaragen-Fall").

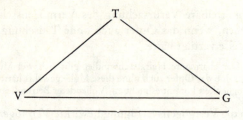

V steht schon vor der Tat
„im Lager" des G („Näheverhältnis")

Abb. 6 Struktur zum Dreiecksbetrug

Am Näheverhältnis V-G fehlt es dagegen insbesondere dann, wenn V mittelbares Werkzeug des T ist (V also gewissermaßen „im Lager des T" steht).

Beispiel: T beauftragt einen Gepäckträger, einen fremden Koffer für ihn wegzunehmen – Diebstahl in mittelbarer Täterschaft, denn der getäuschte Gepäckträger steht nicht „im Lager" des Geschädigten.

Auch der Scheckkartenmißbrauch ist in diesem Zusammenhang zu erwähnen. Der Nehmer eines ungedeckten Schecks steht nicht „im Lager" der geschädigten Bank, so daß Betrug (auch) aus diesem Grunde nach richtiger Auffassung ausscheidet.[20]

d) Vermögensschaden

Hier liegen die meisten Probleme. Die hier anzustellenden Überlegungen sind auch für andere Tatbestände (insbes. Erpressung und Untreue) von Bedeutung (Baukastensystem!). Zwei grundlegende Fragen müssen dazu beantwortet werden. Was ist *Vermögen?* Wann liegt ein *Schaden* vor? Im einzelnen:

Vermögen ist ein umstrittener Begriff. Man versteht den Streit richtig, wenn man sich die hier möglichen Positionen anhand der Struktur in Abb. 7 klarmacht und dabei zunächst die beiden Extreme betrachtet. Das eine Extrem, der juristische Vermögensbegriff ist heute aufgegeben. Es kommt nur noch darauf an, ob man sich für das andere Extrem, den wirtschaftlichen Vermögensbegriff oder den (vermittelnden) juristisch-wirtschaftlichen Vermögensbegriff entscheidet.

Gemeinsam ist beiden zunächst einmal das Erfordernis eines *wirtschaftlichen Wertes.* Nur solche Positionen zählen zum Vermögen, denen ein solcher Wert zukommt.

---

[20] Es fehlt im übrigen schon an Täuschung und Irrtum, a. M. aber der BGH, s. u. V 13. Auch Untreue entfällt nach richtiger Ansicht, vgl. bei § 28 II 1 (bei Fußn. 4) und V 2 („Scheckkarten-Fall").

	Vermögen (= V)		
	Extrem	Vermittelnde Position	Extrem
	Juristischer V-begriff	Juristisch-wirtschaftliche Vermittlungslehre	Wirtschaftlicher V-begriff
Definition	V = „Summe der V-rechte"	V = „Summe der geldwerten Güter nach Abzug der Verbindlichkeiten, soweit sie den Schutz der (Zivil-)-Rechtsordnung genießen"	V = „Summe der geldwerten Güter nach Abzug der Verbindlichkeiten"
Vertreter u. a.	Merkel, Binding (heute aufgegeben)	die wohl h. M. im Schrifttum	Ständige Resp. und Teile des Schrifttums mit kleinen Unterschieden im einzelnen
Kritik (Hauptpunkte)	– Rechte können wertlos sein – Tatsächliche Positionen (z. B. die Arbeitskraft) werden nicht erfaßt	– Das Strafrecht ist vom Zivilrecht unabhängig; – Ein strafrechtlich nicht geschütztes Vermögen (z. B. der Besitz des Diebes) hätte im Ganovenbereich Selbstjustiz zur Folge	– Es entsteht ein Wertungswiderspruch, wenn zivilrechtlich nicht geschütztes Vermögen (z. B. der Besitz des Diebes) strafrechtlich durch § 263 geschützt wird

Abb. 7 Struktur des juristischen und wirtschaftlichen Vermögensbegriffes

Das ist z. B. der Fall beim *Eigentum*, beim *Besitz*, bei *Forderungen*, bei tatsächlichen *Anwartschaften*, bei *Gewinnchancen*, bei der *Stammkundschaft* eines Gewerbebetriebes, bei der *Arbeitskraft* usw.

Beispiel: T verschafft sich bei einer öffentlichen Ausschreibung den Zuschlag durch Täuschung der Vergabestelle (Dreiecksbetrug). Der sonst aussichtsreichste nächste Bewerber ist geschädigt; seine Exspektanz hatte einen wirtschaftlichen Wert. Bei den übrigen Wettbewerbern lagen dagegen nur Hoffnungen ohne wirtschaftlichen Wert vor.

Abweichend wird im Rahmen des sog. *personalen Vermögensbegriffes* nicht auf den wirtschaftlichen Geldwert, sondern auf den persönlichen Gebrauchswert abgestellt. Hier will man vom abstrakten Geldmaßstab wegkommen und das konkrete persönliche Interesse des Vermögensinhabers (der als „Vermögensperson" freilich typisiert gedacht wird) an seinem Vermögen berücksichtigen. Diese Lehre kommt weithin (nicht durchlaufend) zu gleichen Ergebnissen wie die juristisch-wirtschaftliche Vermittlungslehre. Sie tut sich besonders leicht bei den problematischen Fällen des „persönlichen Einschlags" bei der Schadensbemessung.[21]

Der Unterschied zwischen wirtschaftlichem und juristisch-wirtschaftlichem Vermögensbegriff wirkt sich erst aus, wenn (zivil-)rechtlich mißbilligtes Vermögen in Rede steht.

Ein Beispiel bietet der deliktisch erlangte Besitz des Diebes, Hehlers usw. Dieser Besitz hat einen wirtschaftlichen Wert; er wird zivilrechtlich aber nicht geschützt.

Wenn T dem Dieb den Besitz abschwindelt, so kommt nach dem wirtschaftlichen Vermögensbegriff Betrug zum Nachteil des Diebes in Betracht. Diese Auffassung erscheint richtig. Der Widerspruch zum Zivilrecht muß hingenommen werden. Auch im Ganovenbereich ist Betrug möglich. (Nach der Gegenauffassung wird teilweise Betrug zum Nachteil des Eigentümers angenommen, was zweifelhaft ist – ein meßbarer (erneuter) Schaden wird dort kaum jemals zu ermitteln sein.)

Weiter spielt der Streit eine Rolle bei nichtigen Ansprüchen aus verbotenen oder sittenwidrigen Geschäften (§§ 134, 138 BGB).

Klassisch ist hier der Verkauf eines Abtreibungsmittels. Dies ist nach § 219c strafbar. Der Vertrag ist nichtig. Gleichwohl können die nichtigen Forderungen wirtschaftlich einen Wert haben. Dies ist bei faktischer Erfüllungsbereitschaft der Parteien der Fall.[22] Betrug ist dann möglich.

Beispiel: T schwindelt dem O eine Forderung ab, welche O aus dem Verkauf eines Abtreibungsmittels gegen X hat. Wenn X wegen der Nichtigkeit des Vertrages nicht bereit ist, diese Forderung zu erfüllen, ist sie freilich wertlos. Dann kann O auch nicht geschädigt werden. (Vollendeter) Betrug scheidet dann aus.

Im Beispiel können auch O und X sich gegenseitig betrügen. So, wenn O dem X ein unwirksames Abtreibungsmittel liefern will und/oder X den O nicht bezahlen will. Trotz der Nichtigkeit des Vertrages ist von einem (gleich noch zu besprechenden) Eingehungsbetrug auszugehen. Man muß also der Ansprüche vergleichen. Einem wirtschaftlich wertvollen Anspruch des erfüllungsbereiten Partners steht (oder soll stehen – dann Versuch) ein wertloser Anspruch des nicht erfüllungsbereiten Partners gegenüber. Der Vergleich ergibt wirtschaftlich einen Schaden. Betrug ist zu bejahen.

Entsprechend verhält es sich, wenn Killer T für einen Mordauftrag Geld kassiert, ohne den Mord begehen zu wollen. Wenn man ihn wegen Betruges bestraft, muß man sich nur darüber im klaren sein, daß T nicht dafür bestraft wird, daß er den Mord unterlassen hat, sondern dafür, daß er einen anderen um sein Geld gebracht hat. Hier kann ihm der unterlassene Mord nicht „gutgeschrieben" werden. Im umgekehrten Fall (der Killer O soll für seine „Arbeit" nicht bezahlt werden) meint die Rechtsprechung, seine sittenwidrige Arbeit habe keinen Wert. Entsprechend soll es sich bei Vorausleistungen der Dirne verhalten. Damit wird der wirtschaftliche Vermögensbegriff ohne Not und inkonsequent verlassen. Die Arbeit eines Killers hat ebenso wie das „älteste Gewerbe" einen wirtschaftlichen Wert. Auch läßt sich in solchen Fällen ein Geldschaden unschwer daraus konstruieren, daß man als irrtumsbedingte Vermögensverfügung die Unterlassung der Forderung auf Vorauszahlung ansieht. Man sollte daher nicht nur die Möglichkeit des Betrugs der Dirne usw. am Freier, sondern auch des Freiers an der Dirne anerkennen.

Schaden ist ebenfalls ein problematischer Begriff. Hier stellt sich einmal die Frage nach der *Methode,* zum anderen nach dem *Maßstab.*

---

[21] S. dazu im oben folgenden Text.
[22] S. unten V 16 („Drehbank-Fall").

Die *Methode* besteht in einer *Saldierung.* Man *vergleicht* den *Wert* des *Gesamtvermögens* jeweils *vor* und *nach* der *Vermögensverfügung* des Getäuschten; ergibt sich eine *Minderung,* liegt ein *Schaden* vor. Wichtig: Man muß genau darauf achten, worin die *Vermögensverfügung* liegt. Bei den häufigen Betrugsfällen im Rahmen von Vertragsverhältnissen kann sie in der *Eingehung* des Vertrages selbst *(Eingehungsbetrug)* oder in dessen *Erfüllung* liegen *(Erfüllungsbetrug).*

Beispiele: Eingehungsbetrug: Der eingangs erwähnte Fall des Verkaufes eines gefälschten Kunstwerkes.
Erfüllungsbetrug: T schließt einen Kaufvertrag mit *O* über die Lieferung hochwertigen Saatgutes. Später bringt er *O* durch Täuschung dazu, minderwertige Ware als Erfüllung anzunehmen.

Der *Unterschied* ist *wichtig* für die *Schadensberechnung.* Beim *Eingehungsbetrug* muß man die einander gegenüberstehenden *Ansprüche vergleichen.* Beim *Erfüllungsbetrug* muß man dagegen den *Anspruch* mit seiner *Erfüllung vergleichen.*

Deshalb wurden oben im Ausgangsfall die Forderungen aus dem Kaufvertrag verglichen. Nach Eingehung des Vertrages hatte *T* einen Anspruch auf Zahlung von 1 Million Mark, *O* einen Anspruch auf Lieferung eines Bildes im Wert von hundert Mark. Der Vergleich beider Ansprüche ergibt eine Differenz, die den Schaden des *O* darstellt.
Beim Erfüllungsbetrug kommt es dagegen auf den Vergleich des Anspruch mit seiner Erfüllung an. Dabei kann sich ergeben, daß ein Schaden vorliegt, obwohl Leistung und Gegenleistung gleichwertig sind. *Beispiel: O* hat Anspruch auf ein Rennpferd. Er bekommt einen Ackergaul. *O* hat einen Schaden, auch wenn der Ackergaul den Kaufpreis objektiv wert ist.

Beachte: Zivilrechtliche Ansprüche, die sich *aus dem Betrug selbst* ergeben (insbes. Schadensersatzansprüche) bleiben *bei der Ermittlung des Vermögensschadens außer Betracht.* Sie sind nicht Grundlage, sondern Folge des Schadens. Andernfalls gäbe es nur selten einen Schaden beim Betrug, weil jeder Betrug ja entsprechende zivilrechtliche Ansprüche auslöst, man also auf deren mangelnde Durchsetzbarkeit abstellen müßte, was ersichtlich verfehlt wäre.

Der *Maßstab* ist *objektiv-individualisierend* zu wählen.

Objektiv heißt: Maßgeblich sind die *Anschauungen des Wirtschaftsverkehrs* unter Beachtung aller konkreter Umstände des Einzelfalles.

Die Vermögensminderung kann fraglos gegeben sein. *Beispiel:* der oben erwähnte Ausgangsfall (Verkauf eines wertlosen Kunstwerkes zu einem überhöhten Preis).
Sie kann aber auch problematisch sein. *Beispiel: T* schließt mit *O* einen Kaufvertrag und sagt Lieferung von Hopfen aus einem renommierten Anbaugebiet zu. Später liefert er qualitätsgleichen Hopfen aus einem weniger renommierten Anbaugebiet. Bei diesem Erfüllungsbetrug wird man sagen müssen: Nach den Anschauungen des Wirtschaftsverkehrs ist die Herkunft des Hopfens objektiv für seinen Wert mitbestimmend. Anspruch und Erfüllung sind deshalb nicht wertgleich, auch wenn der Hopfen den geforderten Preis an sich wert ist. Ein Schaden liegt vor.

Auch eine *Vermögensgefährdung* kann ein *Schaden* sein, sofern sie ausreichend *konkret* ist.

Ein Beispiel bietet der Kreditbetrug (im untechnischen Sinne, also nicht i. S. d. § 265 b). *T* täuscht *O* über seine Zahlungswilligkeit (innere Tatsache) und erlangt einen Kredit. Es liegt ein Eingehungsbetrug vor. Der Anspruch des *O* auf Rückzahlung und Zinsen ist wegen der fehlenden Zahlungswilligkeit des *T* konkret gefährdet. Bereits darin liegt ein Schaden. Man muß nicht etwa warten, bis *T* tatsächlich die Vertragserfüllung unterläßt, um einen vollendeten Betrug feststellen zu können.
Beachte: die Gefährdung muß *konkret* sein. Daran fehlt es z. B., wenn *T* durch Täuschung des Rechtspflegers (Dreiecksbetrug) den Erlaß eines Mahnbescheides gegen seinen Nichtschuldner *O* bewirkt. Hier hat *O* keine Schwierigkeiten, sich gegen die Gefährdung seines Vermögens zu wehren. Ein Schaden liegt noch nicht vor. Es kommt aber Versuch in Betracht.
Grenzfall: *T* verkauft eine fremde Sache an *O*, der gutgläubig Eigentum daran erwirbt. Das Eigentum des *O* ist sicher; *O* riskiert aber (Gefährdung), daß der frühere Eigentümer ihn verklagt und ihm einen „Makel" anhängt (Makeltheorie); auch kann man theoretisch jeden Prozeß verlieren. Hier kommt es ganz auf den Fall an.[23]

Individualisierend heißt: In besonderen Fällen, in denen es objektiv an einem Schaden fehlt, subjektiv der Betroffene sich aber geschädigt fühlt, wird ein Schaden anerkannt.

Beispiel: Ein Handelsvertreter läßt sich vom kaufunwilligen Kunden eine Bescheinigung über seinen Besuch unterschreiben. Hinterher entpuppt sich als Kaufvertrag über eine Waschmaschine. Auch wenn der Preis objektiv angemessen, u. U. sogar günstig ist, und sogar wenn der Kunde an sich eine Waschmaschine gebrauchen kann, wird er sich „betrogen" fühlen.

Grundsätzlich ist anerkannt, daß ein „*persönlicher Einschlag*" bei der Schadensbemessung zu beachten ist. Das darf aber nicht so weit gehen, daß das subjektive Gefühl des Betroffenen allein entscheidet. Man muß „*wirtschaftliche Vernunft*" walten lassen – was immer das sein mag.

Der *BGH* hat zu dieser Problematik im „*Melkmaschinenfall*"[24] grundlegend Stellung genommen. Ein Verkaufsvertreter hatte verschiedenen Bauern Melkmaschinen verkauft. Die Täuschung lag darin, daß eine besonders günstige Gelegenheit („weit unter dem normalen Preis") vorgespiegelt wurde. Objektiv lag kein Schaden vor. Subjektiv fühlten sich die Bauern „betrogen".
Der *BGH* sagte zunächst: Auf die Gefühle der Opfer kommt es nicht an. Es kommt auch nicht darauf an, daß die Bauern ohne Täuschung die Verträge nicht abgeschlossen hätten. Aus dieser Not hilft ihnen das Zivilrecht (Anfechtung). Soweit eine Täuschung das Opfer zum Vertragsschluß bewegt, liegt darin zunächst nur ein Angriff auf die Dispositionsfreiheit. Diese ist gegen Gewalt und Drohung durch § 240 (Nötigung), nicht aber gegen Täuschung geschützt.[25] § 263 schützt nur das Vermögen. Es muß also ein Vermögensschaden vorliegen.

Wenn es wie in derartigen Fällen objektiv an einem Schaden fehlt, müssen besondere subjektive Umstände vorliegen, will man dennoch ei-

---

[23] Vgl. auch unten V 17 („Makel-Fall").
[24] S. unten V 3.
[25] S. auch bei § 19 II 2 c.

nen Schaden bejahen. Nach Auffassung des *BGH* sind hier typischerweise *drei Fallgruppen* zu nennen:
- Erstens, das Opfer erhält eine *für seine Zwecke ungeeignete* Leistung.

    So hatte ein Bauer zehn Kühe; die gekaufte Melkmaschine war nur für einen Stall mit zwei bis drei Kühen geeignet.

- Zweitens, das Opfer muß sich zur Erfüllung der übernommenen Verpflichtungen *am Vermögen schädigen*.

    Beispiele: O muß ein hoch zu verzinsendes Darlehen aufnehmen oder Sachwerte ungünstig verkaufen.

- Drittens, das Opfer muß sich infolge der übernommenen Verpflichtung in seiner *Wirtschafts- und Lebensführung übermäßig einschränken*.

    Der Extremfall ist hier gegeben, wenn das Opfer seinen Zahlungsverbindlichkeiten nicht mehr nachkommen kann. Aber auch ein erzwungener erheblicher Konsumverzicht kann nach Auffassung des *BGH* genügen. Freilich dürfen hier wie in der zuvor erwähnten Fallgruppe die eingetretenen Nachteile nicht durch besondere wirtschaftliche Vorteile ausgeglichen werden. So kann selbst ein teures Darlehen auch Vorteile bringen. Und Konsumverzicht kann etwa wegen eines Hauserwerbs vorteilhaft sein.

    An diesen Kriterien orientiert sich die Rechtsprechung. Natürlich sind sie alles andere als exakt. Sie bieten nur eine ungefähre Orientierung. Als Faustregel mag dabei dienen:

    Je „vernünftiger" das Gefühl des O erscheint, d.h. je wahrscheinlicher es auch andere Menschen in seiner Lage ebenso wie er empfinden würden, desto eher ist ein Schaden aufgrund der individuellen Komponente zu bejahen. Dabei ist zu beachten, daß es um den (im Kern *objektiv* zu bestimmenden) *Schaden* geht. Daß O überlistet wurde, genügt noch nicht. Als Kontrollfrage in einschlägigen Fällen mag die Frage dienen: „*Wurde O nur überlistet* (dann scheidet Betrug aus – § 263 schützt nicht die Dispositionsfreiheit, sondern nur das Vermögen) *oder wurde O bei vernünftiger Betrachtung auch ärmer* (letzterenfalls ist Betrug zu bejahen)?"

Dank der *Individualisierung* des Schadensmaßstabes ist es auch möglich, die Fälle des *Bettel-, Spenden-* und *Subventionsbetruges* (welcher Ausdruck nicht technisch i. S. des § 264 zu verstehen ist) durch die *Lehre von der Zweckverfehlung* sachgerecht zu erfassen. Diese Lehre ist, wie erwähnt, mit der *Lehre von der unbewußten Selbstschädigung* zu kombinieren.[26] Sie besagt, daß ein Vermögensschaden nicht nur in der einseitigen Hingabe von Geld, sondern auch in der Verfehlung des mit der Hingabe verfolgten Zwecks liegen kann.

Soweit es um die Hingabe von Geld geht, liegt noch kein für § 263 ausreichender Schaden vor, weil dieser Schaden dem O bewußt ist. Anders verhält es sich mit der Zweckverfehlung. Sie ist dem O nicht bewußt. Insoweit liegt die (erforderliche) unbewußte Selbstschädigung vor.

Das Problem dieser (als solche und im einzelnen umstrittenen) Lehre besteht darin, allzu „*subjektive*" Zwecke auszuscheiden. Man versucht

---

[26] S. oben lit. b (a. E.).

dies, indem man nur sozial gebilligte oder wirtschaftspolitische Zwecke, nicht dagegen bloße Affektionsinteressen und Motivirrtümer anerkennt.

Ein Schaden liegt daher z. B. vor, wenn das Ziel der Vermögensbildung in Arbeitnehmerhand verfehlt wird,[27] oder wenn O den Zweck verfehlt, die Armut zu bekämpfen. Kein Schaden liegt dagegen vor, wenn T für die Caritas sammelt und am Beginn seiner Spendenliste einen erfundenen hohen Betrag einsetzt, wodurch O zur Nachahmung angespornt wird. Hier liegt nur ein unbeachtlicher Motivirrtum des O vor (O will vor den Nachbarn gut dastehen), der keinen Schaden begründen kann.

Bei *Austauschgeschäften* ist die *Zweckverfehlungslehre nicht anwendbar*.

Wenn T dem O vorschwindelt, Waren aus Behindertenwerkstätten zu verkaufen, so kommt es für den Schaden allein darauf an, ob die Waren objektiv ihren Preis wert sind oder nicht. Im ersteren Fall läßt sich ein Schaden nicht mit der Zweckverfehlung begründen.

Wie man sieht, ist oft fraglich, ob ein Vermögensschaden vorliegt. Es wäre verfehlt, alle Problemfälle „erlernen" zu wollen. Bewußt geübtes Strukturdenken und überzeugende Einzelfallrhetorik bieten den einzig gangbaren Weg durch diese Fülle.

e) Absicht und Stoffgleichheit

Die bisher genannten Tatbestandsmerkmale betreffen, wie gesagt, den objektiven Tatbestand. Sie müssen vom Vorsatz umfaßt sein. Bedingter Vorsatz genügt – wie immer, wenn nichts besonderes gesagt ist. Darüberhinaus enthält § 263 mit der „Absicht" ein spezielles subjektives Tatbestandsmerkmal, dem kein objektives Gegenstück gegenübersteht.

T muß den erstrebten Vermögensvorteil nicht auch erlangt haben. Regelmäßig wird er ihn freilich auch erlangt haben; dann ist der Betrug nicht nur vollendet, sondern auch beendet. Es liegt vergleichbar wie beim Diebstahl, wo ebenfalls die „Absicht" nicht realisiert sein muß. Für die Vollendung des § 263 genügt es also, daß der Vermögensschaden eingetreten ist.
Beispiel: T schwindelt dem O Ware ab, die auf der Post verlorengeht.

Absicht bedeutet: das *Wollenselement* dominiert.[28] Dabei ist zu beachten, daß diese Absicht nur bezüglich des erstrebten *Vermögensvorteiles* selbst erforderlich ist. Bezüglich der *Rechtswidrigkeit* dieses Vorteiles genügt *einfacher* (bedingter) *Vorsatz*.

Richtigerweise ist die Rechtswidrigkeit des erstrebten Vermögensvorteils als normatives Tatbestandsmerkmal zu sehen, das freilich im Rahmen des subjektiven Tatbestandes zu prüfen ist. Ein Irrtum insoweit ist Tatbestandsirrtum. Die Problematik liegt vergleichbar der beim Diebstahl.[29]

Rechtswidrig ist der erstrebte Vermögensvorteil, wenn er der *Rechtsordnung widerspricht*, wenn also kein (zivil- oder öffentlichrechtlicher) Anspruch darauf besteht.

---

[27] S. unten V 8 („VW-Aktien-Fall").
[28] Vgl. AT, 6. Teil, § 2, Nr. 3 b, aa.
[29] Vgl. bei § 20 II 3 e.

Hat der Täter ein solches Recht, macht die Verwendung eines unerlaubten Mittels den Vorteil nicht rechtswidrig. Beispiel: *T* hat gegen *O* eine Forderung, die *O* nicht erfüllt. Im Zivilprozeß gerät *T* in Beweisschwierigkeiten, die er mit einem gefälschten Schuldschein beseitigt. Hier scheidet ein Prozeßbetrug (Dreiecksbetrug) aus; es kommt nur Urkundenfälschung in Betracht.

Der Täter kann, wie erwähnt, den Vorteil *für sich (eigennütziger Betrug)* oder *für einen anderen (fremdnütziger Betrug)* erstreben. Hierauf ist sorgfältig zu achten. Beide Möglichkeiten können zusammentreffen. Sie können auch mit dem besprochenen Fall des Dreiecksbetruges zusammentreffen. Deshalb empfiehlt es sich, bei mehreren Personen immer eine grafische Skizze anzufertigen und sämtliche Kombinationsmöglichkeiten durchzuspielen.

Der erstrebte *Vermögensvorteil* muß das genaue Gegenstück (die „Kehrseite") des *Vermögensschadens* sein *(Stoffgleichheit,* Substanzgleichheit).

Daran fehlt es z. B., wenn *T* täuscht usw., um von einem Dritten belohnt zu werden.

Praktische Bedeutung hat dieses Erfordernis vor allem beim *Provisionsvertreterbetrug* erlangt: Provisionsvertreter *T* erschwindelt beim Kunden *K* Aufträge, um vorschußweise die Provision von seinem Fabrikanten *F* zu kassieren.[30] In Abb. 8 ist die Struktur dieses Falles grafisch verdeutlicht.

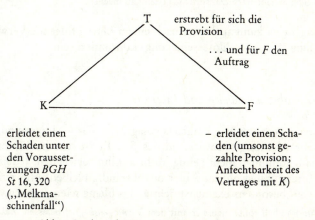

Abb. 8 Struktur des Provisionsvertreterbetruges

Hier muß man drei mögliche Betrugsfälle sorgfältig unterscheiden:
1. Eigennütziger Betrug zum Nachteil des *K* – hier fehlt es an der Stoffgleichheit zwischen dem Schaden des *K* (unerwünschter Vertrag) und dem erstrebten Vorteil (Provision von *F*).

---

[30] S. unten V 5 („Provisionsverteter-Fall").

2. Fremdnütziger Betrug zum Vorteil des *F* und Nachteil des *K* – hier ist Stoffgleichheit zu bejahen. Auch die ,,Absicht" ist zu bejahen, obwohl der für *F* erstrebte Vermögensvorteil nur ein notwendiges Mittel ist, um die Provision zu erhalten.

3. Eigennütziger Betrug zum Nachteil des *F* – *T* verschweigt den wahren Sachverhalt (er ist Garant – durch den Vertrag mit F hat er eine Obhutspflicht freiwillig übernommen) und erhält die Provision, die mit dem Schaden des *F* stoffgleich ist.

III. Typische Konkurrenzprobleme

Oft wird die Abgrenzung zwischen Betrug und Diebstahl fraglich sein. Wie dargelegt verlaufen Grenzen zum Diebstahl beim Merkmal Vermögensverfügung. Sie schließt eine Wegnahme aus. Deshalb ist insoweit Tateinheit zwischen Betrug und Diebstahl nicht möglich.

Wenn ein Betrug die Vorteile aus einem Vermögensdelikt sichern soll (sog. Sicherungsbetrug), ist er mitbestrafte Nachtat (Konsumtion, Gesetzeskonkurrenz).

Beispiel: Der Dieb hält den Berechtigten durch falsche Angaben davon ab, Rückgewähr- oder Schadensersatzansprüche geltend zu machen.

Umgekehrt kann auch eine nach einem Betrug folgende Verwertungshandlung (z. B. eine Unterschlagung) konsumiert sein.

IV. Problemhinweise und Literatur

Betrug ist, wie schon eingangs gesagt, ein sehr wichtiger und zugleich ein sehr schwieriger Tatbestand des BT. Er ist sehr häufig zu prüfen. Deshalb kann man nicht genug Mühe auf ihn verwenden. Jede Problem- und Literaturauswahl muß hier unvollständig bleiben. Nur einige Hinweise auf besonders examensträchtige Probleme seien gegeben.

Grundsätzlich sollte man sich mit dem *Vermögensbegriff* befassen. *Lektüre: Cramer,* Die Grenzen des Vermögensschutzes im Strafrecht, JuS 1966, 472. Dabei sollte man sich auch mit der personalen Vermögenslehre auseinandersetzen. *Lektüre: Otto,* Zur Abgrenzung von Diebstahl, Betrug und Erpressung bei der deliktischen Verschaffung fremder Sachen, ZStW 79, 59. Die damit berührten *Abgrenzungsprobleme* sind natürlich auch ein beliebtes Examensthema. *Lektüre: Bittner,* Zur Abgrenzung von Trickdiebstahl, Betrug und Unterschlagung, JuS 1974, 156; *Geppert,* Die Abgrenzung von Betrug und Diebstahl, insbesondere in den Fällen der sogenannten ,Dreiecks-Betruges', JuS 1977, 69; *Meurer,* Betrug als Kehrseite des Ladendiebstahls, JuS 1976, 300. In diesen Zusammenhang gehören auch die Fälle des Scheckkartenmißbrauchs. *Lektüre: Gössel,* Vom Scheckbetrug zum Scheckkartenbetrug, MDR 1973, 177; *Meyer,* Die mißbräuchliche Benutzung der Scheckkarte – Betrug oder Untreue, JuS 1973, 213;

Vormbaum, Die strafrechtliche Beurteilung des Scheckkartenmißbrauchs – OLG Köln, NJW 1978, 713, JuS 1981, 18.

Schließlich ist auch der Fall des Provisionsvertreterbetruges ein ergiebiges Feld, auf dem Examenskandidaten ackern können. *Lektüre: Lampe*, Strafrechtliche Aspekte der Unterschriftserschleichung durch Provisionsvertreter, NJW 1978, 679.

V. Bekannte BGH-Fälle

1. Zellwollhose-Fall – BGHSt 16, 220

Ein Textilhändler hatte Hosen als rein wollene Gabardinehosen angepriesen und verkauft. In Wirklichkeit hatten sie aus Zellwolle bestanden. Sie waren allerdings ihren Preis wert gewesen. – Der *BGH* bejahte die Möglichkeit des (Eingehungs-)Betruges. Ein Vermögensschaden könne auch dann vorliegen, wenn die Sache ohne die zugesicherte Eigenschaft den geforderten Preis wert sei. Dies müsse jedoch nicht stets und unter allen Umständen so sein.

2. Hafterschleichungs-Fall – BGHSt 14, 170

Der Täter hatte Straftaten vorgetäuscht, um in Untersuchungshaft genommen zu werden und ein Obdach zu haben. – Der *BGH* bejahte Betrug. Die Festnahme und der Haftbefehl seien als Vermögensverfügung anzusehen. Die Unterbringung und Verköstigung stellten einen unmittelbar daraus folgenden Vermögensschaden dar.

3. Melkmaschinen-Fall – BGHSt 16, 321

Ein Verkaufsvertreter für Melkmaschinen hatte mehrere Bauern über die vermeintlich günstige Gelegenheit zum Erwerb einer Melkmaschine getäuscht. – Der *BGH* bejahte Betrug. (Es ist dies der bekannte Fall, in dem der *BGH* grundlegend zum persönlichen Einschlag bei der Schadensbemessung Stellung genommen hat.)

4. Abonnement-Fall – BGHSt 23, 300

Ein Zeitschriftenwerber hatte eine Hausfrau durch unwahre Vorspiegelungen dazu veranlaßt, eine für ihre Zwecke völlig ungeeignete Zeitschrift zu abonnieren. Als die Hausfrau dies erkannt hatte, hatte die Lieferfirma den Auftrag ohne weiteres storniert. – Der *BGH* bejahte Betrug. Bereits in der Bestellung liege eine dem Vermögensschaden entsprechende Vermögensgefährdung. Darauf, daß die Lieferfirma von vornherein bereit gewesen sei, die Bestellung ohne weiteres zu stornieren, komme es nicht an.

5. Provisionsvertreter-Fall – BGHSt 21, 384

Ein Provisionsvertreter hatte Kunden durch Täuschung zu Bestellungen veranlaßt, um sich von seiner Firma Provisionen für den angeblich ordnungsgemäßen Auftrag zahlen zu lassen. – Der *BGH* sah darin strukturell einen Betrug sowohl zum Nachteil der Kunden als auch der Firma.

6. Selbstfahrer-Fall – BGHSt 21, 112

Ein Autofahrer, dem die Fahrerlaubnis entzogen worden war, dem aber versehentlich der Führerschein belassen war, hatte unter Vorlegung des Führerscheins ein Auto gemietet. – Der *BGH* verneinte Betrug. Das etwaige Risiko, nach einem Unfall um den Versicherungsschutz prozessieren zu müssen, sei keine konkrete Vermögensgefährdung, so daß es am Vermögensschaden fehle.

7. Millionen-Preisrätsel-Fall – BGHSt 3, 99

Die Angeklagten hatten in Zeitschriften ein leicht zu lösendes Preisrätsel veröffentlicht. Den etwa eine Million Einsendern richtiger Lösungen hatten sie einen Trostpreis angeboten, der gegen Unkostenerstattung zugesandt würde. Bei Kauf eines Bildes für 3,60 DM würde er kostenlos zugeschickt. Etwa 180 000 Personen hatten sich für den Kauf des Bildes entschieden, das seinen Preis wert gewesen war. Sie hatten geglaubt, dies sei erforderlich, um ihre Gewinnchancen zu wahren. – Der *BGH* verneinte Betrug; es fehle am Vermögensschaden. Das Bild sei seinen Preis wert gewesen. Die Beeinträchtigung der wirtschaftlichen Bewegungsfreiheit sei für einen Vermögensschaden zu gering gewesen.

8. VW-Aktien-Fall – BGHSt 19, 37

Der Täter hatte bei der Ausgabe von VW-Aktien bei verschiedenen Banken Zuteilungsanträge gestellt und vorgetäuscht, sonst keine Anträge gestellt zu haben. – Der *BGH* bejahte Betrug sowohl zum Nachteil des Bundes als auch solcher Zeichner, die ohne die Täuschung weitere Aktien zugeteilt bekommen hätten. In beiden Fällen liege ein Vermögensschaden vor.

9. Weiterer VW-Aktien-Fall – BGHSt 19, 206

Der Angeklagte hatte bei der Ausgabe von VW-Aktien das Bezugsrecht anderer mit deren Einverständnis für sich ausgenutzt und auf ihren Namen für eigene Rechnung VW-Aktien erworben. – Der *BGH* bejahte Betrug. Die Rechtswidrigkeit des zu erstrebenden Vermögensvorteils sei gegeben gewesen.

§ 27. Betrug (§ 263)

10. Waschmaschinen-Fall – BGHSt 22, 88

Provisionsvertreter hatten sich angebliche Besuchsbestätigungen unterschreiben lassen, die sich als Bestellungen von Waschmaschinen entpuppten. – Der *BGH* sah einen Vermögensschaden i. S. des § 263 nicht schon darin, daß die Kunden in Wirklichkeit nichts bestellen wollten; es müßten schon – wie im Melkmaschinen-Fall – besondere Umstände hinzukommen.

11. Bahnsteigkarten-Fall – BGHSt 16, 1

Der Angeklagte war mit einer Bahnsteigkarte Bahn gefahren, um eine wichtige Veranstaltung zu erreichen. Er hatte dabei den Aufsichtsbeamten getäuscht. – Der *BGH* bejahte Betrug. Bereicherungsabsicht liege auch dann vor, wenn der Vorteil nur als Mittel für einen weiteren Zweck erstrebt werde.

12. Gutschrift-Fall – BGHSt 6, 115

Ein Provisionsvertreter hatte für erdachte Kunden Aufträge abgeliefert, denen Waren geschickt worden waren, die nach einiger Zeit zurückgekommen waren. Dem Provisionsvertreter waren entsprechende Provisionen gutgeschrieben worden. – Der *BGH* verneinte Betrug. Die Vermögensverfügung sei in der Gutschrift der Provision (nicht im Absenden der Ware – insoweit fehle beim Schaden die Stoffgleichheit) zu sehen. Hierdurch sei kein Vermögensschaden entstanden. Eine Vermögensgefährdung als Vermögensschaden scheide aus, wenn die Auszahlung der Provision durch die Zahlung seitens der Kunden bedingt sei.

13. Scheckkarten-Fall – BGHSt 24, 386

Der Angeklagte, dessen Konto überzogen war, hatte Schecks unter Vorlage einer Scheckkarte eingelöst. – Der *BGH* bejahte Betrug (und verneinte Untreue[31]). Die Täuschung folge daraus, daß es dem Schecknehmer trotz der Garantieerklärung nicht gleichgültig sein könne, ob der Scheck gedeckt sei. Der Vermögensschaden trete bei der Bank ein, welche die Scheckkarte ausgehändigt habe (Dreiecksbetrug).

14. Anstellungs-Fall – BGHSt 17, 254

Der Angeklagte hatte wahrheitswidrige Angaben über seine Ausbildung gemacht und Vorstrafen verschwiegen, als er sich bei einem Arbeitgeber hatte anstellen lassen. – Der *BGH* bejahte die Möglichkeit eines

---

[31] S. auch bei § 28 V 2.

Anstellungsbetruges. Man müsse vergleichen, ob Leistung und Gegenleistung einander entsprächen (Eingehungsbetrug). Für den Vermögensschaden sei entscheidend, ob der Verpflichtete die Leistungen erbringen könne, die auf Grund seiner gehaltlichen Eingruppierung allgemein von ihm erwartet werden dürften. Aus den Vorstrafen könne eine Vermögensgefährdung resultieren, wenn der Angestellte in seiner Stellung über Vermögen des Dienstberechtigten verfügen könne.

15. Sammelgaragen-Fall – BGHSt 18, 221

Der Angeklagte hatte den Wächter einer Sammelgarage zur Herausgabe eines Autos veranlaßt, indem er ihm die Genehmigung des Berechtigten vorgespiegelt hatte. – Der *BGH* bejahte einen Dreiecksbetrug (und verneinte Diebstahl).[32]

16. Drehbank-Fall – BGHSt 2, 364

Der Angeklagte hatte zusammen mit einem anderen eine Drehbank gestohlen und diese verkauft. Dem anderen hatte er einen niedrigeren als den erzielten Kaufpreis vorgetäuscht und ihn so dazu veranlaßt, auf einen ihm zustehenden Anteil am Verkaufserlös zu verzichten. – Der *BGH* bejahte Betrug. Auch die Forderung aus einem unsittlichen oder gesetzwidrigen Geschäft könne dem Vermögen zugerechnet werden. Sie habe hier auch wegen der besonderen Bindungen der Partner und der daraus resultierenden faktischen Erfüllungschance einen Wert gehabt.

17. Makel-Fall – BGHSt 15, 83 (ähnlich auch BGHSt 3, 370)

Der Angeklagte hatte ein Moped unterschlagen und an einen gutgläubigen Erwerber verkauft. – Der *BGH* bejahte Betrug zum Nachteil des Erwerbers. Zwar habe dieser infolge seines guten Glaubens Eigentum erworben. Er riskiere aber, daß der frühere Eigentümer ihm Bösgläubigkeit nachsage und „sehr energisch" die Herausgabe der Sache verlange. Darin liege eine konkrete Vermögensgefährdung, die einen Vermögensschaden darstelle.

---

[32] Vgl auch bei § 20 V 11.

§ 28. Untreue (266)

I. Überblick

1. Rechtsgut und Systematik

Geschütztes *Rechtsgut* ist das *Vermögen*. Es wird vor Angriffen geschützt. Auf eine Vermögensverschiebung bezw. Bereicherung kommt es nicht an. Insoweit entspricht die Untreue der *Sachbeschädigung*, § 303. Hier wie dort erschöpft sich das Unrecht der Tat in einer Beschädigung. Bei § 303 muß eine Sache beschädigt, bei § 266 muß das Vermögen beschädigt werden. Der ebenfalls das Vermögen schützende Betrugstatbestand, § 263 setzt dagegen eine Vermögensverschiebungs- (Bereicherungs-) absicht voraus. Dem entspricht im Bereich der Eigentumsdelikte der Diebstahl, § 242. Hier wie dort ist eine Verschiebung von Eigentum bezw. Vermögen intendiert.[1]

Beachte die unbenannte *Strafzumessungsregel* in Absatz II und den Verweis auf die *Geringwertigkeitsregelung* und die *Angehörigenregelung* beim Diebstahl in Absatz III.[2] Beachte ferner: der *Versuch* ist tatbestandslos.

2. Praktische Bedeutung

§ 266 hat kaum praktische Bedeutung (nur 0,1 Prozent der polizeilich bekanntgewordenen Gesamtkriminalität). Gleichwohl ist der Tatbestand unentbehrlich, um Vermögensschädigungen durch Täter zu erfassen, die es aufgrund ihrer Stellung nicht nötig haben, zu den handfesten Mitteln des Diebstahls oder der Unterschlagung zu greifen. Im Examen spielt § 266 eine Hauptrolle.

II. Struktur

1. Übersicht

Die Untreue enthält zwei Tatbestände, den *Mißbrauchstatbestand* (Mt- „Befugnis ... mißbraucht") und den *Treubruchstatbestand* (Tt- „Pflicht ... verletzt").

Eiserne Regel bei der Prüfung des § 266: Diese beiden Termini *nennen* und – falls beide Tatbestände in Betracht kommen – mit der Prüfung des enger gefaßten und präziseren *Mt* beginnen.

---

[1] S. auch die Übersichten bei § 27 I 3 (Abbildungen 1 und 2).
[2] Vgl. bei § 20 I 2.

Beide Tatbestände sind durch ein „*oder*" verbunden. Im Anschluß daran findet die sich mit „*und*" angehängte Wendung „... und dadurch dem, dessen Vermögensinteressen er zu betreuen hat (= Vermögensbetreuungspflicht, Vp), Nachteil zufügt". Daraus entsteht ein Auslegungsproblem, das man am kürzesten darstellen kann, wenn man zeigt, daß es sich um ein logisches Klammerproblem handelt.[3] Man kann nämlich § 266 auf zwei verschiedene Weisen lesen:

(a) Mt oder (Tt und Vp)
(b) (Mt oder Tt) und Vp

Bei Lesart (a) besteht die Vermögensbetreuungspflicht nur im Falle des Treubruchstatbestandes; bei Lesart (b) besteht sie auch im Falle des Mißbrauchstatbestandes. Der Wortlaut des § 266 erlaubt beide Lesarten. Beide werden denn auch vertreten. Den Vorzug verdient – mit der h. M. – die Lesart (b): *Beide Tatbestände* des § 266 setzen eine *Vermögensbetreuungspflicht* voraus.

Diese Frage ist erstmals mit dem *Scheckkartenmißbrauch* voll ins Blickfeld getreten. Hier ist an sich der Mißbrauchstatbestand erfüllt (der Scheckkarteninhaber kann als Vertreter der bezogenen Bank diese verpflichten, ohne dies im Falle mangelnder Deckung zu dürfen), doch fehlt es an einer Vermögensbetreuungspflicht des Täters (nicht er hat die Vermögensinteressen der Bank zu betreuen, sondern umgekehrt die Bank hat seine Vermögensinteressen wahrzunehmen). Mit dieser Begründung hat der *BGH* im Falle des Scheckkartenmißbrauchs Untreue zu Recht verneint.[4] Früher hat sich das Problem nicht in aller Schärfe gestellt, weil regelmäßig der, der die Anforderungen des Mißbrauchstatbestandes erfüllte, fraglos auch eine Vermögensbetreuungspflicht hat.

Für die h. M. spricht, daß § 266 in beiden Tatbeständen – nicht nur im Treubruchstatbestand, sondern auch im Mißbrauchstatbestand – sehr weit gefaßt ist, und daß, wie gerade der Scheckkartenmißbrauch anschaulich zeigt, über die Bejahung einer Vermögensbetreuungspflicht in beiden Tatbeständen insgesamt eine notwendige restriktive Auslegung des § 266 ermöglicht wird.

Mit der h. M. ist daher der *Mißbrauchstatbestand* als ein „*ausgestanzter Unterfall*" (lex specialis) des *Treubruchstatbestandes* anzusehen, str. Er muß als die präziser gestaltete Erscheinungsform immer zuerst geprüft werden (Ausnahme: wenn er evident nicht in Betracht kommt). Wird er bejaht, kann man den Treubruchstatbestand unter Hinweis auf die Gesetzeskonkurrenz (Spezialität) kurz als ebenfalls erfüllt erwähnen. Nur wenn er verneint wird, ist auf den Treubruchstatbestand einzugehen.

Eine *andere Frage* ist es, *ob* die *Vermögensbetreuungspflicht* bei *beiden Tatbeständen gleich zu bestimmen* ist.

Der *BGH* hat dies im Scheckkartenfall bejaht. In der Literatur wird demgegenüber die Auffassung vertreten, die Vermögensbetreuungs-

---

[3] Es empfiehlt sich, das (richtige) „oder" bzw. „und" im Gesetz zu unterstreichen und an den richtigen Stellen Klammern einzufügen. Das erleichtert die Handhabung des § 266.
[4] S. unten V 2. Entgegen der Auffassung des *BGH* scheidet auch Betrug aus, vgl. bei § 27 II 2 c (bei Fußnote 20).

pflicht sei in beiden Tatbeständen unterschiedlich zu bestimmen. Beim Treubruchstatbestand müßten höhere Anforderungen an sie gestellt werden als beim Mißbrauchstatbestand; der Treubruchstatbestand sei nämlich viel vager als der Mißbrauchstatbestand und bedürfe mehr der Restriktion durch die Vermögensbetreuungspflicht als jener.

Im Ergebnis kann man mit dieser Argumentation die Vermögensbetreuungspflicht soweit reduzieren, daß im Falle des Scheckkartenmißbrauchs Untreue bejaht werden kann – denn eine minimale Vermögensbetreuungspflicht hat auch der Bankkunde gegenüber seiner Bank.

Die Einzelheiten sind umstritten. Sicher ist der Weg einer unterschiedlichen Bestimmung der Vermögensbetreuungspflicht in den beiden Tatbeständen gangbar, ohne daß man deswegen – wie es in der Literatur geschieht – beide Tatbestände als voneinander unabhängige Tatbestände ansehen muß. Im übrigen scheint es wenig sinnvoll, den Streit abstrakt – außerhalb von konkreten Fällen – zu führen. Man wird gut daran tun, die weitere Entwicklung – insbesondere die Rechtsprechung zu einschlägigen Fällen – abzuwarten.

Beachte: § 266 ist ein Pflichtdelikt. Nur wer pflichtig ist, kann Täter sein. Andere Personen können nur Teilnehmer sein.[5] Für sie gilt § 28 I.[6]

In Abb. 1 sind die wesentlichen Strukturüberlegungen zu § 266 anschaulich zusammengefaßt.

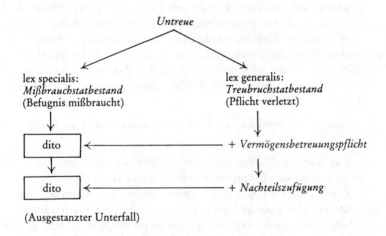

Abb. 1 Struktur der Untreue

---

[5] Vgl. AT, 8. Teil, § 2 Nr. 3 a.
[6] Vgl. AT, 8. Teil, § 3 Nr. 5 c.

2. Mißbrauchstatbestand

Hier sind typischerweise drei Personen betroffen: der *Täter*, der *Vermögensträger* und ein *Dritter*. Zwischen Täter und Drittem besteht ein *rechtliches Können im Außenverhältnis*. Es kann auf Gesetz, behördlichem Auftrag oder Rechtsgeschäft basieren.

Beispiel: Der Vormund kann gemäß § 1793 BGB mit Dritten Verträge schließen (Gesetz); ein Liquidator ist durch behördlichen Auftrag dazu befugt; ein Stellvertreter ist es durch Rechtsgeschäft.

Das rechtliche Können besteht darin, *über fremdes Vermögen zu verfügen* (Beispiel: der Prokurist erläßt einem Schuldner die Schuld) oder einen *anderen zu verpflichten* (Beispiel: der Prokurist geht Wechselverpflichtungen ein).[7]

Zwischen Täter und Vermögensträger besteht ein *rechtliches Nicht-Dürfen im Innenverhältnis*.

So kann der Prokurist im Innenverhältnis verpflichtet sein, keine Wechselverpflichtungen einzugehen. Diese Weisung ist nur im Innenverhältnis, nicht im Außenverhältnis wirksam (vgl. §§ 49, 50 HGB).

Die Tathandlung besteht nun in folgendem. Der Täter macht von seinem *rechtlichen Können* im Außenverhältnis *Gebrauch*, ohne dies im Innenverhältnis *rechtlich zu dürfen*. Damit *mißbraucht* er seine *Befugnis*.
Daraus muß dann ein *Nachteil*, d. h. ein Schaden entstehen. Dagegen kommt es auf eine Bereicherung des Täters, wie gesagt, nicht an. Auch wenn der Prokurist ganz uneigennützig ihm intern verbotene Wechselverpflichtungen eingeht, handelt er tatbestandsmäßig, sofern daraus ein Nachteil erwächst. Weiter ist, wie gesagt, eine *Vermögensbetreuungspflicht* des Täters erforderlich. Sie wird in den meisten Fällen gegeben sein. Eine Ausnahme bietet der erwähnte Fall des Scheckkartenmißbrauchs.

Diese Grundstruktur des Mißbrauchstatbestandes ist in Abb. 2 anschaulich gezeigt.

Wie man anschaulich sieht, ist der Mißbrauchstatbestand vergleichsweise präzise gefaßt und entsprechend leicht abzuprüfen:
- Zuerst muß man nach dem externen *rechtlichen Können* fragen.
- Sodann muß man nach dem internen *rechtlichen Dürfen* fragen.
- Schließlich muß man prüfen, ob zwischen beidem eine *Diskrepanz* besteht und bejahendenfalls den *Mißbrauch feststellen*.

Dabei ist besonders auf das Wort „rechtlich" zu achten. Der Mißbrauchstatbestand erfaßt nur *rechtsgeschäftliche Handlungen*. Rein *tatsächliche Handlungen* des Täters scheiden aus; sie können nur unter den Treubruchstatbestand subsumiert werden.

---

[7] Es ist wichtig, in Klausuren genau zu kennzeichnen, welche der der insgesamt sechs (!) Varianten des Mißbrauchstatbestands jeweils geprüft wird. S. auch Anhang I, Nr. 6.

§ 28. Untreue (§ 266)

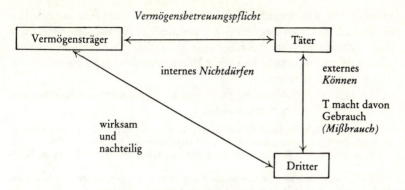

Abb. 2 Grundstruktur des Mißbrauchstatbestandes

Beispiele bieten die widerrechtliche Verwendung fremden Geldes oder das Verkommenlassen von Gegenständen durch fehlende Pflege. Auch *öffentlich-rechtliches* Handeln fällt unter den Mißbrauchstatbestand. *Beispiel:* Erlaß einer Steuerschuld.

Das tatbestandsmäßige Verhalten des Täters kann auch ein *Unterlassen* sein. Da die Pflicht zum Tun sich aus der Vermögensbetreuungspflicht und somit unmittelbar aus dem Tatbestand ergibt, liegt insoweit ein echtes Unterlassungsdelikt vor.[8]

Beispiele: T läßt eine Forderung verjähren; *T* unterläßt eine Mängelrüge; *T* schweigt auf ein kaufmännisches Bestätigungsschreiben.

3. Treubruchstatbestand

Das Gesetz ist hier unglücklich formuliert. Zunächst wird die Verletzung einer Pflicht gefordert, „*fremde Vermögensinteressen wahrzunehmen*" (*Vermögenswahrnehmungspflicht*).

Diese Pflicht kann *rechtlich* (kraft Gesetzes, behördlichen Auftrags oder Rechtsgeschäfts) oder auch nur rein *faktisch* (kraft eines Treueverhältnisses) begründet sein. Ein Beispiel für ersteres bietet die vertragliche Vermögenswahrnehmungspflicht. Ein Beispiel für letzteres bietet der aus irgendwelchen Gründen nichtige Vertrag, den die Parteien aber als existent behandeln.

Im Anschluß daran wird die schon erwähnte *Vermögensbetreuungspflicht* (bei der Kennzeichnung des Geschädigten) genannt. Beide Pflichten sind im Rahmen des Treubruchstatbestandes letztlich identisch. Trotzdem sollte man sie gedanklich trennen. Dies einmal deshalb, weil die Vermögens*betreuungs*pflicht im Rahmen des Mißbrauchstatbestandes selbständige Bedeutung hat; hier können, wie erwähnt, geringere Anforderungen an sie zu stellen sein als beim Treubruchstatbestand. Zum anderen ist es didaktisch vorteilhaft, sich anhand der Vermögens*wahrneh-*

---

[8] Vgl. AT, 7. Teil, § 3 Nr. 1.

*mung*spflicht klarzumachen, daß der Tatbestand hier eine fast uferlose Weite hat, zu deren Begrenzung dann die Vermögens*betreuungs*pflicht dient. (Zu beachten ist, daß hier keine einheitliche Terminologie existiert. Teils wird nur allgemein von einer Vermögensfürsorgepflicht oder einer Treupflicht gesprochen.)

Vermögenswahrnehmungspflichten sind – besonders im Rahmen von Vertragsverhältnissen – sehr *häufig*.

Beispiel: Im Rahmen ihres Arbeitsvertrages ist die Kassiererin im Supermarkt verpflichtet, die Vermögensinteressen ihres Arbeitgebers wahrzunehmen. Verletzt sie diese Pflicht (indem sie z. B. Waren nicht berechnet), erleidet der Arbeitgeber einen Nachteil.

Es wäre ersichtlich unangemessen, die Kassiererin hier wegen Untreue zu bestrafen. Anders verhält es sich dagegen beim Leiter des Supermarktes, wenn dieser Waren ohne Bezahlung ausliefert. Um Fälle der letztgenannten Art von strafwürdigen Fällen unterscheiden zu können, verwendet man die Vermögensbetreuungspflicht.

Die *Vermögensbetreuungspflicht* muß den Treubruchstatbestand *begrenzen*. An sie sind *strenge Anforderungen* zu richten. Die Vermögensbetreuung darf nicht (wie bei der Kassiererin) eine bloße *Nebenpflicht* sein. Sie muß vielmehr (wie beim Leiter des Supermarktes) *Hauptpflicht* sein.

Das ist im Grundsatz unbestritten, wird freilich mit *unterschiedlichen Formulierungen* zum Ausdruck gebracht. So wird etwa gesagt, die Vermögensbetreuungspflicht müsse den typischen und wesentlichen Inhalt des rechtlich begründeten oder faktisch bestehenden Treueverhältnisses bilden. Sie müsse also dessen Hauptgegenstand darstellen und dürfe keine bloße Nebenpflicht sein. Pflichten aus schlichten Austauschverhältnissen wie Kauf, Miete usw., die auf eine Leistung an, nicht für eine anderen gerichtet seien, genügten in keinem Falle. Es sei ein Treueverhältnis gehobener Art mit Pflichten von einigem Gewicht erforderlich.

Man sollte nicht versuchen, eine Formel zu finden, die allen denkbaren Fällen gerecht wird. In vielen Fällen wird die Abgrenzung zweifelhaft sein. Dann sollte man zunächst von dem genannten Grundgedanken ausgehen: Es muß eine *Hauptpflicht* vorliegen; eine *Nebenpflicht genügt nicht*.

Für die Behandlung zweifelhafter Grenzfälle mag eine strukturelle Überlegung weiterhelfen, bei der an *zwei Kriterien* angeknüpft wird, die vor allem von der *Rechtsprechung* verwendet werden. Dabei wird einmal auf eine gewisse *Bedeutung der Pflicht*, zum anderen auf die *Selbständigkeit des Pflichtigen* abgestellt. Beide stehen in Wechselwirkung, so daß eine große Selbständigkeit eine geringe Pflicht aufwiegen kann, und umgekehrt. Untreue wird umso eher vorliegen, als eine große Bedeutung *und* eine große Selbständigkeit gegeben sind. Abb. 3 macht diese Zusammenhänge anschaulich.

Beispiele: Ein Bäckerjunge unterschlägt Geld, das er kassieren soll. Hier sind Bedeutung der Pflicht und Selbständigkeit des Pflichtigen jeweils klein; Untreue scheidet daher aus. – Ein Architekt schließt einen für den Bauherrn ungünstigen Vertrag und erhöht so die Bausumme und sein Honorar. Hier sind Bedeutung der Pflicht und Selbständigkeit des Pflichtigen jeweils groß. Untreue ist gegeben.

Zwischen diesen eindeutigen Extremfällen liegen viele zweifelhafte Fälle. *Beispiele:* Ein Angestellter unterschlägt Gewerkschaftsbeiträge, die er einziehen soll; ein Postbe-

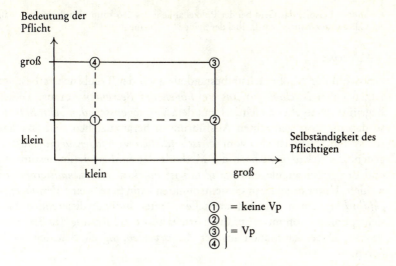

Abb. 3 Zur Struktur der Vermögensbetreuungspflicht beim Treubruchstatbestand

amter zieht Gebühren und Nachnamen ein; ein Programmierer manipuliert das Programm eines Bankcomputers so, daß unrechtmäßig Gelder auf sein Konto überwiesen werden; ein Verkehrspolizist kassiert gebührenpflichtige Verwarnungen in die eigene Tasche; ein Parkwächter kassiert privat; ein Notar „schneidet Gebühren"; ein Schalterbeamter der Bahn verschenkt Fahrkarten; ein Mitglied einer Tippgemeinschaft behält einen Gewinn allein für sich – und dergleichen mehr.

In all diesen Fällen kommt es entschieden darauf an, daß man die Grundstruktur des Treubruchstatbestandes klar herausarbeitet und das gewählte Ergebnis mit einer überzeugenden Rhetorik begründet. Soweit zugleich Unterschlagung oder Diebstahl vorliegt, ist zu überlegen, ob nicht der Schutz der §§ 246, 242 ausreicht.

Eine gute Übung: Man suche sich einschlägige Fälle aus der Kommentarliteratur, entwerfe eine Stichwortlösung und vergleiche diese anschließend mit den jeweils zitierten Entscheidungen. Derlei aktive Lernübungen bringen mehr Gewinn als das passive Durchlesen von Urteilen.

Ein Spezialproblem entsteht, wenn die *Vermögenswahrnehmungspflicht* auf *verbotener* oder *sittenwidriger Basis* beruht (Fall eines faktischen Treueverhältnisses – der Vertrag ist ja nichtig).

Beispiel: O gibt T Geld zur Beschaffung von Falschgeld; T verbraucht das Geld für sich. Richtigerweise gibt es kein gegen Untreue ungeschütztes Vermögen. Es verhält sich entsprechend wie bei Betrug[9] und Diebstahl.[10]

Allerdings kann dieser Grundsatz zu unerträglichen Ergebnissen führen; dann ist eine einschränkende Auslegung („teleologische Restriktion") geboten. So, wenn T im

---

[9] Vgl. bei § 27 II 2 d.
[10] Vgl. bei § 20 I 1.

erwähnten Beispiel das Geld bei der Polizei abliefert. § 266 kann nicht bewirken, daß ein Ganove gezwungen wird, ,,bei der Stange" zu bleiben.

4. Nachteil

Sowohl der Mißbrauchstatbestand als auch der Treubruchstatbestand setzen einen *Nachteil für das Vermögen des Betreuten* voraus. Dieser Begriff ist weitgehend identisch mit dem *Vermögensschaden beim Betrug*, so daß die dort gemachten Ausführungen heranzuziehen sind (Baukastensystem).[11] Es ist also vom *wirtschaftlichen Vermögensbegriff* auszugehen, der *Schaden* ist nach der Methode der *Saldierung* zu bestimmen und der dabei anzulegende *Maßstab* ist *objektiv-individualisierend* zu wählen. Unter objektiven Gesichtspunkten kann bereits eine *Vermögensgefährdung* einen Schaden darstellen; unter individualisierenden Gesichtspunkten kommt es auf die *wirtschaftliche Zielsetzung* des Betroffenen an. Dabei kann auch aus der *Zweckverfehlung* ein Schaden resultieren.

Beispiele: Ein Bankprokurist gewährt einen Kredit ohne ausreichende Sicherheit; hier stellt bereits die (konkrete) Vermögensgefährdung einen Nachteil dar. Ein Behördenleiter läßt sich ein luxuriöses Büro einrichten; hier ist unter individualisierendem Gesichtspunkt ein Nachteil der Behörde zu bejahen, auch wenn die Luxusmöbel ihren Preis wert sind. Ein Vereinskassierer soll eine Spende an die Caritas leiten und schickt sie einer Partei, der er angehört; hier liegt der Nachteil für den Verein in der Zweckverfehlung.

Eine Besonderheit gegenüber dem Betrug besteht freilich insoweit, als auch das *Ausbleiben einer Vermögensmehrung* beim Treubruchstatbestand einen Nachteil darstellen kann. So, wenn der Täter aufgrund der Vermögensbetreuungspflicht nicht nur zu einer Bestandserhaltung, sondern zu einer Vermögensmehrung verpflichtet ist.

Beispiele: Anlageberater *T* legt ihm überlassenes Geld nicht gewinnbringend an. Vormund *T* unterläßt es entgegen § 1806 BGB, Mündelgelder verzinslich anzulegen.

Gesetzliche Ersatzansprüche gegen den Täter bleiben – wie beim Betrug – bei der Schadensberechnung grundsätzlich außer Ansatz. Hiervon macht die Rechtsprechung gelegentlich Ausnahmen in Fällen, in denen der Täter eigene flüssige Mittel jederzeit zum Ausgleich bereit hält und damit ,,per saldo" einen Nachteil vermeidet. Sie wird dazu veranlaßt, weil beim Betrug in solchen Fällen ein Korrektiv über die fehlende Bereicherungsabsicht möglich ist, während man bei der Untreue mit dem Nachteil den Tatbestand bejahen muß. Das Ziel der Rechtsprechung, in solchen Fällen eine Bestrafung wegen Untreue zu vermeiden, ist erstrebenswert; der eingeschlagene Weg ist aber nicht gangbar. Ersatzansprüche setzen einen Nachteil voraus, können ihn nicht ausschließen. Man

---

[11] Vgl. bei § 27 II 2 d.

muß dieses Ziel auf anderen Wegen erstreben (z. B. wird in solchen Fällen oft mutmaßliche Einwilligung[12]) die Rechtswidrigkeit ausschließen. Auch beim subjektiven Tatbestand oder bei der Schuld werden oft Korrekturen möglich sein.

III. Typische Konkurrenzprobleme

Untreue tritt häufig zusammen mit Unterschlagung, § 246 auf. Dann ist zu unterscheiden:
– Hatte der Täter schon bei der Untreuehandlung Zueignungswillen, tritt § 246 (auch in der Form der Veruntreuung) hinter § 266 zurück (Konsumtion – mitbestrafte Begleittat, Gesetzeskonkurrenz). Eine nachfolgende Verwertung der Sache wird dann ebenfalls konsumiert.
– Wird dagegen der Zueignungsvorsatz erst nach Vollendung der Untreue gefaßt, ist Realkonkurrenz anzunehmen.

In diesem Fall kann die vorangegangene Untreuehandlung nicht als Manifestation des Zueignungswillens angesehen werden. Es bedarf also einer neuen, anderen Zueignungshandlung.

IV. Problemhinweise, Literatur

Untreue ist ein in Klausuren häufig vorkommender Tatbestand, über den man sich auch anhand der Literatur grundsätzlich informieren sollte.

Lektüre: Arzt, Zur Untreue durch befugtes Handeln, in: Festschr. f. Bruns, 1978 S. 365; *Mertens,* Die Nichtabführung vermögenswirksamer Leistungen durch den Arbeitgeber als Untreue, NJW 1977, 562; *Schreiber-Beulke,* Untreue durch Verwendung von Vereinsgeldern zu Bestechungszwecken, JuS 1977, 656.
Ein Spezialproblem, an dem die Struktur der Untreue besonderes studiert werden kann, ist der *Scheckkartenmißbrauch.* Lektüre: *Bringewat,* Scheckkartenmißbrauch und nullum crimen sine lege, GA 1973, 353; *Heimann-Trosien,* Zur strafrechtlichen Beurteilung des Scheckkartenmißbrauchs, JZ 1976, 549; *Hübner,* Scheckkartenmißbrauch und Untreue, JZ 1973, 407; *Meyer,* Nochmals zur Begehung von Untreue bei Begebung ungedeckter Scheckkartenschecks, MDR 1972, 668.

V. Bekannte BGH-Fälle

1. Tabaksteuer-Fall – BGHSt 5, 61

Die Angeklagte hatte dem Fiskus zur Sicherung einer Tabaksteuerschuld Sachen sicherungsübereignet und diese anschließend verkauft. – Der BGH bejahte (außer Unterschlagung) Untreue in der Form des Treubruchstatbestandes. Im besonderen Fall habe die Angeklagte eine Vermögensbetreuungspflicht gehabt.

---

[12] Vgl. AT, 4. Teil. § 4 Nr. 5 c.

2. Scheckkarten-Fall – BGHSt 24, 386

Der Angeklagte, dessen Konto überzogen war, hatte Schecks unter Vorlage einer Scheckkarte eingelöst. – Der *BGH* verneinte Untreue (und bejahte Betrug);[13] sowohl der Mißbrauchstatbestand als auch der Treubruchstatbestand setzten eine Vermögensbetreuungspflicht voraus, an der es hier fehle.

3. Gerichtsvollzieher-Fall – BGHSt 13, 274

Gerichtsvollzieher hatten Zeitungsrabatte für Anzeigen von Versteigerungsterminen für sich behalten, anstatt sie an die jeweils berechtigte Vollstreckungspartei abzuführen. – Der *BGH* bejahte Untreue in Form des Mißbrauchstatbestandes (sowie Betrug).

4. Händler-Fall – BGHSt 22, 190

Ein Händler hatte den Erlös für Waren, die ihm zur Weiterveräußerung unter Eigentumsvorbehalt verkauft und geliefert worden waren, entgegen den Verkaufs- und Lieferungsbedingungen weder sofort an seinen Lieferanten abgeführt noch getrennt von seinem anderen Vermögen aufbewahrt. – Der *BGH* verneinte Untreue in Form des Treubruchstatbestandes. Die bloße Nichterfüllung eines Vertrages begründe keine Treupflichtverletzung i. S. des § 266.

5. Vorauszahlungs-Fall – BGHSt 1, 186

Der Angeklagte hatte Vorauszahlungen für Waren empfangen, die er beschaffen sollte. Er hatte das Geld aber zur Finanzierung seines auf unsichere Grundlage gestützten Unternehmens verwendet, ohne die Waren zu beschaffen. – Der *BGH* bejahte Untreue in Form des Treubruchstatbestandes. Es habe sich nicht um die Verletzung einer einfachen Vertragspflicht, sondern die einer Treuepflicht (Hauptpflicht) i. S. des § 266 gehandelt.

6. Eisenbahner-Fall – BGHSt 13, 315

Ein Eisenbahner hatte Gelder aus dem Verkauf von Fahrkarten an sich genommen. – Der *BGH* bejahte (außer Unterschlagung) Untreue in Form des Treubruchstatbestandes (mit eingehenden Ausführungen zur Frage der Vermögensbetreuungspflicht als Hauptpflicht i. S. d. § 266).

---

[13] Siehe auch bei § 27 V 13.

7. FDJ-Fall – BGHSt 8, 254

Ein FDJ-Sekretär hatte Gelder, die für staatsfeindliche Zwecke in der Bundesrepublik bestimmt waren, an sich genommen und war aus der DDR geflohen. – Der *BGH* bejahte Untreue in Form des Treubruchstatbestandes. Es gebe kein wegen seiner Herkunft oder seines Verwendungszweckes gegen Untreue ungeschütztes Vermögen.

§ 29. Urkundenfälschung (§ 267)
– mit Ausführungen zu §§ 268 Fälschung technischer Aufzeichnungen und 281 Mißbrauch von Ausweispapieren –

I. Überblick

1. Rechtsgut und Systematik der Urkundendelikte

Unter der mißverständlichen Überschrift „Urkundenfälschung" enthält der 23. Abschnitt des StGB mehrere Tatbestände, bei denen Urkunden bezw. technische Aufzeichnungen Tatobjekte sind. *Rechtsgut* ist durchweg die *Sicherheit und Zuverlässigkeit des Rechtsverkehrs* mit Urkunden bezw. technischen Aufzeichnungen als *Beweismitteln*. Dieses Rechtsgut kann auf vier verschiedene Weisen verletzt werden:

- Erstens, man kann Urkunden *fälschen;* dieser Fall ist in § 267 geregelt; er betrifft *alle Urkunden;*
- Zweitens, man kann Urkunden *inhaltlich unwahr* machen; dieser Fall ist in §§ 271, 348 (sowie 277, 279) geregelt; er betrifft nur bestimmte, in erster Linie *öffentliche Urkunden;*
- drittens, man kann Urkunden *vernichten, beschädigen* oder *unterdrücken;* dieser Fall ist in §§ 274 I Nr. 1, 133 geregelt; er kann nur *dem Täter nicht gehörende* bezw. *dienstlich verwahrte Urkunden* betreffen;
- und viertens, man kann Urkunden *mißbräuchlich* verwenden; dieser Fall ist in § 281 geregelt; er kann nur *Ausweispapiere* betreffen.
Abb. 1 zeigt diese Zusammenhänge anschaulich.

Auf die §§ 271 und 274 wird gesondert eingegangen. Zu § 281 seien hier einige *Hinweise* gegeben. Der *Mißbrauch von Ausweispapieren* setzt *echte Ausweise* voraus. Strafbar ist, wer seinen Ausweis einem anderen *überläßt*. Der andere ist strafbar, wenn er den Ausweis *gebraucht* (dieses Merkmal ist wie bei § 267 zu bestimmen[1] – Baukastensystem). *Ausweis* ist auch der Führerschein. Abs. II stellt Papiere wie Werksausweise, Geburtsurkunden, Taufscheine und Diplome den Ausweisen gleich. Subjektiv muß neben dem Vorsatz das Merkmal „*zur Täuschung im Rechtsver-*

---
[1] S. unten II 4.

§ 29. Urkundenfälschung (§ 267)

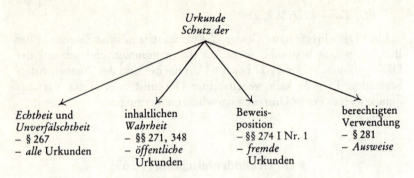

Abb. 1 Systematik der Urkundendelikte

kehr" vorliegen. Der Täter muß mit dolus directus ein rechtserhebliches Verhalten des zu Täuschenden bezwecken; dies setzt voraus, daß der zu Täuschende daran glauben soll, der, der den Ausweis gebraucht, sei mit dem Ausweisinhaber identisch.

Beispiel: T_1 überläßt dem T_2 seinen Führerschein. T_2 fährt damit Auto, wird kontrolliert und zeigt den Führerschein vor. T_1 ist strafbar nach Var. 2, T_2 nach Var. 1. Wird T_2 nicht kontrolliert, fehlt es am „Gebrauchen". Es kommt strafbarer (Abs. I S. 2) Versuch in Betracht, ferner § 21 I Nr. 1 StVG.

Eine besondere Stellung nimmt die *Fälschung technischer Aufzeichnungen*, § 268 ein.

Diese Vorschrift wurde 1968 geschaffen. Man sah damals, daß zusehends technische Geräte selbsttätig Aufzeichnungen erstellten (z. B. Fahrtenschreiber, vollautomatisch arbeitende Kameras bei der Verkehrsüberwachung, Elektrokardiographen usw.). Der übereifrige Gesetzgeber glaubte, das Strafrecht der technischen Entwicklung anpassen zu müssen, und schuf § 268. Das vermeintliche Reformbedürfnis bestand aber nicht. Die Vorschrift ist gründlich mißlungen. Die Rechtsprechung meidet sie. In den meisten Fällen paßt sie nicht. Das Schrifttum ist völlig zerstritten. Für sinnvoll kann man sie nicht halten. § 268 ist eine eindringliche Warnung, die aber angesichts des ungebrochenen gesetzgeberischen Eifers – man denke nur an den „Computerbetrug"[2] – kaum beachtet werden wird.[3]

Technische Aufzeichnungen (legaldefiniert in Abs. II) unterscheiden sich von Urkunden[4] dadurch, daß es an der *Perpetuierungsfunktion* fehlt (keine verkörperte *Gedankenerklärung*) und daß auch die *Garantiefunktion* nicht gegeben ist (keine Erkennbarkeit des Ausstellers). Es handelt sich um eine besondere Art von *Augenscheinsobjekten*.[5]

---

[2] Vgl. bei § 27 I 1.
[3] Dabei spielt auch eine Rolle, daß die in solchen Fällem befragten „Experten" ja durchweg ein Tun (neue Paragraphen) vorschlagen müssen. Den Vorschlag, nichts zu tun, kann sich ein Experte nicht leisten.
[4] S. unten 2.
[5] S. unten 2 b.

Ein Beispiel bietet die Diagrammscheibe eines Tachographen. Zweifelsfragen entstehen bei nicht dauerhaften Aufzeichnungen (z. B. dem Kilometerzähler eines Autos) und bei nicht völlig selbsttätiger (automatischer) Technik. Beispiele: T löst die Tachometerwelle eines Mietwagens, so daß der Tachometer weniger als die von T gefahrenen Kilometer anzeigt; hier ist richtigerweise eine technische Aufzeichnung zu verneinen, str. Oder: T verfälscht Fotokopien.[6] Hier wird man richtigerweise darauf abstellen müssen, daß der Kopierer „selbsttätig" kopiert hat. (Die Rechtsprechung stellt aber darauf ab, daß der Mensch auf den Knopf drückt, sieht also den Kopierer lediglich als „technischen Arm" des Menschen an. In der Tat ist es nicht einfach, die Grenze etwa zur elektrischen Schreibmaschine zu ziehen, die unstreitig keine technische Aufzeichnung herstellt.)

In den *Handlungsmodalitäten* ist *§ 268 parallel zu § 267* konstruiert. Es wird also auf den *Echtheitsschutz* abgestellt. Zugleich kommt über Abs. III die Kategorie der *Wahrheit* ins Spiel.

Eine unechte technische Aufzeichnung stellt beispielsweise her, wer die Diagrammscheibe eines Tachographen von Hand malt. – Auf diese Idee ist aber bisher noch niemand gekommen.

Praktische Bedeutung haben eher die „störenden Einwirkungen auf den Aufzeichnungsvorgang" gemäß Abs. III. Hier werden aber wichtige Fälle nicht erfaßt – so der Fall, wo T erfreut vom Output eines defekten Gerätes Gebrauch macht, oder der Fall, wo *T* einen Computer mit falschen Daten füttert. – Wie gesagt, § 268 ist mißlungen.

Neben § 267 sollte man sich schließlich § 151 notieren. Die *Geldfälschungsdelikte* sind *Sonderfälle der Urkundenfälschung.* Die in § 151 genannten Wertpapiere stehen dem Geld gleich.

Beispiel: T fälscht Reiseschecks, die schon im Wertpapiervordruck auf eine bestimmte Summe lauten. Das ist nach §§ 146 I Nr. 1, 151 Nr. 5 strafbar. § 267 I Var. 1 ist im Wege der Gesetzeskonkurrenz verdrängt (Spezialität) und braucht nicht eigens geprüft zu werden. (Beachte die höhere Strafdrohung des § 146 – Verbrechen!)

2. Begriff der Urkunde

a) Normalfalldefinition

Der Begriff der Urkunde ist von großer Bedeutung. Er sollte zentral erarbeitet und gut beherrscht werden. Freilich birgt er viele Probleme. Schon *Binding* hat bemerkt: „Alles atmet die größte Unsicherheit". *Samson* spricht von einem der „trübsten Kapitel der Dogmatik". Patentformeln gibt es hier noch weniger als sonst. Nicht jeder Fall geht ohne Rest auf. Umso wichtiger ist hier konsequent vom Normalfall ausgehendes Strukturdenken.[7] Eine Normalfallanalyse ergibt zunächst die in Abb. 2 gezeigte Struktur.

---

[6] Dazu, daß es sich hier nicht um Urkunden handelt, siehe unten 2 b (bei der Garantiefunktion).

[7] Ausführlich zu dieser Methode *Haft*, Juristische Rhetorik, 2. Aufl. 1981, S. 69 ff.

§ 29. Urkundenfälschung (§ 267)

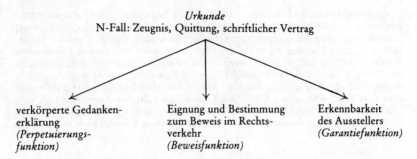

Abb. 2 Struktur des Begriffes der Urkunde

b) Problemfälle

Jeder der drei Strukturpunkte kann zum Problem werden. Dann empfiehlt es sich, die drei „Funktionen" ausgehend vom problemlosen Normalfall weiter in ihre Bestandteile aufzulösen, die Probleme zu lokalisieren und eine sachgerechte Lösung zu suchen. Methodisch ist dies eine Wiederholung des in Abb. 2 gezeigten Vorganges auf niedrigerer Ebene.

Analysiert man zunächst – vom Normalfall ausgehend – die *Perpetuierungsfunktion*, ergibt sich die in Abb. 3 gezeigte Struktur.

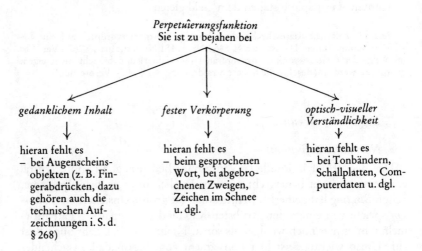

Abb. 3 Struktur der Perpetuierungsfunktion

Am wichtigsten ist der *gedankliche Inhalt*. Er liegt vor, wenn eine *menschliche Erklärung* geeignet ist, bestimmte *Vorstellungen über einen Sachverhalt* hervorzurufen.

§ 29. Urkundenfälschung (§ 267)

Beispiele: T macht falsche Angaben in seiner Visitenkarte. Diese hat keinen „gedanklichen Inhalt". Sie gibt nur die Identität des Ausstellers an und ist darum keine Urkunde (es fehlt an „Brief und Siegel").

T ahmt übungshalber die Schrift des X nach und verfaßt einen Text, der scheinbar von X stammt. Hier handelt es sich um eine bloße Schreibübung, doch ist objektiv ein „gedanklicher Inhalt" vorhanden. T stellt also eine (unechte) Urkunde her. (Freilich fehlt die Absicht des § 267.)

T stellt eine scheinbar von X stammende Urkunde in einer Geheimschrift her. Hier liegt eine verkörperte Gedankenerklärung vor. Auch die optisch-visuelle Verständlichkeit ist für die Eingeweihten gegeben – was genügt. Also hat T eine (unechte) Urkunde hergestellt.

Eine Analyse der *Beweisfunktion* ergibt die in Abb. 4 gezeigte Struktur.

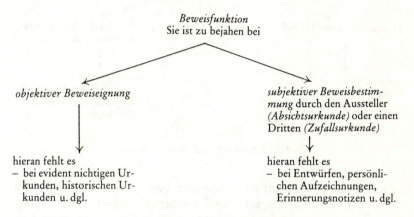

Abb. 4 Struktur der Beweisfunktion

Die *Beweiseignung und -bestimmung* muß hinsichtlich eines *aktuellen Rechtsverhältnisses* gegeben sein. Sie kann sich aus dem Inhalt der Urkunde (z. B. Kaufvertrag) oder aus den sonstigen Umständen (z. B. Verwendung eines Liebesbriefes in einem Scheidungsprozeß) ergeben.

Beispiele: T schreibt ein Buch über die Dreyfusaffäre. Er glaubt, der Chef des französischen Generalstabes habe im ersten Dreyfusprozeß gelogen. Um das zu „beweisen", fälscht er einen Brief aus dem Jahre 1894. – Dieser Brief ist nicht mehr geeignet, für ein aktuelles Rechtsverhältnis Beweis zu erbringen und ist darum keine Urkunde i. S. des § 267.

O hat in einem maschinegeschriebenen Testament den X als Erben eingesetzt. Nach seinem Tod findet T das Testament, streicht den X aus und setzt seinen Namen ein. – Das Testament ist evident formnichtig, so daß es objektiv nicht zum Beweis geeignet ist. § 267 scheidet daher aus. Falls T sein Verhalten für strafbar hält, kommt es darauf an, ob er glaubt, das BGB lasse ein maschinegeschriebenes Testament zu (dann gegenstandsbezogener Irrtum – Versuch) oder ob er den Begriff Urkunde verkennt (begriffsbezogener Irrtum – Wahndelikt).[8]

---

[8] Näher zu dieser Irrtumsproblematik AT, 10. Teil, § 6.

O hat sich private Notizen gemacht. T findet sie, verfälscht sie und verwendet sie für eine Strafanzeige gegen O. – Hier ergibt sich die zunächst fehlende subjektive Beweisbestimmung aus der Einreichung bei Gericht (Zufallsurkunde) und die objektive Beweiseignung daraus, daß dort die Anzeige geprüft wird (Rechtsverhältnis i. w. Sinne – was genügt). Also ist Urkundenfälschung zu bejahen.

Eine Analyse der *Garantiefunktion* ergibt die in Abb. 5 gezeigte Struktur.

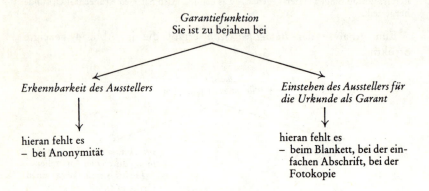

Abb. 5 Struktur der Garantiefunktion

Der Garant muß nicht selbst schreiben oder gar unterschreiben (von Fällen des Formzwanges, z. B. dem Testament abgesehen). *Nicht auf den Schreiber, sondern auf den Erklärer kommt es an (Geistigkeitstheorie).* Es genügt, daß der Aussteller aus der Urkunde erkennbar ist, und daß er als Erklärer hinter der Urkunde steht.

Beispiele: T schickt eine Strafanzeige an die Polizei und unterschreibt mit „Hans Jedermann". Bei versteckter Anonymität (Gebrauch eines Allerweltsnamens) ist erkennbar, daß die Urkunde ebensogut garnicht unterzeichnet sein könnte. Dann hat T keine (falsche) Urkunde hergestellt. Anders aber, wenn es besagten Hans Jedermann wirklich gibt und T z. B. durch Angabe seiner Adresse wirklich auf ihn hinweisen will.

T stellt Scheckformulare der O-Bank her. Die bloßen Vordrucke sind noch keine Urkunden, so daß § 267 I Var. 1 ausscheidet. Auch eine Geldfälschung scheidet aus, vgl. § 151 Nr. 5.

c) Beweiszeichen

Im Schrifttum wird teilweise gesagt, Urkunde könne nur ein Schriftstück sein. Die Rechtsprechung sieht dagegen seit jeher auch die sog. *Beweiszeichen* als Urkunden an. Das sind an sich bedeutungslose Zeichen, denen aber infolge ihrer Verbindung mit einer Sache eine Bedeutung beigemessen wird, die alle drei Strukturelemente des Urkundenbegriffes erfüllt. Das Beweiszeichen lebt also von der jeweiligen „konkreten sachlichen Beziehung". Man nennt es auch eine „verkürzte Urkunde". Den Gegenbegriff bilden die sog. *Kennzeichen* (Identitätszeichen), die

§ 29. Urkundenfälschung (§ 267)   227

keine Urkunden sein sollen. Beispiele für beide Fallgruppen finden sich in der Gegenüberstellung in Abb. 6.

Beweiszeichen (Resp)	Kennzeichen (Resp)
– Motor- und Fahrgestellnummer eines Kfz;	– Wäschemonogramm;
– Kennzeichenschild eines Kfz;	– Eigentümerzeichen in Büchern;
– Prüfplakette des TÜV;	– Dienststempel auf Dienstgegenständen;
– Striche auf dem Bierfilz;	– Namenszeichen auf Tieren;
– Künstlerzeichen auf dem Bild	– Spielmarken

Abb. 6 Gegenüberstellung von Beweiszeichen und Kennzeichen

Die *Abgrenzung* zwischen Beweiszeichen und Kennzeichen ist freilich *praktisch nicht durchführbar.* Man kann nicht abstrakt nach der Art der Zeichen unterscheiden, sondern muß *auf den Fall eingehen* und *prüfen,* ob ein *problematischer Fall* dem *Normalfallbereich* noch *zugeordnet* werden kann oder nicht. Brauchbare Formeln für das „Pygmäenvolk" (Tröndle) der Beweiszeichen und Kennzeichen existieren nicht.

Beispiele: Bei Strichen auf dem Bierfilz kommt es darauf an, ob sie unter der Kontrolle von Gast und Bedienung angebracht werden. Nur dann sind sie „objektiv" zum Beweis geeignet. Machen die Bedienung oder der Gast nur für sich Striche, fehlt es an dieser objektiven Eignung; es liegt nur eine subjektive Behauptung vor. Also ist im letzteren Falle der Urkundsbegriff zu verneinen. Entsprechend verhält es sich beim Eigentümerzeichen in einem Buch. Es stellt zunächst nur eine subjektive Behauptung dar, die objektiv nichts beweist. Anders aber etwa, wenn ein derart gekennzeichnetes Buch verliehen wird. Dann dokumentiert das Eigentümerzeichen objektiv die Eigentumsverhältnisse, ist also als Urkunde anzusehen. Wie man sieht, sind die beliebten Kommentarformeln von der Art „Striche auf dem Bierfilz sind Beweiszeichen" unbrauchbar. Man muß vielmehr immer und sorgfältig auf den Fall eingehen.

d) Zusammengesetzte Urkunden und Gesamturkunden

Es ist möglich, daß ein *Zeichen* so mit einem *Gegenstand* fest verbunden wird, daß die *Verbindung* als solche (und gerade diese) eine Urkunde darstellt *(zusammengesetzte Urkunde). (Bei Beweiszeichen ist dies regelmäßig der Fall.)*

Beispiel: Das Preisschild ist für sich ein praktisch bedeutungsloses Zeichen. Wird es fest mit einer Ware verbunden, bedeutet die Verbindung, daß der Hersteller (Garantiefunktion) für die Ware einen bestimmten Preis festgesetzt hat (Perpetuierungs- und Beweisfunktion). Vertauscht jetzt ein Kunde das Preisschild gegen ein anderes mit einem niedrigeren Preis, verfälscht er eine echte Urkunde.

Weitere *Beispiele:* Personlausweis mit Lichtbild; Pfandsiegel am Pfandobjekt (hier ist auch § 136 zu beachten); Beglaubigungsvermerk auf der Abschrift.

Es ist ferner möglich, daß *mehrere Zeichen* (oder Urkunden) so zu einem sinnvollen Ganzen zusammengefaßt werden, daß auch die *Zusammenfassung als solche* (und möglicherweise nur diese) eine (selbständige) Urkunde darstellt *(Gesamturkunde).*

Beispiel: Der bei einer Wahl abgegebene Stimmzettel ist schon wegen der Anonymität des Wählers keine Urkunde (keine Garantiefunktion). Alle Stimmzettel bilden aber zusammen mit der Wählerliste eine Zusammenfassung, die die Aussteller (alle Wähler) erkennen läßt und hinsichtlich derer auch Perpetuierungs- und Beweisfunktion zu bejahen sind. Manipuliert jetzt ein Wahlhelfer an den Stimmzetteln, indem er solche der A-Partei entfernt und durch von ihm hergestellte Stimmzettel der B-Partei ersetzt, verfälscht er die Gesamturkunde, str.

Weitere *Beispiele:* Die Handelsbücher eines Kaufmannes; Einwohnerverzeichnisse der Meldebehörden. Wie man sieht, entscheidet hier nicht die Festigkeit der Verbindung, sondern die Entstehung eines sinnvollen Ganzen durch Zusammenfügung mehrerer Zeichen.

Die Unterscheidung zwischen beiden Sonderformen der Urkunde kann Schwierigkeiten bereiten. Abb. 7 stellt deshalb die wesentlichen Gesichtspunkte gegenüber.

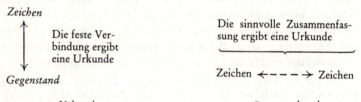

Abb. 7 Gegenüberstellung von zusammengesetzter Urkunde und Gesamturkunde

Am Beispiel einer Blutprobe kann man sich den Unterschied einprägen.

Wird auf die Venüle mit dem Blut ein Zettel mit dem Namen des Betroffenen geklebt, so liegt eine zusammengesetzte Urkunde vor, sofern der Aussteller des Zettels (z. B. der Arzt) wenigstens aus den Umständen erkennbar ist. Die Entfernung und Vertauschung des Zettels ist darum Urkundenfälschung.

Werden Blutprobe und ärztlicher Befundbericht zusammen verschickt, liegt dagegen weder eine zusammengesetzte Urkunde (keine feste Verbindung) noch eine Gesamturkunde (keine Zusammenfassung von mehreren Zeichen) vor. Das Vertauschen der Blutprobe stellt also insoweit kein Urkundendelikt dar.

II. Struktur

1. Übersicht

§ 267 enthält drei Varianten. Der subjektive Tatbestand enthält jeweils das Merkmal „zur Täuschung im Rechtsverkehr". Abb. 8 macht dies anschaulich.

§ 29. Urkundenfälschung (§ 267)

Objektiver Tatbestand	Subjektiver Tatbestand
– *Herstellung* einer *unechten Urkunde*, oder – *Verfälschung* einer *echten Urkunde*, oder/und – *Gebrauchen* einer unechten oder verfälschten Urkunde	*zur Täuschung im Rechtsverkehr*

Abb. 8 Struktur des § 267

Die ersten beiden Varianten umschreiben im Grunde dasselbe. Auch das Verfälschen ist ein Fall des Herstellens einer unechten Urkunde. Man kann also auf zweierlei Weisen fälschen.

Die dritte Variante stellt in den Fällen, in denen der Täter selbst gefälscht hat, die Realisierung der im subjektiven Tatbestand erforderlichen Absicht dar. Dieser Fall ist sehr häufig. Er wirft ein Konkurrenzproblem auf, auf das bei § 267 besonders zu achten ist.[9]

2. Herstellen einer unechten Urkunde

Unecht ist eine Urkunde, wenn sie *scheinbar von A, in Wirklichkeit aber von B* stammt.

Beispiel: T füllt ein Scheckformular des O aus und macht darauf die Unterschrift des O nach.

Entscheidend ist also die *Identitätstäuschung*. Allein die Urheberschaft entscheidet. Mit der *inhaltlichen Wahrheit* hat das *nichts* zu tun. Eine unwahre Urkunde kann echt sein; eine wahre Urkunde kann unecht sein.

Beispiele: Ein Gläubiger stellt seinem Schuldner eine Quittung aus, obwohl der seine Schuld nicht bezahlt hat. Die Urkunde ist unwahr, aber echt.
Ein Schuldner schreibt sich selbst eine Quittung des Gläubigers, nachdem er seine Schuld bezahlt hat. Die Urkunde ist wahr, aber unecht.
Selbst bei Gebrauch des *eigenen Namens* kann eine unechte Urkunde hergestellt werden, so wenn z. B. durch Hinzufügung eines Firmenstempels der Anschein erweckt wird, es liege eine Erklärung der Firma vor.

Im *Normalfall* existiert der vermeintliche Aussteller der Urkunde; und er hat mit der Herstellung der Urkunde nichts zu tun. *Problemfälle* entstehen, wenn er nicht existiert, oder wenn er irgendwie mit der Herstellung der Urkunde zu tun hat.

Beispiele: Ein Schlagersänger trägt sich unter falschem Namen im Hotel ein, um Ruhe zu haben; hier liegt keine Identitätstäuschung vor, weil nicht der Rechtsverkehr, sondern allenfalls die Fans ins Leere greifen (bloße *Namenslüge);*
anders aber, wenn ein Hochstapler sich unter erfundenem Namen einträgt.
T quittiert im Auftrag des E mit dem Namen des E eine Ware. Hier hat nicht der

---

[9] Näher dazu unten bei III.

Schreiber *T*, sondern der Erklärer *E* die Urkunde hergestellt *(Geistigkeitstheorie);* es wurde also eine echte Urkunde hergestellt.

Auf Grenzen stößt eine derartige Stellvertretung da, wo die eigenhändige Herstellung oder Unterschrift gesetzlich vorgeschrieben (*Beispiel:* Testament, § 2247 BGB) oder vom Rechtsverkehr vorausgesetzt (*Beispiel:* Prüfungsarbeit) ist. Hier werden unechte Urkunden hergestellt, auch wenn der Erklärer damit einverstanden ist. (Die Einwilligung hat auch keine rechtfertigende Wirkung, da das Rechtsgut des § 267 nicht verfügbar ist.)

Auch die abredewidrige Ausfüllung eines Blanketts (sog. Blankettfälschung) ist Herstellen einer unechten Urkunde.

3. Verfälschen einer echten Urkunde

Verfälscht ist eine Urkunde, wenn ihr *Inhalt unbefugt* nachträglich *geändert* wurde.

Beispiel: T fügt auf einem Scheck des *O* über 100 Mark eine Null hinzu, sodaß der Scheck auf 1000 Mark lautet.

Wie man sieht, liegt hierin zugleich die Herstellung einer unechten Urkunde: *O* hat keinen Scheck über 1000 Mark ausgestellt. Das Verfälschen ist also ein spezieller Fall der ersten Variante, die im Wege der Gesetzeskonkurrenz verdrängt wird (Spezialität).

T kann auch eine unechte Urkunde verfälschen; dann liegt darin ein (erneutes) Herstellen einer unechten Urkunde. Dieser Fall ist nur nach der ersten Variante strafbar.

Entscheidend ist also die *Inhaltsänderung*. Geht die Änderung so weit, daß die Urkundsqualität entfällt, ist nur Raum für § 274.

Beispiel: T radiert auf einem Scheck den Betrag oder die Unterschrift fort.

Im *Normalfall* verfälscht ein anderer als der Aussteller. *Problemfälle* entstehen, wenn der Aussteller selbst die Inhaltsänderung vornimmt. Die h. M. meint, daß auch der Aussteller seine Urkunde verfälschen kann, sobald sie in den Verkehr gelangt ist, und er sie nicht mehr ändern darf, weil andere ein Recht auf ihren unverfälschten Fortbestand erlangt haben. Wann dies der Fall ist, soll sich aus den Umständen ergeben.

Beispiel: T ist mit seiner juristischen Prüfungsklausur nicht fertig geworden. Nachts steigt er im Prüfungsamt ein und vollendet das Werk. *T* ist nach der 2. Variante strafbar, sofern man der h. M. folt.

Entsprechend liegt es, wenn Protokollführer *T* nachträglich ein genehmigtes Protokoll ändert.

Der h. M. ist aber *nicht* zu folgen. Das Ergebnis einer Urkundenfälschung muß stets eine *unechte Urkunde* sein. Bei *Inhaltsänderungen durch den Aussteller* entsteht aber *keine unechte Urkunde*. Die Urkunde bleibt vielmehr *echt*.

Bei den genannten Beispielen handelt es sich um Angriffe auf die durch Urkunden vermittelte Beweisposition, wie sie strukturell dem Bereich des § 274, nicht dem des § 267 zuzuordnen sind.

Da die h. M. Fälle der Herstellung echter Urkunden unter § 267 subsumiert, müßte sie konsequenterweise *T* im Prüfungsfall auch dann nach § 267 I Var. 2 bestrafen, wenn *T* zu Hause eine neue Prüfungsarbeit schreibt und diese gegen die schon geschriebene Arbeit nachträglich austauscht. Das geht aber zu weit. Mit der Mindermeinung ist deshalb in der genannten Fallgruppe die Anwendbarkeit des § 267 zu verneinen.

4. Gebrauchen

Gebraucht wird eine Urkunde, wenn sie *dem zu Täuschenden zugänglich* gemacht wird. Es kommt nicht darauf an, ob dieser auch wirklich Kenntnis nimmt.

Beispiele: T zeigt einem Polizeibeamten einen gefälschten Führerschein; T fährt mit einem gefälschten Nummernschild (= urkundsgleiches Beweiszeichen[10]) am Auto durch die Stadt.
Gegenbeispiele: T fährt mit einem gefälschten Führerschein in der Brusttasche Auto. Hierin liegt noch kein Gebrauchen; es kommt allenfalls (strafbarer, vgl. Abs. II) Versuch in Betracht.

5. Zur Täuschung im Rechtsverkehr (subjektiver Tatbestand)

Darin stecken zwei Strukturelemente:
- *Täuschung:* ein anderer muß über die Fälschung getäuscht werden sollen;
- *im Rechtsverkehr:* ein anderer muß zu (irgendeinem) rechtserheblichen Verhalten veranlaßt werden sollen.

Dieses Verhalten muß nicht im Sinne des Urkundeninhaltes erfolgen. Der Begriff Rechtsverkehr ist weit aufzufassen. Nur der private Bereich fällt nicht darunter.
Beispiele: T unterschreibt eine Anzeige bei der Polizei mit falschem Namen, um sich nicht bloßzustellen; er handelt zur Täuschung im Rechtsverkehr.
Gegenbeispiel: Die Geliebte T des O ändert ihr Geburtsdatum in ihrer Geburtsurkunde, um ein jüngeres Lebensalter vorzuschwindeln; hier ist nur der private Bereich betroffen. (Anders aber verhält es sich, wenn T den O zur Heirat bewegen will.) Absicht ist nicht erforderlich. Lediglich bedingter Vorsatz ist ausgeschlossen. Dolus directus genügt, str.[11]

III. Typische Konkurrenzprobleme

Bei § 267 ist besonders auf die innertatbestandlichen Konkurrenzprobleme zu achten. Sie ergeben sich aus der Konstruktion dieses Tatbestandes.[12] Einen Überblick über die hier gegebenen Möglichkeiten gibt Abb. 9.

In dem häufigen Fall, in dem T zuerst eine Urkunde fälscht, um sie anschließend zu gebrauchen, wird man richtigerweise tatbestandliche Handlungseinheit annehmen müssen.

Gelegentlich findet man Feststellungen wie die, daß Fälschen und Gebrauchen eine „deliktische Einheit" bildeten, oder es wird vom „Grundsatz des einheitlichen Deliktskomplexes" gesprochen. Dahinter verbirgt sich die Gesetzesgeschichte. Früher (bis 1943) war Urkundenfälschung als zweiaktiges Delikt konstruiert gewesen. Jetzt ist der zweite Akt des Gebrauchens in den subjektiven Tatbestand verlagert worden. Es besteht aber Einigkeit darüber, daß im Normalfall – in dem T fälscht, um zu gebrauchen und dann auch seinem Plan entsprechend gebraucht – nur wegen *einer* Urkundenfälschung zu bestrafen ist. Man kann dieses Ergebnis erreichen, ohne so unklare Figuren

---

[10] Vgl. oben bei I 2 c.
[11] Vgl. AT, 6. Teil, § 2 Nr. 3 b.
[12] S. oben II 1.

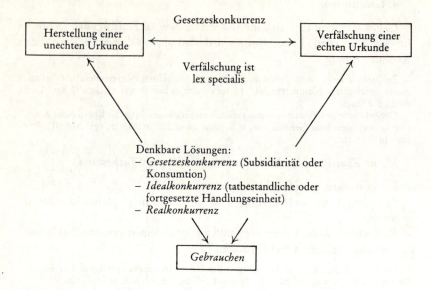

Abb. 9 Struktur der innertatbestandlichen Konkurrenzprobleme bei § 267

wie die „deliktische Einheit" usw. zu verwenden. Liest man das „oder" in § 267 als einschließendes „oder/und" kommt man im genannten Beispiel zur tatbestandlichen Handlungseinheit.[13]

Der Fall kann aber auch anders liegen. Beruht das Gebrauchen auf einem neuen, selbsttätigen Entschluß, ist Realkonkurrenz anzunehmen. Mehrere Fälle des Gebrauchens können dabei wiederum in Fortsetzungszusammenhang stehen. In all diesen Beispielen wird die tatbestandliche Handlungseinheit aufgelöst, wird also aus dem „und" ein „oder".[14]

Wichtig ist vor allem, daß man auf diese innertatbestandliche Konkurrenzproblematik achtet. Fast jede Urkundenfälschung bietet Anlaß, auf sie einzugehen. Hinzu kommt, daß auch bei anderen Tatbeständen vergleichbare innertatbestandliche Konkurrenzprobleme auftauchen, die nach den zu § 267 erarbeiteten Grundsätzen zu behandeln sind (Baukastensystem).[15] Die Alternative „Verfälschung" erfüllt ferner zugleich den Tatbestand des § 274 I Nr. 1, der jedoch als subsidiär zurücktritt (Gesetzeskonkurrenz).

---

[13] Vgl. AT, 12. Teil, § 3 Nr. 3 b.
[14] Näher zu dieser Oder-Problematik *Haft,* Einführung in die Rechtsinformatik, 1977, S. 21 ff.
[15] So bei § 146 und bei § 201.

IV. Probleme, Literaturhinweise

Man sollte sich einmal auf den Begriff der Urkunde mit ihren besonderen Erscheinungsformen (Beweiszeichen, Gesamturkunden, zusammengesetzte Urkunden) konzentrieren, zum anderen die Strukturfragen des § 267 klären.

Lektüre: Kienapfel, Neue Horizonte des Urkundenstrafrechts – Zur Auslegung der §§ 267, 268 und 274 I Ziff. 1 StGB –, in: Festschr. f. Maurach, 1972, S. 431; *Samson*, Grundprobleme der Urkundenfälschung, JuS 1970, 369.

V. Bekannte BGH-Fälle

1. Brief-Fall – BGHSt 2, 50

Der Angeklagte hatte einen Brief gefälscht, Abschriften davon hergestellt, diese an andere verschickt und versichert, sie stimmten mit der Urschrift überein. – Der *BGH* befand zur Urkundenfälschung: Die Urschrift, nicht aber die Abschrift sei eine unechte Urkunde. Die Absicht, im Rechtsverkehr zu täuschen, bestehe nur dann, wenn die Urschrift selbst den anderen auf Wunsch vorgelegt werden solle. Die Vorlage der Abschriften genüge hierfür nicht.

2. Bezugskarten-Fall – BGHSt 13, 235

Der Angeklagte hatte Bezugskarten für Zigaretten drucken lassen. – Der *BGH* verneinte § 267. Die nicht mit dem Namen des Bezugsberechtigten versehenen und nicht unterschriebenen Bezugskarten seien keine Urkunden mangels Garantie- und Beweisfunktion. Glaube der Täter, sich nach § 267 strafbar zu machen, liege ein Wahndelikt vor (entgegen *BGHSt* 7, 53 – Lebensmittelmarken-Fall).

3. Lebensmittelmarken-Fall – BGHSt 7, 53

Der Angeklagte hatte Lebensmittelmarken drucken lassen. – Der *BGH* sah die nicht ausgefüllten Marken nicht als Urkunden an. Glaube der Täter irrig an ein Urkundendelikt, liege Versuch vor (anders insoweit dann aber *BGHSt* 13, 235 – Bezugskarten-Fall).

4. Protokollnotizen-Fall – BGHSt 3, 82

Ein Protokollführer hatte sich zur Vorbereitung des Protokolls Notizen gemacht. – Der *BGH* sah sie dann als Urkunden an, wenn sie von dritter Seite zum Beweis für eine Tatsache bestimmt würden und der Hersteller sie einem anderen zugänglich gemacht habe.

5. Kfz-Fall – BGHSt 16, 94 (ebenso auch BGHSt 9, 235)

Die Angeklagten hatten an gestohlenen Autos die Fahrgestell- und Motornummern verändert und die Typenschilder und polizeilichen Kennzeichen ausgewechselt. – Der *BGH* bejahte Urkundenfälschung. In allen Fällen handle es sich um Urkunden (urkundsgleiche Beweiszeichen).

6. Fotokopien-Fall – BGHSt 24, 140

Der Angeklagte hatte eine Urkunde unter Abdeckung eines Teiles fotokopiert und in die Fotokopie Änderungen eingetragen. – Der BGH verneinte § 267. Die Fotokopie sei keine Urkunde.

7. Geldbriefträger-Fall – BGHSt 4, 60

Ein Geldbriefträger hatte Geld unterschlagen. Auf der Rückseite der Postanweisung hatte er mit dem Namen des Empfängers quittiert. – Der *BGH* sah darin die Herstellung einer unechten Urkunde i. S. des § 267. Die Verfälschung einer Gesamturkunde sah er dagegen als nicht gegeben an. Die aus mehreren Einzelurkunden bestehende Postanweisung sei keine Gesamturkunde, so daß das Hinzufügen der Quittung eine solche auch nicht habe verfälschen können.

8. Geburtsurkunden-Fall – BGHSt 1, 118

Der Angeklagte hatte die beglaubigte Abschrift einer nie vorhanden gewesenen Geburtsurkunde zur Täuschung im Rechtsverkehr benutzt. Ferner hatte er Urkunden mit einem erfundenen Namen unterschrieben. – Der *BGH* verneinte Urkundenfälschung durch Gebrauchen einer gefälschten Urkunde. Ein solches komme nur dann in Betracht, wenn die Beglaubigung selbst fälschlich hergestellt oder verfälscht sei. Die Unterzeichnung mit fremdem Namen sah der BGH im konkreten Fall wegen der Täuschung über die Persönlichkeit des Ausstellers als Herstellung einer unechten Urkunde an.

9. Klassenarbeiten-Fall – BGHSt 17, 297

Ein Lehrer hatte Rechtschreibungs-Klassenarbeiten zu streng zensiert. Um dies nachträglich zu verdecken, hatte er in die fraglichen Klassenarbeiten Fehler hineingeschrieben. – Der *BGH* bejahte Urkundenfälschung. Die Klassenarbeiten seien Urkunden. Auch bei einem bloßen Diktat sei die Existenz von Gedankenäußerungen gegeben. Auch sei die Beweisfunktion zu bejahen.

j) Stimmzettel-Fall – BGHSt 12, 108

Ein Wahlvorsteher hatte Stimmzettel entfernt und durch von ihm ausgefüllte Stimmzettel ersetzt. – Darin sah der *BGH* eine Urkundenfälschung durch Verfälschen einer Gesamturkunde. Zwar sei der einzelne Stimmzettel mangels Erkennbarkeit des Ausstellers (Garantiefunktion) keine Urkunde. Wohl aber bildeten sämtliche Stimmzettel zusammen mit der Wählerliste eine Gesamturkunde je Wahlbezirk.

10. Inventurlisten-Fall – BGHSt 13, 382

Der Vorstand einer Aktiengesellschaft hatte falsche Inventurlisten erstellen lassen, um Verluste zu verschleiern. – Der *BGH* bejahte eine Urkundenfälschung. Die Inventurlisten seien Urkunden, sobald sie zu einer vorläufigen Bilanz geführt hätten. Die Garantiefunktion sei zu bejahen (nicht der – u. U. nicht ermittelbare Schreiber, sondern der Vorstand als der Erklärer sei der Aussteller – Geistigkeitstheorie). Auch die Beweisfunktion sei ab dem genannten Zeitpunkt zu bejahen.

11. Firmenstempel-Fall – BGHSt 17, 11

Ein nicht vertretungsberechtigter Kommanditist einer Firma hatte mit seinem richtigen Namen unter Beifügung eines Firmenstempels für die Firma unterzeichnet. – Der *BGH* bejahte eine Urkundenfälschung. Trotz Verwendung des eigenen, richtigen Namens sei der Anschein erweckt, ein anderer – nämlich die Firma – sei Aussteller der Urkunde.

12. Meyer-München-Fall – BGHSt 5, 149

Der Täter hatte Altmetall an einen Händler verkauft, wobei er wegen der Steuer keine Rechnungen wollte; deshalb hatte der Täter die entsprechenden Vordrucke für die Buchhaltung mit Allerweltsnamen (u. a. Meyer-München) unterzeichnet. – Der *BGH* bejahte Urkundenfälschung. Es liege nicht etwa ein Fall versteckter Anonymität vor; vielmehr sei die Garantiefunktion zu bejahen. Auch die erforderliche Täuschungsabsicht in bezug auf die Steuerbehörden sei gegeben.

13. Paßfälschungs-Fall – BGHSt 17, 97

Der Täter hatte in fremde Pässe sein Lichtbild eingearbeitet und diese benutzt. – Der *BGH* ging von einer zusammengesetzten Urkunde aus und nahm Urkundenfälschung (Verfälschen) an. Die Entscheidung befaßt sich vor allem mit Konkurrenzfragen (Fortsetzungszusammenhang).

14. Blutprobe-Fall – BGHSt 5, 75

Einem betrunkenen Autofahrer war Blut entnommen worden. Die Täter hatten die Blutprobe ausgetauscht. – Der *BGH* bejahte die Möglichkeit, daß die Blutprobe mit dem auf die Venüle geklebten Zettel mit dem Namen des Betroffenen eine zusammengesetzte Urkunde dargestellt hätten. Dagegen verneinte er die Möglichkeit, daß die Blutprobe zusammen mit dem beigefügten Befundbericht eine Gesamturkunde dargestellt hätten.

15. Faber-Castell-Fall – BGHSt 2, 370

Der Angeklagte hatte Kopierstifte unbefugt mit dem geschützten Warenzeichen der Firma Faber-Castell versehen. – Der *BGH* verneinte eine Urkundenfälschung. Es handle sich um ein bloßes Kennzeichen. Insbesondere fehle es am gedanklichen Inhalt (Perpetuierungsfunktion). Der *BGH* bejahte aber eine Strafbarkeit nach § 24 WZG.

§ 30. Mittelbare Falschbeurkundung (§ 271)
– mit Ausführungen zu §§ 272 Schwere mittelbare Falschbeurkundung, 273 Gebrauch falscher Beurkundungen und § 348 Falschbeurkundung im Amt –

I. Überblick

Im Unterschied zu § 267 geht es bei § 271 nicht um die Echtheit von Urkunden, sondern um deren inhaltliche *Wahrheit*. Öffentliche Urkunden haben eine besondere Beweiskraft; sie werden darum durch § 271 besonders geschützt. Die Vorschrift ist im Zusammenhang mit § 348, *Falschbeurkundung im Amt* zu lesen. Zur Herstellung von öffentlichen Urkunden bedarf es nämlich eines Amtsträgers i. S. des § 11 I Nr. 2. Dieser Amtsträger kann (selten) vorsätzlich oder (oft) vorsatzlos handeln. Danach ist zu unterscheiden:
– Handelt der *Amtsträger vorsätzlich*, ist er nach § 348 strafbar. Wer ihn dazu bestimmt, ist wegen Anstiftung strafbar, wobei § 28 I gilt.[1] § 271 scheidet aus.
– Handelt der *Amtsträger vorsatzlos*, ist er straflos. Wer ihn dazu bestimmt, kann weder mittelbar Täter des § 348 (Sonderdelikt[2]) noch Teilnehmer (mangels Vorsatzes des Täters) sein. Er wäre straflos, gäbe

---
[1] Vgl. AT, 8. Teil, § 3 Nr. 5c.
[2] S. unter diesem Stichwort im Glossar des AT.

es nicht den § 271. Für diese – häufige – Situation ist der Tatbestand gemacht.

Natürlich sind hier *Irrtumsfälle* möglich. Sie führen bei beiden möglichen Konstellationen zur Anwendung des § 271:

T hält den Amtsträger A irrig für gutgläubig, während A vorsätzlich handelt. A ist strafbar nach § 348. T ist (nur) strafbar nach § 271, allg. M. Eine Teilnahme an § 348 entfällt, weil T in seinen Vorsatz nicht den Vorsatz des A aufgenommen hat (er wollte ihn nicht zu dessen „vorsätzlich" begangener Tat bestimmen bezw. dazu Hilfe leisten, vgl. §§ 26, 27.

Und umgekehrt: T hält A irrig für bösgläubig, während A vorsatzlos handelt. A ist straflos. T ist (ebenfalls) nur nach § 271 strafbar, str. Hinsichtlich § 348 liegt nur ein Versuch der Teilnahme vor, der auch bei der Anstiftung straflos ist (vgl. § 30 I – § 348 ist nicht Verbrechen).

Beachte: § 272 enthält eine *Qualifikation*. In § 273 ist der *„Gebrauch falscher Beurkundungen"* erfaßt. Diese letztere Vorschrift setzt keine Strafbarkeit nach §§ 271, 348 voraus, sondern nur ein Produkt, wie es bei einer Falschbeurkundung entstehen kann. Die falsche Beurkundung kann also auch durch ein Versehen entstanden sein. Bezüglich der Konkurrenz des Gebrauchens zu den Handlungen der §§ 271, 348 gilt das zu § 267 gesagte entsprechend[3], str.

II. Struktur

1. Übersicht

Der Wortlaut des § 271 ist recht umständlich. Kürzer kann man sagen: „Wer bewirkt, daß etwas *Unwahres zu öffentlichem Glauben* beurkundet wird..."

Beispiel: T erscheint unter Vorlage gefälschter Papiere bei Notar N, gibt sich als X aus und läßt eine Erklärung des X beurkunden.

T ist strafbar nach § 271; der gutgläubige N (Amtsträger. § 11 I Nr. 2 b) ist straflos.

2. Problemfälle

Problemfälle entstehen besonders, wenn zwar etwas Unwahres beurkundet wird, aber zweifelhaft ist, ob dies zu öffentlichem Glauben geschieht. Man muß hier einmal *Einschränkungen* am *Begriff der Urkunde*, zum anderen Einschränkungen am *Begriff der Beweiskraft* vornehmen. Im einzelnen:

a) Einschränkungen am Begriff der Urkunde[4]

Hier sind zwei Einschränkungen zu beachten.

– Es muß eine *öffentliche Urkunde* vorliegen.

---

[3] Vgl. bei § 29 III.
[4] Ausgangspunkt ist der allgemeine Begriff der Urkunde. Vgl. bei § 29 I 2.

§ 30. Mittelbare Falschbeurkundung (§ 271)

Gegenbegriff ist die *Privaturkunde*. Maßgebend ist die Legaldefinition in § 415 ZPO: „Urkunden, die von einer öffentlichen Behörde innerhalb der Grenzen ihrer Amtsbefugnisse oder von einer mit öffentlichem Glauben versehenen Person innerhalb des ihr zugewiesenen Geschäftskreises in der vorgeschriebenen Form aufgenommen sind."

Kurzformel: Behörde oder *mit öffentlichem Glauben versehene Person*[5] plus *sachliche Zuständigkeit* plus *Form*.
– Die Urkunde muß *geeignet und bestimmt* sein, *Beweis für und gegen jedermann* zu erbringen.

Gegenbegriff ist die *schlichtamtliche Urkunde*. Diese dient nur für den inneren Dienstgebrauch. Die Abgrenzung kann schwierig sein. Eine umfangreiche Rechtsprechung hat sich mit dieser Frage befaßt. Danach ergeben sich etwa folgende Beispiele für
– *schlichtamtliche Urkunden*: Dienstregister und Kassenbuch des Gerichtsvollziehers; Aufgabe- und Ankunftsstempel auf Postsendungen; Bundeszentralregister; Handwerksrolle; Ermittlungsberichte der Polizei an die Staatsanwaltschaft;
– *öffentliche Urkunden* i.S. des § 271: Familienbuch; Sparbuch; Kraftfahrzeugschein; Reifezeugnis; Erbschein; Grundbuch (= öffentliches „Buch"); Pfändungsprotokoll des Gerichtsvollziehers.

Abb. 1 faßt die bisherigen Überlegungen anschaulich zusammen.

Abb. 1 Struktur des Urkundenbegriffes bei § 271

b) Einschränkungen am Begriff der Beweiskraft

Selbst wenn man im dargelegten Sinne eine taugliche öffentliche Urkunde hat, kann es sein, daß zwar etwas Unwahres beurkundet wird, dies aber nicht zu öffentlichem Glauben geschieht. Man muß deshalb immer besonders prüfen, ob die fragliche Lüge gerade von der *besonderen Beweiskraft* der fraglichen Urkunde gedeckt ist. Um dies zu erkennen, muß man auf *einschlägige Vorschriften* sowie auf die *Verkehrsanschauung* abstellen. Hier liegen die *eigentlichen Probleme* der Falschbeurkundung.

Beispiele: Die notarielle Urkunde über einen Grundstückskaufvertrag beweist nur, daß die Parteien die darin enthaltenen Erklärungen abgegeben haben. Sie ist daher nicht unwahr, wenn die Parteien – etwa um Steuern zu sparen – privat einen höheren Kaufpreis vereinbart haben.

---

[5] Z. B. Notar, Standesbeamter, Gerichtsvollzieher, Postbediensteter, Konsul usw.

Der Führerschein beweist nicht, daß dem Inhaber ein darin eingetragener Doktortitel zusteht.
Die TÜV-Plakette beweist nicht, daß das Fahrzeug sich in ordnungsgemäßem Zustand befindet.
Die zu Protokoll gegebene Klage beweist nicht, daß die Klage inhaltlich richtig ist.
Das gerichtliche Protokoll beweist nicht, daß eine Aussage richtig ist.
Das Familienbuch beweist bei Erklärungen über persönliche Verhältnisse nur die nach dem PStG einzutragenden Angaben.

3. Prüfschema

In Zweifelsfällen empfiehlt es sich, nach folgendem Prüfschema vorzugehen:
1. Ist etwas *Unwahres beurkundet?*
2. Liegt eine *öffentliche Urkunde* vor? (Keine private Urkunde?)
3. Kann und soll sie *Beweis für und gegen jedermann* erbringen? (Keine schlichtamtliche Urkunde?)
4. Ist das Unwahre von der *besonderen Beweiskraft* der Urkunde gedeckt?

III. Typische Konkurrenzprobleme

Man sollte sich die §§ 169 und 171 an den Rand notieren, mit denen Tateinheit möglich ist. Tateinheit ist auch mit § 267 möglich.

So, wenn der Täter den Urkundsbeamten durch Vorlage einer gefälschten Urkunde irreführt, § 267 I Var. 3.

IV. Problemhinweise, Literatur

Es empfiehlt sich, aus der umfangreichen Rechtsprechung zum Problem der besonderen Beweiskraft der öffentlichen Urkunden bei § 271 einige Entscheidungen zu lesen. Hier seien die unter V genannten BGH-Entscheidungen empfohlen. Sie befassen sich durchweg mit dieser Frage.[6]

V. Bekannte BGH-Fälle

1. Sparkassenbuch-Fall – BGHSt 19, 19

Ein Sparkassenleiter hatte veranlaßt, daß Sparkassenbücher nicht auf den Namen der Einzahler, sondern auf erfundene Namen ausgestellt wurden. – Der *BGH* verneinte Falschbeurkundung im Amt, § 348. Zwar seien Sparkassenbücher öffentliche Urkunden. Doch werde nicht zu öffentlichem Glauben beurkundet, daß die angegebene Person der wirklich Verfügungsberechtigte sei.

---

[6] Ausnahme: V 2 („Bescheinigungs-Fall").

2. Bescheinigungs-Fall – BGHSt 17, 66

Ein Angeklagter hatte Bescheinigungen der Verwaltungsbehörden nach § 7c II 3 EStG 1951 gebraucht, in denen bestätigt war, daß vom Angeklagten durch Darlehen geförderte Wohnungen für Angehörige errichtet worden waren. Das war unwahr gewesen. – Der *BGH* verneinte eine Strafbarkeit aus §§ 271 ff. Die Bescheinigungen seien keine Beurkundungen im Sinne der fraglichen Tatbestände gewesen. Es habe an der Beweiskraft für und gegen jedermann gefehlt.

3. Familienbuch-Fall – BGHSt 12, 88

Ein Standesbeamter hatte bei der Beurkundung einer Eheschließung das Alter eines neunzehnjährigen Trauzeugen bewußt unrichtig mit 21 Jahren angegeben. – Der *BGH* verneinte eine Falschbeurkundung. Die Beweiskraft des Familienbuches erstreckte sich nicht auf das Alter des Trauzeugen.

4. Doppelehe-Fall – BGHSt 6, 380

Die Angeklagten hatten eine Doppelehe eingegangen. Einer war schon verheiratet gewesen. Beide hatten vor dem Standesbeamten erklärt, dieser sei geschieden gewesen. – Der *BGH* verneinte § 271. Die Erklärung über die Ehescheidung sei in § 11 PStG nicht zur Eintragung vorgesehen und werde daher vom öffentlichen Glauben des Familienbuches nicht erfaßt.

5. Kraftfahrzeugschein-Fall – BGHSt 22, 201 (ebenso BGHSt 20, 294).

Der Angeklagte hatte bewirkt, daß ein Kraftfahrzeugschein für ihn unter falschem Namen ausgestellt wurde. – Der *BGH* verneinte § 271. Der Kraftfahrzeugschein beweise nicht zu öffentlichem Glauben, daß die Angaben zur Person des Zulassungsinhabers richtig seien. Diese Angaben seien keine Beurkundungen im Sinne des § 271.

6. Schrottauto-Fall – BGHSt 20, 186

Der Angeklagte hatte Schrottautos aufgekauft und die Papiere dieser Autos verwendet, um Autos gleicher Art zu stehlen und damit auszurüsten. Dazu hatte er die gestohlenen Autos mit Fahrgestell- und Motornummern der Unfallautos versehen. – Der BGH bejahte Urkundenfälschung und Betrug, verneinte aber §§ 271, 272. Diese Tatbestände schieden schon deshalb aus, weil die Eintragung der Fahrgestell- und Motornummer in den Kraftfahrzeugschein nicht zu öffentlichem Glauben beurkunde, daß diese Kennzeichen vom Hersteller des Kraftfahrzeugs herrührten.

7. Türken-Fall – BGHSt 25, 95

Der Angeklagte war Sachbearbeiter des Straßenverkehrsamtes gewesen. Er hatte Türken gemäß § 15 StVZO Führerscheine ausgestellt, obwohl er gewußt hatte, daß diese keine türkischen Führerscheine besessen hatten. – Der BGH verneinte § 348 I. Der Vermerk im Führerschein „gemäß § 15 StVZO" beweise nicht zu öffentlichem Glauben, daß der Führerscheininhaber im Besitz einer ausländischen Fahrerlaubnis sei.

§ 31. Urkundenunterdrückung (§ 274 I Nr. 1)
– mit Ausführungen zu § 133 Verwahrungsbruch –

I. Überblick

Bei § 274 I Nr. 1 geht es um die Brauchbarkeit von (echten) Urkunden als Beweismitteln. Geschützt ist nicht der Beweisverkehr im allgemeinen, sondern die *Beweisführungsbefugnis eines anderen*. In dieser speziellen Ausprägung ist das Rechtsgut des § 274 I Nr. 1 nicht, wie das der §§ 267, 271 ein Universal-, sondern ein (disponibles) Individualrechtsgut.[1]

Konsequenz: Der Geschützte kann in die Verletzung des Rechtsgutes mit rechtfertigender Wirkung *einwilligen*. – Bei §§ 267, 271 kann dagegen der Betroffene, z. B. der Namensträger, nicht rechtfertigend einwilligen; das Universalrechtsgut „Sicherheit und Zuverlässigkeit des Rechtsverkehrs" ist dem einzelnen nicht verfügbar.

Neben § 274 sollte man sich § 303 sowie § 133, *Verwahrungsbruch* notieren. Rechtsgut des § 133 ist der *dienstliche Gewahrsam*. Die dort genannten Schriftstücke sind nur – freilich besonders häufige – Beispiele. Sie müssen auch nicht den Anforderungen des Urkundsbegriffes entsprechen. Beispiel für § 133 I: T vernichtet Post, die sich in einem Briefkasten der Bundespost befindet.

Beachte: § 274 I Nr. 1 schützt auch *technische Aufzeichnungen* i. S. des § 268.[2]

II. Struktur

Drei Strukturelemente des § 274 I Nr. 1 können besonders problematisch sein:
– eine *nicht dem Täter gehörende Urkunde*,
– deren *Unterdrückung* und
– die *Absicht, einem anderen Nachteil zuzufügen*. Im einzelnen:

---

[1] Vgl. AT, 4. Teil, § 2 Nr. 2.
[2] Vgl. bei § 29 I 1.

1. Nicht dem Täter gehörende Urkunde

Das „*Gehören*" hat nichts mit dem Eigentum zu tun; dieses ist durch §§ 303, 246 geschützt. Entscheidend ist vielmehr das *Recht, die Urkunde zum Beweis zu nutzen.*

Beispiel: T und O haben einen Vertrag geschlossen. Die Ausfertigung des O wurde bei einem Brand vernichtet. O macht gegenüber T einen Anspruch auf Einsicht in dessen Vertragsexemplar nach § 810 BGB geltend. Daraufhin schwärzt T einen für O günstigen Passus des Vertrages.
Obwohl T zivilrechtlich alleiniger Eigentümer der Urkunde ist, gehört sie ihm ab Geltendmachung des Anspruches aus § 810 BGB nicht mehr ausschließlich i. S. des § 274 I Nr. 1. T ist nach dieser Vorschrift strafbar.

Öffentlichrechtliche Vorlagepflichten schließen freilich nicht zwangsläufig das alleinige Recht des Inhabers aus, die Urkunde zum Beweis zu nutzen, str. § 274 schützt nicht die Erfüllung öffentlich-rechtlicher Vorlegungspflichten. Dafür gibt es im jeweiligen Sachzusammenhang eigene Straftatbestände oder Ordnungswidrigkeiten.

Beispiel: T radiert in seinem Reisepaß das Geburtsdatum aus. Obwohl die Polizei Vorlage des Passes verlangen kann, gehört T die Urkunde ausschließlich i. S. des § 274 I Nr. 1, so daß er danach nicht strafbar ist. Entsprechend verhält es sich, wenn T in seinem Führerschein die Klassenbezeichnung unleserlich macht, um den Eindruck zu erwecken, sie sei durch eine Knickstelle unleserlich geworden. (Derartige Beschädigungen sind mangels Inhaltsänderung auch kein Verfälschen i. S. des § 267 I Var. 2.)

2. Unterdrückung

Während im allgemeinen die Begriffe „*Vernichten*" (z. B. Verbrennen) und „*Beschädigen*" (z. B. Ausradieren einer Unterschrift) nicht problematisch sind, versteht sich der Begriff „*Unterdrücken*" nicht von selbst. Mit der *Normalfallanalyse* kann man den Begriff klären.

Beispiel: O führt gegen X einen Prozeß wegen eines Kaufvertrages. T versteckt den Vertrag, so daß O diesen nicht zum Beweis vorlegen kann.
Wie man sieht, ist eine *Handlung* erforderlich, durch welche dem Berechtigten die *Benutzung der Urkunde als Beweismittel unmöglich* gemacht wird. Von da aus lassen sich *Problemfälle* bearbeiten. So genügt eine vorübergehende Hinderung; es ist keine Heimlichkeit erforderlich; Zueignungsabsicht muß nicht vorliegen, usw.

3. Absicht, einem anderen Nachteil zuzufügen

Nach herrschender und richtiger Ansicht genügt dolus directus; ein Wollen ist nicht erforderlich.[3]

Beispiel: T vernichtet eine Urkunde des O, um seinem Freund F zu helfen. T will dem O nicht schaden, nimmt es aber als gewiß (sicheres Wissen) hin. Dies genügt für die Absicht i. S. des § 274 I Nr. 1.

---

[3] Vgl. AT, 6. Teil, § 2 Nr. 3 b.

III. Typische Konkurrenzprobleme

Soweit das Verfälschen i. S. des § 267 auch ein Beschädigen ist, tritt § 274 im Wege der Gesetzeskonkurrenz zurück (Subsidiarität).[4] Mit § 133 ist wegen der unterschiedlichen Rechtsgüter Idealkonkurrenz möglich. § 303 wird im Wege der Gesetzeskonkurrenz verdrängt (Spezialität). Wenn der Täter mit Zueignungsabsicht handelt, gehen die Zueignungsdelikte (§§ 242, 246) im Regelfall vor (Konsumtion).

IV. Problemhinweise, Literatur

Eine interessante Entscheidung bietet *BayObLG*, NJW 68, 1896: Entfernen des informierenden Zettels, der nach einem Unfall unter dem Scheibenwischer des beschädigten Wagens angebracht wurde.

V. Bekannter BGH-Fall: *Glasschmelzhafenfabrik-Fall*[5] – BGHSt 6, 251

Der Geschäftsführer einer Glasschmelzhafenfabrik hatte einen Brand legen lassen, um die Versicherung zu betrügen. Um eine Schadensprüfung unmöglich zu machen, hatte er Geschäftspapiere vernichten lassen. – Der *BGH* bejahte (außer § 145 d) Anstiftung zur Urkundenunterdrückung. Eine Rechtfertigung durch Einwilligung des gesetzlichen Vertreters einer juristischen Person scheide aus. Die Einwilligung sei ein sittenwidriger Mißbrauch der Vertretungsbefugnis gewesen.

§ 32. Pfandkehr (§ 289)
– mit Ausführungen zu §§ 136 Verstrickungsbruch, 283 Bankrott und 288 Vereiteln der Zwangsvollstreckung –

I. Überblick

Häufig bestehen zivilrechtliche Berechtigungen an beweglichen Sachen. Diese sind nach Maßgabe des § 289 geschützt.[1] *Rechtsgüter* sind demzufolge die unter § 289 fallenden vertraglichen oder gesetzlichen

---

[4] Vgl. bei § 29 II 3, III a. E.
[5] Vgl. auch bei 6 V 1.
[1] Siehe auch die Übersichten bei § 27 I 3 (Abbildungen 1 und 2).

Nutznießungsrechte, Pfandrechte, Gebrauchsrechte und *Zurückbehaltungsrechte*.

Beispiele: Ein *Nutznießungsrecht* ist der Nießbrauch, § 1030 BGB; ein *Pfandrecht* ist das Unternehmerpfandrecht, § 647 BGB; ein *Gebrauchsrecht* ist das Recht des Mieters zum Gebrauch der gemieteten Sache, § 535 BGB; ein *Zurückbehaltungsrecht* ist das Recht des Besitzers, die Herausgabe der Sache zu verweigern, bis er wegen der ihm zu ersetzenden Verwendung befriedigt wird, § 1000 BGB.

Auch das durch Pfändung des Gerichtsvollziehers entstehende Pfändungspfandrecht, § 804 ZPO fällt unter § 289, str.[2]

Neben § 289 sollte man sich *§ 136, Verstrickungsbruch* notieren. Während § 289 spezialisierte Vermögenswerte schützt, also ein Vermögensdelikt ist, schützt § 136 die durch eine Pfändung entstehende *staatliche Herrschaftsgewalt*. Einen Normalfall bietet etwa der Schuldner, der eine gepfändete Sache veräußert.

Tatbestände zum Schutz von Gläubigern sind das *Vereiteln der Zwangsvollstreckung, § 288* und die Konkursdelikte, §§ 283 ff.

§ 288 schützt die *Einzelvollstreckung* von Gläubigern. Einen Normalfall bietet der Schuldner, der angesichts eines vollstreckbaren Titels seine letzten Wertgegenstände bei einem Bekannten in Sicherheit bringt.

§§ 283 ff. schützen die *Gesamtheit der Gläubiger* angesichts eines *Konkurses*. Diese Tatbestände wurden 1976 im Zuge der Reform des Wirtschaftsstrafrechts aus der KO genommen, reformiert und in das StGB eingestellt. Zentrale Bestimmung ist *§ 283, Bankrott*. Vorausgesetzt wird eine wirtschaftliche Krise, die durch *Überschuldung* (die Passiven übersteigen das Aktivvermögen) oder *Zahlungsunfähigkeit* (fortdauerndes Unvermögen, fällige Zahlungsverpflichtungen zu erfüllen) gekennzeichnet ist. Es sind dann detailliert umschriebene Handlungen strafbar. Als *objektive Strafbarkeitsbedingung* muß die *Zahlungseinstellung* oder der *Konkurs* hinzutreten.

II. Struktur

Pfandkehr *unterscheidet sich* trotz ähnlicher Struktur grundlegend *vom Diebstahl*. Bei § 242 richtet sich der Angriff gegen das Eigentum; nur fremde Sachen können gestohlen werden, wobei Zueignungsabsicht des Täters vorausgesetzt ist. Bei § 289 ist die Stoßrichtung des Angriffes gerade umgekehrt. An einer Pfandkehr wird vernünftigerweise nur der Eigentümer Interesse haben. Der Angriff richtet sich ja gegen das Recht eines Nichteigentümers. Deshalb ist Pfandkehr auch und gerade *an eigenen Sachen* möglich. Und an die Stelle der Zueignungsabsicht tritt die „rechtswidrige Absicht", d. h. die Absicht, das Pfandrecht usw. zu vereiteln. Dies kann durch den Eigentümer selbst oder einen zu seinen Gunsten handelnden Dritten geschehen. Das Merkmal „*Wegnahme*" ist hier

---

[2] Das ist strittig, doch kann die Frage nur lauten, ob der zugleich in Betracht kommende § 136 den § 289 im Wege der Gesetzeskonkurrenz (Spezialität) verdrängt. Das ist wegen der unterschiedlichen Rechtsgüter zu verneinen.

anders, und zwar wesentlich weiter *als bei* § 242 zu verstehen. Insbesondere ist *kein Gewahrsamsbruch* erforderlich, str. Es genügt die *räumliche Entfernung* der Sache *aus dem Macht- und Zugriffsbereich des Berechtigten*. Der Grund dafür liegt darin, daß Pfandrechte auch besitzlos möglich sind. Ein Beispiel bietet das Vermieterpfandrecht, § 559 BGB. Beim sog. „Rücken" des Mieters ist daher § 289 anwendbar. (Die Gegenmeinung verweist auf die erhöhte Strafe des § 289 gegenüber §§ 288, 136; sie fordert, das Merkmal „Wegnahme" ebenso wie bei § 242 auszulegen, so daß besitzlose Pfandrechte nur nach § 288 geschützt wären.) Der Streit ist freilich bedeutungslos, wenn die Wegnahme durch Gewahrsamsbruch erfolgt.

Beispiel: T hat dem O seine Uhr verpfändet und übergeben. Danach verschafft er sie sich wieder.

Bei der *rechtswidrigen Absicht* muß man unterscheiden:
– Absicht heißt: Der Täter muß ein fremdes Recht im Sinne *zielgerichteten Wollens*[3] vereiteln wollen.
– Rechtswidrig heißt: Das fremde Recht existiert und der Täter hat kein Recht zur Vereitelung. Insoweit genügt *bedingter Vorsatz*.[4]

Beispiel: T sagt sich: Für den Fall, daß O ein Nießbrauchsrecht hat, will ich es ihm vereiteln. Die erforderliche Absicht i. S. des § 289 liegt vor.

Es genügt der Wille zum *zeitweisen Vereiteln*.

Beispiel: T hat dem O einen Perserteppich verpfändet und übergeben. Er benötigt ihn für ein Fest und holt sich ihn heimlich, wobei er ihn nach dem Fest wieder zu O tragen will. Das letztere ist unbeachtlich. *T* ist strafbar nach § 289 (beachte aber das Antragserfordernis des Abs. III).

III. Typische Konkurrenzprobleme

Verstrickungsbruch, § 136 verdrängt § 289 nach richtiger Auffassung nicht im Wege der Gesetzeskonkurrenz (Spezialität). Vielmehr ist Idealkonkurrenz wegen der unterschiedlichen Rechtsgüter möglich.[5] Erfolgt die Pfandkehr mit Gewalt, ist Idealkonkurrenz mit §§ 223, 240 möglich. Ein Konkurrenzverhältnis zur Erpressung kommt dagegen nicht in Betracht. Denn § 253 setzt nach richtiger Auffassung eine Vermögensverfügung des Genötigten voraus.[6] Dies schließt eine Wegnahme aus.

---

[3] Vgl. AT, 6. Teil, § 2 Nr. 3b.
[4] Es liegt vergleichbar wie der Zueignungs*absicht* des Diebstahls, die sich ja auch nicht auf die Rechtswidrigkeit der erstrebten Zueignung beziehen muß, vgl. bei § 20 II 3 d, e.
[5] S. oben bei I.
[6] Vgl. bei § 23 II 2.

IV. Problemhinweise, Literatur

Die Pfandkehr sollte einmal im Vergleich mit dem Diebstahl gesehen und erarbeitet werden (Pfandrecht als spezialisiertes Vermögensrecht, vergleichbar dem Eigentum). Sie sollte ein andermal im Zusammenhang der Wirtschaftsstraftaten gesehen werden (Pfandkehr als leicht greifbare Handlung – im Gegensatz etwa zu der Schwierigkeit, unternehmerische Fehlentscheidungen durch die Konkursstraftaten zu erfassen). In diesem Zusammenhang sollte man sich auch allgemein mit der Reform des Wirtschaftsstrafrechts auseinandersetzen.

Lektüre: Jung, Das Erste Gesetz zur Bekämpfung der Wirtschaftskriminalität (1. WiKG), JuS 1976, 757.

§ 33. Sachbeschädigung (§ 303)

I. Überblick

1. Rechtsgut und Systematik

Geschütztes Rechtsgut ist das *Eigentum*. Es wird vor Angriffen geschützt.[1] Erfaßt sind *alle* (bewegliche „wie unbewegliche") *fremden Sachen*. Bestimmte Sachen genießen über andere Tatbestände einen zusätzlichen Schutz: Dienstlich verwahrte Sachen sind nach Maßgabe des § 133 *Verwahrungsbruch*, gepfändete Sachen nach § 136 Verstrickungsbruch, Urkunden durch § 274 I Nr. 1 *Urkundenunterdrückung* geschützt.

Zum Grundtatbestand § 303 treten *zwei Qualifikationstatbestände*: § 305 *Zerstörung von Bauwerken* und § 308 I Var. 1 *Brandstiftung*. Über §§ 308 I Var. 1, 309, kann ausnahmsweise auch *fahrlässige Sachbeschädigung* strafbar sein. Die *gemeinschädliche Sachbeschädigung*, § 304 ist dagegen keine Qualifikation, sondern wegen des abweichenden Rechtsgutes (allgemeines Interesse an der Erhaltung bestimmter Gegenstände) delictum sui generis.

Beachte: Die *Versuchsstrafbarkeit*, Absatz II, und das *Antragserfordernis*, Absatz III.

2. Praktische Bedeutung

Sachbeschädigung ist häufig unwesentliche (konsumierte) Begleittat anderer Straftaten, z. B. Einbruchsdiebstahl, Urkundenfälschung, Tö-

---

[1] Insoweit kann man die Sachbeschädigung mit der Untreue vergleichen. S. auch bei § 28 I 1. Vgl. ferner die Übersichten bei § 27 I 3 (Abbildungen 1 und 2).

tungsdelikte. Eigenständige Bedeutung hat § 303 im Rahmen der Betriebssabotage und des Vandalismus (z. B. Zerstörung von öffentlichen Verkehrsmitteln, Telefonzellen, Toiletteneinrichtungen).

Im Hinblick auf die letztgenannten Fälle erscheint die gesetzgeberische Entscheidung, Sachbeschädigung milder zu bestrafen als Diebstahl, fragwürdig. Die ratio des Gesetzgebers, der bei § 303 vom Bild eines dummen Streiches ausging, trifft hier nicht mehr zu.

II. Struktur

Der Tatbestand des § 303 wird sehr oft problemlos erfüllt sein. Dann sollte er am Ende der Klausur nach den gewichtigeren und problematischen Tatbeständen ganz kurz erwähnt werden,[2] wobei freilich – wie immer – auf die Konkurrenzen zu achten ist. Ein typischer und häufiger Fehler ist es, in solchen Fällen mit § 303 zu beginnen und die Sachbeschädigung in epischer Breite abzuhandeln, damit schon einmal etwas richtiges und ungefährliches auf dem Papier steht. Dadurch wird nichts gewonnen, aber viel geschadet. Die Arbeit wird verzeichnet und es wird kostbare Zeit vertan. Nur wenn ausnahmsweise einmal § 303 selbst problematisch ist, kommt es auf die Struktur der Vorschrift an. Dabei kann man sich bezüglich der Merkmale ,,Sache" und ,,fremd" weitgehend auf die entsprechenden Merkmale des Diebstahls beziehen (Baukastensystem).

Zu *beachten* ist lediglich, daß § 303, anders als § 242, auch unbewegliche Sachen schützt.

Problematisch kann eigentlich nur das Merkmal ,,*Beschädigen*" werden. (Das weiter genannte ,,Zerstören" ist nur eine graduelle Steigerung des ,,Beschädigens"). Geht man von einer Normalfallanalyse aus, ergibt sich für ,,Beschädigen" die in Abb. 1 gezeigte Struktur.

Abb. 1 Struktur des ,,Beschädigens" bei § 303.

---

[2] S. Anhang I, Nr. 8.

Dem entspricht die „*klassische*" *Definition* der Beschädigung als „*Einwirkung auf die Sache, durch welche deren Substanz verletzt wird*". Sehr früh schon gab es Problemfälle, auf welche diese Definition nicht paßte, die aber „normalen" Sachbeschädigungsfällen als ähnlich empfunden wurden.

Beispiele: T beschmiert eine kostbare Marmorstatue mit Farbe; *T* zerlegt eine Uhr in ihre Teile; *T* läßt einen Kanarienvogel fliegen.
In den ersten beiden Fällen fehlt es an einer Substanzverletzung (die Marmorstatue kann gereinigt werden; die Uhr kann wieder zusammengesetzt werden). Im letztgenannten Fall fehlt es an einer Einwirkung auf die Sache (T hat lediglich die Käfigtür geöffnet).

Die Rechtsprechung hat angesichts derartiger Fälle die klassische Definition der Beschädigung erweitert. Sie läßt es genügen, wenn statt einer Substanzverletzung eine *Beeinträchtigung des äußeren Erscheinungsbildes* (so im Fall der Marmorstatue) *oder der Brauchbarkeit* für den Zweck der Sache (so im Fall der Uhr) vorliegt. In der Literatur wird vereinzelt auch beim Fehlen einer Einwirkung auf die Sache (also im Fall des Vogels) Sachbeschädigung bejaht.

Damit ist der Begriff der Beschädigung weitgehend offen. Bemühungen, ihn mittels einer „Zustandsveränderungstheorie" oder einer „Funktionsvereitelungstheorie" schärfer zu fassen, haben keine allgemeine Zustimmung gefunden.

Man sollte in dieser Lage kasuistisch vorgehen und entscheidend auf den Vergleich mit ähnlichen, problemlosen Fällen der Sachbeschädigung abstellen. Dabei sollte man Bagatellfälle von vornherein nach dem Grundsatz „minima non curat praetor" aus dem Tatbestand ausscheiden. Ausgangspunkt der Argumentation sollte die klassische Definition sein; es sollte jedoch gesehen werden, daß diese zu eng ist, und daß insbesondere bei wesentlicher Beeinträchtigung des äußeren Erscheinungsbildes und bei wesentlicher Minderung der Brauchbarkeit einer Sache für ihre Zwecke Sachbeschädigung zu bejahen ist. Alles übrige hängt dann von einer überzeugenden Einzelfallrhetorik ab.

So wird man eine Sachbeschädigung etwa bejahen, wenn ein Kunstwerk, ein Denkmal oder eine Hauswand mit Farbe oder Parolen beschmiert wird. (Dabei ist sorgfältig zu prüfen, ob nicht eine Substanzverletzung vorliegt – dann ist schon der Normalfall des Beschädigens glatt gegeben. Problematisch sind nur die Fälle, in denen die Substanz nicht verletzt ist, weil z. B. die Farbe – wenn auch mit einigem Aufwand – wieder restlos entfernt werden kann.

Verneinen wird man dagegen eine Sachbeschädigung beim unbefugten Plakatieren, beim Anbringen von Fingerabdrücken, beim Anbringen von Wahlaufklebern u. dgl. mehr.

Bejahen wird man eine Sachbeschädigung ferner, wenn eine Maschine durch einen Fremdkörper blockiert wird, wenn Wanzen ins Hotelzimmer gebracht werden, wenn ein Tonband gelöscht wird u. dgl. mehr. Aber auch hier kann sich im Einzelfall ein anderes ergeben. So kann das Luftablassen aus Autoreifen Sachbeschädigung sein. Anders aber, wenn dies an einer Tankstelle geschieht und die Reifen problemlos wieder aufgepumt werden können.

Keine Beschädigung ist die *Reparatur einer Sache*, der *bestimmungsgemäße Verbrauch* und die *bloße Sachentziehung*. Das ist freilich umstritten. Auch hier kann im Einzelfall etwas anderes gelten.

III. Typische Konkurrenzprobleme

Meist sind – wie schon gesagt – die Konkurrenzen das einzige, worauf bei § 303 zu achten ist. – Im Verhältnis zum Verwahrungsbruch, § 133 und zum Verstrickungsbruch, § 136 besteht Idealkonkurrenz, weil diese Tatbestände andere Rechtsgüter (dienstlicher Gewahrsam bzw. öffentlich-rechtliches Gewaltverhältnis) schützen. Dagegen geht § 274 als lex specialis im Wege der Gesetzeskonkurrenz dem § 303 vor; das Rechtsgut des § 274 (Beweisführungsbefugnis eines anderen) ist dem Rechtsgut des § 303 nicht so fern, daß eine andere Behandlung (wie im Falle der §§ 133, 136) erforderlich ist. § 243 I S. 2 Nr. 1, 2 (Einbruchsdiebstahl) konsumiert § 303 als mitbestrafte Begleittat. – Häufig kommt es nach einem Vermögensverschiebungsdelikt (Diebstahl, Betrug usw.) zu einer Sachbeschädigung. Dann wird diese als mitbestrafte Nachtat konsumiert (Gesetzeskonkurrenz).

IV. Problemhinweise, Literatur

Die Problematik des § 303 ist in neuerer Zeit am Fall des unbefugten Plakatierens aktuell geworden. Hier hat es zahlreiche einander widersprechende *OLG*-Entscheidungen gegeben.
Der *BGH* (NJW 1980, 350) hat eine Sachbeschädigung in diesem Fall verneint. Kritisch dazu *Maiwald*, Unbefugtes Plakatieren ohne Substanzverletzung keine Sachbeschädigung?, JZ 1980, 256.

V. Bekannter BGH-Fall: Reifen-Fall – BGHSt 13, 207

Der Angeklagte hatte aus allen vier Reifen eines Autos die Luft entweichen lassen. – Der *BGH* bejahte die Möglichkeit einer Sachbeschädigung.

§ 34. Schwere Brandstiftung (§ 306)
– mit Ausführungen zu §§ 307 besonders schwere Brandstiftung, 308 Brandstiftung, 309 Fahrlässige Brandstiftung und 310a Herbeiführen einer Brandgefahr –

I. Überblick

Die Brandstiftungsdelikte bieten eine verworrene Systematik. *Rechtsgut* ist das menschliche *Leben*, teilweise auch das *Eigentum* bzw. der *Bestand von Sachen*, die teils vor *abstrakten*, teils vor *konkreten Gefährdungen* geschützt werden.

Die *einfache Brandstiftung*, § 308 ist nicht etwa der Grundtatbestand zur schweren Brandstiftung, sondern ein *eigenständiger Tatbestand,* der nur in einer Untervariante in die Sytematik der Brandstiftungsdelikte gehört. Abb. 1 verdeutlicht dies.[1]

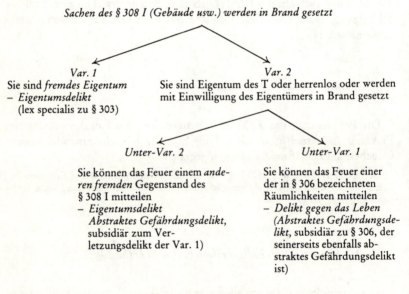

Abb. 1 Struktur des § 308

Wie man anschaulich sieht, enthält allein die Untervariante 1 der Variante 2 des § 308 ein eigentliches Brandstiftungsdelikt. Es handelt sich

---

[1] Dabei ist Var. 2 des § 308 I nicht wörtlich („oder *zwar* Eigentümer des Täters sind") sondern vernünftig zu lesen: „oder *sogar* Eigentum des Täters sind". Auch herrenlose und fremde, aber mit Einwilligung des Eigentümers in Brand gesetzte Sachen fallen darunter.

§ 34. Schwere Brandstiftung (§ 306)

jedoch nicht um einen Grundtatbestand, sondern um eine Gefährdung, die noch abstrakter als die des § 306 ist – gewissermaßen die Gefährdung der Gefährdung (wenn es das gäbe).[2]

§ 306 ist ein *abstraktes Gefährdungsdelikt,* bei dem die *Eigentumsverhältnisse bedeutungslos* sind. Abstrakte Gefährdung heißt: Die Gefahr, die für Menschen aus einer Brandstiftung der in § 306 bezeichneten Art resultieren kann, ist gesetzgeberisches *Motiv, nicht Tatbestandsmerkmal.* Sie braucht also im Gegensatz zur Situation der *konkreten Gefährdungsdelikte* (z. B. § 315 c) nicht positiv festgestellt zu sein, so, wie umgekehrt ihr Fehlen am Tatbestand nichts ändert.

In Fällen, in denen die *Gefährdung objektiv* und *nach dem Wissen des Täters* absolut *ausgeschlossen* war, wird allerdings eine *Bestrafung* nach § 306 *zu verneinen* sein, so, wenn T ein leicht zu überschauendes Wohngebäude in Brand setzt, nachdem er sich vergewissert hat, daß sich kein Mensch darin befindet. Wie diese Einschränkung freilich dogmatisch zu begründen ist, ist zweifelhaft.

Teilweise wird der „Gegenbeweis der Ungefährlichkeit" zugelassen, doch verstößt dies gegen den Grundsatz in dubio pro reo.[3]

Teilweise wird gefordert, das Gericht müsse den Gefährlichkeitsnachweis im Einzelfall führen, doch wird damit § 306 zum konkreten Gefährdungsdelikt umgedeutet.

Teilweise wird für § 306 die Vornahme einer objektiv oder subjektiv sorgfaltswidrigen Handlung gefordert, doch ist deren dogmatischer Stellenwert unklar.

Richtig dürfte eine am Rechtsgut des § 306 orientierte einschränkende Tatbestandsauslegung vorzunehmen, in entsprechenden Fällen also der Tatbestand zu verneinen sein. Freilich muß es sich um eindeutige Fälle handeln; insoweit sind strenge Anforderungen zu stellen. (Eine vergleichbare Einschränkung findet sich jetzt in § 326 V.)

Die *besonders schwere Brandstiftung, § 307* enthält eine *Qualifikation* zu § 306 (dabei ist Nr. 1 ein *erfolgsqualifiziertes Delikt*[4], es gilt § 18).

Nach *§ 309* ist auch die *fahrlässige Brandstiftung* i. S. der §§ 306, 308 strafbar. In entsprechenden Fällen ist sorgfältig auf die in Brand gesetzten Sachen zu achten.

Beispiel: T zündet in einer Scheune Stroh an, um sich zu wärmen; das Feuer greift auf die Scheune über. Hier liegt zunächst § 308 I Var. 1 vor (Vorräte von landwirtschaftlichen Erzeugnissen) – Spezialfall der Sachbeschädigung. Ob der objektive Tatbestand des § 306 Nr. 3 vorliegt, hängt davon ab, ob die Scheune zur Tatzeit regelmäßig zum Aufenthalt von Menschen benutzt wird. Bejahendenfalls ist der Vorsatz zu prüfen; fehlt er, greift insoweit § 309 ein, der zu § 308 in Tateinheit steht (unterschiedliche Rechtsgüter!).

Nach *§ 310 a* ist schließlich das *Herbeiführen einer Brandgefahr* strafbar. Hier werden bestimmte Objekte gegen eine *konkrete Brandgefährdung* geschützt. Die Gefahr muß also nachgewiesen sein *(konkretes Gefährdungsdelikt).* Auf das Eigentum kommt es nicht an.

---

[2] Ratio legis der Variante 2 ist die Gefährdung anderer Objekte. Deshalb ergibt die Begrenzung der „Gefährdungsmittel" auf die Sachen des § 308 hier keinen Sinn.
[3] Vgl. unter diesem Stichwort im Glossar des AT.
[4] Vgl. AT, 6. Teil, § 4 Nr. 2.

II. Struktur des § 306

Man braucht bei § 306 zunächst bestimmte *Räumlichkeiten*, sodann das *In-Brand-setzen*. Im einzelnen:
- *Zu gottesdienstlichen Versammlungen bestimmte Gebäude*, Nr. 1 also Kirchen. Hier kommt es auf keine weiteren Feststellungen an.
- *Gebäude, Schiffe oder Hütten, welche zur Wohnung von Menschen bestimmt sind*, Nr. 2. Normalfall ist das *bewohnte Wohngebäude*.

    Zweifelsfälle entstehen hier, wenn Gebäude längere Zeit leer stehen. Hier muß man auf den Fall achten. Verlassene oder noch nicht bezogene Häuser scheiden aus. Vorübergehend – z. B. infolge einer Reise – leerstehende Häuser gehören dazu. Bei Ferienhäusern kommt es auf die Jahreszeit an. – Die Frage einer berechtigten oder nicht berechtigten Nutzung spielt keine Rolle. Wenn Hausbesetzer ein Wohngebäude besetzen, fällt es unter die Nr. 2.

- *Räumlichkeiten, welche zeitweise zum Aufenthalt von Menschen dienen* Nr. 3. Normalfälle bieten Büros, Werkstätten, Theater, Museen, Verkehrsmittel (Schiffe, Omnibusse, Eisenbahnwagen) usw.

    Auch hier sind *Zweifelsfälle* häufig. So gehören Scheunen dazu, wenn sie regelmäßig von Landstreichern zum Übernachten benutzt werden. Eine Telefonzelle soll dagegen wegen ihrer geringen Größe keinen eigentlichen „Aufenthalt" bieten, zw.

- *In-Brand-setzen:* Das Tatbestandsmerkmal ist im Normalfall erfüllt, wenn das Gebäude von selbst fortbrennt.

    Auch hier sind *Zweifelsfälle* möglich. So genügt es nicht, wenn Inventar (z. B. ein Regal) brennt. Es muß vielmehr ein (wesentlicher) Gebäudeteil brennen. Andererseits ist eine Flamme nicht erforderlich. Durchglühen genügt.

Das In-Brand-setzen kann bei einer Garantenstellung auch durch *Unterlassen* geschehen.[5]

Beispiel: T hat in einem Wohngebäude ein offenes Feuer entfacht, das fahrlässig auf das Gebäude übergegriffen hat (strafbar nach § 309). T tut nichts, um den Brand zu löschen. Er ist garantenpflichtig aus Ingerenz; sein Unterlassen ist als erneutes In-Brand-setzen des bereits brennenden Gebäudes zu werten. T ist also strafbar nach § 306 (wodurch § 309 konsumiert wird – mitbestrafte Vortat).

Brennt das Gebäude nicht von selbst, kommt *Versuch* in Betracht. Er ist *strafbar* (§ 306 ist Verbrechen). Ein Versuch des *§ 307* Nr. 1 scheidet dagegen aus, weil der Erfolg des Erfolgsdeliktes auf dem Erfolg des Grunddeliktes aufbaut, str.[6]

Beispiel: T versucht vergeblich, ein Gebäude mit Benzin anzuzünden. Durch das brennende Benzin kommt ein Mensch zu Tode.

Beachte: Auch nach der Vollendung ist nach Maßgabe des § 310 *tätige Reue* möglich.

---

[5] Vgl. AT, 7. Teil, § 4 Nr. 1.
[6] Vgl. AT, 9. Teil, § 7 Nr. 2. Eine vergleichbare Problematik existiert bei § 226. S. bei § 18 I 2. A. M. aber der BGH, s. unten V 2 („Schwager-Fall").

§ 34. Schwere Brandstiftung (§ 306)

3. Typische Konkurrenzprobleme

Mit Sachbeschädigung ist wegen der unterschiedlichen Rechtsgüter Idealkonkurrenz möglich. Idealkonkurrenz ist ebenfalls mit den Tötungsdelikten möglich, wobei freilich § 222 durch § 307 Nr. 1 verdrängt wird (Subsidiarität). Bei versicherten Sachen ist Idealkonkurrenz mit § 265 möglich.

4. Problemhinweise, Literatur

§ 306 ist *das* klassische abstrakte Gefährdungsdelikt. Hier ist in erster Linie die erwähnte Problematik der ungefährlichen Brandstiftung examensrelevant.

Lektüre: *Brehm*, Die ungefährliche Brandstiftung, JuS 1976, 22.

V. Bekannte BGH-Entscheidungen

1. Hotel-Fall – BGHSt. 26, 121

Der Angeklagte hatte für einen Hotelier, der einen Versicherungsbetrug geplant hatte, dessen Hotel zu einer Zeit in Brand gesetzt, als alle Bewohner außer Haus gewesen waren. – Der *BGH* bejahte § 306 Nr. 2. Der Einwand des Täters, er habe sich vor der Tat vergewissert, daß niemand im Gebäude sei, sei bedeutungslos, da es sich nicht um ein auf den ersten Blick übersehbares Gebäude gehandelt habe. (Der *BGH* ließ offen, wie anderenfalls zu entscheiden gewesen wäre.)

2. Schwager-Fall – BGHSt 7, 37

Die Angeklagte hatte Benzin in die Wohnung ihres Schwagers geschüttet, um ihn durch einen Brand zu erschrecken. Doch war nicht die Wohnung, sondern der Schwager in Brand geraten und gestorben. – Der *BGH* bejahte Versuch des § 307 Nr. 1.

3. Totschlag-Fall – BGHSt 23, 114

Der Angeklagte hatte die einzige Bewohnerin eines Hauses getötet. Wenig später hatte er das von niemandem sonst bewohnte Haus in Brand gesetzt. – Der *BGH* verneinte insoweit § 306 Nr. 2. Nach dem Tode des einzigen Bewohners diene ein Gebäude nicht mehr zur Wohnung von Menschen. Es habe nur ein Fall des § 308 vorgelegen.

4. Witwer-Fall – BGHSt 16, 394

Der Angeklagte hatte nach dem Tode seiner Frau das von ihm allein bewohnte Gebäude, das er nicht mehr bewohnen wollte, in Brand gesetzt. – Der *BGH* verneinte § 306 Nr. 2. Es sei möglich, daß der besitzende Eigentümer einem Gebäude zugleich mit der Inbrandsetzung die Aufgabe entziehen könne, zur Wohnung von Menschen zu dienen. Dies sei hier der Fall gewesen.

5. Auto-Fall – BGHSt 10, 208

Der Angeklagte hatte seine Frau mißhandelt und irrig für tot gehalten. Um dies zu vertuschen hatte er das Auto, in dem sie gesessen hatte, angezündet, wodurch sie zu Tode gekommen war. – Der *BGH* verneinte § 306 Nr. 3. Ein Auto sei keine Räumlichkeit i. S. des Tatbestandes.

6. Türverkleidung-Fall – BGHSt 20, 246

Der Angeklagten hatte Feuer gelegt, um seine Frau zu töten. Das Feuer hatte die hölzerne Türverkleidung ergriffen, die das Zimmer der Frau vom Flur getrennt hatte. – Der *BGH* bejahte vollendete besonders schwere Brandstiftung (§§ 307 Nr. 2, 306 Nr. 2 – Inbrandsetzen habe vorgelegen) in Tateinheit mit versuchtem Mord.

7. Lattentür-Fall – BGHSt 18, 363

Der Angeklagte hatte in einem Wohnhaus die Lattentür eines Kellerraumes in Brand gesetzt. – Der *BGH* verneinte schwere Brandstiftung nach § 306 Nr. 2. Eine Lattentür sei nur ein untergeordneter Gebäudeteil. § 306 Nr. 2 komme nur in Betracht, wenn sich das Feuer von dort auf weitere Teile des Gebäudes ausbreiten könne, die für dessen bestimmungsgemäßen Gebrauch von wesentlicher Bedeutung seien.

8. Regal-Fall – BGHSt 16, 109

Der Angeklagte hatte in einer Wohnbaracke ein Regal in Brand gesetzt, um seine Kameraden zu erschrecken. Er hatte nicht die Absicht gehabt, die Baracke durch Brand zu zerstören. – Der *BGH* verneinte § 306 Nr. 2, weil ein Regal kein Teil eines Gebäudes sei.

9. Rohbau-Fall – BGHSt 6, 107

Der Angeklagte hatte den Rohbau einer Almhütte in Brand gesetzt. – Der *BGH* bejahte § 308. Ein mit Wänden und Dach versehener Rohbau sei schon ein Gebäude, auch wenn Türen und Fenster noch nicht eingesetzt seien.

§ 35 Gefährdung des Straßenverkehrs (§ 315 c)
– mit Ausführungen zu § 315 b Gefährliche Eingriffe
in den Straßenverkehr –

I. Überblick

Ebenso wie § 316 ist § 315 c ein praktisch wichtiges Delikt. *Rechtsgut* ist auch hier die *Sicherheit des (Straßen-) Verkehrs,* daneben aber auch das *Leben* und die *körperliche Unversehrtheit des einzelnen* sowie *fremdes Eigentum.* § 315 c ist *konkretes Gefährdungsdelikt.*

Da das nicht verfügbare Universalrechtsgut „Sicherheit des Straßenverkehrs" dominiert, ist eine rechtfertigende *Einwilligung nicht möglich,* str.[1] Dies hat praktische Bedeutung für Mitfahrer, die zu einem betrunkenen Fahrer ins Auto steigen.

Ebenso wie § 316 ist § 315 c *eigenhändiges Delikt.*[2] (Eine Ausnahme gilt für den Unterlassungstatbestand des Abs. I Nr. 2g.) Wer nicht selbst fährt, kann nicht mittelbarer Täter, nicht arbeitsteiliger Mittäter und auch nicht Fahrlässigkeitstäter sein. Es kommt nur Teilnahme nach allgemeinen Regeln in Betracht. Sie setzt – wie immer – Vorsatz bei Teilnehmer und Täter voraus.[3]

Beachte: Sowohl Vorsatz als auch Fahrlässigkeit als auch die Kombination beider ist bei § 315 c strafbar (weshalb hier besonders auf genaue Zitierweise zu achten ist.[4]

§ 315 c erfaßt Fehlleistungen *im* (fließenden oder ruhenden) Straßenverkehr. Demgegenüber erfaßt *§ 315 b von außen* erfolgende, also verkehrsfremde Eingriffe in den Straßenverkehr. Ein Verhalten ist *entweder Fehlleistung im Verkehr* oder *Eingriff in den Verkehr.* Die §§ 315 b, c stehen also im Verhältnis „Entweder-Oder".

Beispiele für § 315 b: T wirft Steine auf die Autobahn; *T* schießt auf Verkehrsteilnehmer; *T* spannt ein Seil über die Fahrbahn.

Abgrenzungsprobleme entstehen typischerweise, wenn ein (betrunkener) Autofahrer sich einer Polizeikontrolle entziehen will. Man muß hier differenzieren: Solange der Autofahrer noch als (wenn auch regelwidriger, andere gefährdender und behindernder) *Verkehrsteilnehmer* erscheint, ist nur § 315 c anwendbar. Verhält sich dagegen der Autofahrer *verkehrsfremd,* kommt allein § 315 b in Betracht, so, wenn er die Polizi-

---

[1] Vgl. AT, 4. Teil, § 4 Nr. 5b (2). S. auch unten V 1 („Mitfahrer-Fall").
[2] S. unter diesem Stichwort im Glossar des AT.
[3] S. auch unten II 3.
[4] S. auch Anhang I, Nr. 6.

sten am Überholen hindert oder gezielt auf sie zufährt.[5] Folgt beides aufeinander, liegt Realkonkurrenz vor (anders die Rechtsprechung, die natürliche Handlungseinheit[6] annimmt).

Beachte: § 315b I Nr. 3 enthält eine *Generalklausel* („anderer, ebenso gefährlicher Eingriff"). Sie deckt z. B. den eben erwähnten Fall ab, in dem ein Auto als Waffe" benutzt wird.[7] (Das Hindern des Überholens fällt dagegen unter § 315b I Nr. 2 [„Hindernisse bereiten"]).

II. Struktur

1. Übersicht

§ 315c ist ein recht komplizierter Tatbestand, bei dem es vor allem wichtig ist, sich über die Grundstruktur Klarheit zu verschaffen. Sie ist in Abb. 1 verdeutlicht.

Handlung	Gefahrverursachung
T führt im Straßenverkehr ein Fahrzeug UND ist dabei fahruntüchtig (Abs. I)	UND gefährdet dadurch Leib oder Leben eines anderen
ODER begeht eine der sieben Sünden des Abs. II	ODER fremde Sachen von bedeutendem Wert

Abb. 1 Grundstruktur des § 315c

Die Handlung (linke Spalte) und die Gefahrverursachung (rechte Spalte) können (selten) beide vom Vorsatz umfaßt sein. Möglich ist sodann die Kombination „vorsätzliche Handlung, fahrlässige Gefahrverursachung" (Abs. III Nr. 1). Möglich ist schließlich die Kombination „fahrlässige Handlung, fahrlässige Gefahrverursachung" (Abs. III Nr. 2). Stellt man alle hier gegebenen Möglichkeiten systematisch zusammen, und berücksichtigt man auch § 316,[8] ergibt sich das in Abb. 2 gezeigte Bild.

---

[5] Hat der Autofahrer Tötungsvorsatz, kommt auch Mord in Betracht, vgl. bei § 14 II 3. Hat er Nötigungsvorsatz, kommt Widerstand gegen Vollstreckungsbeamte in Betracht, vgl. bei § 1 II 3.
[6] Vgl. AT, 12. Teil, § 3 Nr. 3c.
[7] Darin liegt kein Verstoß gegen das Analogieverbot, vgl. AT, 3. Teil, § 5 Nr. 3.
[8] Dabei ist zu beachten, daß § 316 nur den Handlungsstil des § 315c I Nr. 1a für sich verpönt.

§ 35. Gefährdung des Straßenverkehrs (§ 315c)

	1	2	3	4	5	6
Handlung	V	V	F	F	V	F
Gefahrverursachung	V	F	F	V	∅	∅
Folge	§ 315c I	§ 315c III Nr. 1	§ 315c III Nr. 2	nicht möglich	§ 316 I	§ 316 II

Abb. 2 Struktur der Vorsatz-Fahrlässigkeitskombinationen bei §§ 315c, 316

V = Vorsatz; F = Fahrlässigkeit

2. Einzelprobleme

Jedes Tatbestandsmerkmal des § 315c kann zum Problem werden. Es wäre unökonomisch, alle diese Probleme „lernen" zu wollen. Statt dessen sollte man sich auf *drei wesentliche Probleme* konzentrieren, nämlich die *alkoholbedingte Fahruntüchtigkeit*, das Merkmal „*grob verkehrswidrig und rücksichtlos*" und den *Gefahrbegriff*. Vorausgesetzt ist immer, daß der Täter ein *Fahrzeug im Straßenverkehr führt*. (Eine Ausnahme gilt beim Unterlassungstatbestand des Abs. I Nr. 2g.) Der Begriff *Straßenverkehr* ist wie bei § 142 zu bestimmen (Baukastensystem).[9] Im einzelnen:

- Die *alkoholbedingte Fahruntüchtigkeit* (Abs. I Nr. 1a, Var. 1) ist praktisch der wichtigste Spezialfall des Abs. I. Dazu sind die bei § 316 gemachten Ausführungen heranzuziehen (Baukastensystem).[10]

  Wichtig ist besonders die *1,3-Promillegrenze* (Beginn des Bereiches der *absoluten Fahruntüchtigkeit*).

- Alle Verhaltensweisen des *Absatzes II* (die *sieben Sünden*) müssen *grob verkehrswidrig und rücksichtlos* erfolgen.

  Grob verkehrswidrig kennzeichnet einen *objektiv* besonders *schwerwiegenden Verkehrsverstoß*.
  Rücksichtslos ist ein *spezielles Schuldmerkmal*, str.[11] Bei Vorsatz setzt es ein *eigensüchtiges Verhalten*, bei Fahrlässigkeit ein *gleichgültiges Verhalten* voraus. Als spezielles Schuldmerkmal ist die Rücksichtslosigkeit erst bei der Schuld zu prüfen (Aufbau!).

- *Gefahr* ist ein *ungewöhnlicher Zustand*, bei dem der *Eintritt eines Schadens* naheliegt.

---

[9] Vgl. bei § 5 II 1.
[10] Vgl. bei § 36 II 1. S. dort auch II 2 zum Merkmal „Fahrzeug führen".
[11] Vgl. unter diesem Stichwort im Glossar des AT.

Ein *bestimmter Mensch* oder eine *bestimmte fremde Sache* von bedeutendem Wert muß *konkret gefährdet* sein. Auch der Beifahrer ist ein Mensch in diesem Sinne. Der bedeutende Wert richtet sich nach dem Verkehrswert. Die Grenze liegt ungefähr bei 500 Mark. Benutzt der Täter ein fremdes Fahrzeug, reicht dessen Gefährdung nicht aus, str.

Ob eine Gefahr vorlag, wird ermittelt, indem eine *objektive nachträgliche Prognose* angestellt wird. Das ist wichtig, wenn nichts passiert ist.

Beispiel: T fährt an einem Fußgängerüberweg falsch. Fußgänger O kann sich nur durch einen Sprung retten. Eine objektive nachträgliche Prognose ergibt, daß O konkret gefährdet war.

Der Eintritt eines *Schadens beweist* im allgemeinen, daß eine *Gefahr* vorgelegen hatte.

Beispiel: T hat den O im vorgenannten Fall überfahren.

Doch kann die *Gefahrzurechnung* auch nach den Grundsätzen der Lehre von der *objektiven Zurechnung*[12] *zu verneinen* sein (*Gefahr* ist ein *Erfolg* im Sinne der *Erfolgsdelikte*[13]).

Beispiel: Im vorgenannten Fall ist O dem T so plötzlich vor das Auto gesprungen, daß T die Gefahr auch bei korrekter Fahrweise nicht hätte vermeiden können. Hier ist der Erfolg des § 315 c – die Gefahr – nach Zurechnungsgrundsätzen zu verneinen.[14]

3. Teilnahme- und Versuchsprobleme

Teilnahme und Versuch setzen eine vorsätzliche Tat voraus. Probleme können hier bei der *Vorsatz-Fahrlässigkeitskombination* des Abs. III Nr. 1 entstehen. Soweit der Vorsatzteil für sich schon strafbar ist (das ist bei § 315 c I Nr. 1 a wegen § 316 der Fall), liegt eine *uneigentliche Vorsatz-Fahrlässigkeitskombination* (d. h. ein *erfolgsqualifiziertes Delikt*) vor. Im übrigen (also in allen anderen Fällen des § 315 c) liegt eine *eigentliche Vorsatz-Fahrlässigkeitskombination* vor, die nach § 11 II als Vorsatzdelikt gilt. *Teilnahme* und *Versuch sind* also strukturell durchlaufend *möglich.*[15] Doch ist der Versuch nur nach Maßgabe des Abs. II, also nur in den Fällen des Abs. I Nr. 1 strafbar.

Beispiele zur Teilnahme: A stiftet den T an, betrunken Auto zu fahren. T gefährdet fahrlässig einen Menschen und ist strafbar nach Abs. III Nr. 1. A ist strafbar wegen Anstiftung hierzu, sofern auch er bezüglich der Gefährdung des T fahrlässig handelte, § 18. Fehlt es daran, ist A strafbar wegen Anstiftung zu § 316 I.
A stiftet Taxifahrer T an, an einem Fußgängerüberweg falsch zu fahren, wodurch T fahrlässig einen Menschen gefährdet, Abs. III Nr. 1. A ist strafbar wegen Anstiftung hierzu, sofern er bezüglich der Gefährdung des T fahrlässig handelte, § 18. Fehlt es daran, ist A straflos.

---

[12] Vgl. AT, 3. Teil, § 6 Nr. 4.
[13] S. unter diesem Stichwort im Glossar des AT.
[14] Vgl. auch AT, 6. Teil, § 3 Nr. 7.
[15] Vgl. AT, 6. Teil, § 4 Nr. 1, 2.

§ 35. Gefährdung des Straßenverkehrs (§ 315c)

Der *Versuch* des § 315c hat praktisch *keine Bedeutung* erlangt. Obwohl er strukturell auch bei der Vorsatz-Fahrlässigkeitskombination des Abs. III Nr. 1 denkbar wäre, ist er nach Abs. II auf die Fälle des Abs. I Nr. 1 beschränkt, also die Fälle, in denen sowohl die Handlung als auch die Gefahrverursachung vom Vorsatz umfaßt sind. Diese Fälle sind schon beim vollendeten Delikt selten. Für den Versuch müsste es so liegen, daß T vorsätzlich zur Handlung ansetzt (indem er z. B. betrunken oder fast blind ins Auto steigt und den Motor anläßt) und dabei Vorsatz bezüglich einer konkreten Gefährdung hat. Die allgemeine Vorstellung, irgendwelche Menschen oder fremden Sachen zu gefährden, genügt nicht. Der Vorsatz muß sich auf bestimmte Menschen oder Sachen beziehen. Diese Situation wird kaum jemals vorkommen.

III. Typische Konkurrenzprobleme

§ 315c enthält zunächst innertatbestandliche Konkurrenzprobleme. Die hier möglichen Fälle sind in Abb. 3 übersichtlich dargestellt.

Autofahrt

Mehrere Varianten des § 315c treffen in *einer Handlung* zusammen (z. B. T fährt betrunken (Abs. I Nr. 1a) an einem unübersichtlichen Fußgängerweg falsch (I Nr. 2c) und zu schnell (I Nr. 2d), wodurch er einen Menschen gefährdet).
Hier ist wegen der einen natürlichen Handlung Handlungseinheit, also (gleichartige) Tateinheit anzunehmen. Ausnahme: Abs. I Nr. 1a verdrängt Nr. 1b als lex specialis.

Mehrere Varianten des § 315c folgen in *mehreren Handlungen* aufeinander (z. B. T fährt zuerst i. S. d. I Nr. 2c falsch, danach i. S. d. I Nr. 2d zu schnell und gefährdet verschiedene Menschen).
Hier ist Realkonkurrenz anzunehmen. Auch Trunkenheit verklammert die einzelnen Akte nicht, str. Denkbar ist bei einem Gesamtvorsatz fortgesetzte Handlungseinheit oder auch natürliche Handlungseinheit, jedoch nicht bei verschiedenen gefährdeten Menschen (Höchstpersönlichkeit der Rechtsgüter Leib und Leben).

Eine Variante des § 315c *gefährdet mehrere* Menschen oder Sachen (z. B. T fährt in eine Fußgängergruppe).
Hier ist wegen der einen natürlichen Handlung Handlungseinheit, also (gleichartige) Tateinheit anzunehmen.

Abb. 3 Struktur der innertatbestandlichen Konkurrenzprobleme des § 315c

Außertatbestandliche Konkurrenzprobleme entstehen typischerweise bei einem Unfall. Die wichtigsten hier vorkommenden Fälle sind in Abb. 4 anschaulich zusammengefaßt.[16]

---

[16] S. auch bei § 5 III und bei § 38 III.

§ 35. Gefährdung des Straßenverkehrs (§ 315 c)

Autofahrt

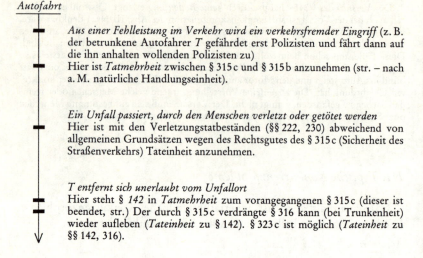

Aus einer Fehlleistung im Verkehr wird ein verkehrsfremder Eingriff (z. B. der betrunkene Autofahrer T gefährdet erst Polizisten und fährt dann auf die ihn anhalten wollenden Polizisten zu)
Hier ist *Tatmehrheit* zwischen § 315 c und § 315 b anzunehmen (str. – nach a. M. natürliche Handlungseinheit).

Ein Unfall passiert, durch den Menschen verletzt oder getötet werden
Hier ist mit den Verletzungstatbeständen (§§ 222, 230) abweichend von allgemeinen Grundsätzen wegen des Rechtsgutes des § 315 c (Sicherheit des Straßenverkehrs) Tateinheit anzunehmen.

T entfernt sich unerlaubt vom Unfallort
Hier steht *§ 142* in *Tatmehrheit* zum vorangegangenen § 315 c (dieser ist beendet, str.) Der durch § 315 c verdrängte § 316 kann (bei Trunkenheit) wieder aufleben (*Tateinheit* zu § 142). § 323 c ist möglich (*Tateinheit* zu §§ 142, 316).

Abb. 4 Struktur der außertatbestandlichen Konkurrenzprobleme des § 315 c

IV. Problemhinweise, Literatur

§ 315 c kann soviele Einzelprobleme aufwerfen (z. B. die Frage, ob Geisterfahrer unter Abs. I Nr. 2 f fallen), daß es nicht sinnvoll ist, sich extensiv mit ihnen zu befassen. Wichtig ist es, auf die komplizierte Struktur des § 315 zu achten. Dabei sollte die Gelegenheit benutzt werden, sich mit dem konkreten Gefährdungsdelikt auseinanderzusetzen.

Lektüre: Hillenkamp, Verkehrsgefährdung durch Gefährdung des Tatbeteiligten, JuS 1977, 166.

V. Bekannte BGH-Fälle

1. Mitfahrer-Fall – BGHSt 23, 261

Ein Angeklagter war absolut fahruntüchtig Auto gefahren. Ein Mitfahrer war dabei gewesen. – Der *BGH* schloß die Möglichkeit einer rechtfertigenden Einwilligung des Mitfahrers aus, da das Rechtsgut des § 315 c dem einzelnen nicht verfügbar sei.

2. „Polizist-Nicht-Überholen-Lassen"-Fall – BGH St 21, 301

Der führerscheinlos ein gestohlenes Auto steuernde Täter hatte einen ihn verfolgenden Polizisten am Überholen gehindert, indem er jeweils nach links gefahren war, wenn der Beamte zum Überholen angesetzt hatte. – Der *BGH* bejahte wegen des verkehrsfremden Verhaltens § 315 b I Nr. 2 („Hindernisse bereiten").

3. *Gefährdungsvorsatz-Fall* – *BGH St 22, 67*

Ein betrunkener Autofahrer hatte sich einer Verkehrskontrolle entziehen wollen und dabei Polizeibeamte gefährdet. – Der *BGH* bejahte u. a. § 315 b und nahm grundlegend zum Gefährdungsvorsatz Stellung. Ein solcher sei zu bejahen, wenn der Täter die Umstände kenne, welche die Schädigung eines der in § 315 b I bezeichneten Rechtsgüter als naheliegende Möglichkeit erscheinen ließen und den Eintritt der Gefahrenlage zumindest billigend in Kauf nehme. Wer die von ihm verursachte, einen anderen bedrohende Gefahr bewußt als Mittel einsetze, um den anderen zum Ausweichen oder einer ähnlichen Schutzmaßnahme zu nötigen, gefährde vorsätzlich.

4. *„Auf-Polizist-Zufahren"-Fall* – *BGH St 22, 6 (ähnlich auch BGH St 26, 176)*

Der Angeklagte war gezielt auf einen Polizisten zugefahren, um ihn zur Freigabe des Weges zu zwingen. – Der *BGH* bejahte ähnlich wie im „Polizisten-Nicht-Überholen-Lassen"-Fall § 315 b, wobei er Abs. I Nr. 3 („ähnlicher, ebenso gefährlicher Eingriff") als erfüllt ansah.

5. *„Fremdes-Auto-führen"-Fall* – *BGH St 27, 40*

Ein betrunkener Autofahrer war mit dem von ihm geführten, einem anderen gehörenden Auto von der Fahrbahn abgekommen. – Der *BGH* verneinte § 315 c I Nr. 1 a und bejahte nur § 316. Die bloße Gefährdung des vom Täter geführten fremden Autos genüge für § 315 c selbst dann nicht, wenn das fremde Auto gestohlen sei.

§ 36. Trunkenheit im Verkehr (§ 316)

I. Überblick

§ 316 ist eine praktisch wichtige Vorschrift. *Rechtsgut* ist die *Sicherheit des Verkehrs*. Eine Verletzung oder Gefährdung eines Menschen oder einer Sache ist nicht erforderlich. § 316 ist also *abstraktes Gefährdungsdelikt*.

Wenn es zu einer *konkreten Gefährdung* kommt, ist § 315 c zu prüfen.
Wenn der Rausch zur *Schuldunfähigkeit* i. S. des § 20 führt, scheidet § 316 aus. Dann kommt Vollrausch, § 323 a in Betracht.

§ 316 ist *eigenhändiges Delikt*.[1] Wer nicht selbst betrunken fährt, kann nicht mittelbarer Täter, nicht (arbeitsteiliger) Mittäter und auch nicht Fahrlässigkeitstäter sein.

Es kommt nur *Teilnahme* nach allgemeiner Regeln in Betracht. Sie setzt – wie immer – *Vorsatz* bei Teilnehmer und Täter voraus.

Beachte: Sowohl *Vorsatz* als auch *Fahrlässigkeit* sind bei § 316 strafbar.

II. Struktur

§ 316 beschreibt die *folgenlose Trunkenheitsfahrt*. *Zentralproblem* ist dabei die Frage, wann im Sinne des Gesetzes rauschbedingte *Fahruntüchtigkeit* vorliegt. Sie spielt auch bei § 315 c I Nr. 1 a eine Hauptrolle (Baukastensystem). Ferner können die Tatbestandsmerkmale „*Verkehr*", „*Fahrzeug*" und „*Führen*" zum Problem werden. Im einzelnen:

1. Rauschbedingte Fahruntüchtigkeit

Hauptfall ist die *alkoholbedingte Fahruntüchtigkeit*. Die Rechtsprechung hatte sehr oft Anlaß, sich mit dieser Frage zu befassen. Sie orientiert sich bei Kraftfahrern[2] in erster Linie an der *Blutalkoholkonzentration* und hat dabei folgende Grundsätze entwickelt:

– Ab *1,3 Promille aufwärts* gelten alle Kraftfahrer als *absolut fahruntüchtig*. Ein *Gegenbeweis* ist *ausgeschlossen;* auf *weitere Beweisanzeichen* kommt es nicht an.

Der *absolute Grenzwert* von 1,3 Promille setzt sich zusammen aus einem *Grundwert* von 1,1 Promille, bei dessen Vorliegen jeder Kraftfahrer fahruntüchtig ist (wissenschaftlicher Erfahrungssatz) und einem *Sicherheitszuschlag* von 0,2 Promille, der Ungenauigkeiten bei der Blutalkoholbestimmung ausgleichen soll.

Es existieren das *Widmarkverfahren*, das *ADH-Verfahren* und das exaktere *gaschromatographische Verfahren*. Es werden zwei bis drei Analysen durchgeführt. Der Mittelwert ist entscheidend.

Da die Konzentration zur Tatzeit entscheidend ist, ist insoweit eine *Rückrechnung* erforderlich. Dabei wird nach Trinkende eine *Resorptionsphase* von zwei Stunden angesetzt. Für jede nachfolgende Stunde wird ein Abbauwert von 0,1 Promille zugrundegelegt.

Da der Alkohol in der sog. *Anflutungsphase* besonders stark wirkt, sieht die Rechtsprechung beim sog. *Sturztrunk* absolute Fahruntüchtigkeit auch dann als gegeben an, wenn die Blutalkoholkonzentration zur Tatzeit geringfügig unter 1,3 Promille liegt, später aber diesen Wert erreicht.

– *Unter 1,3 Promille* liegt der Bereich der *relativen Fahruntüchtigkeit*. Hier muß die Fahruntüchtigkeit anhand *weiterer Beweisanzeichen* ausdrücklich festgestellt werden, wobei der Grundsatz in dubio pro reo

---

[1] S. unter diesem Stichwort im Glossar des AT.
[2] Bei anderem Fahrzeugführern – z. B. Radfahrern – sind entsprechende Erfahrungswerte nicht anerkannt. Bei ihnen kommt es ganz auf den Einzelfall an.

gilt. Bereits bei etwa 0,3 Promille kann dieser Bereich beginnen. Je niedriger die Blutalkoholkonzentration ist, desto mehr kommt es auf andere Beweisanzeichen an.

Beweisanzeichen sind insbesondere *Fahrfehler.* Beispiele bieten das Fahren in Schlangenlinien, das Fahren mit erheblich überhöhter Geschwindigkeit, das grundlose Abkommen von der Fahrbahn, das Geradeausfahren in Kurven usw. Irrelevant sind freilich solche Fahrfehler, die auch nüchternen Verkehrsteilnehmern unterlaufen, z. B. die leichte Beschädigung eines Autos beim Parken. Die Abgrenzung kann schwierig sein. Sie erfordert ein sorgsames Eingehen auf den Einzelfall.

In Fällen von Trunkenheit am Steuer ist auch an straßenverkehrsrechtliche Ordnungswidrigkeiten zu denken. Einen Überblick über alle hier in Betracht kommenden Möglichkeiten (einschließlich § 323 a und der actio libera in causa[3]) gibt Abb. 1.

Blutalkoholkonzentration (Promille)

	OWi nach §§ 2, 69 a I Nr. 1 StVZO möglich
0,3	Ungefährer *Beginn* des Bereichs der *relativen Fahruntüchtigkeit* i. S. der §§ 316, 315 c
0,8	Beginn des Bereichs einer OWi nach § 24 a StVG *(0,8-Promille-Gesetz)*
1,3	*Beginn* des Bereichs der absoluten *Fahruntüchtigkeit* i. S. der §§ 316, 315 c
2,0	Ungefährer Beginn des Bereichs der *verminderten Schuldfähigkeit* i. S. des § 21
2,5	Ungefährer Beginn des Bereichs der *Schuldunfähigkeit* i. S. des § 20 – actio libera in causa – oder Vollrausch, § 323 a

Abb. 1 Struktur zur Trunkenheit im Verkehr

Beachte: Wenn Ordnungswidrigkeiten mit Straftaten nach §§ 316, 315 c zusammentreffen, werden sie verdrängt, § 21 OWiG.

2. Weitere Tatbestandsmerkmale

– *Verkehr:* Dieser Begriff ist durch den Verweis auf die §§ 315 – 315d *legaldefiniert,* umfaßt also den (öffentlichen) Bahn-, Schiffs-, Luft- und Straßenverkehr.

Die Hauptbedeutung liegt natürlich im *Straßenverkehr.* Dieser Begriff ist wie das entsprechende Tatbestandsmerkmal des § 142 zu verstehen (Baukastensystem).[4]

---

[3] Zur Abgrenzung beider S. bei § 37 II 4.
[4] Vgl. bei § 5 II 1.

– *Fahrzeug:* Nicht nur Kraftfahrzeuge oder Motorräder, sondern auch Fahrräder oder Pferdefuhrwerke erfüllen dieses Merkmal. Doch gilt der 1,3-Promille-Erfahrungswert nur bei Kraftfahrern (einschließlich Motorrad-Mopedfahrern).
– *Führen* ist problemlos beim Fahren gegeben. Problematisch sind hier alle Startvorgänge. Da der Versuch tatbestandslos ist, neigt die Rechtsprechung dazu, Vorgänge wie das Anlassen des Motors schon als vollendetes Führen anzusehen. Dem kann man zustimmen, wenn man beachtet, daß dem Führen das subjektive Moment der Bewegungsabsicht immanent ist. Fehlt es daran (z. B. weil der Täter den Motor nur anläßt, um die Heizung in Betrieb zu setzen), liegt kein Führen vor.

III. Typische Konkurrenzproblem

§ 316 ist ausdrücklich subsidiär gegenüber § 315c I Nr. 1 (Gesetzeskonkurrenz).

§ 316 ist – anders als § 315c – *Dauerdelikt.* Es beginnt mit dem Fahrtantritt und endet, wenn der Täter endgültig mit dem Weiterfahren aufhört. Kommt es unterwegs zu einem Unfall, so wird regelmäßig § 315c erfüllt sein, der den § 316 verdrängt. Dabei können spezielle Konkurrenzprobleme entstehen.[5]

Soweit während einer Trunkenheitsfahrt verschiedene Delikte begangen werden, scheidet eine Verklammerung dieser Delikte durch das Dauerdelikt des § 316 zur tatbestandlichen Handlungseinheit regelmäßig aus, weil diese Delikte nur gelegentlich des Dauerdeliktes begangen werden und § 316 nicht das Mittel zu ihrer Begehung ist.[6]

IV. Problemhinweise, Literatur

Der Problembereich „Alkohol im Straßenverkehr" hat so große praktische Bedeutung, daß man sich gut darüber informieren sollte. Dabei kommt es einmal auf die in Abb. 1 gezeigte Struktur an, die auch für § 315c Bedeutung hat, zum anderen auf die Konkurrenzen, auf die hier ganz besonders zu achten ist.

Lektüre zur Gesamtproblematik: *Rudolphi,* Strafbarkeit der Beteiligung an den Trunkenheitsdelikten im Straßenverkehr, GA 1970, 353.

---

[5] S. bei § 35 III.
[6] Vgl. AT, 12. Teil, § 3 Nr. 3b.

V. Bekannte BGH-Fälle

1. 1,3-Promille-Fall – BGHSt 21, 157

Ein Autofahrer hatte mit einer Blutalkoholkonzentration von mindestens 1,3-Promille einen Unfall verursacht. – Der *BGH* stellte die Regel auf, daß in diesem Falle absolute Fahruntüchtigkeit vorliege.

2. Mofa-Fall – BGHSt 25, 360

Ein Mofafahrer war mit einer Blutalkoholkonzentration von 1,38 Promille gefahren. – Der *BGH* befand, daß sich für Mofa-Fahrer kein allgemeiner Grenzwert der alkoholbedingten absoluten Fahruntüchtigkeit bestimmen lasse.

3. Sturztrunk-Fall – BGHSt 24, 200

Der Angeklagte hatte kurz vor der Fahrt erhebliche Mengen Alkohol zu sich genommen (sog. Sturztrunk). Während der Fahrt war die Blutalkoholkonzentration noch knapp unter 1,3 Promille gelegen. – Der *BGH* bejahte absolute Fahruntüchtigkeit wegen der Anflutungswirkung des Alkohols, obwohl der Grenzwert von 1,3 Promille noch nicht erreicht gewesen war.

§ 37. Vollrausch (§ 323 a)

I. Überblick

Der *Rausch* für sich ist *straflos*. Begeht man im Rausch irgendeine *rechtswidrige* Tat, kann man wegen dieser auch *nicht bestraft* werden, weil die *Schuldfähigkeit* nach § 20 *ausgeschlossen* ist. Um hier eine Strafbarkeitslücke zu schließen, wurde § 323 a (= § 330 a der a. F.) geschaffen. Die Vorschrift erfaßt sowohl den *vorsätzlichen* als auch den *fahrlässigen* Vollrausch.

<small>Da einerseits die Berauschung als solche kein strafwürdiges Unrecht darstellt (es gibt keine Prohibition), andererseits die Rauschtat zwar Unrecht darstellt, aber nicht von der Schuld erfaßt wird, ist die *Vereinbarkeit des § 323 a mit dem Schuldprinzip fraglich*. Denn das Schuldprinzip fordert, daß Unrecht und Schuld einander entsprechen, und daß nur bei vorhandener Schuld Strafe verhängt werden darf.[1]

Die h. M. hilft hier mit einer (fragwürdigen) Konstruktion: Sie deutet § 323 a als *abstraktes Gefährdungsdelikt:* Wegen ihrer abstrakten Gefährlichkeit für irgendwelche Rechtsgüter soll die Berauschung als solche bereits strafwürdiges Unrecht sein. Die</small>

---

[1] Vgl. AT, 5. Teil, § 3 Nr. 1.

Bestrafung wird aber davon abhängig gemacht, daß eine Rauschtat als *objektive Strafbarkeitsbedingung*[2] hinzutritt.

Für das Rechtsgut des § 323a folgt aus dieser Deutung der h. M., daß *alle Rechtsgüter* des Strafrechts geschützt sind, str. Ein eigenes Rechtsgut des § 323a könnte nur gebildet werden, wenn man auf die Allmenge der strafrechtlichen Rechtsgüter abstellte. Damit verlöre der Begriff des Rechtsgutes hier aber jeden Inhalt.[3]

Die Tat ist eigenhändiges Delikt.[4] Nur der, der sich betrinkt, kann Täter sein. Andere Personen können nicht mittelbare oder (arbeitsteilige) Mit-Täter sein.[5]

Wenn § 323a in Betracht kommt, sollte man immer auch an die Möglichkeit der *actio libera in causa* denken.[6]

Beachte: das *Antragserfordernis* nach näherer Maßgabe des Absatzes III.

II. Struktur

1. Übersicht

§ 323a ist aus zwei Elementen zusammengesetzt:
- erstens aus der *Berauschung;* sie ist die *tatbestandsmäßige Handlung,* welche *rechtswidrig* und *schuldhaft* sein muß;
- zweitens aus der *Rauschtat;* sie ist die *objektive Strafbarkeitsbedingung* und muß demgemäß *nicht von der Schuld erfaßt* sein. Ausreichend und erforderlich ist eine „*rechtswidrige Tat*" (§ 11 I Nr. 5), die also nur *tatbestandsmäßig* und *rechtswidrig* zu sein braucht. Da Vorsatz und Fahrlässigkeit bereits zum Tatbestand zählen,[7] müssen Tatbestandsvorsatz – bezw. -fahrlässigkeit insoweit vorliegen.

Beispiel: T betrinkt sich, bis er den Zustand des § 20 erreicht hat. Dann schlägt er den zufällig des Weges kommenden *O* zusammen. *Berauschung* ist hier das Betrinken; es muß vorsätzlich oder fahrlässig erfolgen; dies muß rechtswidrig sein, und insoweit muß *T* schuldhaft handeln. Fehlt es daran, weil *T* z. B. im rechtfertigenden Notstand, § 34 oder im entschuldigenden Notstand, § 35 getrunken hat, scheidet eine Strafbarkeit aus. – *Rauschtat* ist dann die Körperverletzung, § 223. Hier muß der Tatbestand einschließlich Vorsatz vorliegen, und die Tat muß auch rechtswidrig sein. Fehlt es daran, z. B. weil ein tatbestandsausschließender Tatumstandirrtum i. S. d. § 16 I 1 vorliegt, oder weil *T* in Notwehr handelt, § 32, entfällt die objektive Strafbarkeitsbedingung und damit die Strafbarkeit des *T*. Dagegen kommt es auf die nach § 20 ausgeschlossene Schuld des *T* hier nicht an.

Abb. 1 macht die bisherigen Überlegungen anschaulich.

---

[2] S. unter diesem Stichwort im Glossar der AT.
[3] Vgl. auch AT, 4. Teil, § 2.
[4] Siehe unter diesem Stichwort im Glossar der AT.
[5] Zu den Teilnahmeproblemen bei § 323a siehe unten II 5.
[6] Dazu siehe näher unten II 4.
[7] Vgl. AT, 6. Teil, § 1.

§ 37. Vollrausch (§ 323 a)

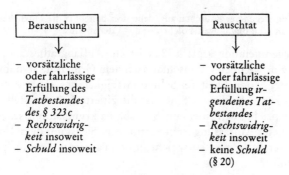

Abb. 1 Struktur des Vollrausches

2. Berauschung

Dieses Merkmal ist problemlos erfüllt, wenn der Täter sich durch berauschende Mittel (Hauptfall ist der Alkohol) in den sicheren Zustand des § 20[8] versetzt hat.

Unbefähr ab 2,5 Promille Blutalkoholkonzentration aufwärts wird dies der Fall sein.[9] Da es sich um eine tatsächlich schwierig zu beantwortende Frage handelt, werden in einer Examensklausur insoweit eindeutige Angaben gemacht sein.

Probleme entstehen, wenn nicht sicher ist, ob der Täter wirklich schuldunfähig war. Theoretisch kommen drei Möglichkeiten in Betracht:
- *Schuldunfähigkeit* i. S. des § 20;
- *verminderte Schuldfähigkeit* i. S. des § 21;
- *volle Schuldfähigkeit* trotz des genossenen Alkohols.

Mit dieser Unsicherheit ist im Examen zu rechnen, weil sie ein gleich zu besprechendes Auslegungsproblem des § 323 a aufwirft. Es wäre ein Fehler, ihm auszuweichen, indem man den Sachverhalt verbiegt und z. B. eine Schuldunfähigkeit gewaltsam herausliest. Wenn der Sachverhalt in diesem Punkt nicht klar ist, dann ist dies gewollt. Auch der Strafrichter kann ja insoweit vor einer nicht geklärten Situation stehen, und er muß sich dennoch entscheiden.[10]

Angesichts dieses Zweifelsfalles entsteht die Frage, wie die Worte „*weil er … schuldunfähig war oder weil dies nicht auszuschließen ist*" in § 323 a I zu verstehen sind. Es gibt hier *zwei Lesarten:*
- Die h. M. sagt: Es muß sicher feststehen, daß ein hochgradiger Rausch vorlag. Wenn nicht volle Schuldunfähigkeit feststeht, muß *mindestens verminderte Schuldfähigkeit sicher sein*. Dies bedeuten die Worte „oder weil dies nicht auszuschließen ist".

Konsequenz: Wenn die Möglichkeit besteht, daß der Täter voll schuldfähig war, scheidet § 323 a aus. Zugleich scheidet nach dem Grundsatz in dubio pro reo eine

---

[8] Vgl. AT, 5. Teil, § 4 Nr. 2 c.
[9] Vgl. auch bei § 36 II (Abb. 1).
[10] Siehe auch Anhang I, Nr. 1 (a. E.).

Bestrafung wegen der Rauschtat aus, denn dort besteht ja die Möglichkeit, daß der Täter nicht schuldfähig war. Folglich ist der Täter straflos.
- Die Gegenmeinung sagt: § 323 a ist ein Auffangtatbestand. Er greift immer ein, wenn eine Rauschtat nach dem Grundsatz in dubio pro reo wegen der Möglichkeit der Schuldunfähigkeit des Täters nicht bestraft werden kann. In diesem Sinne ist die zitierte Gesetzesstelle zu lesen. Das entspricht auch einem unabweisbaren kriminalpolitischen Bedürfnis. – Dieser Auffassung ist zuzustimmen. Sie ist mit dem Wortlaut des § 323 a vereinbar und entspricht in der Tat einem kriminalpolitischen Bedürfnis.

Beachte: Vom Standpunkt der h. M. aus stellt sich die Frage nach einer Wahlfeststellung.[11] Sie ist zu verneinen. Es fehlt an der rechtsethischen und psychologischen Vergleichbarkeit zwischen Vollrausch und Rauschtat.

3. Rauschtat

Es muß im Rausch irgendeine *rechtswidrige Tat* begangen worden sein. Es muß also eine *Handlung* vorliegen, und diese muß *tatbestandsmäßig und rechtswidrig* sein. Im einzelnen:
- *Handlung:*[12] Erforderlich ist ein vom Willen getragenes menschliches Verhalten (Tun oder Unterlassen), welches bezüglich bestimmter Folgen sozialerheblich ist.

Beispiele: T zertrümmert im Rausch mit seinem Spazierstock eine Fensterscheibe. Die Mutter T sieht im Rausch tatenlos zu, wie ihr Kind im Schwimmbecken ertrinkt.

Dagegen fehlt es an einer Handlung, wenn T sinnlos betrunken in eine Fensterscheibe torkelt, oder wenn die Mutter infolge ihres Rausches nicht mehr imstande ist, ihr Verhalten zu steuern.

Da gerade im Rausch der Handlungscharakter eines Verhaltens oft fraglich ist, empfiehlt es sich – abweichend vom sonst üblichen Schema – auf diesen Punkt immer einzugehen.

- *Tatbestandsmäßigkeit:* Alle objektiven und subjektiven Tatbestandsmerkmale müssen vorliegen. Insbesondere muß bei Vorsatzdelikten der Vorsatz vorliegen. Gelegentlich wird hier von „natürlichem Vorsatz" gesprochen. Diesen Begriff sollte man vermeiden. Wenn man – mit der neueren Dogmatik – den Vorsatz bereits (auch) zum Tatbestand rechnet, ist ohnehin klar, daß es nur um den (von der fehlenden Schuld nicht betroffenen) Tatbestandsvorsatz geht. Übrigens bestätigt sich hier, daß es richtig ist, den Vorsatz bereits zum Tatbestand zu rechnen. Denn nur der Vorsatz zeigt in diesen Fällen, welche rechtswidrige Tat überhaupt in Betracht kommt.

Beispiele: Der volltrunkene T zieht im Lokal einen fremden Mantel an. Hier hängt es vom Vorsatz (sowie von der Zueignungsabsicht) ab, ob T einen Diebstahl

---

[11] Vgl. AT, 5. Teil, § 4 Nr. 2 d.
[12] Vgl. AT, 2. Teil, § 3.

als Rauschtat begeht, oder ob er insoweit tatbestandslos handelt (weil er über das Merkmal „fremd" irrt, § 16 I 1).
Der volltrunkene *T* erschießt im Rausch einen Menschen. Hier hängt es vom Vorsatz ab, ob versuchte Sachbeschädigung oder Mord als Rauschtat in Betracht kommt. Fehlt es am Vorsatz, kann fahrlässige Tötung in Betracht kommen. Die Frage, *was* vorliegt, kann auch nicht etwa offenbleiben, weil die Rauschtat den Strafrahmen des § 323a limitiert (vgl. Abs. II). Auch spezielle subjektive Tatbestandsmerkmale, z. B. die Zueignungsabsicht beim Diebstahl, § 242, müssen vorliegen.

Teilweise wird die Auffassung vertreten, der rauschbedingte Tatbestandsirrtum sei im Rahmen des § 323c unbeachtlich. Sie geht auf eine frühere Gesetzesfassung zurück und dürfte überholt sein. Nachdem heute die Straflimitierung des Abs. II sich an der konkreten Rauschtat ausrichtet, ist davon auszugehen, daß auch der rauschbedingte Tatbestandsirrtum beachtlich ist.[13]

- *Rechtswidrigkeit:* Die Rauschtat darf nicht gerechtfertigt sein. Dabei müssen auch hier die subjektiven Rechtfertigungselemente[14] erfüllt sein.

Beispiel: Der volltrunkene *T* wird angegriffen und verletzt den Angreifer in Notwehr, § 32. *T* muß dabei wissen, daß er sich in einer Notwehrlage befindet, und er muß gerade aufgrund der daraus resultierenden Befugnis handeln.

4. Abgrenzung des 323a zur actio libera in causa

Bei der gewohnheitsrechtlich anerkannten actio libera in causa liegt bereits *bei der Berauschung Vorsatz oder Fahrlässigkeit (als Schuldformen) in bezug auf eine konkrete rechtswidrige Tat vor.*[15]

Beispiele: T betrinkt sich und rechnet bereits zu diesem Zeitpunkt fahrlässig mit der Möglichkeit einen Menschen zu töten, womit er sich abfindet. (Die Fahrlässigkeit kann auch – unbewußt – darin liegen, daß T diese Möglichkeit nicht erkennt, sie aber hätte erkennen müssen, so, wenn er z.B. beim Betrinken gewußt hat, daß er noch Auto fahren werde.)
Demgegenüber liegt § 323a vor, wenn *T* sich in Vollrausch versetzt und hinterher entdeckt, daß er fahrlässig einen Menschen getötet hat, etwas, womit er beim Betrinken weder gerechnet hat noch rechnen konnte.

5. Teilnahmeprobleme

§ 323a ist, wie bereits bemerkt, *eigenhändiges Delikt,* so daß mittelbare Täterschaft und (arbeitsteilige) Mittäterschaft ausscheiden. Es bleibt nur

---

[13] Dies zeigt anschaulich der „Zechpreller-Fall", s. unten V 5. In dieser Entscheidung verneint der *BGH* schon das objektive Tatbestandsmerkmal „Vorspiegelung falscher Tatsachen" (= Täuschung). Doch fehlt es richtigerweise insoweit rauschbedingt am Vorsatz.
[14] Vgl. AT, 4. Teil, § 3 Nr. 2.
[15] Vgl. AT, 5. Teil, § 4 Nr. 2e.

die Möglichkeit der Teilnahme. Dabei ist zu *unterscheiden* zwischen der *Teilnahme am Vollrausch*, § 323 a und der *Beteiligung an der Rauschtat:*
– Am *Vollrausch*, § 323 a, ist nach h. M. keine Teilnahme (Anstiftung, Beteiligung) möglich. Dies wird überzeugend mit dem Argument begründet, andernfalls drohe eine unübersehbare Haftung der Zechgenossen und Wirte.

Beachte: Straflose Teilnahme in diesem Sinne liegt nur vor, wenn der Vorsatz des Teilnehmers auf die Herbeiführung des Rausches, nicht aber auf die Herbeiführung einer Rauschtat gerichtet ist. Liegt letzteres vor, kommt die (gleich zu besprechende) Beteiligung an der Rauschtat in Betracht. Liegt bezüglich einer konkreten Rauschtat Fahrlässigkeit vor, kommt fahrlässige Täterschaft bezüglich der Rauschtat in Betracht (Beispiel: Ein Gastwirt hindert einen volltrunkenen Gast nicht am Wegfahren mit dem Auto. Hier kommt fahrlässige Tötung oder Körperverletzung unter dem Gesichtspunkt der Unterlassung (Ingerenz) in Betracht.[16]

– An der *Rauschtat* können sich andere nach allgemeinen Grundsätzen beteiligen, wobei § 29 gilt.[17]

Regelmäßig wird hier mittelbare Täterschaft vorliegen. Da es sich um die Verwendung eines schuldlosen Werkzeuges handelt, ist wegen § 29 eine Abgrenzung von der Anstiftung durchzuführen. Dazu bedarf es der Prüfung der Willensherrschaft. Als Faustregel gilt: Weiß der Hintermann um den Rausch des Werkzeuges, liegt mittelbare Täterschaft vor.[18]

III. Typische Konkurrenzprobleme

Problematisch kann zunächst das Verhältnis zwischen § 323 a und der *actio libera in causa* (a. l. i. c.) sein. Auszugehen ist dabei vom Grundsatz, daß die a. l. i. c. als Verletzungsdelikt das abstrakte Gefährdungsdelikt des § 323 a verdrängt.[19] Doch gilt eine Besonderheit, wenn fahrlässige a. l. i. c. mit einer vorsätzlichen Rauschtat zusammentrifft.

Beispiel: T betrinkt sich. Er hätte dabei erkennen können, daß er den O mißhandeln werde (Fahrlässigkeit). Im Rausch verprügelt er dann den O (vorsätzliche Rauschtat). Hier ist zwischen § 230 und § 323 a Idealkonkurrenz gegeben.

Der Grund dafür liegt darin, daß die im Rausch begangene vorsätzliche Körperverletzung etwas anderes ist als die fahrlässige Körperverletzung, die von der a. l. i. c. erfaßt wird.

Problematisch kann weiter der Fall sein, wo *ein Rausch* vorliegt, in welchem *mehrere Rauschtaten* begangen werden. Hier liegt nur ein Fall des § 323 a vor. Die objektive Strafbarkeitsbedingung ist mehrfach erfüllt.

---

[16] Vgl. AT, 7. Teil, § 4 Nr. 1 c.
[17] Vgl. AT, 8. Teil, § 3 Nr. 5 a, b.
[18] Vgl. AT, 8. Teil, § 3 Nr. 2 a.
[19] Vgl. AT, 12. Teil, § 2 Nr. 2.

Ein Konkurrenzverhältnis zwischen den Rauschtaten gibt es nicht. (Es gibt auch kein Konkurrenzverhältnis zwischen den Rauschtaten und § 323 a.)
Schließlich können *mehrere Räusche* vorkommen. Wenn dabei ein Gesamtvorsatz gegeben ist und T nur während *eines Rausches eine Rauschtat* begeht, besteht Gelegenheit, im Rahmen der Konkurrenzen die Frage nach dem Fortsetzungszusammenhang aufzuwerfen. Dazu muß man auf die eingangs erwähnte schuldstrafrechtliche Problematik des § 323 a eingehen. Diese Gelegenheit sollte in der Klausur genutzt werden.

Beispiel: T hat Gesamtvorsatz, sich jeden Tag neu bis zur Besinnungslosigkeit zu betrinken. Einmal verprügelt er den O. Vom Standpunkt der h. M. aus, die bereits im Rausch strafwürdiges Unrecht sieht, muß man fortgesetzte Handlungseinheit annehmen (sofern man diese Figur nicht überhaupt ablehnt).[20] Nach der Gegenmeinung käme Fortsetzungszusammenhang nur bei mehreren Rauschtaten in Betracht. Er wäre abzulehnen, soweit zwischen diesen Fortsetzungszusammenhang ausgeschlossen ist; dies ist bei höchstpersönlichen Rechtsgütern verschiedener Rechtsgutsträger der Fall.[21]

IV. Problemhinweise, Literatur

Wenn in einer Klausur § 323 a in Betracht kommt, empfiehlt sich folgendes Vorgehen: Zuerst wird die Rauschtat (z. B. Totschlag) geprüft. Ist hier volle oder verminderte (§ 21) Schuldfähigkeit sicher zu bejahen, ist die Prüfung beendet. Ist Schuldunfähigkeit (§ 20) gegeben oder nach in dubio pro reo nicht auszuschließen, wird weiter geprüft, ob die Rauschtat unter dem Gesichtspunkt der actio liberia in causa erfaßt werden kann. Bejahenden- wie verneinendenfalls wird außerdem § 323 a geprüft, der gegebenenfalls eine gleichartige (z. B. vorsätzliche) actio libera in causa verdrängt.

Beispiel: T hat sich Mut für den Totschlag an O angetrunken. Trotz Schuldunfähigkeit zur Zeit der Tat nach § 20 ist von einem vorsätzlichen Totschlag unter dem Gesichtspunkt der actio libera in causa auszugehen. Gegenüber diesem Verletzungstatbestand tritt § 323 a als subsidiär zurück.

§ 323 a ist schuldstrafrechtlich problematisch und bietet eine gute Gelegenheit, Grundfragen des Schuldprinzips zu wiederholen.

Lektüre: Arthur Kaufmann, Unrecht und Schuld beim Delikt der Volltrunkenheit, JZ 1963, 425; *Lackner,* Vollrausch und Schuldprinzip, JuS 1968, 215. Ein weiteres klassisches Problem des § 323 a ist die Abgrenzung zur actio libera in causa. Lektüre: *Maurach,* Fragen der actio libera in causa, JuS 1961, 373; *Puppe,* Grundzüge der actio libera in causa, JuS 1980, 346.

---

[20] Vgl. AT, 12. Teil, § 3 Nr. 3d.
[21] Siehe auch unten V 1 („Unzucht-Fall").

V. Bekannte BGH-Fälle

1. Unzucht-Fall – BGHSt 16, 124

Der Angeklagte hatte sich regelmäßig betrunken und im Rausch Unzuchtshandlungen an mehreren Kindern begangen. – Der *BGH* befand, daß § 323a erfüllt sei. Der Tatbestand verstoße nicht gegen das Schuldprinzip. Er könne fortgesetzt verwirklicht werden, auch wenn Fortsetzungszusammenhang für die Rauschtat rechtlich ausgeschlossen sei. Doch sei der Entschluß, sich fortwährend zu betrinken, kein Gesamtvorsatz.

2. Beischlaf-Fall – BGHSt 1, 124

Der Angeklagte hatte aus Freude über einen Erfolg nach angestrengter Arbeit getrunken und sich in einen Vollrausch versetzt. In diesem Zustand hatte er eine Mitbewohnerin zum außerehelichen Beischlaf genötigt. Dies war persönlichkeitsfremd gewesen. – Der *BGH* befand, zum Tatbestand des § 323a gehöre nicht das Wissen des Täters darum, daß er im Rausch zu Straftaten irgendwelcher Art neige.

3. Mord-Fall – BGHSt 26, 363

Der Angeklagte hatte im Zustand der Schuldunfähigkeit einen Menschen getötet. Es war nicht sicher, ob dieser Zustand ausschließlich durch Rauschmittel entstanden war. – Der *BGH* befand, § 323a sei auch erfüllt, wenn andere Ursachen zur Entstehung des Rausches mit beigetragen hätten.

4. Magenleiden-Fall – BGHSt 22, 8

Der Angeklagte hatte wegen eines Magenleidens Alkohol schlecht vertragen und war in einen die Schuldfähigkeit ausschließenden Rauschzustand geraten, in dem er einen Mopedfahrer totgefahren hatte. – Der *BGH* bejahte § 323a. Dieser Tatbestand finde auch Anwendung, wenn der Alkoholgenuß den Täter im Zusammenwirken mit einer besonderen körperlichen Verfassung schuldunfähig gemacht habe.

5. Zechpreller-Fall – BGHSt 18, 235

Der Angeklagte hatte sich im Vollrausch von einem Gastwirt Speisen und Getränke verabreichen lassen und auch andere Gäste freigehalten. Infolge des Rausches hatte er irrig geglaubt, dies bezahlen zu können. – Der BGH verneinte § 323c. Ein Betrug habe als Rauschtat nicht vorgelegen. Es habe schon am objektiven Tatbestandsmerkmal einer Täuschung gefehlt.

§ 38. Unterlassene Hilfeleistung (§ 323 c)

I. Überblick

In Notlagen muß man einander helfen; der Mensch ist nicht allein auf der Welt (Gedanke der menschlichen Solidarität). Unter den in § 323 c (= § 330 c der a. F.) genannten Voraussetzungen hat jedermann die Pflicht zum Hilfeleisten.

Rechtsgüter des § 323 c sind demgemäß die *bedrohten Individualrechtsgüter* des in Not Geratenen, str. Das sind vor allem *Leib* und *Leben*, aber auch andere Individualrechtsgüter wie *Freiheit* und *sittliche Integrität*. Auch das Eigentum kann ausnahmsweise in Betracht kommen.

Beispiel: Eine wertvolle Gemäldesammlung ist durch einen Brand gefährdet.

§ 323 c ist ein *echtes Unterlassungsdelikt*.[1] Zugleich ist § 323 c ein *unechtes Unternehmensdelikt*. Der Tatbestand umschreibt die *Unterlassung* einer finalen Handlung *(Nicht-Hilfeleisten)*, die von der bloßen *Zielrichtung* des Täters getragen wird, *ohne* daß irgendein *Erfolg* erforderlich ist. Im Bereich der Begehungsdelikte finden sich Gegenstücke in §§ 257, 113.[2] Praktische Bedeutung hat dies für den *Versuch*, der ausdrücklich nicht tatbestandsmäßig ist. Nicht-Hilfe-leisten ist eine Unterlassung, die begrifflich Versuch und Vollendung erfaßt. Doch ist ebenso wie bei § 257 der Versuch des „Nicht-Hilfe-leistens" nur insoweit strafbar, als er sich aus diesem Tatbestandsmerkmal herleiten läßt. Dies ist beim tauglichen Unterlassungsversuch der Fall, also wenn eine objektiv gebotene Hilfe unterlassen wird, die erfolglos geblieben wäre, str.

Beispiel: T hilft dem verunglückten O nicht, dem mit der durch T möglichen Hilfe auch nicht zu helfen gewesen wäre oder dem dann ein anderer erfolgreich hilft.
Die Fälle des untauglichen Versuchs scheiden dagegen aus, so insbesondere der Fall, wo T irrig an einen Unglücksfall glaubt, str.

Im übrigen ist zu bedenken, daß der taugliche Versuch oft zeitlich mit der Vollendung zusammenfallen wird. Jede Verzögerung der gebotenen Hilfe stellt dann bereits die Vollendung dar.[3] Ein Rücktritt gemäß § 24 ist dann nicht möglich, str., doch kann mit den Grundsätzen der tätigen Reue (analoge Anwendung der §§ 31, 83 a, 310, 316 a II) geholfen werden, str.

---

[1] Vgl. AT, 7. Teil, § 3 Nr. 1.
[2] Vgl. bei § 24 I sowie bei § 1 I 1.
[3] Vgl. AT, 9. Teil, § 7 Nr. 4.

Beispiel: Ein Autofahrer fährt an einem Unfallopfer vorbei. Nach 500 m besinnt er sich und kehrt um.[4]

Die *Pflicht* des § 323 c wird *jedermann* auferlegt, der in die tatbestandsmäßige Situation gerät. Dagegen werden die Pflichten eines *unechten Unterlassungsdeliktes* nur dem *Garanten* auferlegt. Die Voraussetzungen beider Pflichtsituationen sind freilich die gleichen.[5] Es muß also ein *Werturteil* gefällt werden, welches besagt: Ein *nicht Vorhandenes* (eben die *Unterlassung*) war *möglich, erforderlich* und *zumutbar*. Erst bei der anschließenden Frage nach der *Tatbestandsmäßigkeit* erfolgt eine Weichenstellung: Für *jedermann* kommt der echte Unterlassungstatbestand des § 323 c in Betracht; für *Garanten* kommt die Analogie zu einem Begehungstatbestand in Betracht. Die *Garantenpflicht geht vor.* In Kollisionsfällen muß man sich für sie entscheiden.

Beispiel: Ein Brand bedroht einen Angehörigen des Täters und einen Fremden. Hier muß *T* den Angehörigen retten (Garant aus natürlicher Verbundenheit – Obhutspflicht). Rettet er den Fremden, kommt – je nach Fallgestaltung – ein Tatbestands- oder Gebotsirrtum in Betracht.[6]

Die *Pflicht aus § 323 c* macht *niemanden* zum *Garanten.*

Zur Erfüllung der Pflicht des § 323 c bedarf es keines Erfolges. Wer die erforderliche, mögliche und zumutbare Hilfe leistet, ist straflos, auch wenn diese Hilfe erfolglos bleibt. Beachte: Bei § 323 c ist (wie bei allen Unterlassungsdelikten) immer auf die Möglichkeit eines *Gebotsirrtums* nach § 17 einzugehen. Denn der Täter hat ja „nichts" getan, und daß ein Untätigwerden strafbar sein soll, versteht sich nicht von selbst.[7]

II. Struktur

1. Übersicht

Der Tatbestand nennt die allgemeinen Kriterien der Unterlassungsdelikte „*Erforderlichkeit*" und „*Zumutbarkeit*"; hinzufügen muß man die „*Möglichkeit*".

Wer z. B. gelähmt ist, kann nicht Hilfe leisten. Er kann sich nicht nach § 323 c strafbar machen.

Auf die „*Kausalität*" kommt es dagegen nicht an. Das leuchtet auch sofort ein, wenn man bedenkt, daß § 323 c keine Erfolgsabwendung voraussetzt. Hier liegt ein Unterschied zu den als Erfolgsdelikte konstru-

---

[4] Vgl. AT, 9. Teil, § 8 Nr. 3, c.
[5] Vgl. AT, 7. Teil, § 3 Nr. 2.
[6] Kollidieren dagegen gleichwertige Pflichten aus § 323 c, ist ausnahmsweise ein übergesetzlicher Entschuldigungsgrund anzuerkennen. Vgl. zum ganzen AT, 7. Teil, § 5 Nr. 2.
[7] Vgl. AT, 7. Teil, § 5 Nr. 3.

ierten Unterlassungsdelikten, bei denen Erfolge (z. B. im Falle des § 138 Verbrechen) verhindert werden sollen. Erforderlich ist weiter eine bestimmte Notsituation, nämlich ein *Unglücksfall* oder *gemeine Gefahr oder Not*. Im einzelnen:

2. Unglücksfall

Die *Normalfallanalyse* ergibt hier das in Abb. 1 gezeigte Bild.

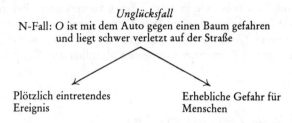

Abb. 1 Struktur des Unglücksfalles bei § 323 c

Vom *Normalfall* aus lassen sich *Problemfälle* bearbeiten.

An einem *plötzlich eintretenden Ereignis* fehlt es, wenn eine Krankheit sich langsam entwickelt.

Beispiel: O, dessen Zustand sich allmählich verschlechtert, ruft den (fremden) Arzt T an, der sich weigert, zu kommen. Hier liegt kein Unglücksfall vor. Anders, wenn der Zustand des O sich plötzlich verschlechtert hat, z. B. bei sich steigernden und unerträglich werdenden Schmerzen im Oberbauch.

Umstritten ist der Suizidversuch.[8] Die Rechtsprechung nimmt hier einen Unglücksfall an. Dies erscheint jedoch schon vom Wortlaut her zweifelhaft. Man wird hier sehr auf den Fall achten müssen. Bejaht man einen Unglücksfall, muß man besonders die Zumutbarkeit von Rettungsbemühungen prüfen; sie kann etwa bei der Selbsttötung eines unheilbar Kranken zu verneinen sein.

An einer *erheblichen Gefahr für Menschen* fehlt es in Bagatellfällen sowie bei einer bloßen *Sachgefahr*.

Beispiele: O hat Nasenbluten (anders aber, wenn O ein Bluter ist); ein Brand bedroht die wertvolle Gemäldesammlung des O. Wie das zweite Beispiel zeigt, liegt ein Unglücksfall auch bei einer bloßen Sachgefahr vor, doch wird man hier die Anforderungen an die „Erheblichkeit" gegenüber der Gefahr für Menschen steigern müssen. Andernfalls wäre jedermann beispielsweise verpflichtet, zu helfen, die vom Gewitter bedrohte Ernte einzubringen oder die Ladung eines verunglückten Lastwagens zu bergen.

Der Begriff *Unglücksfall* ist aus der *Sicht des Opfers* zu bestimmen. Darum liegt ein Unglücksfall auch vor, wenn dieses durch ein vorsätzliches oder fahrlässiges Delikt hilfsbedürftig geworden ist.

---

[8] Vgl. bei § 14 I 2.

Beispiele: O wurde durch einen Mordversuch oder durch ein fahrlässiges Straßenverkehrsdelikt hilfsbedürftig. In beiden Fällen muß ein Dritter helfen. Auch der Täter muß jeweils helfen, str. Die Gefahr eigener Strafverfolgung macht das Helfen nicht unzumutbar. (Anders, wenn die Gefahr eigener Strafverfolgung mit dem Unglücksfall nichts zu tun hat. Beispiel: T wird als Räuber verfolgt. Unterwegs unterläßt er es, einem von selbst – harmlos – gestürzten Passanten zu helfen. Hier muß man abwägen. Ist die Gefahr für T groß und das Unglück klein, ist Hilfe unzumutbar.)

3. Gemeine Gefahr oder Not

Gemeine Gefahr ist wie in § 243 I Nr. 6 zu verstehen. Erforderlich ist die *Gefährdung* einer *größeren Anzahl von Menschenleben* oder *erheblicher Sachwerte*. Gemeine Not ist eine die *Allgemeinheit betreffende Notlage* (so, wenn z. B. in einer Gemeinde plötzlich die Wasserversorgung ausfällt).

III. Typische Konkurrenzprobleme

§ 323 c ist subsidiär gegenüber einem korrespondierenden vorsätzlichen unechten Unterlassungsdelikt sowie einem auf den gleichen Erfolg gerichteten vorsätzlichen Begehungsdelikt.

Beispiel: T verletzt O mit Körperverletzungsvorsatz und läßt ihn alsdann mit Tötungsvorsatz liegen. T ist strafbar wegen eines Begehungsdeliktes (Körperverletzung) und eines unechten Unterlassungsdeliktes (Totschlag durch Unterlassen – T ist garantenpflichtig aus Ingerenz). § 212 verdrängt § 223 und § 323 c.

Fahrlässigkeitstatbestände verdrängen dagegen § 323 c nicht. Das hat praktische Bedeutung vor allem in Verkehrssachen.

Beispiel: Autofahrer T überfährt Fußgänger O und läßt ihn liegen; O verblutet. Hier steht die fahrlässige Tötung des O in Idealkonkurrenz zu § 323 c.[9]

IV. Problemhinweise, Literatur

§ 323 c ist neben § 138 *das* klassische echte Unterlassungsdelikt, und so sollte die Gelegenheit benutzt werden, um die Problematik der Unterlassungsdelikte zu wiederholen. Unter den spezifischen Tatbestandsproblemen dürfte die Frage, ob der Suizidversuch ein Unglücksfall ist, das größte Gewicht haben. Ihr sollte im Zusammenhang mit allen damit verbundenen strafrechtlichen Fragen nachgegangen werden.[10]

Lektüre: Gallas, Strafbares Unterlassen im Fall einer Selbsttötung, JZ 1960, 649, 686.

---

[9] Vgl. auch bei § 35 III und bei § 5 III.
[10] Vgl. bei § 14 I 2.

V. Bekannte BGH-Fälle

1. Unfallopfer-Fall – BGHSt 25, 218

Ein Kraftfahrer, der sich selbst korrekt verhalten hatte, hatte einen betrunkenen Fußgänger, der ihm (möglicherweise) ins Auto gelaufen war, angefahren und liegengelassen. – Der *BGH* verneinte Aussetzung, § 221 I Var. 2, weil die für dieses Delikt erforderliche Garantenpflicht nicht gegeben sei; er bejahte aber § 323 c sowie § 142.

2. Beischlaf-Beihilfe-Fall – BGHSt 3, 65

Der Angeklagte hatte angesichts eines Notzuchtversuchs nicht dem Mädchen geholfen, sondern ihm zugeredet, es solle sich doch den Beischlaf gefallen lassen. – Der *BGH* hielt Beihilfe zum Notzuchtversuch für möglich, die den § 323 c dann verdränge (Subsidiarität); falls Beihilfe zum Notzuchtversuch zu verneinen sei, sei § 323 c erfüllt. Ein Unglücksfall sei auch bei der vorsätzlichen oder fahrlässigen Herbeiführung dieses Falles durch einen Dritten gegeben.

3. Erster Selbsttötungs-Fall – BGHSt 2, 150

Der Ehemann der Angeklagten hatte sich wegen ehelicher Zerwürfnisse durch Erhängen getötet. Die Angeklagte war hinzugekommen. Sie hätte ihn noch retten können, hatte dies aber unterlassen. – Der *BGH* verneinte § 323 c mangels eines Unglücksfalles, hielt aber ein Tötungsdelikt (unechtes Unterlassungsdelikt) für möglich.

4. Zweiter Selbsttötungs-Fall – BGHSt GS 6, 147

Die Ehefrau des Angeklagten hatte einen erfolglosen Selbsttötungsversuch unternommen. Der Angeklagte hatte nicht geholfen. – Der *Große Senat* befand, daß die durch einen Selbsttötungsversuch herbeigeführte Gefahrenlage ein Unglücksfall i. S. des § 323 c sei (entgegen BGHSt 2, 150).

5. Ehefrau-Fall – BGHSt 11, 135

Der Ehemann hatte einen Fußgänger überfahren und sich u. a. wegen fahrlässiger Tötung strafbar gemacht. Dem Verletzten hatte er nicht geholfen. Seine neben ihm sitzende Ehefrau war ebenfalls untätig geblieben. – Der *BGH* bejahte die Strafbarkeit der Ehefrau aus § 323 c. Die Hilfe sei auch zumutbar gewesen. Zwar wäre es nicht zumutbar gewesen, den Ehemann der Strafjustiz auszuliefern, doch hätte sie die Verkehrsunfallpolizei auch heimlich anrufen können.

6. Opel-Kapitän-Fall – *BGHSt 14, 213*

Nach einem Verkehrsunfall, bei dem ein Fußgänger durch den Opel Kapitän des Angeklagten schwer verletzt worden war, hatte der Angeklagte nicht sofort und wirksam geholfen. – Der *BGH* sah § 323 c (in Tateinheit mit §§ 222, 142) als erfüllt an.

7. Erster Arzt-Fall – *BGHSt 2, 296*

Ein Arzt war beim Angeln gewesen. In seiner Nähe war ein Kind verunglückt. Ein Bauer hatte den Arzt gebeten, das Kind zu einem Arzt zu bringen. Das hatte der Arzt abgelehnt. – Der *BGH* bejahte § 323 c. Die Verletzung der Hilfspflicht habe hier schon darin gelegen, daß der Arzt das Kind nicht behelfsmäßig untersucht habe.

8. Zweiter Arzt-Fall – *BGHSt 17, 166*

Ein Arzt war telefonisch von der dramatischen Verschlechterung des Gesundheitszustandes eines kranken Kindes verständigt worden. Er hatte es abgelehnt, zu kommen, weil er nicht der Hausarzt sei. Das Kind war gestorben. Dem Kind hätte möglicherweise auch bei einem Kommen des Arztes nicht mehr geholfen werden können. – Der *BGH* sah § 323 c als erfüllt an. Die Hilfe sei objektiv geboten gewesen. Daß sie möglicherweise erfolglos geblieben wäre, spiele keine Rolle.

§ 39. Bestechung (§ 334)
– mit Ausführungen zu §§ 331 Vorteilsannahme, 332 Bestechlichkeit und 333 Vorteilsgewährung sowie einem Exkurs: Amtsdelikte –

I. Überblick

1. Übersicht über die Bestechungsdelikte

In den §§ 331 bis 334 ist die aktive und passive Bestechung geregelt. Dabei muß man zunächst unterscheiden, ob das „Schmieren" auf eine *pflichtwidrige* oder eine *pflichtgemäße* Diensthandlung zielt. Im ersteren Fall verwendet das Gesetz die Begriffe „*Bestechung*" und „*Bestechlichkeit*", im letzteren Fall die Begriffe „*Vorteilsgewährung*" und „*Vorteilsannahme*". Sodann muß man beachten, daß das „Schmieren" und „Geschmiertwerden" in jeweils korrespondierenden Tatbeständen geregelt ist. Teilnahme ist dadurch ausgeschlossen. (Natürlich können Dritte nach allgemeinen Regeln Teilnehmer sein.) Einen Überblick über diese Systematik gibt Abb. 1.

Strafbarkeit des Nehmers	... des Gebers

wegen *Vorteilsannahme*, § 331
– bei *vergangener*
– oder *künftiger*
  pflichtgemäßer Diensthandlung
	wegen *Vorteilsgewährung*, § 333
	
	– nur bei *künftiger*
	  pflichtgemäßer Diensthandlung

wegen *Bestechlichkeit*, § 332
– bei *vergangener*
– oder *künftiger*
  pflichtwidriger Diensthandlung
	wegen *Bestechung*, § 334
	– bei *vergangener*
	– oder *künftiger*
	  pflichtwidriger Diensthandlung

Abb. 1 Struktur der Bestechungsdelikte

Wie man sieht, besteht strukturell zwischen den §§ 332 und 334 ein exakt spiegelbildliches Verhältnis, während zwischen den §§ 331 und 333 ein weitgehend spiegelbildliches Verhältnis besteht. Man kann sich daher die wesentlichen Strukturelemente der §§ 331 bis 334 am Beispiel eines Tatbestandes (hier des § 334) klarmachen und die Resultate auf die anderen Tatbestände – jeweils passend abgewandelt und zugeordnet – übertragen (Baukastenprinzip).

2. Rechtsgut

Das Rechtsgut der §§ 331–334 war und ist besonders umstritten. Teilweise wird auf die „Unentgeltlichkeit der Amtsführung" abgestellt – aber viele Diensthandlungen sind gebührenpflichtig. Teilweise wird auf die „Reinhaltung der Amtsführung" abgestellt – aber das ist zu unbestimmt. Teilweise wird auf die „Verfälschung des Staatswillens" abgestellt – aber von einer solchen Verfälschung kann bei pflichtgemäßen Diensthandlungen keine Rede sein. Richtig erscheint es vielmehr, als Rechtsgut die *Lauterkeit des öffentlichen Dienstes und das Vertrauen der Allgemeinheit in diese Lauterkeit* anzusehen. Auf diese Weise läßt sich erklären, daß die nachträgliche Annahme einer Belohnung für eine pflichtgemäße Diensthandlung nach § 331 strafbar ist. Ein Amtsträger, der so handelt, erweckt den bösen Schein der Käuflichkeit. Das genügt, um das Vertrauen in die Sachlichkeit seiner Entscheidung zu untergraben. Man darf also bei den Bestechungsdelikten nicht in erster Linie auf die Diensthandlung des Amtsträgers sehen (bei diesem Blick entscheidet sich lediglich, welcher der Tatbestände in Betracht kommt), sondern muß auf die sog. „*Unrechtsvereinbarung*" achten. Im Abschluß einer solchen Vereinbarung liegt das Wesen der Bestechungsdelikte. Sie erweckt den bösen Schein. Sie soll durch die §§ 331–334 verhindert werden.

Dies ist wichtig für die Auslegung der Tatbestände.
Es kommt nicht darauf an, daß der Amtsträger bei seiner pflichtgemäßen oder pflichtwidrigen Diensthandlung auf den Vorteil Rücksicht nimmt. Er kann sich streng

korrekt verhalten. Es kann sogar ganz an einer Diensthandlung fehlen. All dies schließt die Anwendbarkeit der §§ 331 ff. nicht aus, wenn ein Amtsträger eine Unrechtsvereinbarung abschließt und dadurch den Anschein der Käuflichkeit von Diensthandlungen weckt.[1]

3. Exkurs: Amtsdelikte

Die (passiven) *Bestechungsdelikte* sind *Amtsdelikte*. Man unterscheidet *eigentliche* und *uneigentliche Amtsdelikte*. Die *ersteren* können *nur von Amtsträgern* usw. (§ 11 I Nr. 2–4) begangen werden; es handelt sich also um *Sonderdelikte*.[2] Bei ihnen gilt § 28 I. (So verhält es sich bei den §§ 331, 332.) Die *letzteren* können *von jedermann* begangen werden; hier wirkt die Amtsträgereigenschaft nur strafschärfend. Es gilt § 28 II. (Beispiel: Körperverletzung im Amt, § 340). Ein *einheitliches Rechtsgut* der Amtsdelikte läßt sich *nicht bestimmen*. Auch die systematische Einstellung in den 29. Abschnitt des StGB ist nicht durchweg konsequent durchgeführt (außerhalb dieses Abschnitts finden sich ebenfalls Amtsdelikte, z. B. in § 120 II). Probleme können bei Amtsdelikten entstehen, wenn die Bestellung zum Amtsträger nichtig oder vernichtbar ist (z. B. wegen Täuschung – vgl. §§ 11 ff. BBG, 8 BRRG) sowie in Irrtumsfällen. Im ersteren Falle ist unabhängig vom öffentlichen Recht rein strafrechtlich zu entscheiden. Jede tatsächliche Ausübung eines öffentlichen Amtes, das noch nicht wieder entzogen ist, genügt, um die Amtsträgereigenschaft zu begründen, str. Bei Irrtumsfällen ist nach allgemeinen Grundsätzen abzugrenzen.[3] Der Amtsträger muß also die Umstände kennen, die ihn zum Amtsträger machen. Fehlt es daran, liegt ein Tatbestandsirrtum vor. Andernfalls kommt nur ein Verbotsirrtum in Betracht. Zweifelsfälle werden hier häufig in den Fällen des § 11 I Nr. 2 b, c vorkommen. Dabei geht es vor allem darum, den Bereich der öffentlichen Verwaltung von der fiskalisch-erwerbswirtschaftlichen Betätigung des Staates und öffentlich-rechtlicher Körperschaften abzugrenzen.

Beispiel: Die öffentlichrechtlichen Landesbanken sind in beiden Bereichen tätig. Je nachdem, wo man den Schwerpunkt sieht, kann ein Vorstandsmitglied einer solchen Bank Amtsträger sein oder nicht. (Ein Irrtum hierüber wäre Verbotsirrtum.)

4. Die Behandlung sozial üblicher Zuwendungen

Zuwendungen, die völlig im Rahmen der geschichtlich gewordenen Ordnung des Gemeinschaftslebens liegen, sind „*sozialadäquat*" und darum nicht tatbestandsmäßig.[4]

Schulbeispiel ist das Neujahrsgeschenk an den Briefträger. Generell ist hier ein strenger Maßstab anzulegen. Gepflogenheiten der freien Wirtschaft dürfen nicht auf

---

[1] Vgl. näher unten II 1 und 3.
[2] S. unter diesem Stichwort im Glossar des AT.
[3] Vgl. AT, 10. Teil, § 6.
[4] Vgl. unter dem Stichwort „Soziale Adäquanz" im Glossar des AT.

den öffentlichen Dienst übertragen werden. Ein Wandkalender oder ein Notizbuch wird i. d. R. noch sozialadäquat sein, nicht aber ein teures Kunstwerk oder eine wertvolle Sendung Wein.

Die Annahme nicht geforderter Vorteile für pflichtgemäße Diensthandlungen durch Amtsträger kann nach Maßgabe der §§ 331 III, 333 III *genehmigt* werden. Diese Regelung ist unabhängig von den beamtenrechtlichen Regelungen (vgl. § 43 BRRG). Die vorherige Genehmigung (Zustimmung) ist Rechtfertigungsgrund, die nachträgliche Genehmigung ist persönlicher Strafaufhebungsgrund.[5]

II. Struktur des § 334

Man braucht drei Dinge, nämlich eine *pflichtwidrige Diensthandlung*, einen *Vorteil* und eine *Unrechtsvereinbarung* („dafür"). Im einzelnen:

1. Pflichtwidrige Diensthandlung

Diensthandlung ist die „*in das Amt einschlagende Handlung*" oder (vgl. § 335) Unterlassung. Den *Gegenbegriff* bildet die *Privathandlung*.

Beispiele: Eine Diensthandlung ist es, wenn der Zugschaffner dem Fahrgast eine Fahrkarte verkauft. Eine Privathandlung ist es dagegen, wenn er ihm ein Getränk aus dem Speisewagen besorgt.
Die Ausnutzung dienstlicher Kenntnisse schließt eine Privathandlung nicht aus.
Beispiel: Nachhilfeunterricht durch einen Lehrer.
Beachte: Beamtenrechtliche Pflichten spielen für die strafrechtliche Beurteilung keine Rolle. Der Lehrer macht sich also auch dann nicht nach § 331 I strafbar, wenn er gegen ein ausdrückliches Verbot seines Vorgesetzten handelt.

Pflichtwidrig ist die Diensthandlung, wenn sie gegen ein Gesetz verstößt, oder wenn ein Ermessensspielraum so gehandhabt wird, daß ein Vorteil Einfluß darauf haben kann. Es muß also nicht etwa der Ermessensspielraum überschritten werden.
Die Diensthandlung braucht objektiv nicht vorzuliegen. Bei künftigen Diensthandlungen versteht sich das von selbst. Aber auch bei vergangenen Diensthandlungen ist trotz der Formulierung „vorgenommen hat" der Tatbestand des § 334 (wie der §§ 331, 332) auch dann erfüllt, wenn der Nehmer des Vorteils die Existenz der Diensthandlung lediglich vortäuscht, str.

Das ergibt sich aus dem Rechtsgut der §§ 331 ff. Diese Tatbestände sollen nicht gekaufte Diensthandlungen, sondern den Abschluß von Unrechtsvereinbarungen[6] verhindern.

---

[5] Vgl. AT, 11. Teil, § 3.
[6] S. unten 3.

2. Vorteil

Vorteil ist jede materielle oder immaterielle *Zuwendung*, die den Empfänger *besser stellt* und auf die er *keinen Anspruch* hat.

Beispiele: Geld, die Gewährung des Geschlechtsverkehrs, Überlassung eines Leihwagens, Gewährung eines Darlehens, Stundung einer Schuld, Einladung zur Jagd, Zuwendung einer Nebentätigkeit (Beratervertrag).

3. Die Unrechtsvereinbarung

Zwischen *Diensthandlung* und *Vorteil* muß ein *Beziehungsverhältnis* bestehen („dafür"). Hier liegt der Kern der Bestechungsdelikte.[7] Die Unrechtsvereinbarung verletzt das Rechtsgut der §§ 331 ff., nämlich das Vertrauen in die Lauterkeit des öffentlichen Dienstes. Der Ausdruck „Unrechtsvereinbarung" ist freilich unglücklich. Es muß nicht etwa zu einer Übereinstimmung zwischen Bestecher und Bestochenem kommen. Vielmehr genügt einerseits das „Anbieten", andererseits das „Fordern". Ausreichend ist es also, daß eine Unrechtsvereinbarung – wenn auch nur einseitig – angestrebt wird.

Für künftige Diensthandlungen stellt § 334 Abs. III dies ausdrücklich klar. In § 332 III findet sich eine korrespondierende Vorschrift. Diese beiden Bestimmungen sind an sich entbehrlich, weil sich dieses Ergebnis auch unmittelbar aus den jeweiligen Absätzen I und II ergeben würde, str.

Die Diensthandlung muß hinreichend konkretisiert sein. Dies kann bei einer auf künftige Diensthandlungen abzielenden Unrechtsvereinbarung zweifelhaft sein.

Beispiel: T gewährt einem Behördenleiter Vorteile, um bei künftigem Bedarf darauf zurückgreifen zu können.

Handlungen, die lediglich das allgemeine Wohlwollen des Amtsträgers erwerben wollen, genügen nicht. Doch muß die Diensthandlung nicht detailliert prognostiziert zu werden. Im Hinblick auf das Rechtsgut der §§ 331 ff. ist hier eine weite Auslegung geboten. Es genügt, daß der Vorteil um Hinblick auf die bloße Möglichkeit einer künftigen Diensthandlung gewährt wird. Steht dabei noch nicht fest, ob die Diensthandlung pflichtwidrig ist, sind die §§ 333, 331 einschlägig.

III. Typische Konkurrenzprobleme

Die Bestechungstatbestände (§§ 332, 334) sind Qualifikationen zu den Vorteilsannahmetatbeständen (§§ 331, 333), str. Deshalb ist Fortsetzungszusammenhang zwischen §§ 331, 332 einerseits, §§ 333, 334 andererseits möglich.

---

[7] Vgl. oben I 2.

Wird ein Amtsträger zu Handlungen veranlaßt, die teils pflichtgemäß, teils pflichtwidrig sind, so ist nur nach dem schwereren Bestechungstatbestand zu bestrafen (Gesetzeskonkurrenz, Spezialität), str.

Werden mehrere Amtsträger aufgrund Gesamtvorsatzes bestochen, so scheidet Fortsetzungszusammenhang aus.

Hier wird dasselbe Rechtsgut in verschiedenen Personen angegriffen. Dabei ist der Grundsatz anzuwenden, der für die Behandlung höchstpersönlicher Rechtsgüter gilt,[8] str.

IV. Problemhinweise, Literatur

Die §§ 331 ff., bieten eine gute Gelegenheit, sich mit den Amtsdelikten zu befassen. Dabei sollte man auch bedenken, daß hier Probleme des AT (insbesondere Irrtumsfragen) häufig inmitten sein werden.

Lektüre: *Maiwald*, Die Amtsdelikte, JuS 1977, 353.

V. Bekannte BGH-Entscheidungen

Vorbemerkung: Die §§ 331 ff. wurden 1975 reformiert und neu gefaßt. Dies ist bei der Lektüre älterer Entscheidungen zu beachten.

1. Eigenheim-Fall – BGHSt 15, 88

Der Angeklagte war Leiter der Baugruppe einer Oberfinanzdirektion gewesen. Er hatte anläßlich der Errichtung eines Eigenheimes unangemessene Preisnachlässe erhalten. – Der *BGH* nahm ausführlich zur Bestechung Stellung und arbeitete insbesondere heraus, daß der innere Vorbehalt des Angeklagten, keine Pflichtverletzung zu begehen, unbeachtlich sei.

2. Bundeswehr-Beschaffungs-Fall – BGHSt 15, 239

Der Angeklagte hatte als Beschaffungsreferent der Bundeswehr Firmen besucht und sich Bewirtungs- und Übernachtungskosten bezahlen lassen sowie einen Leihwagen stellen lassen. – Der *BGH* nahm ausführlich zur Bestechung Stellung und arbeitete insbesondere das Wesen der Unrechtsvereinbarung heraus.

3. Wasserwirtschaftsamt-Fall – BGHSt 18, 263

Ein Sachbearbeiter des Wasserwirtschaftsamtes hatte für einen Antragsteller privat einen Antrag an dieses Amt entworfen und dafür eine Vergütung erhalten. – Der *BGH* verneinte eine Bestechlichkeit mangels einer Diensthandlung. Dies gelte auch dann, wenn der Beamte später dienstlich mit dem Antrag befaßt sei. Auch wenn der Beamte für eine private Ne-

---

[8] Vgl. AT, 12. Teil, § 3 Nr. 3 d.

bentätigkeit dienstlich erworbene Kenntnisse anwende, liege keine Diensthandlung, sondern eine Privathandlung vor. Anders könne es liegen, wenn der Privatauftrag nur erteilt worden sei, um den Beamten dienstlich geneigt zu machen. Dann liege ein Vorteil für eine spätere Diensthandlung vor.

4. *Ortsplanungs-Fall* – *BGHSt 18, 59*

Ein Oberregierungsbaurat bei der Regierung hatte für eine Gemeinde privat solche Ortsplanungen ausgeführt, die seine Dienststelle auch hätte ausführen können. – Der *BGH* verneinte Bestechung; es habe eine Privathandlung vorgelegen.

5. *Bundesbahn-Prüfungs-Fall* – *BGHSt 14, 123*

Zwei Bundesbahnbeamte hatten gemeinschaftlich Bundesbahnbediensteten unzulässige Hilfe bei Laufbahnprüfungen gewährt und hierfür Zuwendungen erhalten. – Der *BGH* bejahte Bestechlichkeit, wobei er den Begriff der Diensthandlung sehr weit auslegte.

6. *Finanzamts-Fall* – *BGHSt 16, 37*

Der Angeklagte, Angestellter eines Finanzamtes, hatte für die bevorzugt schnelle Bearbeitung eines Lohnsteuer-Rückerstattungsantrages einen Vorteil angenommen. – Der *BGH* sah eine pflichtwidrige Diensthandlung nur für den Fall als gegeben an, daß mit dieser Bevorzugung ein Nachteil für andere Personen gegeben sei. Andernfalls scheide Bestechlichkeit aus; es komme nur Vorteilsannahme in Betracht.

7. *Spenden-Fall* – *BGHSt 10, 237*

Die Angeklagten, zwei Beamte hatten bei der Vergabe von Lieferaufträgen Spenden für angebliche soziale Zwecke erbeten und privat eingesteckt. – Der *BGH* bejahte außer Betrug auch ein Bestechungsdelikt; ein „Fordern von Vorteilen" könne auch dann vorliegen, wenn der Aufgeforderte den Zusammenhang zwischen Vorteil und Amtshandlung nicht erkenne könne.

Anhang I: Checkliste für Klausuren und Hausarbeiten

Im folgenden wird eine Prüfliste gegeben, mit deren Hilfe man das Klausurenschreiben optimieren kann. Sie soll dazu führen, daß nichts vergessen wird, richtig gewichtet wird und typische Fehler vermieden werden. Nähere Ausführungen zu der hier befolgten Methode finden sich in *Haft,* Juristische Rhetorik, 2. Aufl. 1981.

1. Den Fall mehrmals lesen!

Der Fall muß genau bekannt sein. Fehler am Sachverhalt sind besonders ärgerlich; sie können eine Arbeit ruinieren.
Komplizierte Zusammenhänge verdeutlicht man sich am besten grafisch.
Zweifel am Sachverhalt überwindet man i. d. R. durch „vernünftige", aber auch „problemfreundliche" Auslegung. Diese muß in der Klausur aufgedeckt werden. Nur in höchster Not ist eine Alternativlösung erlaubt (sie bedeutet ja eine scharfe Kritik am Aufgabensteller). Mitunter ist der Sachverhalt auch bewußt mehrdeutig; dann darf er nicht gewaltsam eindeutig gemacht werden.

2. Den Fall ordnen!

„Ordnung führt zu allen Tugenden; aber was führt zu Ordnung?" *(Lichtenberg).*
Man sollte immer prüfen, ob eine Zerlegung in Sachverhaltskomplexe möglich ist. Meist ist dies der Fall. Dabei trennt man nach unterscheidbaren Lebensereignissen. Juristische Gesichtspunkte dürfen hier nicht berücksichtigt werden.
Auch ist regelmäßig nach Personen zu trennen. Ausnahmen (z. B. bei Mittäterschaft) sind selten.

3. Sachverhaltskomplexe untechnisch benennen!

Man darf nicht in der Überschrift das Ergebnis vorwegnehmen.
Falsch ist also: „Der Diebstahl des Geldes..." Richtig ist dagegen: „Das Geschehen in der Bank..."

4. Zentralfiguren vor Nebenfiguren prüfen!

Vor allem müssen Täter vor Teilnehmern geprüft werden. Hiergegen verstößt man leicht, weil Teilnahme oft chronologisch vor der Täterschaft liegt (so immer bei der Anstiftung).

5. Gut gliedern!

Empfehlenswert ist es, Sachverhaltskomplexe mit Großbuchstaben zu gliedern, Personen mit lateinischen Ziffern zu unterscheiden, und dann die einzelnen Tatbestände mit arabischen Ziffern zu trennen. Dann kann man (soweit das erforderlich ist) Tatbestand, Rechtswidrigkeit und Schuld mit kleinen Buchstaben trennen.
Weiter gliedern sollte man nicht; man kann alles übertreiben.

6. Paragraphenzettel schreiben!

Dies sollte man für jeden Sachverhaltskomplex und jede Person gesondert tun, und zwar ehe man auf die Probleme eingeht (danach ist das Denken blockiert).
Man findet jeweils alle Tatbestände durch dreistufiges Suchen:
– *Zuerst* liest man im Inhaltsverzeichnis des BT alle *Abschnittsüberschriften* durch. Erscheint danach ein Abschnitt fallverdächtig, liest man
– *zweitens* alle *Paragraphenüberschriften* im Inhaltsverzeichnis durch. Erscheint danach ein Paragraph fallverdächtig, liest man
– *drittens* den *Tatbestand im Wortlaut* durch. Erscheint er danach fallverdächtig, schreibt man ihn auf den Paragraphenzettel.
Und zwar zitiert man an dieser Stelle genau, mit Absatz, Satz, Halbsatz, Nr., Variante usw.

Falsch ist also: „§ 211"
Richtig ist dagegen: „§ 211 I, II Gruppe 1 (Habgier)."
Die Mühe hierfür ist geringer als sie scheint. Sie bringt drei wesentliche Vorteile:
- Regelmäßig praktiziert führt das Verfahren zu einem guten Gesamtüberblick über den BT;
- es gewährleistet allein, daß man keinen Tatbestand übersieht (besonders ärgerlicher Fehler); und
- das genaue Zitieren erleichtert das Klausurenschreiben (kein Blättern erforderlich) und verkürzt es. Wenn in der Überschrift steht: „§ 211 I, II Gruppe 1 (Habgier)" ist folgender beliebter Satz entbehrlich: „Dadurch, daß T den O niederschlug und tötete und ihm anschließend die Brieftasche wegnahm, könnte er sich wegen Mordes strafbar gemacht haben, wobei das Mordmerkmal „Habgier" erfüllt sein könnte." Derlei Wortgeklingel kostet Zeit und bringt nichts. (Siehe auch unten Nr. 12).

7. Probleme lokalisieren!

Man geht die einzelnen Tatbestände durch und prüft, ob irgendwo die Entsprechung zum Fall hakt. Bejahendenfalls liegt ein Problem vor. Dieses kennzeichnet man durch Stichworte. Keinesfalls versucht man sofort, es zu lösen (das blockiert vorzeitig das Denken und kostet Zeit).

Anschließend überlegt man, wo die Schwerpunkte liegen. Dies ist die wichtigste strategische Überlegung beim Schreiben einer Klausur.

8. Tatbestände ordnen!

Gewichtiges und/oder Problematisches gehört nach vorne, Unproblematisches gehört nach hinten. Es ist ganz verkehrt, etwa in einem Mordfall mit der Sachbeschädigung an den Kleidern des Opfers in epischer Breite zu beginnen, damit schon einmal etwas richtiges dasteht. Das kostet Zeit. Auch honoriert der Prüfer das nicht – im Gegenteil, er ärgert sich.

9. Auf Weichenstellungen achten!

Zu den klausurenstrategischen Überlegungen gehört auch die Frage nach Weichenstellungen. Wenn z. B. ein Fall voller Rechtfertigungsprobleme steckt, ist es sicher unzweckmäßig, wenn man vielleicht „vertretbar" den Tatbestand zu verneinen, womit man sich dann den Zugang zur Rechtswidrigkeit und damit zu all diesen Problemen abschneidet.

Natürlich soll man nicht gegen seine Überzeugung handeln. Aber andererseits sollte man immer an die Folgen denken.

Eine gute Übung ist es, sich in den Klausurenverfasser zu versetzen.

10. Auf den Aufbau achten!

Die klassische Reihenfolge ist „Tatbestand", „Rechtswidrigkeit", „Schuld". Innerhalb des Tatbestandes beginnt man beim vollendeten Vorsatzdelikt mit dem objektiven Tatbestand – undsoweiter.

11. Die Klausur nur einmal schreiben!

Man hat keine Zeit, einen Entwurf zu verfassen. Vielmehr bieten die Stichworte des angereicherten Paragraphenzettels die Basis für die fertige Klausur.

Wenn man die Probleme ausreichend gekennzeichnet hat, und auch die Folgen bedacht hat, kann man sich beim Schreiben endgültig entscheiden.

Man denkt *im* Schreiben, nicht davor. Hier fallen einem auch erst die Argumente ein. Aber Vorsicht: man hüte sich davor, in Schwung zu geraten und sich fortreißen zu lassen. Man muß immer im Rahmen der vorgegebenen Stichworte bleiben.

12. Fall und Gesetz nicht wiederholen!

Auch nicht in eigenen Worten. Das ist nicht nur überflüssig und daher falsch; vielmehr kommen dabei leicht zusätzliche Übertragungsfehler zustande. (Siehe auch oben Nr. 6).

13. Gutachtenstil und Urteilstil richtig verteilen!

Alles, was unproblematisch ist, wird im Urteilstil – d. h. als bloße Feststellung – aufgeschrieben. Einfacher Test: Sobald eine Begründung erforderlich ist, ist der Urteilstil verfehlt. Nur was problematisch ist, wird im Gutachtenstil erörtert (Frage aufwerfen, erörtern, beantworten).

Beispiel: „T hat die Geldbörse des O – eine fremde, bewegliche Sache – aus dessen Hosentasche gezogen und damit fraglos weggenommen (Urteilstil). Fraglich ist, ob T in der Absicht handelte, sich dieselbe rechtswidrig zuzueignen (Beginn des Gutachtens)..."

Beim Urteilstil sollte man sich so kurz wie möglich ausdrücken. Im Extremfall kann man etwa sagen: „Von den Tatbestandsmerkmalen des § 263 ist nur das Merkmal „Vermögensschaden" problematisch". Aber Vorsicht, der Prüfer will sehen, ob man die Struktur des § 263 beherrscht. Besser sagt man also: „Irrtum, Täuschung und Vermögensverfügung des getäuschten Irrenden liegen problemlos vor. Fraglich ist aber, ob ein Vermögensschaden gegeben ist ...".

14. Fallvergleichstechniken anwenden!

Problematische Tatbestandsmerkmale muß man entfalten. Manchmal hat man eine Definition „gelernt" (z. B. „Wegnahme ist Bruch fremden, Begründung neuen Gewahrsams"). Dann geht man davon aus.

Häufig aber hat man die Lehrbuchdefinition nicht parat. Dann denkt man sich einen Normalfall aus (und löst sich dabei vom anstehenden Problemfall, weil sonst das Denken blockiert ist). Aus dem Normalfall kann man eine Normalfalldefinition selbständig ableiten. Das alles kommt in die Klausur und führt zur Problemanalyse.

Beispiel: Man prüft § 223 a I Var. 1 („gefährliches Werkzeug"). T hat O gegen die Wand gestoßen. Normalfall des „Werkzeugs" ist etwa der Hammer. Die Normalfalldefinition lautet: „Beweglicher Gegenstand, der auf den Körper einwirkt". Im Problemfall handelt es sich um einen unbeweglichen Gegenstand, auf den der Körper einwirkt. Die Frage ist, ob man über diese beiden Abweichungen vom Normalfall hinwegkommt. Damit hat man das Problem bereits analysiert.

Die Natur eines Problems erkennt man, indem man das Normale dagegen hält. Den Normalfall hat man (fast) immer mit ein wenig gesundem Menschenverstand parat. Man braucht ihn nicht zu lernen. Man muß freilich die Besinnung auf den Normalfall üben. Das fällt deshalb schwer, weil man unentwegt auf Problemfälle gedrillt wird.

Normalfälle bilden! Dies ist der wichtigste methodische Ratschlag zur Lösung von Problemfällen.

Neben der Normalfalltechnik hilft die Methode der alternativen Vergleichsfalltechnik (Extremfallmethode). Man bildet extreme Vergleichsfälle pro und contra und entscheidet im Sinne des „ähnlicheren" Falles. Das bietet eine gute und rationale Argumentationsbasis.

Beispiel: Ist unbefugtes Plakatieren Sachbeschädigung? Als Extremfall pro dient der Fall des Beschmierens eines Kunstwerkes mit Farbe, als Vergleichsfall contra das Anbringen von Fingerabdrücken auf einem sorgfältig polierten Glastisch.

15. Ordnen, Ordnen, Ordnen!

In der Rhetorik der Klausur spielt Ordnung eine Hauptrolle. Man transportiert Überzeugung zum Leser, indem man ihm einen guten Ordnungsrahmen darbietet. Diesen akzeptiert er – und damit auch die darin enthaltenen Wertentscheidungen. Sätze, die in der Luft hängen, verwirren ihn dagegen; Ordnungsfehler machen ihn mißtrauisch.

Falsch ist es z. B., wenn man sagt: „Bei Problem X kommt es vor allem auf das Argument A an!", und dieses dann ausführlich erörtert. Der Leser wird überlegen, ob weitere Argumente eine Rolle spielen können – und schon ist er mißtrauisch und unaufmerksam zugleich.

Richtig also: „Bei Problem X gibt es insgesamt nur drei mögliche Argumente, nämlich A, B und C. Davon behandle ich zunächst A, dann B, dann C."

Gut ist es auch, wenn man immer wieder Wegweiser aufstellt, z. B. sagt: „Damit ist Argument A erledigt, jetzt kommt Argument B".

Als Jurist hat man Worte zu verkaufen, sonst nichts. Daher achte man auf die Rhetorik.

16. Das Ergebnis nicht vergessen!

Zu den *Freud*'schen Fehlleistungen nach langem Zweifeln gehört es, das Ergebnis zu vergessen. Der Prüfer muß dann überlegen, ob der Täter z. B. wegen Mordes strafbar ist oder nicht. Das tut er nicht gern. Er legt zwar Gesetze, nicht aber den Kandidaten aus.

17. Die Konkurrenzen nicht vergessen!

Sie kommen am Schluß, sind also bei der Benotung frisch im Gedächtnis. Und sie spielen immer eine Rolle, sind also das Gebiet des AT, das man besonders gut beherrschen sollte.

18. Die äußere Form nicht vergessen!

Last not least – man verwende einen Füllhalter und vermeide Kugelschreiber, man lasse einen breiten Rand, man verwende linierte Blätter, man beschreibe sie nur einseitig (wichtig, falls man ein Blatt auswechseln möchte) – und man schreibe leserlich. Denn wenn es auch kein Prüfer zugeben wird – unleserliche Arbeiten werden im Zweifel schlechter benotet als leserliche Arbeiten.

Anhang II – Ratschläge für das Lernen

Das Strafrecht ist viel zu umfangreich, als daß man daran denken könnte, alle hier vorkommenden oder möglichen Probleme „lernen" zu wollen. Man benötigt vielmehr eine ökonomische, intelligente und wirksame Lernmethode. Hierzu sollen im folgenden einige Hinweise gegeben werden. Dem Leser wird empfohlen, dieser generell wichtigen Problematik die gebührende Aufmerksamkeit zu schenken. Nähere Ausführungen auch dazu finden sich in *Haft*, Juristische Rhetorik, 2. Aufl. 1981, S. 46ff.

1. Aktiv lernen!

Dies ist der wichtigste Grundsatz. Er besagt, daß man beim Lernen etwas tun soll, was den Stoff umsetzt. Beispiele: Man stellt eine Kurzfassung her, verdeutlicht sich einen Fall durch grafische Skizzen, übernimmt es, in einer Gruppe andere über den Stoff zu informieren.

Am besten lernt man, wenn man ein Buch schreibt oder lehrt. Deshalb wissen die Professoren meistens mehr als die Studenten. Konsequenz: Man sollte nicht wie ein Student, sondern wie ein Professor lernen.

Passives Lernen ist wirkungslos. Besonders die gut geschriebenen Bücher verführen zum passiven Lernen. Man sollte diese Gefahr sehen und ihr widerstehen.

2. Strukturen bilden!

Ohne Strukturen kann man nicht erfolgreich lernen. Meistens handelt es sich um verbale Strukturen. So „lernt" man den Betrug, indem man seine fünf Strukturmerkmale „Täuschung", „Irrtum", „Vermögensverfügung", „Vermögensschaden" und „Absicht" lernt. Zu jedem Merkmal „lernt" man Unterstrukturen. Auf diese Weise entstehen hierarchische Gebilde, die man im Ernstfall systematisch rekonstruiert.

Eine gute Erweiterung der verbalen Strukturen bieten grafische Strukturen. Hierfür bietet dieses Buch (wie auch der vorangegangene AT) viele Beispiele. Sie sind aber nur Anregungen. Der Leser ist dazu aufgerufen, eigene Strukturen zu bilden.

Mit Strukturen bringt man komplexe Zusammenhänge in das Langzeitgedächtnis.

3. Schneller lesen!

Wenn man aktiv lernt und Strukturen zu bilden gewohnt ist, kann man Rechtsprechung und Literatur „schneller lesen" (durch einfache Vergrößerung der Abstände zwischen den Ruhepunkten des Auges – man kann das leicht ausprobieren).

Nicht die leicht zu erreichende Vergrößerung der Lesegeschwindigkeit ist das Problem, sondern das Strukturdenken, das es einem ermöglicht, die für eine Struktur relevanten Gesichtspunkte eines Textes herauszufinden und in das Gehirn einzuspeichern.

4. Exemplarisch lernen!

Man benutzt einen begrenzten Korpus von Fällen und Veröffentlichungen, um befähigt zu werden, einer unbegrenzten Vielzahl von Fallgestaltungen gerecht zu werden. Dieses Vorgehen sollte man sich bewußt machen. Die gerade anstehenden Problemfälle sollte man mit anderen Fällen vergleichen. Man sollte sich selbst auch fiktive Fälle ausdenken (ein Hilfsmittel bietet die Frage: Wie wäre es, wenn ...), und dabei vor keiner unbequemen Fallgestaltung zurückscheuen.

Sinn hat dieses Vorgehen aber nur, wenn man immer genau weiß, wo man innerhalb der jeweiligen Struktur steht. Probleme und Ausführungen, die in der Luft hängen, sind nicht nur sinnlos; sie sind schädlich, denn sie stiften Verwirrung.

5. Zusammenhänge herstellen!

Informationen, die „vernetzt" sind, werden besser in das Gehirn eingespeichert und wieder abgerufen als punktuelle Informationen. Deshalb achte man ganz besonders auf Querverbindungen und auf das Stichwort „Baukastensystem".

Beispiel: Die Abgrenzung „Tatsachen-Werturteile" spielt bei den Rechtspflegedelikten, Beleidigungsdelikten, Aussagedelikten und beim Betrug eine Rolle. Macht man sich dies klar, hat man einen vierdimensionalen Zugang zu dieser (oft schwierigen) Problematik.

6. Wiederholungsprogramme durchführen!

Wiederholungen sind unerläßlich. Aber man kann schon aus Zeitgründen selbst dünne Lehrbücher – geschweige denn dicke Bücher – nicht mehrmals wiederholen. Hier helfen nur die selbstgefertigten Strukturen, die beim aktiven Lernen anfallen. Was man selbst einmal mit viel Mühe produziert hat, kann man später mit wenig Mühe reproduzieren.

Man sollte immer bedenken: Arbeit und Fleiß *allein* sind noch keine Tugenden. Der Erfolg entscheidet. Man sollte daher genau planen, was man tut, und was man läßt.

Anhang III
Glossar – zugleich Sachregister

Abbruch der Schwangerschaft
Siehe unter → Schwangerschaftsabbruch.

Ablationstheorie
Auffassung zum Diebstahl, nach der eine →Wegnahme und damit der Tatbestand des § 242 mit dem „Fortschaffen" der Sache vollendet ist. Vgl. § 20 II 2 c.

Abschrift einer Urkunde
Die einfache Abschrift ist anders als die → Durchschrift keine → Urkunde, da es am Aussteller (Garantiefunktion) fehlt. Anders verhält es sich bei der Beglaubigung, wo der Beglaubigungsvermerk die Erfordernisse des Urkundenbegriffes als → zusammengesetzte Urkunde erfüllt und bei der → Durchschrift eine Urkunde. Vgl. § 29 I 2 b.

Absichtsurkunde
→ Urkunde, bei der die Beweisfunktion durch den Aussteller der Urkunde bewirkt worden ist. Gegenbegriff →Zufallsurkunde. Vgl. § 29 I 2 b.

Absolute Fahruntüchtigkeit
Siehe unter → Fahruntüchtigkeit

Affektionsinteresse
Liebhaberinteresse. Für den juristischen und wirtschaftlichen Begriff des → Vermögens zählen Affektionsinteressen (z. B. Erinnerungswerte) nicht zum Vermögen. Um eine Erfassung auch des Affektionsinteresses müht sich demgegenüber der personale Vermögensbegriff. Vgl. § 27 II 2 d.

Alleingewahrsam
Siehe unter → Gewahrsam.

Anstellungsbetrug
Betrug, bei dem der Täter bei einer Anstellung wesentliche Voraussetzungen (z. B. das Bestehen einer Prüfung) verschweigt. Problematisch ist hier der Vermögensschaden. Vgl. § 27 II 2 d.

Apprehensionstheorie
Herrschende (und richtige) Auffassung zum Diebstahl, nach der eine → Wegnahme und damit der Tatbestand des § 242 mit dem zum Gewahrsamswechsel führenden „Ergreifen" der Sache vollendet ist (Ergreifungstheorie). Vgl. § 20 II 2 c.

Aszendenten
Die Körperverletzung von Aszendenten (Vorfahren) ist ein qualifizierter Fall nach § 223 II. Vgl. § 18 I 2

Augenscheinsobjekt
Augenscheinsobjekte (z. B. Fingerabdrücke) gehören wegen fehlender Perpetuierungsfunktion (kein gedanklicher Inhalt) nicht zu den → Urkunden. Eine besondere Art von Augenscheinsobjekten sind die durch § 268 geschützten → technischen Aufzeichnungen. Vgl. § 29 I 1, 2 b.

Ausschreibungsbetrug
Durch den geplanten neuen § 264a sollen Lücken des § 263 ausgefüllt werden. Vgl. § 27 I 1.

Aussagenotstand
Der in § 157 geregelte Aussagenotstand ist kein Fall des entschuldigenden Notstandes, weil die Hinnahme der Gefahr einer Bestrafung i. S. d. § 35 I 2 immer zumutbar ist. Es handelt sich vielmehr um

eine besondere Strafmilderungsmöglichkeit. Vgl. § 8 I 2 c.

Bande
Bande i. S. des § 244 I Nr. 3 ist die auf einer Vereinbarung beruhende Verbindung von mindestens zwei Personen. Vgl. § 20 I 2.

Bemakelung
Hehlerei, § 259 ist nur an Sachen möglich, die noch bemakelt sind, d. h. an Sachen, an denen die rechtswidrige Vermögenslage noch fortbesteht. Die Bemakelung hört auf, wenn unanfechtbarer Eigentumserwerb eintritt. Vgl. § 26 II 3.

Bettelbetrug
Siehe unter → Spendenbetrug.

Beweisfunktion von Urkunden
Siehe unter → Urkunde.

Beweiszeichen
Als Beweiszeichen bezeichnet man an sich bedeutungslose Zeichen, denen aber infolge ihrer Verbindung mit einem Gegenstand als → zusammengesetzte Urkunden eine Bedeutung beigemessen wird, die alle drei Strukturelemente des Begriffes der → Urkunde erfüllt. Die Beweiszeichen leben also von den „konkreten sachlichen Beziehungen". Ein Beispiel bietet die Prüfplakette des TÜV. Gegenbegriff → Kennzeichen. Vgl. § 29 I 2 c.

Blankettfälschung
Urkundenfälschung in der Form des Herstellens einer unechten → Urkunde durch abredewidrige oder eigenmächtige Ausfüllung eines Blanketts, z. B. eines blanko unterzeichneten Schecks. Vgl. § 29 II 2.

Blutalkoholkonzentration
Siehe unter → Fahruntüchtigkeit.

Computerbetrug
Beim Computerbetrug fehlt es an einem Menschen, der allein einem → Irrtum unterliegen kann. Der geplante neue § 263 a soll eine hier gesehene Lücke ausfüllen. Vgl. § 27 I 1, II 2 b.

Datenschutzstrafrecht
Beim Datenschutz geht es nicht um den Schutz von Daten, sondern den Schutz des Bürgers vor mißbräuchlicher Verwendung der ihn betreffenden Daten. Datenschutzstrafrechtliche Bestimmungen finden sich in §§ 203 II 2, 41 BDSG sowie in den Landesdatenschutzgesetzen. Vgl. § 11 I 2.

Demonstrationsstrafrecht
Beim Demonstrationsstrafrecht geht es um Tatbestände wie §§ 113, 125, 125 a, die typischerweise bei Demonstrationen begangen werden. Hier besteht u. U. ein Konflikt zwischen den Grundrechten auf Meinungsfreiheit (Art. 5 GG) und Demonstrationsfreiheit (Art. 8 GG) einerseits, dem legitimen Interesse des Staates an Sicherung und Durchsetzung seiner Autorität andererseits. Vgl. § 1 I 2.

Dispositionsfreiheit
Siehe unter → Freiheit.

Dreiecksbetrug
Beim Betrug muß der Getäuschte und der Verfügende ein und dieselbe Person sein, doch kann ein anderer der Geschädigte sein. Diese Konstellation nennt man Dreiecksbetrug. Vgl. § 27 II 2 c.

Drohung
Ankündigung eines Übels, auf dessen Eintritt der Drohende Einfluß zu haben vorgibt. Die Drohung ist von der → List, der → Warnung und von der → Gewalt abzugrenzen. Vgl. § 19 II 2 b, c.

Durchschrift einer Urkunde
Anders als die → Abschrift ist die Durchschrift einer Urkunde als → Urkunde anerkannt. Vgl. § 29 I 2 b.

Echtheit einer Urkunde
Bei der Echtheit einer → Urkunde geht es um die Frage der Identität des Ausstellers. Unecht ist eine Urkunde, wenn sie scheinbar von A, in Wirklichkeit aber von B stammt. Gegenbegriff: → Wahrheit einer Urkunde. Vgl. § 29 II 2.

Ehre
Nach dem dualistischen Ehrbegriff der herrschenden Meinung ist die Ehre ein komplexes Rechtsgut, das sowohl fakti-

sche Elemente (Ehrgefühl, guter Ruf) als auch normative Elemente (Achtungsanspruch) enthält. Vgl. § 10 I 2.

Eigennütziger Betrug
Betrug, bei dem der Täter handelt in der Absicht, „sich" einen rechtswidrigen Vermögensvorteil zu verschaffen. Gegenbegriff →Fremdnütziger Betrug. Vgl. § 27 II 2 e.

Eingehungsbetrug
Betrug im Rahmen eines Vertragsverhältnisses, bei dem die →Vermögensverfügung in der Eingehung eines Vertrages besteht. Hier sind bei der Methode der Schadensberechnung die einander gegenüberstehenden Ansprüche zu vergleichen. Gegenbegriff → Erfüllungsbetrug. Vgl. § 27 II 2 d.

Einheitstheorie
Nach der Einheitstheorie soll der Tötungsvorsatz den Körperverletzungsvorsatz begrifflich einschließen. Gegenbegriff → Gegensatztheorie. Vgl. § 14 III.

Embryopathische Indikation
Siehe unter → Schwangerschaftsabbruch.

Erfüllungsbetrug
Betrug im Rahmen eines Vertragsverhältnisses, bei dem die → Vermögensverfügung in der Erfüllung des Vertrages besteht. Hier ist bei der Methode der Schadensberechnung der Anspruch mit seiner Erfüllung zu vergleichen. Gegenbegriff → Eingehungsbetrug. Vgl. § 27 II 2 d.

Ergreifungstheorie
Siehe unter → Apprehensionstheorie

Ersatzhehlerei
Hehlerei ist nur an der durch die Vortat erlangten Sache möglich, nicht an Ersatzsachen. Die Ersatzhehlerei ist darum straflos. Eine Ausnahme gilt nach der abzulehnenden → Wertsummentheorie bei Geld. Vgl. § 26 II 3.

Ethische Indikation
Siehe unter →Schwangerschaftsabbruch.

Eugenische Indikation
Siehe unter → Schwangerschaftsabbruch.

Euthanasie
Euthanasie (gr. = schöner Tod) ist Sterbehilfe für unheilbar Kranke mit dem Zweck, ihnen ein qualvolles Ende zu ersparen. Rechtlich unproblematisch ist die echte Sterbehilfe ohne Lebensverkürzung (z. B. durch Verabreichung schmerzstillender Mittel). Problematisch ist dagegen die Euthanasie mit Lebensverkürzung (Sterbenachhilfe). Ein Tun (aktive Euthanasie) ist hier ausnahmslos verboten; beim Unterlassen (passive Euthanasie) kann das Veto des Patienten einer weiteren Behandlung entgegenstehen; auch endet die Pflicht des Arztes zur Lebenserhaltung dann, wenn jede Aussicht auf Besserung geschwunden ist und die unmittelbare Phase des Sterbens erreicht ist. Vgl. § 14 I 3.

Fälschung einer Urkunde
Bei der Fälschung einer Urkunde geht es ausschließlich um die Frage der Identität von Inhalt und Aussteller, also um die Frage der → Echtheit, nicht der → Wahrheit einer Urkunde. Vgl. § 29 II 2.

Fahrerflucht
Die populär so genannte Fahrerflucht hieß schon früher korrekt „Flucht nach Verkehrsunfall" und heißt jetzt „Unerlaubtes Entfernen vom Unfallort". Vgl. § 5 I.

Fahruntüchtigkeit
In den §§ 315c, 316 wird darauf abgestellt, ob ein Fahrzeugführer infolge des Genusses alkoholischer Getränke oder anderer berauschender Mittel nicht in der Lage ist, das Fahrzeug zu führen. Die Rechtsprechung orientiert sich zur Beantwortung dieser Frage hauptsächlich an der Blutalkoholkonzentration. Sie hält alle Kraftfahrer ab 1,3 Promille BAK aufwärts für absolut fahruntüchtig. Ein Gegenbeweis ist ausgeschlossen. Auf weitere Beweisanzeichen kommt es nicht an. Unter 1,3 Promille liegt der Bereich der relativen Fahruntüchtigkeit. Hier muß im Einzelfall die Fahruntüchtigkeit anhand weiterer Beweiszeichen ausdrücklich festgestellt werden, wobei der Grundsatz in dubio pro reo gilt. Vgl. § 36 II 1.

Faktischer Ehrbegriff
Siehe unter → Ehre

Falschgeld
Die Geldfälschungsdelikte sind Sonderfälle der Urkundenfälschung. Die Fälschung von Geld ist daher gleichbedeutend mit der → Fälschung einer Urkunde. Vgl. § 7 I.

Fotokopie einer Urkunde
Die Fotokopie einer Urkunde erfüllt nicht die Anforderungen an den Begriff der → Urkunde. Vgl. § 29 I 2 b.

Freiheit
Man unterscheidet zwischen der Freiheit der Willensentschließung (Dispositionsfreiheit – Freiheit der Entscheidung, ob man etwas tun will) und der Freiheit der Willensbetätigung (Handlungsfreiheit i. e. S. – Freiheit der Entscheidung, wie man etwas tun will). Vgl. § 19 I 1.

Fremdnütziger Betrug
Betrug, bei dem der Täter handelt in der Absicht, „einem anderen" einen rechtswidrigen Vermögensvorteil zu verschaffen. Gegenbegriff → Eigennütziger Betrug. Vgl. § 27 II 2 e.

Fristenlösung
Siehe unter → Schwangerschaftsabbruch.

Furtum usus
Siehe unter → Gebrauchsdiebstahl

Garantiefunktion einer Urkunde
S. unter → Urkunde.

Gebrauchsdiebstahl
Der unbefugte Gebrauch von Sachen (das sog. furtum usus) ist nur ausnahmsweise nach §§ 248 b, 290 strafbar, sonst straflos. Vgl. § 20 I 2.

Gegensatztheorie
Nach der Gegensatztheorie soll der Tötungsvorsatz den Körperverletzungsvorsatz begrifflich ausschließen. Gegenbegriff → Einheitstheorie. Vgl. § 14 III.

Geistigkeitstheorie
Die Geistigkeitstheorie sieht als Aussteller einer → Urkunde nicht den Schreiber, sondern den Erklärer. Vgl. § 29 I 2 b.

Geheimnis
Geheimnisse sind Tatsachen, die nur einem beschränkten Personenkreis bekannt sind und an deren Geheimhaltung der Geheimnisträger ein sachlich begründetes Interesse hat. Vgl. § 13 II 2.

Gehirntod
Siehe unter → Leben.

Gemeine Gefahr
Gemeine Gefahr ist gegeben, wenn eine größere Anzahl von Menschenleben oder erhebliche Sachwerte gefährdet sind. Vgl. § 38 II 3.

Genetische Indikation
Siehe unter → Schwangerschaftsabbruch.

Gesamturkunde
Von einer Gesamturkunde spricht man, wenn mehrere Zeichen (oder → Urkunden) so zu einem sinnvollen Ganzen zusammengefaßt werden, daß auch die Zusammenfassung als solche einen selbständigen Beweis- und Erklärungswert hat. Ein Beispiel bietet das Einwohnerverzeichnis der Meldebehörde. Vgl. § 29 I 2 d.

Gewahrsam
Unter Gewahrsam versteht man die von einem natürlichen Herrschaftswillen getragene Sachherrschaft eines Menschen über eine Sache. Man unterscheidet Alleingewahrsam, (der durch die Existenz eines Gewahrsamshüters bzw. Gewahrsamsgehilfen nicht ausgeschlossen wird), gleichrangigen Mitgewahrsam z. B. von Ehegatten (jeder kann den Gewahrsam des anderen brechen) und mehrstufigen Mitgewahrsam z. B. des Hausherrn gegenüber der Hausgehilfin (nur von unten nach oben kann der Gewahrsam gebrochen werden.) Die Gewahrsamsfrage ist strikt von der Eigentumsfrage zu trennen. Vgl. § 20 II 2 a.

Gewahrsamsgehilfe
Siehe unter → Gewahrsam.

Gewahrsamshüter
Siehe unter → Gewahrsam.

Gewalt
Nach dem klassischen Gewaltbegriff ist Gewalt i. S. d. § 240 eine unter Anwendung von Körperkraft erfolgende Ein-

wirkung auf den Körper des Opfers zur Überwindung eines Widerstandes. Der moderne Gewaltbegriff des *BGH* stellt demgegenüber entscheidend auf das Vorliegen einer körperlichen oder seelischen Zwangswirkung ab, wobei die Gewalt von den beiden anderen Mitteln zur Verletzung der Freiheit, nämlich der → Drohung und der → List abzugrenzen ist. Demgemäß kann man heute Gewalt als gegenwärtige Zufügung eines empfindlichen Übels zweck Herbeiführung eines Nötigungserfolgs definieren. Vgl. § 19 II 2 a, c.

Handlungsfreiheit
Siehe unter → Freiheit.

Heimtücke
Heimtücke beim Mord, § 211 wird definiert als Ausnutzung der Arg- und Wehrlosigkeit des Opfers. Vgl. § 14 II 2.

Humanitäre Indikation
Siehe unter → Schwangerschaftsabbruch.

Identitätstäuschung
Bei der Urkundenfälschung geht es um die Täuschung über die Identität des Ausstellers, also um die Täuschung über die → Echtheit, nicht um die Täuschung über die inhaltliche → Wahrheit der Urkunde. Vgl. § 29 II 2.

Identitätszeichen
Siehe unter → Kennzeichen.

Ignorantia facti
Unkenntnis der Tatsachen; in den Fällen der ignorantia facti fehlt es beim Betrug schon an einer → Täuschung, so daß der hier vorliegende Irrtum keinen Betrug begründet. Vgl. § 27 II 2 a.

Illationstheorie
Auffassung zum Diebstahl, nach der eine → Wegnahme und damit der Tatbestand des § 24 mit dem „Bergen" der Sache vollendet ist. Vgl. § 20 II 2 c.

Indikationenlösung
Siehe unter → Schwangerschaftsabbruch.

Irrtum
Beim Irrtum (Tatbestandsmerkmal des Betrugs, § 263) stimmen Bewußtsein und Wirklichkeit nicht überein. Das Bewußtsein muß entweder aktuell vorhanden oder mindestens als „sachgedankliches Mitbewußtsein" (ständiges Begleitwissen) vorhanden sein. Vgl. § 27 II 2 b.

Juristischer Vermögensbegriff
Siehe unter → Vermögen.

Kapitalanlagebetrug
Durch den geplanten neuen § 264 c sollen Lücken des § 263 ausgefüllt werden. Vgl. § 27 I 1.

Kastration
Als Kastration bezeichnet man die Entfernung der männlichen Keimdrüsen zur Behandlung eines abnormen Geschlechtstriebes. Die maßgebliche Regelung findet sich im Gesetz über die freiwillige Kastration vom 15. 8. 1969 (BGBl I, 1143). Siehe auch unter → Sterilisation. Vgl. § 18 I 4.

Keimendes Leben
Siehe unter → Werdendes Leben.

Kennzeichen
Als Kennzeichen (Identitätszeichen) bezeichnet man solche Zeichen, denen nicht die Bedeutung von → Urkunden beigemessen wird. Gegenbegriff → Beweiszeichen. Vgl. § 29 I 2 c.

Kettenhehlerei
Hehlerei, § 259 bei der eine (andere) Hehlerei Vortat ist. Vgl. § 26 II 2.

Kindliche Indikation
Siehe unter → Schwangerschaftsabbruch.

Kollektivbeleidigung
Beleidigung mehrerer Personen unter einer Kollektivbezeichnung (z. B. „die Münchener Juraprofessoren"). Die Kollektivbeleidigung ist zu unterscheiden von der Beleidigung von Organisationen (z. B. juristischen Personen). Vgl. § 10 I 2.

Kompensation
Von Kompensation (Aufrechnung, Retorsion) spricht man, wenn Beleidigungen und/oder Körperverletzungen auf der Stelle mit solchen erwidert werden. Dann ist nach Maßgabe der §§ 199, 233 Strafmilderung oder Straffreiheitserklärung möglich. Vgl. §§ 10 I 2; 18 I 2.

Kontrektationstheorie
Auffassung zum Diebstahl, nach der eine → Wegnahme und damit der Tatbestand des § 242 mit dem „Berühren" der Sache vollendet ist. Vgl. § 20 II 2 c.

Kreditbetrug
Kreditbezeichnung ist der Tatbestand des § 265 b. Von Kreditbetrug spricht man auch, wenn jemand bei Aufnahme eines Darlehens über seine Zahlungsunfähigkeit oder -willigkeit täuscht; dann ist einerseits darauf zu achten, daß die Täuschung sich auf → Tatsachen beziehen muß, zum anderen darauf, daß ein → Eingehungsbetrug vorliegt, bei dem bereits in der → Vermögensgefährdung ein Vermögensschaden liegen kann. Vgl. § 27 I 1, II 2 a, d.

Kriminologische Indikation
Siehe unter →Schwangerschaftsabbruch.

Leben
Das menschliche Leben ist das Rechtsgut der Tötungsdelikte. Es hat unter allen Rechtsgütern den höchsten Rang. Leben beginnt mit Beginn der Geburt und endet mit dem Tode, d. h. dem Erlöschen aller Gehirnfunktionen (Gehirntod). Vgl. § 14 I 1.

Leibesfrucht
Siehe unter → Werdendes Leben und →Schwangerschaftsabbruch.

List
List ist die Ausnutzung eines Irrtums. Das Rechtsgut → Freiheit ist gegen List nicht geschützt, wohl aber das Rechtsgut → Vermögen. Der Begriff List ist abzugrenzen von der → Drohung und von der → Gewalt. Vgl. § 19 II 2 c.

Lucrum ex re – Lucrum ex negotio cum re
Die → Sachwerttheorie beim Diebstahl erfaßt die Fälle, in denen der Sache ein Wert entzogen wird (lucrum ex re), nicht jedoch die Fälle, in denen die Sache nur zu einer Bereicherung benutzt wird (lucrum ex negotio cum re). Vgl. § 20 II 3 c.

Massedelikte
Bis zum Jahre 1970 war der bloße Mitläufer bei unfriedlichen „Zusammenrottungen" wegen Aufruhrs und Landfriedensbruchs strafbar. Dies wurde durch die Reform des → Demonstrationsstrafrechts geändert. Vgl. § 1 I 2.

Medizinisch-soziale Gesamtindikation
Siehe unter →Schwangerschaftsabbruch.

Mensch
Siehe unter → Leben.

Mißbrauchstatbestand
Erste Variante des Untreuetatbestandes, § 266. Die zweite Variante ist der Treubruchstatbestand. Vgl. § 28 II 1, 2.

Mitgewahrsam
Siehe unter → Gewahrsam.

Mosaiktheorie
Siehe unter → Privatsphäre.

Muntgewalt
Munt bedeutet althochdeutsch Mündel. Aus der Muntgewalt besonders der Eltern wurden früher Töchter durch Heirat, Söhne durch Begründung eines eigenen Hausstandes entlassen. Delikte gegen die Muntgewalt sind die Kindesentziehung, § 235 (sog. Muntbruch) und die Entführung mit Willen der Entführten, § 236. Vgl. § 19 I 2.

Namenslüge
Als Namenslüge oder Namenstäuschung bezeichnet man die Verwendung eines falschen Namens in einer → Urkunde, die ohne das Ziel der Täuschung des Rechtsverkehrs erfolgt (z. B. zum Zwecke des Untertauchens). Da keine → Identitätstäuschung vorliegt, scheidet in solchen Fällen eine Urkundenfälschung aus. Vgl. § 29 II 2.

Nidation
Einnistung des befruchteten Eies in die Gebärmutter (vgl. § 219 d). Ab diesem Zeitpunkt ist ein → Schwangerschaftsabbruch möglich. Vgl. § 15 I 2.

Normativer Ehrbegriff
Siehe unter → Ehre.

Notlagenindikation
Siehe unter → Schwangerschaftsabbruch.

Öffentliche Urkunde
Als öffentliche Urkunde bezeichnet man eine → Urkunde, die von einer öffentlichen Behörde innerhalb der Grenzen ihrer Amtsbefugnisse oder von einer mit öffentlichem Glauben versehenen Person innerhalb des ihr zugewiesenen Geschäftsbereiches in der vorgeschriebenen Form aufgenommen worden ist. Diese Legaldefinition des § 415 ZPO gilt auch für das Strafrecht, insbes. § 271. Gegenbegriff: Privaturkunde. Vgl. § 30 II 2 a.

Perforation
Tötung eines Kindes während der Geburt zur Erhaltung des Lebens der Mutter. Die Perforation kann – obwohl menschliches → Leben vernichtet wird – ausnahmsweise nach den Grundsätzen des rechtfertigenden Notstandes, § 34 gerechtfertigt sein, vgl. § 14 I 1.

Perpetuierungsdelikte
Im Gegensatz zu den → Vermögensentziehungsdelikten liegt der Strafgrund der Perpetuierungsdelikte in der Beeinträchtigung des Vermögens durch Aufrechterhaltung einer rechtswidrigen Vermögenslage. Beispiel: Hehlerei. Siehe auch unter → Restitutionsvereitelung. Vgl. § 27 I 3.

Perpetuierungsfunktion von Urkunden
Siehe unter → Urkunde.

Personaler Vermögensbegriff
Siehe unter → Vermögen.

Privatsphäre
Das durch die §§ 201 ff. geschützte Rechtsgut Privatsphäre ist sowohl ein Individualrechtsgut als auch ein Universalrechtsgut. In grundsätzlicher Hinsicht ist es noch wenig geklärt. Zu seiner Bewältigung wurden im wesentlichen drei Ansätze entwickelt, nämlich die Sphärentheorie, die Mosaiktheorie und die Theorie der gesellschaftlichen Kommunikation. Auch im Zivilrecht (unerlaubte Handlungen) und öffentlichen Recht (Datenschutzrecht) spielt der Begriff Privatsphäre eine Rolle. Vgl. § 11 I 2.

Privaturkunde
Siehe unter → öffentliche Urkunde.

Provisionsvertreterbetrug
Betrug, bei dem ein Provisionsvertreter Aufträge erschwindelt, um die Provision zu erlangen. Hier ist vor allem die → Stoffgleichheit problematisch, und es ist zu unterscheiden zwischen einem → eigennützigen und einem → fremdnützigen Betrug. Vgl. § 27 II 2 e.

Prozeßbetrug
Der Prozeßbetrug ist eine Variante des → Dreiecksbetrugs, bei der der Zivilrichter zum Schaden des Prozeßgegners getäuscht wird. Vgl. § 27 II 2 c.

Raufhandel
Die heutige ,,Beteiligung an einer Schlägerei", § 227 hieß früher Raufhandel.

Relative Fahruntüchtigkeit
Siehe unter → Fahruntüchtigkeit

Restitutionsvereitelung
Bei den → Perpetuierungsdelikten (z. B. der Hehlerei) wird der rechtswidrige Zustand aufrechterhalten (perpetuiert), wodurch eine Wiederherstellung des rechtmäßigen Zustandes (Restitution) vereitelt wird. Vgl. § 27 I 3.

Retorsion
Siehe unter → Kompensation.

Rollentausch
Beim sog. Rollentausch wird ein Beschuldigter im Strafprozeß unzulässigerweise in die Rolle eines Zeugen gedrängt. Geschieht dies, bleibt er gleichwohl Beschuldigter, wird also nicht Zeuge i. S. der §§ 153 ff. und macht sich wegen eines Aussagedeliktes nicht strafbar. Vgl. § 8 II 1 b.

Sache
Eine Sache ist ein körperlicher Gegenstand. Vgl. § 20 II 1.

Sachwerttheorie
Auffassung zum Diebstahl, nach der eine Zueignungsabsicht vorliegt, wenn der Täter den in einer Sache verkörperten Wert für sich gewinnen will. Die Sachwerttheorie wird mit der → Substanztheorie in der Vereinigungstheorie zusammengefaßt. Siehe auch unter → Lucrum ex re. Vgl. § 20 II 3 c.

Schlichtamtliche Urkunde
→ Öffentliche Urkunde, die nur für den

inneren Dienstgebrauch bestimmt und nicht geeignet ist, Beweis für und gegen jedermann zu erbringen. Vgl. § 30 II 2 a.

Schwangerschaftsabbruch
Bei der Reform des § 218 war 1974 die Fristenlösung Gesetz geworden, die praktisch eine Freigabe des Schwangerschaftsabbruchs für die ersten zwölf Wochen bewirkt hatte. Das BVerfG hatte dies für verfassungswidrig erklärt. Daraufhin wurde 1976 die heutige gesetzliche Regelung Gesetz, die der Indikationenlösung folgt. Danach kann ein Schwangerschaftsabbruch bei vier Indikationen gerechtfertigt werden. Diese sind die medizinisch-soziale Gesamtindikation (Gesundheitsgefährdungen der Schwangeren), die embryopathische (eugenische, genetische, kindliche) Indikation (Gesundheitsgefährdungen des Kindes), die kriminologische (ethische, humanitäre, Vergewaltigungs-) Indikation (Sexualdelikt an der Schwangeren) und die Notlagenindikation (schwerwiegende Notlage der Schwangeren). Vgl. § 15 I 1, II 3.

Selbsthilfe
Wer sich lediglich selbst hilft, macht sich nicht strafbar. Dieser Grundsatz gilt namentlich bei der Gefangenenbefreiung, § 120, der Begünstigung, § 257, der Strafvereitelung, § 258 und der Hehlerei, § 259. Eine faktische Durchbrechung kann er beim Unerlaubten Entfernen vom Unfallort, § 142 erleiden. Vgl. § 5 I.

Selbsttötung
Die Selbsttötung ist nach allg. M. tatbestandslos, weil die Tötungsdelikte (ungeschrieben) einen „anderen" voraussetzen. Versuch und Teilnahme sind daher ebenfalls tatbestandslos. Vgl. § 14 I 2.

Se ut dominum gerere
Mit se ut dominum gerere kennzeichnet man die Anmaßung einer eigentümerähnlichen Verfügungsgewalt im Rahmen der Zueignungsabsicht beim Diebstahl, § 242 bzw. der Zueignung bei der Unterschlagung, § 246. Vgl. § 20 II 3 a.

Sicherungsbetrug
Betrug, § 263 der die Vorteile aus einem vorangegangenen Vermögensdelikt sichern soll, und der als mitbestrafte Nachtat konsumiert wird. Vgl. § 27 III.

Spendenbetrug
Betrug, § 263 bei dem über den Zweck einer Spende getäuscht wird; hier ist unter dem Aspekt der individuellen Komponente ein Schaden am →Vermögen anzunehmen. Vgl. § 27 II 2 d.

Sphärentheorie
Siehe unter → Privatsphäre.

Sportulieren
Als übermäßiges Sportulieren (von lat. Sportel = mittelalterliche Form des Beamteneinkommens) bezeichnet man die Gebührenüberhebung, § 352. Vgl. § 27 I 1.

Sterilisation
Unfruchtbarmachung von Männern durch Unterbindung der Samenstränge oder Frauen durch Unterbindung der Eileiter. Im Gegensatz zur → Kastration bleibt dabei der Geschlechtstrieb erhalten. Vgl. § 18 I 4.

Stoffgleichheit
Das Merkmal der Stoffgleichheit (Substanzgleichheit) verbindet beim Betrug den Vermögensschaden mit dem erstrebten Vermögensvorteil in der Weise, daß der erstrebte Vorteil die Kehrseite des Schadens darstellen muß. Vgl. § 27 II 2 e.

Straßenverkehr
Verkehr auf Wegen oder Plätzen, die von unbestimmt vielen Personen wenigstens vorübergehend tatsächlich benutzt werden. Der Begriff ist rein strafrechtlich zu bestimmen; öffentliches Wegerecht und privates Eigentumsrecht bleiben außer Betracht. Vgl. §§ 5 II 1; 35 II 2.

Substanzgleichheit
Siehe unter → Stoffgleichheit.

Substanztheorie
Auffassung zum Diebstahl, nach der eine Zueignungsabsicht vorliegt, wenn der Täter eine Sache ihrer Substanz nach für sich gewinnen will. Die Substanztheorie wird mit der → Sachwerttheorie in der Vereinigungstheorie zusammengefaßt. Siehe auch unter → Lucrum ex re. Vgl. § 20 II 3 c.

Suizid
Siehe unter → Selbsttötung.

Tatsache
Als Tatsache bezeichnet man ein äußeres oder inneres gegenwärtiges oder vergangenes Geschehnis, über das man informieren kann. Gegenbegriff: Werturteil (Meinungsäußerung); hier wird ein Kommentar abgegeben. Vgl. § 27 II 2 a.

Täuschen
Ausdrückliches oder konkludentes Einwirken auf den Intellekt eines anderen mit dem Ziel der Erregung eines → Irrtums. Vgl. § 27 II 2 a.

Technische Aufzeichnungen
Die in § 268 II legaldefinierten technischen Aufzeichnungen sind keine → Urkunden, sondern eine besondere Art von → Augenscheinsobjekten. Ein Beispiel bietet die Diagrammscheibe eines Tachographen. Vgl. § 29 I 1.

Tod
Siehe unter → Leben.

Transplantation
Bei der Transplantation geht es um die Übertragung von Organen eines Verstorbenen oder eines lebenden Menschen auf einen anderen Menschen. Vgl. § 18 I 4.

Treubruchstatbestand
Zweite Variante des Untreuetatbestandes. Die erste Variante ist der Mißbrauchstatbestand. Vgl. § 28 II 1, 3.

Treupflicht
Siehe unter → Vermögensbetreuungspflicht.

Unfall im Straßenverkehr
Ein plötzliches Ereignis, das im Zusammenhang mit den Gefahren des → Straßenverkehrs steht und einen nicht völlig belanglosen Schaden verursacht. Vgl. § 5 II 1.

Unglücksfall
Als Unglücksfall i. S. des § 323 c bezeichnet man ein plötzlich eintretendes Ereignis, welches eine erhebliche Gefahr für Menschen bewirkt. Auch eine Sachgefahr kann genügen; doch sind dann die Anforderungen an die Erheblichkeit der Gefahr zu steigern. Vgl. § 38 II 2.

Unterdrücken von Urkunden
Eine Unterdrückung einer → Urkunde liegt vor, wenn dem Berechtigten die Benutzung der Urkunde als Beweismittel unmöglich gemacht wird. Vgl. § 31 II 2.

Urkunde
Als Urkunde bezeichnet man eine verkörperte Gedankenerklärung (Perpetuierungsfunktion), die zum Beweis im Rechtsverkehr geeignet und bestimmt ist (Beweisfunktion) und den Aussteller erkennen läßt (Garantiefunktion). Vgl. § 29 I 2 a.

Vandalismus
Als Vandalismus bezeichnet man die sinnlos erscheinende Zerstörung fremden (häufig öffentlichen) Eigentums, die lediglich aus Zerstörungswut erfolgt (z. B. die Zerstörung von Telefonzellen). Das Verhalten ist strafbar als Sachbeschädigung, § 303. Vgl. § 33 I 2.

Vereinigungstheorie
Siehe unter → Substanztheorie und → Sachwerttheorie.

Vergewaltigungsindikation
Siehe unter → Schwangerschaftsabbruch.

Vermögen
Für den wirtschaftlichen Vermögensbegriff ist Vermögen die Summe der geldwerten Güter nach Abzug der Verbindlichkeiten. Für den juristisch-wirtschaftlichen Vermögensbegriff ist Vermögen die Summe der geldwerten Güter nach Abzug der Verbindlichkeiten, soweit sie den Schutz der Rechtsordnung genießt. Für den personalen Vermögensbegriff ist Vermögen eine personal strukturierte Einheit, die die Entfaltung der Person im gegenständlichen Bereich gewährleistet. Vgl. § 27 II 2 d.

Vermögensbetreuungspflicht
Pflicht zur Betreuung fremder Vermögensinteressen bei der Untreue, § 266. Nach richtiger Auffassung muß sie sowohl beim → Mißbrauchstatbestand als auch beim → Treubruchstatbestand vorliegen. Vgl. § 28 II 1.

Vermögensentziehungsdelikte
Im Gegensatz zu den → Perpetuierungs-

delikten liegt der Strafgrund der Vermögensentziehungsdelikte (Beispiel: Diebstahl, § 242) in der realen Minderung des Vermögens eines anderen. Vgl. § 27 I 3.

Vermögensgefährdung
Beim Betrug, § 263 kann schon eine konkrete Vermögensgefährdung einen Schaden am → Vermögen darstellen. Vgl. § 27 II 2 d.

Vermögensverfügung
Als Vermögensverfügung beim Betrug, § 263 (und auch bei der Erpressung, § 253) bezeichnet man jedes freiwillige Tun oder Lassen, das sich unmittelbar vermögensschädigend auswirkt. Vgl. §§ 27 II 2 c; 23 II 2.

Wahrheit einer Urkunde
Bei der Wahrheit einer → Urkunde geht es um die Übereinstimmung ihres Inhaltes mit der Wirklichkeit. Gegenbegriff: → Echtheit einer Urkunde. Vgl. §§ 29 II 2, 30 I.

Warnung
Die Warnung unterscheidet sich von der → Drohung dadurch, daß der Warnende auf den Eintritt eines Übels nicht Einfluß zu haben vorgibt. Vgl. § 19 II 2 c.

Wegnahme
Bruch fremden und Begründung neuen, nicht notwendig eigenen → Gewahrsams. Vgl. § 20 II 2.

Werdendes Leben
Vor dem Beginn der Geburt existiert noch kein Mensch im Sinne der Tötungs- und Körperverletzungsdelikte. Das werdende Leben ist ein eigenständiges Rechtsgut, das durch § 218 gegen → Schwangerschaftsabbruch geschützt ist. Vgl. §§ 14 I 1; 15 I 2.

Wertsummentheorie
Lehre, nach der bei Geld ausnahmsweise die → Ersatzhehlerei strafbar sein soll. Vgl. § 26 II 3.

‚White-collar-Kriminalität'
Der Begriff „white collar crime" wurde von dem amerikanischen Kriminologen Edwin H. Sutherland geprägt, der darunter Wirtschaftsdelikte verstand, die von einer bestimmten Personengruppe, nämlich von den Angehörigen hoher sozialer Schichten im Rahmen ihres Berufes begangen würden. Siehe unter → Wirtschaftskriminalität.

Wirtschaftlicher Vermögensbegriff
Siehe unter →Vermögen.

Wirtschaftskriminalität
Der Begriff Wirtschaftskriminalität wird in erster Linie von den Tätern her bestimmt (siehe unter →White-collar-Kriminalität). Bemühungen einer rechtsgutsorientierten Begriffsbestimmung haben angesichts der Weite des Rechtsgutes „Wirtschaft" bislang noch nicht zu einer scharfen Definition geführt. Einen numerus clausus der Wirtschaftsdelikte gibt es nicht. Der Gesetzgeber bemüht sich, die ansteigende Wirtschaftskriminalität durch Reformgesetze aufzufangen. Vgl. § 27 I 1.

Zueignung
Die Zueignung einer Sache erfolgt, wenn der Berechtigte auf Dauer enteignet wird und der Täter sich die Sache wenigstens vorübergehend aneignet. Die Zueignung braucht beim Diebstahl, § 242 nur beabsichtigt zu sein, während sie bei der Unterschlagung, § 246 objektiv vorliegen muß. Die zivilrechtliche Eigentumslage bleibt von allem unberührt. Vgl. §§ 20 II 3 a; 21 II 3.

Zufallsurkunde
Als Zufallsurkunde bezeichnet man eine → Urkunde, bei der die → Beweisfunktion nicht durch den Aussteller, sondern einen Dritten bewirkt worden ist. Gegenbegriff → Absichtsurkunde. Vgl. § 29 I 2 b.

Zusammengesetzte Urkunde
Von einer zusammengesetzten Urkunde spricht man bei Zeichen, die mit einem Gegenstand fest verbunden sind, so daß die Verbindung beider als solche eine → Urkunde ergibt. Ein Beispiel bietet die beglaubigte → Abschrift. Auch → Beweiszeichen sind zusammengesetzte Urkunden (Beispiel: Preisschild an der Ware). Vgl. § 29 I 2 d.

Zwang
Siehe unter → Gewalt.

Paragraphenregister

Die angegebenen Fundstellen beziehen sich auf die Seitenzahlen

StGB
§ 6: 36
§ 11: 1, 12, 32, 49, 149, 176, 236, 280
§ 13: 193
§ 18: 103, 104, 258
§ 20: 263, 276
§ 21: 263, 267
§ 26: 45, 237
§ 27: 159, 237
§ 28: 10, 23, 71, 93, 143, 236, 280
§ 29: 270
§ 30: 12, 41, 237
§ 31: 273
§ 34: 72
§ 35: 29, 42, 89, 108
§ 52: 46
§ 63: 11
§ 83a: 273
§ 88a: 32
§ 93: 63
§ 113: 1, 2, 3, 5, 9, 13, 114, 125, 159, 173, 273
§ 114: 1
§ 120: 10, 14, 173
§ 121: 10
§ 123: 2, 14, 15, 16, 17, 140
§ 124: 2, 14
§ 125: 1, 2
§ 125a: 2
§ 126: 20, 32, 33
§ 129: 2
§ 129a: 3
§ 130a: 32
§ 133: 241, 243
§ 136: 243, 244, 245, 246, 249
§ 138: 18, 19, 20, 21, 22, 72
§ 139: 19, 73, 167
§ 140: 18, 20, 32
§ 142: 23, 25, 26, 27, 28, 29, 30, 260
§ 145d: 31, 32, 33, 42, 46, 49, 173
§ 146: 35, 36, 37, 38, 223
§ 147: 35, 36, 37, 38
§ 148: 35
§ 149: 35, 36
§ 151: 35, 223
§ 152: 35, 37
§ 153: 39, 41, 43, 44, 46, 47, 54, 173
§ 154: 39, 40, 41, 42, 46, 47
§ 156: 39, 40, 41
§ 157: 42
§ 158: 32, 42, 49

§ 160: 42
§ 163: 39, 40
§ 164: 32, 33, 34, 42, 46, 49, 50, 51, 54, 173
§ 168: 131
§ 177: 125
§ 185: 3, 53, 54, 55, 56, 57, 58, 59
§ 186: 53, 54, 55, 57, 58
§ 187: 46, 53, 54, 57, 58
§ 189: 49, 55
§ 192: 53, 54
§ 193: 58
§ 194: 56
§ 199: 56
§ 201: 61, 62, 64, 65, 66
§ 202: 61, 67, 69, 70
§ 203: 19, 61, 70, 71, 73, 167
§ 205: 71
§ 211: 74, 76, 77, 78, 79, 80, 81, 83
§ 212: 30, 74, 76, 77, 87, 98
§ 213: 77
§ 216: 74, 76, 77, 83
§ 217: 74, 76, 83
§ 218: 74, 75, 86, 87, 88, 91, 92, 102
§ 218a: 75, 86, 88, 89, 90
§ 218b: 88, 91, 92
§ 219: 88, 91, 92
§ 219a: 88, 91, 92
§ 219b: 88
§ 219c: 200
§ 219d: 87
§ 221: 94, 95, 96
§ 222: 29, 75, 81, 87, 98, 99
§ 223: 3, 8, 13, 30, 82, 87, 93, 102, 103, 105, 106, 109, 245, 276
§ 223a: 93, 102, 103, 105
§ 223b: 102, 104
§ 224: 83, 93, 102, 103
§ 225: 104
§ 226: 93, 100, 102, 103
§ 226a: 106
§ 227: 102, 104, 109
§ 229: 83, 102, 105
§ 230: 29, 87, 102, 105
§ 234: 112, 113
§ 235: 112, 114, 158
§ 236: 112, 114
§ 239: 112, 113, 125
§ 240: 1, 3, 8, 112, 113, 114, 118, 121, 125, 149, 150, 153, 176, 245
§ 241: 112, 113, 114

§ 242: 69, 127, 128, 130, 132, 134, 143, 149, 150, 155, 158, 189, 217, 243, 244, 247
§ 243: 17, 68, 127, 139, 188, 249, 276
§ 244: 127, 128
§ 246: 69, 127, 135, 143, 144, 189, 217, 219, 242, 243
§ 247: 127, 128, 129, 143
§ 248a: 127, 128, 129, 143
§ 248b: 127, 128, 129, 135, 155, 189
§ 248c: 127, 128, 129, 189
§ 249: 113, 115, 125, 149, 150, 153, 154, 155, 189
§ 250: 149, 153, 189
§ 251: 149, 153, 189
§ 252: 115, 127, 149, 189
§ 253: 113, 125, 153, 154, 189, 245
§ 255: 115, 153
§ 257: 11, 12, 34, 46, 158, 159, 160, 161, 162, 166, 170, 173, 189, 273
§ 258: 10, 13, 34, 46, 49, 164, 166, 167, 170, 171
§ 259: 158, 164, 175, 177, 189
§ 263: 54, 153, 154, 155, 186, 189
§ 264: 187, 203
§ 265: 186, 187
§ 265a: 186, 187
§ 265b: 187, 202
§ 266: 189, 211
§ 267: 37, 38, 176, 221, 223, 225, 228, 229, 236, 241, 243
§ 268: 221, 222, 223, 241
§ 271: 221, 236, 237, 241
§ 272: 236, 237
§ 273: 236, 237
§ 274: 221, 230, 232, 241, 242, 246, 249
§ 277: 221
§ 279: 221
§ 281: 221
§ 283: 189, 243, 244
§ 284: 189
§ 286: 189
§ 288: 189, 243, 244, 245
§ 289: 155, 177, 189, 243, 244, 245
§ 290: 135, 189
§ 292: 131, 189
§ 302a: 189
§ 303: 3, 13, 118, 140, 189, 241, 242, 243, 246, 247, 249
§ 304: 246
§ 305: 189, 246
§ 306: 250, 251, 252
§ 307: 250
§ 308: 189, 246, 250, 251
§ 309: 189, 250, 251
§ 310: 273
§ 310a: 250, 251

§ 315b: 255, 260
§ 315c: 29, 81, 251, 255, 256, 258, 259
§ 315d: 263
§ 316: 29, 256, 258, 260, 261, 264
§ 316a: 149, 273
§ 323a: 263, 265, 267, 268, 270, 271
§ 323c: 22, 30, 75, 89, 159, 260, 273, 274, 275
§ 326: 251
§ 331: 278, 279
§ 332: 278, 279, 283
§ 333: 278, 279
§ 334: 13, 278, 279, 281
§ 335: 281
§ 340: 103, 280
§ 348: 236, 237
§ 352: 186, 187
§ 353: 186, 187
§ 353b: 70, 73
§ 356: 167

StPO
§ 53: 70, 167
§ 69: 45
§ 81: 4, 11
§ 81a: 4
§ 105: 1
§ 114: 4
§ 127: 4, 5, 6, 11
§ 137: 167
§ 163a: 43
§ 244: 55
§ 374: 105
§ 383: 56
§ 449: 170

BBG
§ 11: 280

BDSG
§ 41: 72

BGB
§ 134: 200
§ 138: 16, 200
§ 535: 244
§ 559: 245
§ 647: 244
§ 823: 62
§ 929: 144
§ 931: 144
§ 932: 177
§ 950: 177
§ 1000: 244
§ 1030: 244
§ 2247: 230

BJagdG
§ 25: 1

BRRG
§ 8: 280
§ 43: 281

BSeuchenG
§ 4: 73
§ 6: 73

EisenbahnverkehrsO
§ 3: 16

GeschlechtskrankheitenG
§ 12: 73
§ 13: 73

GG
Art. 2: 74, 87
Art. 3: 16
Art. 5: 2
Art. 8: 2
Art. 44: 43
Art. 103: 159

GVG
§ 169: 65

OWiG
§ 46: 6
§ 21: 263

PersonenbeförderungsG
§ 22: 16

StVG
§ 21: 222
§ 24a: 263

StVO
§ 25: 99

StVZO
§ 2: 263
§ 69: 263

WZG
§ 24: 236

ZPO
§ 138: 46
§ 383: 70
§ 385: 70
§ 452: 40
§ 758: 3, 5
§ 759: 1, 3
§ 804: 244
§ 909: 5

Weitere Literatur zum Zivil- und Zivilprozeßrecht aus der JuS-Schriftenreihe

Heft 1:
Diederichsen, Die BGB-Klausur
Von Dr. Uwe Diederichsen, o. Professor an der Universität Göttingen
5., neubearbeitete und erweiterte Auflage. 1981. XIV, 196 Seiten 8⁰. Kartoniert DM 19.80

Heft 72:
Locher, Das Recht der Allgemeinen Geschäftsbedingungen
Von Professor Dr. Horst Locher, Rechtsanwalt in Reutlingen-Tübingen
1980. XV, 132 Seiten 8⁰. Kartoniert DM 16.80

Heft 7:
Löwisch, Das Rechtsgeschäft
Fälle und Erläuterungen zum Allgemeinen Teil des BGB für Studienanfänger
Von Dr. Manfred Löwisch, o. Professor an der Universität Freiburg
3. Auflage. 1977. XV, 143 Seiten 8⁰. Kartoniert DM 15.80

Heft 65:
Lindacher, Fälle zum Allgemeinen Teil des BGB
Von Dr. Walter F. Lindacher, o. Professor an der Universität Trier
1978. XV, 89 Seiten 8⁰. Kartoniert DM 18.50

Heft 20:
Löwisch, Das Schuldverhältnis
Fälle und Erläuterungen zum Allgemeinen Schuldrecht des BGB für Anfangssemester
Von Dr. Manfred Löwisch, o. Professor an der Universität Freiburg
1975. XIV, 230 Seiten 8⁰. Kartoniert DM 21.80

Heft 21:
Löwisch/Denck, Vertragliche Schuldverhältnisse
Fälle und Erläuterungen zum Besonderen Schuldrecht des BGB für Anfangssemester, Band I
Von Dr. Manfred Löwisch, o. Professor an der Universität Freiburg, und Dr. Johannes Denck, Privatdozent an der Universität Freiburg
1978. XV, 253 Seiten 8⁰. Kartoniert DM 24.80

Heft 50:
Medicus, Gesetzliche Schuldverhältnisse
Delikts- und Schadensrecht · Bereicherung · Geschäftsführung ohne Auftrag
Fälle und Erläuterungen zum Besonderen Schuldrecht des BGB für Anfangssemester, Band II
Von Dr. Dieter Medicus, o. Prof. an der Universität München
1977. XI, 175 Seiten 8⁰. Kartoniert DM 19.80

Heft 64:
Kornblum, Fälle zum Allgemeinen Schuldrecht
Von Dr. Udo Kornblum, o. Professor an der Universität Stuttgart
1978. XI, 168 Seiten 8⁰. Kartoniert DM 19.80

Heft 69:
Honsell/Wieling, Fälle zum Besonderen Schuldrecht
Von Dr. Heinrich Honsell, o. Professor an der Universität Salzburg, und Dr. Hans-Josef Wieling, o. Professor an der Universität Trier
1979. X, 156 Seiten 8⁰. Kartoniert DM 19.80

Heft 38:
Reeb, Grundprobleme des Bereicherungsrechts
Von Dr. Hartmut Reeb, Professor an der Fachhochschule für Wirtschaft, Berlin
1975. XI, 132 Seiten 8⁰. Kartoniert DM 15.80

Heft 66:
Emmerich, Das Recht der Leistungsstörungen
Von Dr. Volker Emmerich, o. Professor an der Universität Bayreuth, Richter am Oberlandesgericht
1978. XXIII, 250 Seiten 8⁰. Kartoniert DM 29.80

Heft 40:
Gerhardt, Mobiliarsachenrecht
Besitz · Eigentum · Pfandrecht. Fälle und Erläuterungen zum Sachenrecht für Anfangssemester, Band I
Von Dr. Walter Gerhardt, o. Professor an der Universität Bonn
1976. XIV, 200 Seiten 8⁰. Kartoniert DM 19.80

Heft 41:
Gerhardt, Immobiliarsachenrecht
Grundeigentum und Grundpfandrechte. Fälle und Erläuterungen zum Sachenrecht für Anfangssemester, Band II
Von Dr. Walter Gerhardt, o. Professor an der Universität Bonn
1979. XIII, 130 Seiten 8⁰. Kartoniert DM 19.80

Heft 58:
Lange/Scheyhing, Fälle zum Sachenrecht
Von Dr. Hermann Lange, o. Professor an der Universität Tübingen, und Dr. Robert Scheyhing, o. Professor an der Universität Tübingen
1977. XII, 122 Seiten 8⁰. Kartoniert DM 16.80

Heft 13:
Weber, Sicherungsgeschäfte
Von Dr. Hansjörg Weber, Professor an der Fachhochschule Fulda
2., neubearbeitete Auflage. 1977. XVI, 200 Seiten 8⁰. Kartoniert DM 19.80

Heft 42:
Werner, Fälle zum Erbrecht
Von Dr. Olaf Werner, Akademischer Oberrat an der Universität Göttingen
1976. XIV, 197 Seiten 8⁰. Kartoniert DM 19.80

Heft 68:
Lüke, Fälle zum Zivilverfahrensrecht, Band I:
Erkenntnis- und Vollstreckungsverfahren der ZPO
Von Dr. Dr. h. c. Gerhard Lüke, o. Professor an der Universität Saarbrücken
1979. XII, 193 Seiten 8⁰. Kartoniert DM 26.80

Heft 60:
Tempel, Mustertexte zum Zivilprozeß, Band I:
Erkenntnisverfahren in erster Instanz
Von Dr. Otto Tempel, Vors. Richter am Landgericht Frankfurt
2., ergänzte und verbesserte Auflage. 1981. XIII, 461 Seiten 8⁰. Kartoniert DM 39.50

Heft 61:
Tempel, Mustertexte zum Zivilprozeß, Band II
Arrest, einstweilige Verfügung, Zwangsvollstreckung und Rechtsmittel
Von Dr. Otto Tempel, Vors. Richter am Landgericht Frankfurt
2., verbesserte und erweiterte Auflage. 1981. XIII, 375 Seiten 8⁰. Kartoniert DM 34.50

Verlag C. H. Beck München